A Tributação na Indústria do Petróleo e Gás Natural

A Tributação na Indústria do Petróleo e Gás Natural

2016

Marcus Lívio Gomes
Ricardo Lodi Ribeiro
Coordenadores

A TRIBUTAÇÃO NA INDÚSTRIA DO PETRÓLEO E GÁS NATURAL
© Almedina, 2016

COORDENADORES: Marcus Lívio Gomes, Ricardo Lodi Ribeiro
DIAGRAMAÇÃO: Almedina
DESIGN DE CAPA: FBA
ISBN: 978-858-49-3127-9

Dados Internacionais de Catalogação na Publicação (CIP)
(Câmara Brasileira do Livro, SP, Brasil)

A Tributação na indústria do petróleo e gás
natural / Marcus Lívio Gomes, Ricardo Lodi
Ribeiro, coordenadores. -- São Paulo :
Almedina, 2016.
Vários autores.
Bibliografia
ISBN 978-85-8493-127-9

1. Direito tributário 2. Gás natural - Brasil
3. Gás natural - Indústria e comércio - Brasil
4. Petróleo - Brasil 5. Petróleo - Indústria e
comércio - Brasil - Custos I. Gomes, Marcus Lívio.
II. Ribeiro, Ricardo Lodi.

16-04518   CDU-34:336.2:665.612

Índices para catálogo sistemático:

1. Brasil : Petróleo e gás natural : Direito
tributário 34:336.2:665.612

Este livro segue as regras do novo Acordo Ortográfico da Língua Portuguesa (1990).

Todos os direitos reservados. Nenhuma parte deste livro, protegido por copyright, pode ser reproduzida, armazenada ou transmitida de alguma forma ou por algum meio, seja eletrônico ou mecânico, inclusive fotocópia, gravação ou qualquer sistema de armazenagem de informações, sem a permissão expressa e por escrito da editora.

Julho, 2016

EDITORA: Almedina Brasil
Rua José Maria Lisboa, 860, Conj. 131 e 132, Jardim Paulista | 01423-001 São Paulo | Brasil
editora@almedina.com.br
www.almedina.com.br

NOTA DOS COORDENADORES

A prosperidade econômica de um país depende, entre outros, do modo como seus recursos naturais são gerenciados ou como se faz para obtê-los. Em poucos setores, o acerto de decisões políticas provoca impactos tão positivos na sociedade. E a realidade prova que o inverso também é verdadeiro. A riqueza que conduz para os caminhos do progresso, sem uma Administração Pública séria e competente, é a mesma que arquiteta o ambiente ideal para a corrupção.

Nesse contexto, o petróleo se revela como um dos mais importantes elementos geopolíticos da atualidade. Claro, tornou-se preocupação mundial a busca por fontes seguras, limpas e renováveis de energia elétrica, mas ainda somos extremamente dependentes desse recurso natural não renovável. A importância do petróleo tem, portanto, claramente um viés político e econômico. Mais do que isso: o petróleo é indispensável à nossa organização social.

No Brasil, o setor de petróleo e gás vive um momento particularmente singular. De um lado, a crise econômica internacional rebaixa o preço do barril a patamares antes inimagináveis. Por outro, a capacidade de se reinventar do ser humano lhe permitiu novas maneiras de extrair petróleo. A descoberta de novas reservas no país, na camada do pré-sal, e a expectativa de aumento da produção de óleo e gás para os próximos anos.

Atualmente o setor petrolífero é responsável por uma parcela significativa do PIB nacional. Assim, a pretensão arrecadatória do Estado sobre os vultosos investimentos desse segmento ganha proporções igualmente relevantes. A tributação da indústria do petróleo e gás possui características peculiares e, por tal motivo, representa um verdadeiro desafio, tanto para o Estado quanto para os operadores do direito que atuam na área.

Com uma nova leitura sobre o mercado, cada vez mais competitivo, a forma como o setor deve ser tributado, é fator fundamental para determinar a alocação dos resultados econômicos dessa atividade. Assim, o processo de edição e aplicação das leis que regulamentam esse sistema de arrecadação deve ser pensado como um importante instrumento de política econômica.

A verdade é que a operação é extremamente complexa e cara. Da exploração à produção pode-se investir durante muito tempo sem que uma gota de petróleo seja extraída. Se, além disso, a operação for demasiadamente onerada, o projeto pode ficar inviável. O que o investidor estrangeiro e nacional quer é previsibilidade jurídica para avaliar o risco do seu empreendimento.

Todavia, desde 1997, quando foi publicada a Lei do Petróleo (Lei nº 9.478), o mercado de exploração e produção sofre com as assimetrias tributárias no Brasil. O REPETRO, instituído para atrair investimentos estrangeiros e fomentar o desenvolvimento do setor, apresenta falhas que envolvem o federalismo fiscal horizontal e vertical.

A União, os Estados, o Distrito Federal e os Municípios legislam, muitas vezes, com o objetivo meramente arrecadatório, desprovidos de qualquer suporte jurídico. A jurisprudência, por sua vez, carece de uniformidade.

O objetivo do livro, portanto, é delimitar conceitos técnicos, aspectos teóricos gerais da tributação, destrinchar a legislação aplicável e sistematizar o entendimento dos tribunais para todos aqueles que vivenciam as questões controvertidas da tributação da indústria do petróleo e gás sem a pretensão de esgotar a matéria.

A coletânea de artigos é fruto do Grupo de Pesquisa Institucional em Tributação Setorial, inserido na Linha de Pesquisas em Finanças Públicas, Tributação e Desenvolvimento do Mestrado e Doutorado do Programa de Pós-Graduação *stricto sensu* em Direito (PPGDir) da Universidade do Estado do Rio de Janeiro (UERJ), no bojo das atividades desenvolvidas no âmbito do Núcleo de Estudos e Pesquisas em Tributação Setorial (NEPTS) da IES, coordenada pelos professores Ricardo Lodi e Marcus Lívio. Participam da obra como articulistas os alunos do mestrado e doutorado da IES, Daniel Alves, Daniel Giotti, Diego Ximenes, João Bertola, Lyvia Amaral, Marcello Leal, Micaela Dominguez, Nina Pencak, Rachel Guedes, Raquel Alves, Richard Dotoli, além de Fábio Fraga, Professor da Especialização *lato sensu* em Direito Tributário da FGVDireitoRio.

Este livro reúne o que há de mais atual sobre os aspectos ficais do setor, seja no Brasil ou no âmbito internacional. A ideia é fomentar a produção científica acadêmica, o debate e colaborar para a construção de um sistema tributário mais equânime e previsível.

SUMÁRIO

A TRIBUTAÇÃO NOS CONTRATOS DE AFRETAMENTO NA INDÚSTRIA DO PETRÓLEO
Fábio Fraga, Marcus Lívio 15
1. Introdução 15
2. Conceito de Embarcação 16
3. A Bipartição em Contratos de Afretamento e Contratos de Prestação de Serviços 21
3.1. Os Abusos na Utilização de uma Modelagem Válida 24
3.2. As Decisões do CARF 26
3.3. Primeira Fase – A utilização do critério da preponderância econômica 30
3.4. Segunda Fase – A utilização do critério da preponderância legal taxativa 31
3.5. Terceira Fase – A não utilização do critério da preponderância e a impossibilidade de desmembramento dos contratos 33
3.6. Quarta Fase – A não utilização do critério da preponderância e a possibilidade de desmembramento dos contratos 34
3.7. A violação ao Princípio da Proteção da Confiança 37
4. O Artigo 106 da Lei nº 13.043/2014 38
5. A legitimidade de segregar atividades distintas 45
6. Conclusão 46

A COMPETÊNCIA TRIBUTÁRIA MUNICIPAL PARA TRIBUTAÇÃO DOS SERVIÇOS PRESTADOS NO MAR TERRITORIAL, ZONA ECONÔMICA EXCLUSIVA E PLATAFORMA CONTINENTAL
Ricardo Lodi Ribeiro, Nina da Conceição Pencak 49
1. Introdução 49
2. Território nacional, águas marinhas e competência tributária 50
3. Projeções estaduais e municipais das águas marinhas e os *royalties* do petróleo 53
4. O atual quadro de pluritributação horizontal municipal 60

5. Lei complementar para dirimir o conflito de competência entre os Municípios ... 63
6. Sujeição passiva do ISS nos serviços prestados às plataformas e a retenção na fonte ... 65
7. Conclusões ... 67
8. Referências ... 68

O ISS INCIDENTE NAS IMPORTAÇÕES DE SERVIÇOS E A INDÚSTRIA DO PETRÓLEO
Rachel Guedes Cavalcante ... 71
Introdução ... 71
Breves Considerações sobre as Peculiaridades do Segmento Petrolífero ... 72
A Incidência do ISS sobre Serviços Provenientes do Exterior ... 73
Aspecto Espacial ... 75
Aspecto Pessoal ... 82
Compatibilidade com a Ordem Constitucional ... 83
Conclusão ... 88
Referências ... 89

ISS ÁGUAS MARÍTIMAS
Micaela Dominguez Dutra ... 93
1. Introdução ... 93
2. Breves noções sobre o ISS ... 93
3. Mar territorial, plataforma continental e zona econômica exclusiva ... 94
4. O Estado Federal Brasileiro – Estrutura tributária-financeira ... 100
5. Divisão do poder de tributar no federalismo fiscal brasileiro ... 102
6. É possível a tributação pelo ISS de serviços prestados em águas marítimas? ... 103
   Em sendo cabível a tributação pelos Municípios dos serviços prestados em águas marítimas, qual seria o critério para impedir conflitos em matéria tributária? ... 109
7. Conclusões ... 114
8. Referências ... 115

REGIME JURÍDICO-TRIBUTÁRIO DOS CONSÓRCIOS VOLTADOS À INDÚSTRIA DO PETRÓLEO E GÁS NATURAL NO BRASIL
Raquel de Andrade Vieira Alves ... 119
1. Introdução ... 119
2. Breves considerações sobre as *joint ventures* ... 120
3. Consórcios como espécies do gênero *joint venture* e sua utilização pela indústria petrolífera no brasil ... 124
4. Conceito e natureza jurídica ... 128

5. Personalidade jurídica e capacidade tributária passiva	131
6. Regime tributário aplicável aos consórcios brasileiros	134
6.1. Registro e aspectos escriturais	134
6.2. Imposto de Renda e Contribuição Social sobre o Lucro Líquido (IR e CSLL)	137
6.3. Contribuição ao PIS e à COFINS (PIS e COFINS)	138
6.4. Imposto sobre a Circulação de Mercadorias e Serviços e Imposto sobre Serviços (ICMS e ISS)	139
6.5. Imposto sobre Produtos Industrializados (IPI)	141
7. O entendimento da receita federal do Brasil	141
8. Uma alternativa à formação de consórcios na indústria petrolífera: sociedades em conta de participação. Vantagens e Desvantagens	150
9. Considerações finais	154
Referências	155

CONCEITO DE INSUMO PARA APURAÇÃO DE CRÉDITO DE PIS//COFINS NÃO-CUMULATIVO SEGUNDO COMBINAÇÃO DOS CRITÉRIOS DA ESSENCIALIDADE E RELACIONAL – APLICAÇÃO NA FASE DE EXPLORAÇÃO DE PETRÓLEO
Marcello Fernandes Leal

	157
1. Introdução	157
1.1. Apresentação do conflito	158
2. Da não-cumulatividade	160
2.1. A não-cumulatividade nas contribuições PIS/COFINS	163
2.2. O conceito de insumo	165
2.2.1. Conceito de insumos à semelhança da legislação do IPI	167
2.2.2. Conceito de insumos à semelhança da legislação do IRPJ	170
2.2.3. Conceito de insumos próprio ao PIS/COFINS	172
2.2.3.1. Imprescindibilidade ou essencialidade	172
2.2.3.2. Relacional	174
3. A fase de exploração como exemplo da adoção dos critérios da essencialidade e relacional	176
4. Conclusões	178
5. Referências	179

TRIBUTAÇÃO DAS OPERAÇÕES INTERESTADUAIS COM COMBUSTÍVEIS DERIVADOS DE PETRÓLEO – CONVÊNIO ICMS Nº 110/2007 – APROXIMAÇÕES E DISTANCIAMENTOS ENTRE A ADI 4171 E O RE 781.926
Richard Edward Dotoli T. Ferreira

	181
1. Introdução	181

2. Histórico e particularidades da tributação dos combustíveis derivados de petróleo ... 182
2.a) Operação com Combustíveis derivados de petróleo – A mistura obrigatória e as partes envolvidas na cadeia econômica ... 185
2.b) Operação com Combustíveis derivados de petróleo – Concepção e operação do sistema de tributação do ICMS ... 188
2.c) Operacionalização da substituição tributária para os combustíveis derivados de petróleo no regime do Convênio ICMS nº 110/2007 ... 190
2.d) Convênio ICMS nº 110/2007 – Operações Interestaduais com combustíveis derivados de petróleo – A questão do Estorno/pagamento ... 192
3. Os pontos de interseção entre a ADI nº 4171 e o RE nº 781.926 ... 193
3.a) Tema definitivamente julgado na ADI Nº 4171 – Estorno pagamento – Inconstitucionalidade ... 193
3.b) Tema em discussão no RE nº 781.926 – Crédito de ICMS nas aquisições de AEAC e B100 ... 195
3.c) Temas em comum na ADI nº 4171 e no RE nº 781.926 ... 196
4. Análise dos conflitos das teses jurídicas submetidas à apreciação do Supremo Tribunal Federal ... 197
4.a) Da inexistência de crédito também na hipótese do RE nº 781.926 – Saídas subsequentes não tributadas ... 197
4.b) Da inexistência de crédito e da consequente inexistência do estorno – comando de pagamento. ... 201
4.c) Da impossibilidade de prejuízo para os Estados com a operação interestadual de combustíveis derivados de petróleo ... 203
5. Dos precedentes do STF acerca da substituição tributária e do diferimento – renovações de discussões antigas? ... 204
5.1) Da substituição tributária no STF ... 205
5.2) Do diferimento no STF ... 210
6. Conclusões ... 215
Referências ... 219

PLATAFORMAS PETROLÍFERAS E O CONCEITO DE EMBARCAÇÃO PARA FRUIÇÃO DE ALÍQUOTA ZERO DO IRRF

Nina da Conceição Pencak ... 221
Introdução ... 221
A definição de embarcação como tipo ou conceito e a indeterminação da linguagem jurídica ... 223
O conceito de embarcação e a plataforma petrolífera ... 227
A atividade interpretativa, a possibilidade de extensão ou restrição do conceito de embarcação e a inexistência de um método apriorístico de interpretação ... 231

O art. 111 do CTN e o respeito à interpretação literal	232
A visão dos tribunais sobre o assunto	237
As decisões administrativas no âmbito da Receita Federal e do CARF	238
As decisões judiciais dos Tribunais Superiores	239
O art. 106 da Lei nº 13.043/2014	242
Conclusão	243
Referências	244

DA IMUNIDADE DOS COMBUSTÍVEIS DERIVADOS DE PETRÓLEO E DO TRATAMENTO ANTI-ISONÔMICO DADO ÀQUELES DERIVADOS DE OUTROS HIDROCARBONETOS

Diego Fernandes Ximenes — 249

1. Introdução	249
2. Da origem à separação. A cadeia produtiva do Gás Liquefeito de Petróleo e do Gás Liquefeito Derivado de Gás Natural	251
3. Da incidência do ICMS sobre o combustível derivado de petróleo e de Gás Natural ou outros hidrocarbonetos.	254
3.1. Do tratamento constitucional: a regra do artigo 155, II, §2º, X, *b*, CRFB/88	256
3.1.1. A regra de não-incidência e sua natureza jurídica de imunidade.	258
3.2. Da Lógica legislativa imunizadora e tributária	263
4. Da Evolução Tecnológica e do necessário acompanhamento normativo	264
4.1. Do combustível derivado de fontes não convencionais, em especial do gás e do óleo de xisto.	265
4.2. Da inequidade na manutenção da imunidade constitucional apenas para os combustíveis derivados de petróleo. Da extensão pela isonomia para os derivados de outros hidrocarbonetos.	266
5. Conclusão	269
Referências	270

A EXPORTAÇÃO FICTA NO REPETRO: FUNDAMENTO, CONTROLE E HARMONIZAÇÃO TRIBUTÁRIA

Daniel Giotti de Paula — 273

1. Introdução	273
2. REPETRO: contexto jurídico, finalidades institucionais e fundamento constitucional	274
3. O REPETRO como uma atividade de incentivo nacional e racionalmente justificada	277
4. A exportação ficta no REPETRO: natureza jurídica e possíveis conflitos	280

5. Os verdadeiros contornos do ICMS-exportação, a exportação ficta e novas abordagens sobre as competências tributárias em uma sociedade ambivalente e de risco ... 283
6. REPETRO como política pública nacional: o verdadeiro *status* do Convênio e o dever de coerência pelos Fiscos Estaduais ... 287
7. À guisa de conclusão ... 290

OS MÉTODOS "PCI" E "PECEX" NO SISTEMA DE CONTROLE DE PREÇOS DE TRANSFERÊNCIA BRASILEIRO E A PRATICABILIDADE
Daniel Alves Teixeira ... 291
1. Introdução ... 291
2. Preços de Transferência ... 291
3. O Princípio *Arm's Lenght* ... 292
4. Controle de preços de transferência na legislação brasileira ... 293
5. Praticabilidade ... 294
6. Os métodos PCI e PECEX ... 297
7. A relação entre os novos métodos PCI e PECEX e controle dos preços de transferência brasileiro ... 299
8. Conclusão ... 300
9. Referências ... 301

OS IMPACTOS DA TRIBUTAÇÃO DO SETOR DE PETRÓLEO E GÁS SOBRE A COMPETITIVIDADE DO FORNECEDOR LOCAL EM COMPARAÇÃO AO ESTRANGEIRO
Lyvia de Moura Amaral Serpa ... 303
1. Introdução ... 303
2. Breve panorama da tributação do setor de petróleo e gás no Brasil na etapa *upstream* ... 305
3. Das assimetrias de tratamento entre os fornecedores locais e o estrangeiro ... 308
3.1. Das assimetrias decorrentes da legislação federal acerca da compensação e restituição de créditos ... 308
3.2. A isenção ou redução da base de cálculo do ICMS em função do Convênio ICMS 130/2007. Os Convênios ICMS têm natureza mandatória ou autorizativa? ... 310
4. Das disfunções da legislação tributária brasileira aplicável ao setor de Petróleo e Gás ... 322
5. Conclusão ... 326
6. Referências ... 328

ICMS SOBRE OPERAÇÕES INTERESTADUAIS COM PETRÓLEO E SEUS DERIVADOS: IMUNIDADE, CRÉDITOS E CONCEITO DE INDUSTRIALIZAÇÃO NOS TERMOS DA LC Nº 87/96
João Carlos Bertola Franco de Gouveia — 333
1. Introdução — 333
2. Conceito de imunidade — 333
3. A imunidade das operações interestaduais com petróleo e seus derivados — 334
4. Créditos decorrentes da imunidade — 336
5. Conceito de industrialização e a LC nº 87/96 — 337
6. Conclusões — 346
7. Referências — 346

SOBRE OS AUTORES — 347

A Tributação nos Contratos de Afretamento na Indústria do Petróleo

Fábio Fraga
Marcus Lívio

1. Introdução

Em janeiro de 2014, o Conselho Administrativo de Recursos Fiscais (CARF)[1] considerou artificial a bipartição dos contratos de atividades auxiliares à exploração e produção marítima de petróleo em contratos de afretamento de embarcações e de prestação de serviços. Segundo tal decisão, o fornecimento das unidades de operação (navios-sonda, plataformas semissubmersíveis, navios de apoio e FPSOs[2]) seria parte integrante e indissociável dos serviços contratados.

Muito embora o processo julgado compreendesse exclusivamente a incidência da Contribuição de Intervenção do Domínio Econômico (CIDE) nos contratos de afretamento de embarcações, a questão mais relevante, certamente, consiste na validade do modelo de contratação adotado sistematicamente não apenas pela Petrobras, como também por todas as operadoras de petróleo brasileiras.

A consequência disso é que, a prevalecer o recente entendimento do CARF, o impacto se dará não somente em relação à CIDE, mas também no que diz respeito ao Imposto de Renda Retido na Fonte (IRRF) e às contribuições ao PIS/

---

[1] CARF, Processo nº 16682.721162/2012-35, Acórdão 3403-002.702. Julgado em 29/01/2014 – 4ª Câmara/3ª Turma Ordinária da Terceira Seção de Julgamento. Recorrente: Petróleo Brasileiro S/A Petrobrás, Recorrida: Fazenda Nacional.

[2] FPSO é termo usual no jargão do petróleo e serve para designar a sigla de Floating Production, Storageand Offloadingunit, que, em português, significa a plataforma flutuante utilizada para produção, armazenagem e transferência de petróleo.

COFINS. Prova disso é a existência de outro processo administrativo[3] pendente de julgamento no CARF, no qual se discute a incidência do IRRF sobre os mesmos contratos.

A multiplicidade de tributos envolvidos aliada aos elevados valores empregados no afretamento dessas embarcações fazem com que esse tema seja talvez a discussão mais representativa em termos financeiros entre fisco e contribuintes nos dias de hoje. Apenas as atuações da Petrobras relativas a parte dos contratos em que houve remessas ao exterior para pagamento do afretamento nos anos de 2008 e 2009 ultrapassam a exorbitante cifra de R$ 5,8 bilhões[4].

Não é por outra razão que o assunto vem ganhando destaque na mídia nacional[5] e estrangeira[6]. E é nesse ponto que deve o governo brasileiro prestar uma atenção mais detida. Esse clima de insegurança quanto à carga tributária não é benéfico nem para o fisco nem para os contribuintes. Seria essa sinalização de insegurança jurídica que o governo brasileiro pretende passar ao investidor estrangeiro e à maior empresa nacional?

2. Conceito de Embarcação

Na legislação doméstica, a tributação das atividades exercidas por não residentes se dá por meio de retenção na fonte do rendimento auferido, na forma do art. 685 do Decreto nº 3.000/99, atual Regulamento do Imposto de Renda – RIR[7].

A legislação, contudo, evoluiu para reduzir a zero a alíquota do imposto em virtude do exercício em território nacional das atividades elencadas no artigo 1º

---

[3] CARF, Processo nº 16682.721161/2012-91 – 1ª Câmara/2ª Turma Ordinária da Segunda Seção de Julgamento. Recorrente: Petróleo Brasileiro S/A Petrobrás, Recorrida: Fazenda Nacional.

[4] Dados obtidos no Formulário de Referência da Petrobras de 2013, arquivado na Comissão de Valores Mobiliários em 29 de maio de 2014, conforme a Instrução CVM 480 – Anexo 24.

[5] ALVAREZ, Regina e BECK, Martha. Petrobras tem mais de US$ 30 bilhões em multas fiscais: Estatal admite que pode ter perda bilionária com processos sobre imposto. *O Globo*. Brasília, 10/06/2014.<http://oglobo.globo.com/economia/negocios/petrobras-tem-mais-de-us-30-bilhoes-em-multas-fiscais-12784676#ixzz3FQTMQXy7>. Acesso em 12/08/2014.

[6] JELMAYER, Rogério e KIERNAN, Paul. Brazil's Petrobras Reveals BRL8.77 Billion in Tax Disputes: State-Run Energy Firm Challenging Five Tax Assessments. The Wall Street Journal, de 11/03/2014.
<http://online.wsj.com/news/articles/SB10001424052702304250204579433251326455332>Acessoem: 12/08/2014.

[7] Art. 685. Os rendimentos, ganhos de capital e demais proventos pagos, creditados, entregues, empregados ou remetidos, por fonte situada no País, a pessoa física ou jurídica residente no exterior, estão sujeitos à incidência na fonte (Decreto-Lei nº 5.844, de 1943, art. 100, Lei nº 3.470, de 1958, art. 77, Lei nº 9.249, de 1995, art. 23, e Lei nº 9.779, de 1999, arts. 7º e 8º):
(...) II – à alíquota de vinte e cinco por cento:
a) os rendimentos do trabalho, com ou sem vínculo empregatício, e os da prestação de serviços;

da Lei nº 9.481/97[8], reproduzida no artigo 691do RIR[9], com o objetivo de incentivar determinados setores da economia.

A primeira tentativa da Receita Federal de promover uma tributação nos contratos de afretamento de plataformas ocorreu por meio da descaracterização das "plataformas" como "embarcações". Com isso, a Receita Federal pretendia tornar inaplicável a alíquota zero concedida pelo art. 1º, da Lei nº 9.481/97, uma vez que tal dispositivo expressamente restringe o benefício legal ao afretamento de embarcações. Essa discussão, portanto, modificaria apenas a incidência do imposto de renda retido na fonte, não produzindo efeitos no que diz respeito à CIDE e ao PIS/COFINS.

A matéria foi, inicialmente, julgada pelo CARF, nos Processos Administrativos 18471.000360/2003-81 (fatos geradores de 02/1998 a 12/1998) e 18471.001620/2003-36 (fatos geradores de 01/1999 a 12/2002), ambos decorrentes de autuações lavradas contra a Petrobras.

O contribuinte saiu derrotado em ambos os processos, em apertado julgamento, pelo voto de qualidade. O CARF decidiu que os pagamentos realizados em virtude dos contratos de afretamento de petróleo não podem ser beneficiados pela alíquota zero do art. 1º, inciso I da Lei nº 9.481/1997, tendo em vista que uma plataforma de petróleo não se adequaria ao conceito de embarcação exigido pela lei tributária.

Segundo a autoridade julgadora, as embarcações seriam equipamentos cuja função primordial seria o transporte de pessoas e/ou cargas sobre ou sob a água, o que não seria uma característica relacionada às plataformas de petróleo, que não têm a destinação de navegar ou transportar. Pelo contrário, possuem como objetivo principal executar atividades enquanto estacionadas.

O citado argumento do CARF deriva, sobretudo, do fato de que o Sistema Harmonizado de Designação e de Codificação de Mercadorias, aplicado à nego-

---

[8] Art. 1º A alíquota do imposto de renda na fonte incidente sobre os rendimentos auferidos no País, por residentes ou domiciliados no exterior, fica reduzida para zero, nas seguintes hipóteses: (Redação dada pela Lei nº 9.532, de 10.12.97).
I – receitas de fretes, afretamentos, aluguéis ou arrendamentos de embarcações marítimas ou fluviais ou de aeronaves estrangeiras, feitos por empresas, desde que tenham sido aprovados pelas autoridades competentes, bem assim os pagamentos de aluguel de containers, sobrestadia e outros relativos ao uso de serviços de instalações portuárias.

[9] Art. 691. A alíquota do imposto na fonte incidente sobre os rendimentos auferidos no País, por residentes ou domiciliados no exterior, fica reduzida para zero, nas seguintes hipóteses (Lei nº 9.481, de 1997, art. 1º, e Lei nº 9.532, de 1997, art. 20):
I – receitas de fretes, afretamentos, aluguéis ou arrendamentos de embarcações marítimas ou fluviais ou de aeronaves estrangeiras, feitos por empresas, desde que tenham sido aprovados pelas autoridades competentes, bem assim os pagamentos de aluguel de containers, sobrestadia e outros relativos ao uso de serviços de instalações portuárias;

ciação de bens e mercadorias no comércio internacional de tributação aduaneira, e as suas respectivas Notas Explicativas, diferenciam as duas definições, o que estaria refletido no art. 2º da Lei nº 9.537/1997, que dispõe sobre a segurança do tráfego aquaviário em águas sob jurisdição nacional, quando coloca as embarcações no inciso V e as plataformas no inciso XIV[10]. O inciso V utiliza na sua parte final a expressão "suscetível de se locomover na água, por meios próprios ou não, transportando pessoas ou cargas".

O contribuinte, por sua vez, além da própria definição contida no art. 2º da Lei nº 9.537/1997, buscou nas Normas da Autoridade Marítima para Embarcações Empregadas na Navegação em Mar Aberto (NORMAN nº 01/2000), desenvolvidas pela Diretoria de Portos e Costas da Marinha do Brasil, o seu fundamento para asseverar que plataformas devem ser consideradas embarcações.

Outro argumento explorado pela empresa foi que o Supremo Tribunal Federal no Recurso Extraordinário nº 76.133, de 13/09/74, já havia se pronunciado sobre a qualificação de plataforma auto-elevatória como embarcação para fins de aplicação de uma isenção referente ao IPI.

Todavia, o CARF considerou que o mencionado precedente do Supremo Tribunal Federal não seria aplicável, considerando que tal decisão foi proferida em 1974, ou seja, antes da assinatura da Convenção Internacional sobre o Sistema Harmonizado de Designação de Decodificação de Mercadorias de 1983, de modo que deveria prevalecer a norma posterior.

O curioso nesse julgamento é que tanto o fisco, quanto os contribuintes utilizam como um dos principais argumentos a mesma definição legal contida no art. 2º da Lei nº 9.537/1997. O fisco considera que o legislador colocou os dois termos em incisos distintos e que a parte final do inciso V[11] exige a finalidade principal de transportar pessoas ou cargas para configuração de uma embarcação, ao passo que os contribuintes ponderam que o mesmo inciso V[12], expressamente, determina que o conceito de embarcação inclui as plataformas, o que nos parece a leitura mais adequada do dispositivo.

---

[10] Art. 2º Para os efeitos desta Lei ficam estabelecidos os seguintes conceitos e definições:
V – Embarcação – qualquer construção, inclusive as plataformas flutuantes e, quando rebocadas, as fixas, sujeita a inscrição na autoridade marítima e suscetível de se locomover na água, por meios próprios ou não, transportando pessoas ou cargas,
XIV – Plataforma – instalação ou estrutura fixa ou flutuante, destinada às atividades direta ou indiretamente relacionadas com a pesquisa, exploração e explotação dos recursos oriundos do leito das águas interiores e seu subsolo ou do mar, inclusive da plataforma continental e seu subsolo;
[11] Eis o trecho do inciso V que serve de base para a argumentação do fisco: "suscetível de se locomover na água, por meios próprios ou não, transportando pessoas ou cargas".
[12] Eis o trecho do inciso V que serve de base para a argumentação dos contribuintes: "inclusive as plataformas flutuantes e, quando rebocadas, as fixas".

Por conta disso, o assunto foi levado à apreciação do Poder Judiciário. O acerto da decisão proferida no Processo Administrativo 18471.000360/2003-81 vem sendo debatido no Processo Judicial 0007040-83.2008.4.02.5101. Por sua vez, a decisão relativa ao Processo Administrativo 18471.001620/2003-36 está sendo examinada no Processo Judicial 0002887-65.2012.4.02.5101.

No Processo 0007040-83.2008.4.02.5101, o contribuinte obteve sentença favorável proferida pela 24ª Vara Federal da Seção Judiciária do Rio de Janeiro da Justiça Federal. A sentença foi confirmada em grau de apelação pela 3ª Turma Especializada do Tribunal Regional Federal da 2ª Região.

O acórdão proferido ressaltou que existe um conceito de embarcação no direito privado, mais especificamente na Lei nº 9.537/1997, que regula a segurança do tráfego aquaviário em águas sob jurisdição nacional, cujo art. 2º estabelece as definições nos incisos V e XIV de embarcação e plataforma, respectivamente.

Aliado a isso, pode-se inferir do art. 109 do Código Tributário Nacional que, se a lei tributária não redefinir para fins fiscais expressamente os institutos definidos no direito privado, estes ingressarão no direito tributário mantendo seu significado original.

Da união dessas duas premissas, concluíram os julgadores que os conceitos de plataforma e embarcação, presentes na Lei nº 9.537/1997, devem ser utilizados para fins tributários, podendo, portanto, as plataformas gozarem dos benefícios fiscais concedidos às embarcações.

Atualmente os autos aguardam o juízo de admissibilidade do recurso especial interposto pela União Federal para que o Superior Tribunal de Justiça possa dar a posição definitiva do Poder Judiciário a respeito do tema[13].

No Processo 0002887-65.2012.4.02.5101, por outro lado, a sentença prolatada pela 29ª Vara Federal da Seção Judiciária do Rio de Janeiro foi favorável à União Federal.

Além da discussão acerca do conceito de embarcação, no processo em questão, há uma complicação adicional: as remessas para pagamento do afretamento foram realizadas para uma empresa localizada em paraíso fiscal (Ilhas Cayman), após a entrada em vigor da Lei nº 9.779/99.

Pelo exame da legislação tributária brasileira, as mencionadas remessas passaram a ser tributadas, independentemente de ter sido a remessa proveniente de aluguéis de embarcações ou plataformas, uma vez que a Lei nº 9.779/99, em seu art. 8º prevê que os rendimentos decorrentes destas operações sujeitam-se,

---

[13] Por se tratar de questão atinente à interpretação de lei federal, parece-nos que a palavra final a respeito do tema será dada pelo Superior Tribunal de Justiça. É o que se depreende do art. 105, III, a, da Constituição Federal de 1988.

em qualquer caso, à incidência do IRRF à alíquota de 25% (vinte e cinco por cento)[14].

A decisão se concentrou no fato de a remessa ter sido para um paraíso fiscal e chegou à conclusão de que o benefício fiscal foi derrogado pelo art. 8º da Lei nº 9.779/1999, fruto da conversão da Medida Provisória nº 1.788/1998, uma vez que o inciso I do artigo 1º da Lei nº 9.481/97,não foi incluído na ressalva do supracitado dispositivo da lei nova. Não foi dado muito relevo à questão da plataforma ser classificada como embarcação no julgamento.

Nesse caso, ainda não houve o julgamento da apelação, que caberá à mesma 3ª Turma Especializada do Tribunal Regional Federal da 2ª Região.

A matéria foi ainda objeto de pronunciamento por parte do Tribunal Regional Federal da 2ª Região em processo da El Paso, no qual a União Federal saiu vencedora em julgamento proferido pela 4ª Turma Especializada[15].

O tema específico da aplicabilidade da alíquota zero ao afretamento de embarcações ainda não foi apreciado pelo Superior Tribunal de Justiça. Entretanto, o argumento central debatido, ou seja, se plataforma pode ou não ser considerada embarcação para fins tributários, foi recentemente decidido por esta corte.

Em 09/04/2013, ao julgar o Recurso Especial 1.341.077[16], o Superior Tribunal de Justiça entendeu que as isenções previstas no art. 2º, II, "j" e art. 3º, I, da Lei 8.032/90 (restabelecidas pela Lei nº 8.402/92, art. 1º, IV) aplicam-se às importações de peças e componentes de reposição, reparo e manutenção necessárias ao funcionamento de plataformas petrolíferas.

Para chegar a tal conclusão, o STJ concordou com a tese de que "plataformas petrolíferas pertencem ao gênero embarcação".

Dada a identidade das questões debatidas – ou seja, aplicabilidade de um benefício fiscal a plataformas caso se entenda que elas são consideradas embarcações – acreditamos que o STJ indicará o mesmo desfecho para a questão da aplicação da alíquota zero prevista no art. 1º da Lei 9.481/97 no afretamento de plataformas de petróleo.

---

[14] Argumenta-se, com base na edição do Ato Declaratório nº 8 de 1999, da própria Secretaria da Receita Federal, que as novas regras da Lei nº 9.779/1999 não seriam aplicáveis ao caso, uma vez que, apesar dos fatos geradores serem posteriores, os contratos foram firmados até 31/12/1998.

[15] TRF-2 AMS 58313,Quarta Turma Especializada, Relator: Desembargador Federal Alberto Nogueira, Data de Julgamento: 13/05/2008.

[16] STJ, REsp 1341077/RJ, Segunda Turma, Ministro Mauro Campbell Marques, Data do Julgamento09/04/2013, Data da Publicação/Fonte DJe 16/04/2013.

3. A Bipartição em Contratos de Afretamento e Contratos de Prestação de Serviços

A fiscalização da Receita Federal parece vir nos últimos anos deixando em segundo plano o argumento de não considerar plataformas de petróleo como embarcações para tentar descaracterizar como um todo a operação de afretamento de plataformas cumulada com a contratação de prestação de serviços correlatos.

Melhor explicando, os contratos relacionados às atividades de exploração e produção de petróleo são divididos em dois: i) contrato de afretamento, entre a operadora nacional e a proprietária da unidade, situada no exterior; e ii) contrato de prestação de serviços entre a operadora nacional e a empresa brasileira.

No caso do contrato de afretamento, não há a incidência do imposto de renda retido na fonte, em virtude da aplicação da alíquota zero prevista no art. 1º da Lei 9.481/97, conforme visto acima. Não há, ainda, a tributação pela CIDE por não haver a prestação de serviços exigida no fato gerador do art. 2º, § 2º, da Lei 10.168/2000[17]. E, por último, também não ocorre a tributação pelo PIS/COFINS, seja pela alíquota zero prevista no art. 8º, § 14, da Lei nº 10.865/2004[18], seja por não caracterizar serviço e, portanto, não estar incluído no fato gerador do art. 3º, II, da mesma Lei nº 10.865/2004[19].

Na parte relativa à prestação de serviços, naturalmente, incidem todos os tributos, tal qual ocorre numa prestação de serviços qualquer no mercado interno.

Se hoje essa estrutura é questionada, talvez seja o momento de uma análise retrospectiva que nos permita enxergar as condições políticas e econômicas a

---

[17] Art. 2º Para fins de atendimento ao Programa de que trata o artigo anterior, fica instituída contribuição de intervenção no domínio econômico, devida pela pessoa jurídica detentora de licença de uso ou adquirente de conhecimentos tecnológicos, bem como aquela signatária de contratos que impliquem transferência de tecnologia, firmados com residentes ou domiciliados no exterior.
§ 2º A partir de 1º de janeiro de 2002, a contribuição de que trata o *caput* deste artigo passa a ser devida também pelas pessoas jurídicas signatárias de contratos que tenham por objeto serviços técnicos e de assistência administrativa e semelhantes a serem prestados por residentes ou domiciliados no exterior, bem assim pelas pessoas jurídicas que pagarem, creditarem, entregarem, empregarem ou remeterem *royalties*, a qualquer título, a beneficiários residentes ou domiciliados no exterior.

[18] § 14. Ficam reduzidas a 0 (zero) as alíquotas das contribuições incidentes sobre o valor pago, creditado, entregue, empregado ou remetido à pessoa física ou jurídica residente ou domiciliada no exterior, referente a aluguéis e contraprestações de arrendamento mercantil de máquinas e equipamentos, embarcações e aeronaves utilizados na atividade da empresa.

[19] Art. 3º O fato gerador será:
II – o pagamento, o crédito, a entrega, o emprego ou a remessa de valores a residentes ou domiciliados no exterior como contraprestação por serviço prestado.

partir das quais esse regime foi instituído. Trata-se, portanto, de conhecer a causa que legitima a sistemática utilizada.

Na discussão para aprovação da MP nº 1.563/97, que foi convertida na Lei nº 9.481/97, no Congresso Nacional, afirmavam os congressistas:

> "É também fundamental a adequação dessa legislação concentrada e moderna de inserção da diminuição do custo Brasil. O nosso país deve ter competitividade e diminuir custo, para que as empresas se estabeleçam no Brasil e gerem empregos e salários melhores para os trabalhadores brasileiros. Se houver uma legislação melhor, como essa e muitas outras que estamos encetando no Congresso Nacional – tanto na Câmara como no Senado –, amanhã o Brasil terá mais condições de captar investimentos estrangeiros e tecnologia para a geração de empregos, tão necessários ao povo brasileiro"[20].

O governo tinha, portanto, plena consciência de que estava abrindo mão de uma arrecadação significativa com o objetivo maior de atrair investimentos estrangeiros para o país.

Isso tudo acontece num cenário de democracia ainda incipiente e de um novo modelo de abertura do mercado do petróleo no país. E o sucesso desse novo modelo dependia em grande parte de se conseguir trazer investidores e recursos estrangeiros para o país.

No cenário internacional, o preço do barril de petróleo *Brent* oscilava entre US$ 16 e US$ 25. Ou seja, era um valor ínfimo perto do preço aproximado a US$ 100 por barril que temos visto nos últimos anos.

A realidade é que não era tarefa das mais fáceis atrair investidores estrangeiros sem a concessão de benefícios fiscais. Não foi por outro motivo que, com o objetivo de conceder novos benefícios visando a estimular ainda mais os investimentos estrangeiros no país, foi criado logo em seguida o REPETRO pelo Decreto nº 3.161/99.

O REPETRO é um regime aduaneiro especial criado com a finalidade de se propiciar a importação de equipamentos específicos para serem utilizados diretamente nas atividades de pesquisa e lavra das jazidas de petróleo e gás natural, sem a incidência dos tributos federais (II, IPI, PIS e COFINS). Enquanto os bens se encontram em território nacional, estes tributos permanecem com sua exigibilidade suspensa, sendo certo que sua extinção ocorre no momento da reexportação dos equipamentos admitidos no regime.

Aliás, por falar em REPETRO e ainda numa perspectiva histórica, é importante notar que a própria Receita Federal, em suas Instruções Normativas sempre

---

[20] Diário do Congresso Nacional, sessão de 12/08/1997, publicado em 13/08/1997, página 06841.

reconheceu a possibilidade de haver um contrato de afretamento atrelado a um contrato de prestação de serviços, sem que isso, naturalmente, importe numa estrutura artificial.

A esse respeito, a Instrução Normativa da RFB nº 941, de 25 de maio de 2009, cujo § 3º do art. 5º previa expressamente que "*o fornecimento de bens pela pessoa jurídica mencionada no inciso II do § 1º poderá estar previsto em contrato de afretamento, de aluguel, de arrendamento operacional ou de empréstimo, o qual deverá ter execução simultânea com o de prestação de serviço*".

Dessa forma, parece contraditório que a própria Receita queira desconstituir um modelo que ela mesma ajudou a construir. É aqui que reside o ponto fundamental dessa análise: até que ponto vão os poderes da Receita Federal? Não estaria a atividade de fiscalização vinculada pelo critério administrativo anteriormente fixado pelos órgãos de interpretação administrativa?

Se mudaram as condições sob as quais um benefício fiscal foi concedido, um país pode e deve revê-lo. Mas essa revisão e eventual revogação só pode ser feita pelo Poder Legislativo, nunca pela Receita Federal.

No conjunto de atividades que deve desenvolver a Administração Tributária, um dos principais problemas existentes é a interpretação administrativa com relação aos procedimentos de aplicação dos tributos, a qual abre novas perspectivas na verificação do valor que revestem as atuações da Administração para a relação jurídico-tributária, fruto da procedimentalização da atividade administrativa (função administrativa do Estado)[21].

As leis e os regulamentos deixam amplas margens interpretativas para os aplicadores da lei, Administração Fazendária, em se tratando de matéria tributária, ou não concretizam o significado de muitos conceitos (conceitos indeterminados e cláusulas gerais).

A Administração tem a faculdade de interpretação jurídica, função autônoma de interpretação, que, diante da dispersão e prolixidade da legislação tributária e sua crescente complexidade e tecnicismos, assumiu como sua a tarefa do seu esclarecimento, desenvolvendo uma interpretação útil para servir de fundamento a sua aplicação.

A finalidade da normatização secundária é preencher essas lacunas ou interpretar os conceitos obscuros – sem que disso derive *ius novum*, gerando critérios administrativos objetivos, seguros e confiáveis. O limite do processo de interpretação aplicativa será a função de *ius novum* ou integradora, permitindo-se a função valorativa. O problema será deslindar quando há inovação e quando, sim-

---

[21] Para uma análise da atividade realizada pela Administração Tributária, sob a ótica da eficiência e da eficácia, cf. FILIPPO, Luciano. *La Performance em Droit Fiscal: Um Nouveau Paradigme (Perspectives Comparées)*. Tese, Panthéon-Assas, Paris II, 2013.

plesmente, há valoração. Só pela análise do caso concreto será possível averiguar a distinção[22].

Sob o pretexto de coibir determinados desvios na utilização do benefício fiscal, a Receita Federal acaba por impossibilitar a fruição do benefício, distanciando-se, por vezes, da análise do caso concreto. Deve-se levar em consideração a possibilidade de encontrar abusos dentro de uma sistemática válida. Nesse caso, são os excessos que precisam ser combatidos e não a desconfiguração de negócios jurídicos válidos, sob o pretexto de uma modelagem contratual artificial.

3.1. Os Abusos na Utilização de uma Modelagem Válida

Abusos certamente ocorreram na utilização do benefício fiscal, mas eles não são capazes de desqualificar a estrutura como um todo. A Receita Federal tem o dever de analisar caso a caso se a estrutura contratual e de fluxo de pagamentos se amolda à realidade fática de mercado para só então descaracterizar a operação.

A título exemplificativo, podemos citar 3 abusos cometidos pelos contribuintes e que podem ser alvo de autuações fiscais: (i) proporção fora do razoável entre o valor atribuído às parcelas do afretamento e da prestação de serviços; (ii) dedução de despesas relacionadas ao afretamento pela empresa prestadora de serviços, quando tais despesas não fazem parte da formação do seu lucro, ou seja, não sejam ínsitas à sua atividade operacional; e (iii) pagamento de despesas relativas ao afretamento pela proprietária da embarcação para a prestadora de serviços por meio de aumento de capital e/ou reembolso de despesas e sem margem de lucro.

Com relação ao primeiro item, a desproporção no rateio dos contratos gera um faturamento e, consequentemente, um lucro reduzido na parcela de prestação de serviços no Brasil, que é justamente a parte em que há tributação. Isso acaba por gerar aumentos de capital e/ou empréstimos sucessivos da controlada no exterior para a empresa brasileira para que esta possa honrar com suas despesas.

É usual encontrar-se na prática contratos com *split* de 90/10[23]. Considerando o elevado valor que é pago no mercado mundial para afretamento de uma embarcação de grande porte, essa proporção, por si só, não é capaz de estabelecer, conclusivamente, que o montante pago para cada um dos contratos está inadequado.

---

[22] GOMES, Marcus Lívio. *A interpretação da Legislação Tributária. Instrumentos para a unificação de critério administrativo em matéria tributária.* São Paulo: Quartier Latin, 2010, p. 74.

[23] *Split* de 90/10 é o termo consagrado pelo setor de petróleo para se referir aos contratos em que 90% do preço é pago a título de afretamento e 10% é pago a título de prestação de serviços.

Há que se analisar no caso concreto se a proporção atende aos valores de mercado, a tecnologia utilizada no equipamento, as condições contratuais em que o afretamento é implementado, entre outros aspectos relevantes.

Apenas para ilustrar, certamente, uma embarcação mais moderna e com um grau maior de tecnologia e automação demanda um custo de manutenção e mão de obra menor do que uma unidade mais obsoleta, o que acarreta em um valor maior a ser pago a título de afretamento comparado ao custo do serviço.

No que se refere ao segundo abuso cometido, as prestadoras de serviços brasileiras arcam com as despesas essenciais ao funcionamento da embarcação em substituição à afretadora estrangeira. Em seguida, deduzem tais despesas da base de cálculo do imposto de renda e da contribuição social sobre o lucro que deveriam ser pagos.

Segundo a legislação do imposto de renda, na apuração do Lucro Real, são operacionais (dedutíveis) as despesas não computadas nos custos, necessárias à atividade da empresa e à manutenção da respectiva fonte produtora (Lei 4.506/1964, artigo 47). São necessárias as despesas pagas ou incorridas para a realização das transações ou operações exigidas pela atividade da empresa. As despesas operacionais admitidas são as usuais ou normais no tipo de transações, operações ou atividades empresariais[24].

Se o custo ou a despesa não serviram para geração do lucro da prestadora de serviços brasileira, mas sim da empresa estrangeira, devem eles ser glosados, a fim de evitar o pagamento a menor dos tributos sobre a renda.

Foi pensando assim que o CARF, acertadamente, no Processo 19395.720084//201102[25], converteu o julgamento em diligência para realização de perícia a fim de indicar se todos os custos glosados pela fiscalização estavam relacionados e necessários aos serviços executados pela fiscalizada em favor da Petrobras[26].

---

[24] Lei nº 4.506/1964 – Art. 47. São operacionais as despesas não computadas nos custos, necessárias à atividade da empresa e a manutenção da respectiva fonte produtora.

[25] Proc.19395.720084/201102, Recurso nº Voluntário Resolução nº 1402000.220 – 4ª Câmara/2ª Turma Ordinária, Data 9 de outubro de 2013.

[26] "Tendo por parâmetro os valores que foram glosados e os documentos fiscais a eles correspondentes, sejam notas fiscais ou recibos, voto por converter o julgamento em diligência para que seja realizado perícia que deverá indicar se todos os custos glosados estão relacionados à Plataforma ou se dentre estes existem custos relacionados e necessários aos serviços executados pela fiscalizada em favor da Petrobrás, caso em que deverão ser quantificados. Caso seja constatado situação em que não seja possível identificar se determinados insumos, peças ou serviços foram utilizados na Plataforma ou nos serviços de perfuração deverá a autoridade fiscal identificá-los e quantificá-los." (Processo 19395.720084/2011-02, Resolução nº 1402-000.220. 4ª Câmara/2ª Turma Ordinária. Data: 9 de outubro de 2013).

O terceiro ponto está intimamente ligado ao anterior. A prestadora de serviços brasileira, buscando evitar a tributação que incidiria[27], é ressarcida das despesas que seriam da afretadora estrangeira por meio de reembolso de despesas ou aumento de capital.

A empresa brasileira está, na realidade, prestando um serviço para a empresa estrangeira e teria que ser tributada pelo IRPJ, CSLL e pelo ISS[28], ainda que ela tenha sido apenas uma intermediária no pagamento que deveria ter sido feito pela afretadora estrangeira para uma outra empresa no Brasil.

O preço cobrado pelo serviço deveria ser o custo incorrido acrescido de uma margem de lucro condizente com os parâmetros normais de mercado. Ao levar à tributação pelo IRPJ e pela CSLL, nesse caso, naturalmente, poderia deduzir o custo ou a despesa suportados da sua base de cálculo.

Em resumo, a execução de cada contrato – e mesmo a sua estrutura – apresentam facetas únicas, as quais devem ser analisadas individualmente pela Receita Federal. Isto porque o modelo de contratos bipartidos é válido, como instrumento de direito privado. A utilização incorreta dessa estrutura, a fim de evitar a incidência tributária, é que precisa ser guerreada.

Não foi esse, todavia, o caminho trilhado pela Receita Federal e confirmado pelo CARF no julgamento do Processo 16682.721162/2012-35.

3.2. As Decisões do CARF

Em vez de combater os abusos eventualmente cometidos por cada um dos contribuintes, a Receita Federal voltou-se para a desqualificação da estrutura jurídica utilizada como um todo, o que, infelizmente, foi corroborado pelo CARF.

Em janeiro de 2014, o CARF julgou o Processo nº 16682.721162/2012-35[29], em que a Fiscalização examinou a estrutura de 38 contratos em que o *split* do valor

---

[27] Por fugir ao objetivo central do presente artigo, não abordaremos em detalhes a questão da possibilidade de tributação do reembolso de despesas. Existem decisões favoráveis à tributação e também decisões contrárias: Solução de Consulta nº 38, de 13 de Janeiro de 2011, STJ, REsp nº 618.772 – RS Primeira Turma, Relator: Ministro Francisco Falcão, Data do julgamento 08/11/2005, STJ REsp 621.067-SP, Segunda Turma, Rel. Min. João Otávio de Noronha, julgado em 10/4/2007, STJ REsp 788.594/MG, Primeira Turma, Rel. Ministro Luiz Fux julgado em 06/02/2007, DJ 08/03/2007, STJ REsp 224.813/SP, Primeira Turma, Rel. Ministro José Delgado, julgado em 07/12/1999, DJ 28/02/2000, STJ, AgRg no REsp 1094948/MG, Segunda Turma, Relator (a) Min. Humberto Martins, Data do Julgamento 03/02/2009, DJe 16/02/2009.

[28] Não haveria a incidência do PIS/COFINS por se tratar de prestação de serviços para pessoa física ou jurídica residente ou domiciliada no exterior, cujo pagamento represente ingresso de divisas (artigos 14, § 1º, da MP 2.158-35/2001, 5º, II, da Lei 10.637/2002, 6º, II, da Lei 10.833/2003 e 149, § 2º, da Constituição Federal).

[29] CARF, Processo nº16682.721162/2012-35, Acórdão nº 3403-002.702 – 4ª Câmara/3ª Turma Ordinária, Sessão de 29/01/2014.

global era de 90/10. A Receita Federal concluiu que, como a empresa estrangeira (afretadora da unidade) e a empresa nacional (prestadora de serviços) pertenciam ao mesmo grupo econômico, as atividades foram formalmente contratadas de forma segregada, apesar de terem um único objetivo: a prestação de serviços para a Petrobras.

Dessa maneira, o Fisco entendeu que o fornecimento da unidade é parte integrante e indissociável dos serviços fornecidos, atividade-fim do contrato, sujeitando-se à incidência de IRRF e CIDE[30].

Para invalidar a estrutura dos contratos bipartidos, o julgador do CARF destacou o que chamou de idiossincrasias das cláusulas contratuais, citando como exemplos que: "a) as contratadas são empresas pertencentes ao mesmo grupo econômico; b) as contratadas assumem direitos e obrigações recíprocos, com responsabilidade solidária, dividindo receitas e custos; c) os contratos são celebrados simultaneamente".

Concluiu, por conta disso, que "a bipartição do contrato em "afretamento" e prestação de serviços – a também, por óbvio, a sua coligação voluntária – é artificial, desnecessária, sem propósito".

Em dezembro de 2013, o CARF já vinha sinalizando que passaria a considerar ilegal o desmembramento dos contratos para fins tributários. No julgamento do Processo nº 15521.000156/2009-25[31], analisou a correção de uma autuação lavrada contra uma prestadora de serviços brasileira, sob o fundamento de que a maior parte dos valores envolvidos nos contratos era escoado para o exterior sem a retenção do importo de renda na fonte. Argumentava-se, por conta disso, que a empresa estrangeira afretadora da embarcação, para cobrir os custos da prestadora de serviços, fazia a transferência de valores sob a rubrica de "reembolso de despesas" e "aumento de capital", quando, em verdade, tais quantias seriam receitas omitidas da empresa nacional, sobre as quais deveria haver a incidência de IRPJ, CSLL, PIS e COFINS.

Segundo a Receita, a empresa brasileira se submeteu a condições contratuais desfavoráveis, utilizando preços incompatíveis com os custos dos serviços que realizaria, para viabilizar a remessa, pela empresa controladora, com sede nas ilhas Cayman, do valor pago a título de afretamento.

No caso, o CARF desconsiderou a existência de dois contratos, pois considerou ausente o propósito negocial dessa forma de contratação. Assim, concluiu que os valores pagos pela empresa estrangeira à brasileira, prestadora de serviços,

---

[30] No caso, foi julgado apenas a incidência da CIDE. O lançamento do IRFF foi objeto do processo administrativo nº 16682.721161/2012-91 e ainda se encontra pendente de julgamento.
[31] CARF, Processo nº 15521.000156/2009-25, Acórdão nº 1202-001.067 – 2ª Câmara/2ª Turma Ordinária, Sessão de 03/12/2013.

sob a rubrica de reembolso de despesas, deveriam ser submetidos à tributação do IRPJ e CSLL[32].

Interessante notar que a própria Receita Federal, ao considerar a bipartição dos contratos inválida, ainda não decidiu exatamente como a estrutura deve ser desmontada. Vimos acima que existem dois tipos de autuação: (i) quando se considera que a empresa estrangeira afretadora da embarcação deve receber a título de prestação de serviços o que, na realidade, recebeu por conta do afretamento; e (ii) quando se considera que a empresa brasileira prestadora de serviços deve receber a título de prestação de serviços o que, na realidade, recebeu da empresa estrangeira afretadora sob outras formas (por exemplo, reembolso de despesas ou aumento de capital), uma vez que, no entendimento da Receita, tais quantias teriam apenas circulado pelas contas da empresa estrangeira, mas, na verdade, serviriam para remunerar a prestação de serviços que estaria sendo realizada para a operadora.

Dependendo da interpretação do fisco, as conseqüências tributárias serão diversas. No primeiro caso, será autuada a empresa brasileira operadora de petróleo, por não reter na fonte o IRRF e por não recolher CIDE, PIS/COFINS e ISS sobre essa "importação de serviços" Já, na segunda hipótese, o pagamento dos tributos incorreria a cargo da prestadora de serviços brasileira, que seria autuada pela falta de recolhimento de IRPJ, CSLL, PIS/COFINS[33] e ISS[34].

Essa duplicidade de autuações, do operador e do prestador de serviço, é, no mínimo, um indicativo de que nem o Fisco está convicto de como funciona essa

---

[32] A Turma julgadora decidiu, pelo voto de qualidade, que as quantias recebidas a título de reembolso de despesas deveriam ser tributadas pelo IRPJ e pela CSLL, por entender que não havia propósito negocial na operação. Por outro lado, em sentido diametralmente oposto e sem explicação aparente, entendeu no mesmo processo, por maioria de votos, que as mesmas quantias recebidas a título de reembolso de despesas não deveriam ser tributados pelo PIS e pela COFINS. A conclusão poderia derivar do fato de que existe a não incidência do PIS/COFINS nas receitas de exportação que representem ingresso de divisas. Não é esse, todavia, o fundamento utilizado no voto vencedor dessa parte do julgamento, que atribui a inocorrência da tributação ao fato de que não se demonstrou haver situação simulatória atribuível à empresa. Pelo mesmo argumento e igualmente de forma contraditória, afastou a tributação pelo IRPJ, CSLL e PIS/COFINS do montante recebido a título de aumento de capital.

[33] Caso se comprove que a remuneração recebida representou ingresso de divisas e foi decorrente de prestação de serviços para a empresa estrangeira afretadora da plataforma, e não para a empresa brasileira operadora, não haveria a incidência do PIS/COFINS, conforme dispõem os artigos 14, § 1º, da MP 2.158-35/2001, 5º, II, da Lei 10.637/2002, 6º, II, da Lei 10.833/2003 e, sobretudo, do artigo 149, § 2º, da Constituição Federal.

[34] Considerando que o resultado da suposta prestação de serviços seria verificado no Brasil, nos termos do art. 2º, I, parágrafo único, da Lei Complementar 116/2003..

estrutura. Além disso, reforça o caráter absurdo de se tributar duas vezes uma mesma atividade que sequer deveria ser tributada uma única vez.

Alguns meses antes dos 2 julgamentos examinados, o CARF havia analisado exatamente a mesma estrutura, dando, entretanto, interpretação distinta ao considerar válida a mesma estrutura. Isso ocorreu, na sessão de 10 de setembro de 2013[35], quando do julgamento do Processo nº 19395.720018/2012-13. A Receita Federal autuou a empresa brasileira prestadora de serviços, sob o argumento de que as empresas tentam "manipular as somas recebidas pela prestação de serviços, ao aumentarem valores a título de reembolso de despesas e diminuindo os correspondentes tributários", somado ao fato de que a fiscalizada apresentava expressivos e sucessivos prejuízos fiscais.

Tal subterfúgio seria pretensamente consumado, na medida em que "o contrato de afretamento celebrado com empresa estrangeira consome, praticamente, 90% dos valores e o contrato de prestação de serviços de perfuração de petróleo com empresa sediada no Brasil, controlada pela empresa estrangeira apenas 10%, o que não é suficiente para pagar os custos da empresa que sistematicamente tem apresentado prejuízo".

O Conselheiro Relator inicia o seu voto esclarecendo que o simples fato de o *split* se dar à razão de 90/10 não é, *per si*, algo irregular. Assim, reconheceu a legitimidade da estrutura, afirmando que "o fato de a lei brasileira prever tributação de forma diferenciada às empresas estrangeiras, proprietárias de embarcação objeto de contrato de afretamento com a Petrobras, ou a circunstância de a Petrobras limitar o valor pago às empresas de perfuração de poços, subsidiárias das proprietárias das embarcações afretadas, não pode ser utilizado como elemento subjetivo para supor conluio entre as empresas contratantes, em especial quando a contratação se dá por força de licitação pública."

Daí a relevância dos julgamentos dos Processos nº 16682.721162/2012-35 e 15521.000156/2009-25, que podem representar uma perigosa reviravolta na jurisprudência administrativa tributária, passando a considerar artificial e sem propósito a estrutura contratual usualmente utilizada pelas empresas de petróleo.

A discussão sobre os limites da autonomia da vontade das partes na celebração de contratos e os seus efeitos na esfera tributária é extremamente relevante. No entanto, o julgamento partiu de uma premissa equivocada. A discussão vem sendo travada partindo-se do pressuposto que existe um planejamento tributário para se analisar se tal planejamento é abusivo ou não. Esse, todavia, não deve ser o debate em jogo. Isto porque simplesmente não há planejamento tributário.

---

[35] CARF, Processo nº 19395.720018/2012-13, Acórdão 1402-001.439 – 4ª Câmara/2ª Turma Ordinária, Sessão de 10/09/2013.

Quando existem obrigações suscetíveis de desmembramento não somente se pode segregá-las para fins tributários, como se deve segregá-las. O planejamento tributário existe justamente na situação inversa, ou seja, quando se tenta dar o mesmo tratamento a duas situações/obrigações distintas. Aí sim deve o intérprete analisar se tal união é reveladora de propósito negocial ou se não é artificial. Separar duas coisas que podem ser separadas possui um propósito em si mesmo, que é preservar o princípio da isonomia, de modo a se tratar situações distintas de forma distinta.

A utilização de um contrato misto ou coligado, portanto, não pode ser encarada como instrumento para realização de um planejamento tributário. Deve sim ser vista como mecanismo, inserido no campo na liberdade contratual privada e da livre iniciativa[36], apto a regular relações interpessoais naturais e cotidianas. Resta saber qual tratamento o direito tributário deve conceder a tais contratos com vistas a lhes oferecer a tributação adequada[37].

3.3. Primeira Fase – A utilização do critério da preponderância econômica

Num primeiro momento, o Superior Tribunal de Justiça utilizou a teoria da preponderância econômica para determinar qual deveria ser a tributação aplicável aos contratos mistos. No REsp 6.219[38], se discutia a operação de venda cumulada com o serviço de instalação de aparelhos de ar condicionado. No caso, o contribuinte, emitia duas notas fiscais distintas: uma para a venda do aparelho e outra para a sua instalação. A primeira era tributada pelo ICMS e a segunda pelo ISS. O tribunal decidiu que não poderia haver essa separação. Deveria se buscar qual atividade seria preponderante na contratação para que fosse tributado o contrato como um todo. Com isso, chegou à conclusão de que a operação deveria ser tributada apenas pelo ICMS, tendo em vista "a preponderância do valor do

---

[36] A Constituição Federal de 1988 reconheceu a grande importância que possui o valor da livre iniciativa ao inclui-lo como fundamento do Estado Democrático de Direito no art. 1º, IV, e como fundamento da ordem econômica no art. 170, caput.

[37] Em obra clássica sobre o tema, o juiz da *Bundesfinanzhof* (Tribunal Federal de Finanças Alemã) Wilhelm Hartz explica que "o direito tributário não está para influir nas formas do direito civil. Pelo contrário, ele se liga às formas que as partes produzirem segundo a sua vontade, no pressuposto, naturalmente, de que se trata de formulações jurídicas sérias, na aparência e na realidade, e que o contrato e sua execução sejam compatíveis entre si. O contribuinte não é obrigado a escolher a forma jurídica através da qual o fisco possa contar com o máximo de receita". (HARTZ, Wilhelm. Interpretação da Lei Tributária – conteúdo e limites do critério econômico. Tradução, prefácio e notas de Brandão Machado. São Paulo: Editora Resenha Tributária, 1993, p.100).

[38] STJ, REsp 6219/MG, Primeira Turma, Relator(a) Ministro Milton Luiz Pereira, Data do Julgamento 20/04/1994, DJe 23/05/1994.

negócio jurídico representado pela venda do refrigerador sobre aquele da mão-de-obra"³⁹.

O tribunal, portanto, assentou duas premissas importantes: (i) os contratos mistos devem ser regulados para efeitos tributários unicamente pelo regramento relativo à parcela preponderante do contrato; e (ii) o método para se aferir qual é a parte preponderante no contrato é o conteúdo econômico de cada uma das prestações, ou seja, será preponderante a parcela com o maior valor.

Os fundamentos para utilização do critério da preponderância econômica – muitas vezes também chamado pelos Ministros do STJ apenas de princípio da preponderância – foram melhor explicitados no julgamento do REsp 975.105⁴⁰. A base legal para sua aplicação estaria na redação original do § 2º do artigo 71 do CTN, que previa que, nas operações mistas, quando a prestação do serviço constituísse o objeto essencial da empresa e contribuísse com mais de 75% (setenta e cinco por cento) da receita média mensal da atividade, seria devido apenas o ISS sobre o valor total da operação.

Logo, a legislação trazia, com base na necessidade de delimitação das competências tributárias e até mesmo no princípio da praticabilidade, uma regra a ser utilizada exclusivamente para resolver conflitos de competência entre o ISS e o ICMS. Essa regra excepcional, por consequência, não poderia ser estendida a outras hipóteses nem a outros tributos, que aparentemente deveriam seguir tributadas individualmente.

Essa é a primeira fase da jurisprudência dos tribunais superiores.

3.4. Segunda Fase – A utilização do critério da preponderância legal taxativa

Essa orientação jurisprudencial foi superada no STJ⁴¹, a partir de julgados mais recentes do STF⁴². Ambos os tribunais passaram a entender que os contratos mistos em que há fornecimento de mercadorias e prestação de serviços conti-

---

[39] No mesmo sentido, os REsp 139.921 (STJ, Primeira Turma, Relator(a) Ministro Francisco Falcão, Relator p/ Acórdão Ministro José Delgado, Data do Julgamento15/08/2000, DJ 02/10/2000) e EDcl no REsp 125851/MG (STJ, Primeira Turma, Relator (a) Ministro Milton Luiz Pereira, Data do Julgamento 24/02/2000, DJ 22/05/2000).

[40] STJ, REsp 975105/RS, Segunda Turma, Relator(a) Ministro Herman Benjamin, Data do Julgamento 16/10/2008, DJe09/03/2009.

[41] Confira-se, por exemplo, os REsp 1.092.206 (STJ, Primeira Seção, Ministro Teori Albino Zavascki, Data do Julgamento 11/03/2009, DJe 23/03/2009), REsp 881.035 (STJ, Primeira Turma, Relator(a) Ministro Teori Albino Zavascki, Data do Julgamento 06/03/2008, DJe 26/03/2008)e AgRg no REsp 1064634/SC (STJ, Segunda Turma, Relator (a) Ministro Castro Meira, Data do Julgamento 03/08/2010, DJe 17/08/2010).

[42] Confira-se, por exemplo, os RE 144.795 (Relator(a): Min. Ilmar Galvão, Primeira Turma, julgado em 19/10/1993, DJ 12/11/1993) e RE 129.877 (Relator(a): Min. Marco Aurélio, Segunda Turma, julgado em 03/11/1992, DJ 27/11/1992).

nuariam sendo tributados em conjunto por apenas um dos tributos. O critério para se saber qual dos tributos incidiria, no entanto, não seria mais o da preponderância. A partir da edição do Decreto-Lei 406/68, em especial dos §§ 1º e 2º do art. 8º, com a revogação do art. 71 do CTN, passou a valer o critério objetivo da listagem taxativa.

Ou seja, serviços constantes da lista anexa ao Decreto-Lei 406/68 seriam tributados exclusivamente pelo ISS, ainda que a prestação envolvesse o fornecimento de mercadorias.

Com isso, os tribunais superiores passaram a entender que os contratos mistos continuariam a ser tributados unicamente pelo ISS ou pelo ICMS. A preponderância de cada um deles, por outro lado, não se daria mais em virtude da proeminência financeira de cada qual na operação, mas sim a partir da eleição livre, direta e taxativa do legislador, prevista na lista anexa ao Decreto-Lei 406/68. É o que chamamos de critério da preponderância legal taxativa.

Assim como na primeira da fase jurisprudencial, haveria a tributação integral com base em apenas um dos componentes do contrato. Não se admitia a segregação porque novamente a legislação expressamente determinava a tributação conjunta.

Muito embora os julgadores não tenham feito expressamente essa correlação, nos parece que a utilização do critério da preponderância tem suas raízes históricas na adoção da teoria da absorção, formulada em 1908 pelo civilista alemão Philipp Lotmar, com o objetivo de se determinar a qual regime jurídico estariam submetidos os contratos mistos.

A professora espanhola Laura Gázquez Serrano explica que, segundo a teoria da absorção, quando se está diante de um contrato de conteúdo complexo, deve-se indagar qual é o elemento/prestação preponderante e quais as prestações acessórias. Feito isso, o contrato inteiro ficará sujeito às regras relativas ao tipo legal a que pertence a prestação principal[43].

Essa teoria, que remonta ao início do século XX, recebeu ferozes críticas por parte da doutrina civilista, na medida em que, além da dificuldade em se definir qual das prestações é preponderante em cada contrato, acaba por reduzir os contratos mistos a apenas uma de suas partes, quando o que justifica a existência de um contrato misto é justamente a conjugação de suas diferentes atividades com vistas a um objetivo comum.

Voltando ao caso dos contratos de afretamento atrelados a contratos de prestação de serviços, vimos que o fisco elegeu como preponderante a parcela relativa à prestação de serviços, em detrimento do afretamento. Quais motivos guiaram o fisco nessa escolha?

---

[43] SERRANO, Laura Gázquez. *El contrato de mediación o corretaje*. Madri: Editora La Ley, 2007, p.31).

Sob o ponto de vista do conteúdo econômico de cada uma das prestações, é inegável que o elevado valor de mercado das plataformas faz com que o valor do afretamento seja infinitamente superior ao valor atribuível à prestação de serviços. Há que se buscar, portanto, um propósito legítimo para se tributar o contrato inteiro levando-se em consideração somente a parte da prestação de serviços. Obviamente, esse propósito não pode ser unicamente o de se alcançar uma maior tributação[44].

Ainda que esse modelo denote relação de interdependência – de existência e validade –, não há motivo capaz de afastar a individualidade dos contratos. Muito pelo contrário, a doutrina sempre reconheceu a existência de contratos coligados.

Segundo Orlando Gomes, "os contratos coligados são queridos pelos contratantes como um todo. Um depende do outro de tal modo que cada qual, isoladamente, seria desinteressante, mas não se fundem"[45].

Ora, é exatamente isso que ocorre nos contratos de afretamento. A execução é, em geral, simultânea, já que a duração do aluguel da embarcação coincide com a prestação do serviço. Um não existe sem o outro, mas a autonomia persiste.

3.5. Terceira Fase – A não utilização do critério da preponderância e a impossibilidade de desmembramento dos contratos

Consciente de que as prestações em um contrato misto não devem ser regidas por uma relação de subordinação entre elas, mas sim de coordenação, o STJ passou a deixar de lado o critério da preponderância. Discutia-se no REsp 189.225[46] se os contratos de franquia poderiam ser tributados pelo ISS. O voto do Ministro Franciulli Netto aponta a existência de "um conjunto de atividades abarcadas pelo contrato de franquia, sem que se possa conceber a preponderância de uma atividade em detrimento de outra".

Desse modo, entenderam os Ministros que o contrato não poderia ser cindido. Tal conclusão, a nosso ver, deflui muito mais da impossibilidade de se tri-

---

[44] A respeito da impossibilidade de se utilizar a arrecadação como fator decisivo na interpretação na norma tributária, veja-se TAVARES, Diogo Ferraz Lemos. A Supremacia do Interesse Público e o Direito Tributário. Porto alegre: Nuria Fabris Editora, 2012, que conclui que "o interesse público no Direito Tributário não é arrecadatório, pois não se confunde com o interesse do Estado" e que esse interesse, na verdade, "é o de a tributação se dê de uma forma que observe as normas constitucionais, respeitando-as e promovendo o seu respeito por toda a sociedade".

[45] GOMES, Orlando. Contratos. 26ª ed. Antonio Junqueira de Azevedo e Francisco Paulo de Crescenzo Marino (atualizadores). Edvaldo Brito (coordenador). Rio de Janeiro: Forense, 2008, pp. 121-122.

[46] STJ, REsp 189.225, Segunda Turma, Relator (a) Ministro Francisco Peçanha Martins, Data do Julgamento 04/09/2001, DJ 03/06/2002.

butar algo que não possua expressa previsão legal, do que pela impossibilidade de desmembramento em si, passando cada uma das parcelas a ser tributadas de acordo com o seu regime legal correspondente. Em outras palavras, o que não se pode é desmembrar os contratos para que se aplique o regime legal de uma única parcela ao contrato inteiro. O desmembramento das parcelas para que cada qual tenha o seu regime legal aplicado individualmente não só é possível, como é a solução que melhor atende os princípios de justiça fiscal.

Afirmamos isso com base no próprio acórdão, que, ao final, estabelece a impossibilidade de cobrança do ISS em razão do "princípio tributário que proíbe a determinação de qualquer tipo de fato gerador sem apoio em lei". Ou seja, considerando que o contrato como um todo não possuía previsão legal de ser tributado, não haveria a possibilidade de segregá-lo para que houvesse a incidência fiscal.

A questão foi também examinada pelo STJ no que diz respeito à possibilidade de exigência do ISS sobre os contratos de afretamento por tempo e por viagem. Por serem de natureza complexa, entendeu novamente o tribunal no julgamento do REsp 792.444[47] e do REsp 1.054.144[48], que não poderiam ser desmembrados para efeitos fiscais.

3.6. Quarta Fase – A não utilização do critério da preponderância e a possibilidade de desmembramento dos contratos

A não utilização do critério da preponderância para que uma das parcelas do contrato passe a reger a tributação do contrato como um todo, abre espaço para duas possibilidades de tributação dos contratos mistos: (i) ou se determina que não há como se segregar as prestações do contrato e a tributação só poderá ocorrer se existir previsão legal para a tributação do contrato complexo inteiro, deixando de lado a tributação que porventura houvesse nas atividades do contrato em separado, como se fez na terceira fase jurisprudencial; (ii) ou se determina que é obrigatório o desmembramento do contrato para que cada uma das parcelas seja tributada independentemente da outra.

Essa segunda opção – repita-se, que é a mais adequada do ponto de vista da justiça fiscal – vem encontrando guarida na jurisprudência do Supremo Tribunal Federal nos últimos anos.

---

[47] STJ, REsp 792444/RJ, Segunda Turma, Ministra Eliana Calmon, Data do Julgamento 06/09/2007, Data da Publicação/Fonte DJ 26/09/2007.
[48] STJ, REsp 1054144/RJ, Primeira Turma, Relator (a) Ministra Denise Arruda, Data do Julgamento 17/11/2009,DJe 09/12/2009.

O ARE 656.709⁴⁹ debatia a imposição do ISS em um contrato de locação de guindaste acompanhada do seu operador. A Segunda Turma do STF entendeu que "se houver ao mesmo tempo locação de bem móvel e prestação de serviços, o ISS incide sobre o segundo fato, sem atingir o primeiro".

Em sendo assim, a jurisprudência dos tribunais superiores parece apontar no caminho certo, de modo a conferir tratamento tributário justo e adequado aos contratos mistos. Concluindo o mesmo julgamento, o Ministro Joaquim Barbosa ainda chama a atenção para "a necessidade de adequação da base de cálculo do tributo para refletir o vulto econômico da prestação de serviço, sem a inclusão dos valores relacionados à locação".

Apesar de tratar especificamente da tributação pelo ISS, o caso julgado guarda inegável semelhança com a discussão atinente à tributação dos contratos de afretamento. Por essa razão, ambos devem receber a mesma resolução, consistente em se permitir a segregação dos contratos mistos ou complexos, para que cada uma de suas partes receba tratamento tributário individualizado e condizente com suas especificidades. Isso não significa dizer que os contribuintes possuem carta branca para determinarem a proporção entre os pagamentos do afretamento e da prestação de serviços da forma que lhes aprouver. Tais valores devem ser adequados à realidade de mercado, refletindo, pois, o "vulto econômico" de cada uma das atividades.

Mais recentemente, em maio de 2014, o Plenário do STF consolidou o posicionamento no sentido de que é possível a fragmentação das relações contratuais complexas para efeitos tributários. Para tanto, o contrato deve segregar claramente a locação de bens móveis da prestação de serviços, "seja no que diz com o seu objeto, seja no que concerne ao valor específico da contrapartida financeira"⁵⁰.

Por incrível que pareça, a segregação dos contratos complexos também é o caminho indicado pela Receita Federal em alguns casos. A Solução de Divergência COSIT n° 11, de 28 de abril de 2011, aponta nesse sentido, ao determinar que "não haverá incidência da Cofins-Importação sobre o valor pago a título de Royalties, se o contrato discriminar os valores dos Royalties, dos serviços técnicos e da assistência técnica de forma individualizada". E segue adiante afirmando que "neste caso, a contribuição sobre a importação incidirá apenas sobre os valores dos serviços conexos contratados".

Com isso, fica claro que o fisco federal sempre reconheceu ser possível a segregação dos valores recebidos em contratos complexos para fins tributários,

---

[49] ARE 656.709 AgR, Relator(a): Min. Joaquim Barbosa, Segunda Turma, julgado em 14/02/2012, Divulgado em 07/03/2012, Publicado em 08/03/2012.
[50] STF, Agravo Regimental na Reclamação 14.290. Relatora Ministra Rosa Weber. Plenário. Julgado em 22.05.2014, DJe de 20/06/2014.

inclusive de desoneração de parte dos rendimentos recebidos. Por que seria diferente com relação aos contratos de afretamento?

Aparentemente, a própria Receita Federal tem se feito essa pergunta e começa a dar indícios de que passará a aceitar a bipartição dos contratos com a conseqüente aplicação da alíquota zero para a parcela do afretamento.

Nesse sentido, a Solução de Consulta COSIT nº 225, de 19 de agosto de 2014[51], concluiu que a vinculação entre as empresas contratantes só pode configurar planejamento tributário abusivo quando associada a outros aspectos, como a desproporção da remuneração pactuada e ausência de propósito negocial.

O objeto da consulta foi exatamente o modelo de contratação explanado nos casos concretos anteriores, ressaltado que a consulente alegou que foi constituída no exterior com o objetivo de operacionalizar o REPETRO.

Segundo os fatos narrados pela consulente, esta detém um contrato de construção de navio sonda com um estaleiro brasileiro. Finalizada a construção, o navio sonda será submetido ao procedimento de exportação ficta, ou seja, será exportado sem a efetiva saída do território brasileiro.

Afirma que será responsável por fornecer o equipamento afretado enquanto uma outra empresa brasileira será a operadora do equipamento, sendo que as duas empresas são independentes e não pertencem ao mesmo grupo econômico, o que em tese afastaria a atração da interpretação administrativa que vem sendo assentada quanto à desconsideração da bipartição dos contratos.

A solução da consulta assegura que "as empresas são livres para montar os seus negócios e para contratar na forma que melhor entenderem, visando a otimização de suas operações e a obtenção de lucros". Por conta disso, ressaltou que, "em princípio, não se vislumbra nenhum óbice que, na gestão de seus negócios, determinada empresa opte por efetuar dois contratos com empresas distintas, uma para afretamento do bem e outra para sua operação".

É verdade que a solução de consulta tratava de operações entre partes independentes entre si, mas nos parece que nada impede que o entendimento a que

---

[51] Assunto: Imposto de Renda Retido na Fonte Ementa: AFRETAMENTO DE NAVIOS SONDA, POSSIBILIDADE DE APLICAÇÃO DA ALÍQUOTA ZERO DE IRRF SOBRE OS VALORES REMETIDOS PARA O EXTERIOR. O pagamento, crédito, emprego ou remessa da contraprestação do contrato de afretamento de navios sonda está sujeito à alíquota zero do IRRF. Dispositivos legais: inciso I do art. 1º da Lei nº 9.481, de 13 de agosto de 1997, inciso I do art. 691 do Decreto nº 3.000, de 1999 (RIR/1999) e art. 2º da Instrução Normativa nº 1.455, de 06 de março de 2014. INEFICÁCIA DA CONSULTA QUANTO A PLATAFORMA SEMISSUBMERSÍVEL Assunto: Processo Administrativo Fiscal Ementa: CONSULTA. REQUISITOS. LEGITIMIDADE. FALTA DE PREENCHIMENTO. EFEITOS. Não produz efeitos a consulta que não preenche os requisitos previstos na legislação, incluindo a legitimidade, assim como aquela que tem por objetivo a simples prestação de assessoria tributária pela RFB. Dispositivos legais: IN RFB nº 1.396, de 2013, art.18, incisos I e XIV.

se chegou seja igualmente aplicado a transações entre empresas pertencentes ao mesmo grupo empresarial. Ademais, existem diversos parâmetros de controle de partes vinculadas na legislação doméstica e no direito tributário internacional que buscam coibir a formação artificial de preços. Citamos, em especial, a legislação que cuida dos preços de transferência (Lei nº 9.430/96, arts. 18 a 24-B).

3.7. A violação ao Princípio da Proteção da Confiança

Fundamentado no valor da segurança jurídica, o princípio da proteção da confiança tem seu campo de aplicação quando atos estatais geram diretrizes para os cidadãos que, acreditando na validade e correção destas, pautam suas atividades no sentido indicado[52].

Com isso, as manifestações dos entes públicos não poderão ser objeto de modificações imprevisíveis e suscetíveis de afetar as decisões importantes do setor privado, a menos que tais modificações sejam justificadas por valores/princípios mais relevantes naquele caso concreto[53].

A redação do § 3º do art. 5º da Instrução Normativa da RFB nº 941, de 25 de maio de 2009, que previa expressamente a possibilidade de execução simultânea entre o contrato de afretamento e o de prestação de serviço, gera uma confiança natural nas empresas de que tal sistemática é válida. Por isso, não é legítimo que o mesmo fisco que incentivou os contribuintes a organizarem suas atividades nesse formato venha agora querendo desconsiderá-lo.

O Estado, por intermédio do Poder Legislativo, pode rever tais benefícios daqui pra frente, mas nunca o Poder Executivo e com efeitos para o passado.

Se na década de 90, com a quebra do monopólio da exploração, o país decidiu promover incentivos para as empresas internacionais – provavelmente porque o Brasil ainda era economicamente instável e não representava nenhum potencial competitivo, se comparado a países da África, por exemplo – o fez por motivos que se sustentavam naquele cenário.

Se hoje os benefícios fiscais que outrora contribuíram para que o Brasil se tornasse uma potência já não se justificam, não é o Poder Executivo que tem a competência para suprimi-los, lavrando autuações com fins meramente arrecadatórios.

---

[52] CAMPOS, Carlos Alexandre de Azevedo. *Proteção da Confiança na Jurisprudência do Supremo Tribunal Federal*. In: Revista de Direito Administrativo Contemporâneo, Ano 2, Vol. 7. Editora Thomson Reuteurs – Revista dos Tribunais, 2014, p. 12.

[53] CALMES, Sylvia. *Du príncipe de protection de laconfiance em droit sallemand, communautaire e français*. Nouvelle bibliotèque de thèses, vol. 1 Dalloz: Paris, 2001, pp. 10-12.

Certamente, esse é um dos desafios da idéia de proteção da confiança: conciliar a necessidade de previsibilidade e estabilidade das situações individuais com os imperativos de mutabilidade e flexibilidade do direito[54].

Tal ideal é alcançado preservando-se as relações pautadas na confiança legítima.

Em verdade, quando se contempla uma estrutura utilizada há quase 25 anos com a chancela do Estado, é inegável que a sua desconsideração acabe por afrontar o princípio da proteção da confiança. O administrado tem a convicção de que o contrato bipartido é um modelo que pode ser adotado nos serviços de produção e prospecção marítima de petróleo.

A proteção da confiança deverá ser afirmada quando a Administração pretender mudar a situação jurídica por ela definida com base em razões que estão em seu âmbito de responsabilidade, isto é, no processo de aplicação do Direito que ela própria desenvolve, desde que o resultado não esteja notoriamente distante do que o ordenamento impõe como razoável[55].

4. O Artigo 106 da Lei nº 13.043/2014

O fato relevante é que no dia 14 de novembro de 2014, foi publicada a Lei nº 13.043/2014, cuja redação prevê novos parâmetros para os contratos de afretamentos relacionados à prospecção e exploração de petróleo e gás natural, *verbis*:

O art. 1º da Lei nº 9.481, de 13 de agosto de 1997, passa a vigorar acrescido dos seguintes §§ 2º a 8º, renumerando-se o atual parágrafo único para § 1º: (...)

§ 2º No caso do inciso I do caput deste artigo, quando ocorrer execução simultânea do contrato de afretamento ou aluguel de embarcações marítimas e do contrato de prestação de serviço, relacionados à prospecção e exploração de petróleo ou gás natural, celebrados com pessoas jurídicas vinculadas entre si, do valor total dos contratos a parcela relativa ao afretamento ou aluguel não poderá ser superior a:

I – 85% (oitenta e cinco por cento), no caso de embarcações com sistemas flutuantes de produção e/ou armazenamento e descarga (Floating Production Systems – FPS);

II – 80% (oitenta por cento), no caso de embarcações com sistema do tipo sonda para perfuração, completação, manutenção de poços (navios-sonda); e

III – 65% (sessenta e cinco por cento), nos demais tipos de embarcações.

---

[54] GONÇALVES, Fábio Fraga. *Princípio da Proteção da Confiança – Análise à Luz dos Postulados da Moralidade e da Eficiência*. In: Revista Internacional de Direito Tributário. Associação Brasileira de Direito Tributário. Livraria Del Rey Editora, 2005.
[55] GOMES, Marcus Livio. *Instrumentos para la unificación de criterios administrativos en materia tributaria*. 1ª. ed. Barcelona: Atelier Libros Jurídicos, 2011, v. 1, 207 p.

§ 3º Para cálculo dos percentuais previstos no § 2º, o contrato celebrado em moeda estrangeira deverá ser convertido para Real à taxa de câmbio da moeda do país de origem, fixada para venda pelo Banco Central do Brasil, correspondente à data da apresentação da proposta pelo fornecedor, que é parte integrante do contrato.

§ 4º Em caso de repactuação ou reajuste dos valores de quaisquer dos contratos, as novas condições deverão ser consideradas para fins de verificação do enquadramento do contrato de afretamento nos limites previstos no § 2º.

§ 5º Para fins de verificação do enquadramento das remessas de afretamento nos limites previstos no § 2º, deverá ser desconsiderado o efeito da variação cambial.

§ 6º A parcela do contrato de afretamento que exceder os limites estabelecidos no § 2ºsujeita-se à incidência do imposto de renda na fonte à alíquota de 15% (quinze por cento) ou de 25% (vinte e cinco por cento), quando a remessa for destinada a país ou dependência com tributação favorecida, ou quando o arrendante ou locador for beneficiário de regime fiscal privilegiado, nos termos dos arts. 24 e 24-A da Lei nº 9.430, de 27 de dezembro de 1996.

§ 7º Para efeitos do disposto no § 2º, será considerada vinculada a pessoa jurídica proprietária da embarcação marítima sediada no exterior e a pessoa jurídica prestadora do serviço quando forem sócias, direta ou indiretamente, em sociedade proprietária dos ativos arrendados ou locados.

§ 8º O Ministro da Fazenda poderá elevar ou reduzir em até 10 (dez) pontos percentuais os limites de que trata o § 2º" (NR).

A norma atua no espaço típico da reserva do princípio da "praticabilidade tributária"[56], traduzindo-se no conjunto de técnicas que visam a viabilizar a adequada execução do ordenamento jurídico. Dentre essas técnicas se encontram as abstrações generalizantes, que abrangem as presunções, as ficções, os indícios, os conceitos jurídicos indeterminados, as cláusulas gerais, as normas em branco e as normas de simplificação, dentre outras, na medida em que o comando legal encontra-se correlacionado a múltiplas relações jurídico-tributárias, realizadas em massa.

Este princípio não é absoluto, como nenhum outro do sistema tributário, podendo ser relativizado diante do processo de ponderação, à luz dos princípios da razoabilidade e da proporcionalidade, no caso concreto, quando provado que a situação fática não se enquadra na técnica de simplificação operada pelo comando legal de rateio dos custos, ressoando-se inaceitável e injusta.

Isto diante da complexidade e multiplicidade de fatores a serem considerados nos complexos contratos engendrados no afretamento de embarcações para a

---

[56] Costa, Regina Helena. *Praticabilidade e Justiça Tributária. Exequibilidade de Lei Tributária e Direitos do Contribuinte.* São Paulo: Malheiros, 2007, p. 53.

exploração de petróleo e gás, a expressar uma adequação aos meios e fins prestigiados na Lei Maior, traduzindo uma ponderação entre o ônus imposto e o benefício obtido, de modo a configurar a legitimidade do princípio da praticabilidade tributária[57].

A técnica trazida no bojo da Lei nº 13.043/2014 constitui presunção, pela qual se implementa a redução da complexidade da realidade fática. Ressalte-se, como já afirmado, que o instituto que ora se aponta tem natureza jurídica de presunção relativa, a qual pode ser impugnada pelo contribuinte quando provar a violação aos princípios da razoabilidade e proporcionalidade da técnica no caso concreto, sob pena de desprestigiar o princípio da capacidade contributiva e típicos institutos contratuais na esfera da liberdade de conformação negocial.

Podemos extrair algumas premissas da nova legislação.

O §2º inserido ao art. 1º da Lei nº 9.481/97 admitiu expressamente a possibilidade da execução simultânea do contrato de afretamento ou aluguel de embarcações marítimas e do contrato de prestação de serviço, relacionados à prospecção e exploração de petróleo ou gás natural, celebrados junto a pessoas jurídicas vinculadas, estipulando regras de *split* do valor total dos contratos por tipo de estrutura flutuante, admitida esta variação em função da complexidade destes equipamentos.

Da previsão de simultaneidade entre o contrato de afretamento ou aluguel de embarcações marítimas e o de prestação de serviço, extrai-se que o modelo de contrato bipartido não somente é permitido pelo ordenamento jurídico, como passou a contar com regulação específica autorizativa.

Ademais, com tal redação, o legislador conseguiu estancar as dúvidas quanto à natureza jurídica das plataformas para fins de fruição do benefício de alíquota zero do IRRF, deixando claro que são espécies do gênero embarcação.

Por não haver referência expressa às FSOs (Floating, Storage and Offloading) – plataformas flutuantes que armazenam hidrocarbonetos e promovem seu transbordo – ou às sondas semissubmersíveis, poderiam surgir incertezas quanto ao real alcance da norma. Tanto é que o questionamento foi tema da Solução de Consulta COSIT nº 12, de 9 de fevereiro de 2015[58]. No caso, a consulente indagou

---

[57] COSTA, Regina Helena. *Praticabilidade e Justiça Tributária. Exequibilidade de Lei Tributária e Direitos do Contribuinte*. São Paulo: Malheiros, 2007, p. 392.

[58] A ementa da Solução de Consulta COSIT nº 12, de 9 de fevereiro de 2015, é a seguinte: "IMPOSTO SOBRE A RENDARETIDO NA FONTE IRRF AFRETAMENTO DE PLATAFORMAS SEMISSUBMERSSÍVEIS POSSIBILIDADE DE APLICAÇÃO DA ALÍQUOTA ZERO DE IRRF SOBRE OS VALORES REMETIDOS PARA O EXTERIOR. O pagamento, crédito, emprego ou remessa da contraprestação do contrato de afretamento de plataforma semissubmersível está sujeito à alíquota zero do IRRF. A parcela relativa ao contrato de afretamento estará limitada à 80% do valor global do contrato, quando houver execução simultânea de prestação de serviço, relacionados

se o novo dispositivo seria aplicável ao afretamento de plataforma semissubmersível.

Entendeu a Coordenação-Geral do Sistema de Tributação que a referência ao temo "navios-sonda" contida no final do dispositivo analisado é apenas exemplificativa, "ou seja, o disposto no inciso II do § 2º do art. 1º deve ser aplicado a todas embarcações com sistema do tipo sonda para perfuração, completação, manutenção de poços e, entre elas, destacam-se os navios-sonda".

Concluiu, por essa premissa, que se aplica a alíquota zero do IRRF ao valor pago do contrato pelo afretamento das plataformas submersíveis, limitados a oitenta por cento do valor global, já que se enquadram na definição de embarcação dotada de sistema tipo sonda. Assim, é perceptível o movimento da própria Receita Federal no sentido de reconhecer as plataformas como embarcação.

Um ponto que pode chamar atenção é se a nova regra seria válida apenas para as operações em que há a bipartição dos contratos, já que existe também a possibilidade de estruturar o negócio por meio de um contrato unificado. Tal exegese poderia ser feita a partir do comando expresso do art. 111 do Código Tributário Nacional, o qual prevê a interpretação literal da legislação tributária que outorgue isenção.

Não acreditamos que esta seja a melhor interpretação. Em primeiro lugar, não haveria lógica em se fazer tal distinção, nem parece ter sido essa a intenção do legislador. Além disso, a nova regra não outorga um benefício fiscal, mas sim limita um benefício previamente outorgado, o que por si só já afastaria a aplicação do art. 111 do CTN.

Ainda quanto ao §2º do art. 1º da Lei nº 9.481/97, o trecho "*relacionados à prospecção e exploração de petróleo ou gás natural*" pode suscitar controvérsia se as limitações, nesse caso, estariam restritas aos contratos relacionados à fase de prospecção e exploração ou também seriam aplicáveis à fase de produção. Parece ter havido apenas uma imprecisão conceitual nas palavras utilizadas pelo legislador, de modo que o dispositivo também deve ser aplicado às operações realizadas na fase de produção.

Tanto é assim que, no dia 10/12/2014, foi apresentado Projeto de Lei de Conversão da Medida Provisória nº 661, de 2014, pelo Senador Romero Jucá, cuja redação altera a Lei nº 13.043 de 2014, de modo a deixar claro que os contratos relacionados à fase de produção também estariam abrangidos pela nova regra. Aproveitou e também esclareceu que as plataformas semissubmersíveis estariam

---

à prospecção e exploração de petróleo ou gás natural, celebrados com pessoas jurídicas vinculadas entre si. Dispositivos Legais: inciso I do art. 1º e inciso II do § 2º do art. 1º da Lei nº 9.481, de 13 de agosto de 1997, e inciso I do art. 691 do Decreto nº 3.000, de 1999 (RIR/1999)".

enquadradas no inciso II do §2º do art. 1º da Lei nº 9.481/97, confirmando o que já havia sido dito pela Solução de Consulta COSIT nº 12, de 9 de fevereiro de 2015.

O §6º do art. 1º da Lei nº 9.481/97 estabelece as consequências no caso de inobservância da proporção criada pelo §2º do mesmo artigo. Nesse sentido, definiu que a parcela do contrato de afretamento que exceder os limites estabelecidos no §2º ficará sujeita à incidência do imposto de renda na fonte à alíquota de 15% (quinze por cento) ou de 25% (vinte e cinco por cento), quando a remessa for destinada a país ou dependência com tributação favorecida, ou que o arrendante ou locador seja beneficiário de regime fiscal privilegiado.

Ou seja, a nova legislação restringe o benefício anteriormente concedido, de modo que embora, de acordo com a realidade fática, a parcela relativa ao afretamento seja superior aos percentuais estabelecidos, o benefício não poderá ser aplicado à parcela excedente. Aqui, novamente, vale ser lembrada a forma adequada de se restringir ou retirar um benefício fiscal. Se outrora os benefícios se prestavam aos interesses econômicos do país e se agora já não fazem sentido, é justamente pelo legislativo, tal como se fez na Lei nº 13.043/2014, que as isenções devem ser limitadas.

É certa, portanto, a tributação da parcela excedente pelo IRRF. Isso não equivale a dizer que tal parcela deve necessariamente também ser tributada pelo PIS/COFINS, CIDE e ISS, como importação de serviços, nem pelo IRPJ, CSLL, PIS/COFINS e ISS, como prestação de serviços no mercado interno. O que determinará a incidência dos demais tributos sobre o valor excedente é a sua natureza jurídica: se considerado preço do afretamento ou remuneração pela prestação do serviço.

Assim, na hipótese de afretamento de um navio-sonda, o limite máximo para fruição do benefício de alíquota zero para o IRRF foi estabelecido em 80% do valor total dos contratos. Caso a parcela do afretamento represente 95% do valor somado dos contratos e fique comprovado que essa proporção é adequada frente às peculiaridades fáticas dos contratos, 15% do valor dos contratos serão tributados pelo IRRF. A tributação ocorrerá porque, ainda que se considere tal parcela como afretamento, ela ultrapassa o limite estabelecido pela legislação para fruição do benefício da alíquota zero e deve ser tributada como uma remessa normal, na forma do §6º do art. 1º da Lei nº 9.481/97. Entretanto, apenas 5% serão tributados pelo IRPJ, CSLL, PIS/COFINS e ISS, na medida em que os 15% restantes, muito embora não possam fazer jus ao benefício de alíquota zero do IRRF, devem continuar sendo tratados como afretamento, Considerá-los como serviço contrariaria a realidade e equivaleria a criar uma presunção diferente da estabelecida na norma.

Em resumo, o que ultrapassar a proporção prevista no §2º do art. 1º da Lei nº 9.481/97 não se transforma como num passe de mágica em prestação de serviços.

Pelo contrário, permanece sendo considerado como afretamento (obviamente, desde que a realidade dos fatos confirme que essa proporção é adequada), mas tem como consequência ser tributado pelo IRRF, deixando de fazer jus à alíquota zero.

Outra consequência que não está expressa na lei, mas que seria razoável se supor é que as proporções estipuladas no §2º do art. 1º da Lei nº 9.481/97 serviriam como uma espécie de presunção relativa da razoabilidade da proporção de determinado contrato, o que eventualmente poderia ser utilizado não só para o IRRF, mas para todos os tributos. Desse modo, caso o contribuinte deseje utilizar uma proporção distinta daquela prevista na lei, ele teria o ônus de comprovar que essa proporção seria adequada. Por outro lado, caso os contratos prevejam a exata proporção proclamada pela lei, seria do fisco o ônus da prova de que a proporção não reflete a realidade.

O §7º do art. 1º da Lei nº 9.481/97, talvez a parte da lei com a redação mais difícil e confusa, fixa o conceito de empresas vinculadas, para fins de aplicação do aplicação do disposto no §2º. O texto legal diz que "será considerada vinculada a pessoa jurídica proprietária da embarcação marítima sediada no exterior e a pessoa jurídica prestadora do serviço quando forem sócias, direta ou indiretamente, em sociedade proprietária dos ativos arrendados ou locados".

Partindo-se do pressuposto de que os principais "ativos arrendados ou locados" são justamente as embarcações, parece que a definição trazida caminha em círculos, uma vez que a empresa estrangeira tem que ser sócia dela própria para ser considerada vinculada a prestadora de serviços brasileira, o que naturalmente é impossível.

Essa redação infeliz poderia ter sido muito bem evitada, bastando que fosse utilizado o conceito já existente na legislação de preços de transferência[59], fei-

---

[59] Art. 23. Para efeito dos arts. 18 a 22, será considerada vinculada à pessoa jurídica domiciliada no Brasil:
I – a matriz desta, quando domiciliada no exterior;
II – a sua filial ou sucursal, domiciliada no exterior;
III – a pessoa física ou jurídica, residente ou domiciliada no exterior, cuja participação societária no seu capital social a caracterize como sua controladora ou coligada, na forma definida nos §§ 1º e 2º do art. 243 da Lei nº 6.404, de 15 de dezembro de 1976;
IV – a pessoa jurídica domiciliada no exterior que seja caracterizada como sua controlada ou coligada, na forma definida nos §§ 1º e 2º do art. 243 da Lei nº 6.404, de 15 de dezembro de 1976;
V – a pessoa jurídica domiciliada no exterior, quando esta e a empresa domiciliada no Brasil estiverem sob controle societário ou administrativo comum ou quando pelo menos dez por cento do capital social de cada uma pertencer a uma mesma pessoa física ou jurídica;
VI – a pessoa física ou jurídica, residente ou domiciliada no exterior, que, em conjunto com a pessoa jurídica domiciliada no Brasil, tiver participação societária no capital social de uma terceira pessoa

tos, se fossem necessários, os ajustes capazes de resguardar as especificidades da legislação especial relativa à indústria do óleo e gás.

O § 8º previu que o Ministro da Fazenda poderá elevar ou reduzir em até dez pontos percentuais os limites de que trata o § 2º. A hipótese é de duvidosa legalidade, na medida em que a base de cálculo poderá variar em função de ato infralegal em aparente afronta ao princípio da legalidade tributária, ainda que propicie eventual redução da carga tributária. Ademais, a norma não traz qualquer consideração de ordem financeira ou orçamentária, ou seja, o impacto da redução da carga tributária em confronto com a Lei de Responsabilidade Fiscal.

Outra questão relevante é a possibilidade de aplicação retroativa da nova norma. Naturalmente, a limitação da isenção não poderá ser aplicada ao passado. Entretanto, a nova legislação acaba por interpretar o arcabouço legislativo passado e deixar claro, pelo menos, dois pontos importantes: (i) que plataformas devem ser consideradas como embarcações para fins da aplicação do benefício fiscal aqui discutido; e (ii) que a bipartição dos contratos em prestação de serviços e afretamento não é artificial. Tendo em vista que se trata de uma interpretação benigna para os contribuintes, na forma do art. 106 do CTN[60], esses dois esclarecimentos devem ser aplicados de forma retroativa.

---

jurídica, cuja soma as caracterizem como controladoras ou coligadas desta, na forma definida nos §§ 1º e 2º do art. 243 da Lei nº 6.404, de 15 de dezembro de 1976;
VII – a pessoa física ou jurídica, residente ou domiciliada no exterior, que seja sua associada, na forma de consórcio ou condomínio, conforme definido na legislação brasileira, em qualquer empreendimento;
VIII – a pessoa física residente no exterior que for parente ou afim até o terceiro grau, cônjuge ou companheiro de qualquer de seus diretores ou de seu sócio ou acionista controlador em participação direta ou indireta;
IX – a pessoa física ou jurídica, residente ou domiciliada no exterior, que goze de exclusividade, como seu agente, distribuidor ou concessionário, para a compra e venda de bens, serviços ou direitos;
X – a pessoa física ou jurídica, residente ou domiciliada no exterior, em relação à qual a pessoa jurídica domiciliada no Brasil goze de exclusividade, como agente, distribuidora ou concessionária, para a compra e venda de bens, serviços ou direitos.
[60] Art. 106. A lei aplica-se a ato ou fato pretérito:
I – em qualquer caso, quando seja expressamente interpretativa, excluída a aplicação de penalidade à infração dos dispositivos interpretados;
II – tratando-se de ato não definitivamente julgado:
a) quando deixe de defini-lo como infração;
b) quando deixe de tratá-lo como contrário a qualquer exigência de ação ou omissão, desde que não tenha sido fraudulento e não tenha implicado em falta de pagamento de tributo;
c) quando lhe comine penalidade menos severa que a prevista na lei vigente ao tempo da sua prática.

5. A legitimidade de segregar atividades distintas

Um alerta precisa ser feito: aqui a discussão não trata de uma única atividade que está sendo segregada em função de uma vantagem tributária, mas sim duas atividades distintas que vem sendo divididas para que lhes seja dado um tratamento tributário diferenciado. Essa observação é especialmente importante porque a legislação de diversos países estrangeiros vem ultimamente buscando coibir a utilização do primeiro expediente.

No Plano de Ação nº 6 do Projeto da OECD/G20 sobre a Erosão da Base Tributável e Transferência de Resultados (BEPS), entregue em setembro de 2014, está constatado: a segregação dos contratos (*splitting-up of contracts*) é abusiva.

Uma interpretação apressada desse relatório poderia fazer com que o leitor importasse essa inferência para o contexto dos contratos de afretamento de que trata o presente artigo. Não obstante, trata-se de premissas completamente diferentes, as quais não podem motivar as mesmas conclusões.

No contexto do BEPS buscou-se evitar o movimento de multinacionais que fragmentam uma única atividade entre empresas coligadas no intento de afastar a constituição de um estabelecimento permanente.

O que está em jogo é a cisão de um único contrato em atividades preparatórias e subsidiárias tão somente para não se enquadrar no *status* de EP pela delimitação de um marco temporal.

Trata-se, pois, de segregação artificial, que não é natural, dissimulada, postiça[61]. De fato, se há apenas uma atividade, juridicamente assim deve ser considerada para receber o tratamento tributário correspondente.

Este mesmo entendimento foi chancelado pelo Fisco do Reino Unido[62] no caso de não-residentes que prestam um único serviço, mas tem dois contratos de emprego: um com um empregador britânico e outro, com um estrangeiro.

O governo britânico constatou que parte dos não-residentes recebia dois salários e, não por acaso, de empresas coligadas, sendo o valor mais expressivo atribuído ao empregador estrangeiro, apenas para obter vantagens tributárias. Mais uma vez é o caso de uma única atividade sendo artificialmente dividida.

Em sentido oposto, a segregação dos contratos de afretamento é adequada, pois reflete a execução de duas atividades distintas: o aluguel da embarcação e a prestação de serviços. O fato de serem prestadas por empresas coligadas não afasta essa premissa.

---

[61] Conceito retirado do Dicionário Priberam online. <http://www.priberam.pt/dlpo/artificial> Acesso em 10/06/2015.
[62] HM Revenue & Customs (HMRC).

Dessa forma, concluímos que a bipartição dos contratos é legítima se reflete a realidade material em que é realizada. Se existem, de fato, duas atividades, é normal e lógico que sejam elaborados dois contratos.

A verdade é que o Fisco, ao analisar os contratos bipartidos, se atém apenas ao fato de que a segregação originou uma vantagem tributária e que, por isso, seria ilegal. Todavia, a vantagem tributária é apenas a consequência e não a razão pela qual as atividades são segregadas.

6. Conclusão

Com toda certeza, a decisão do CARF representa um novo paradigma para o modelo de contratação da Petrobras na exploração de poços de petróleo. Ainda que tenha ocorrido, de fato, montagem jurídica com o deslocamento da base tributável para o exterior, será que a partir de agora todos os contratos bipartidos serão considerados artificiais?

Isto é, o contrato de afretamento, cuja natureza genérica consiste em locação de bom móvel, é dispensável, já que o contrato de prestação de serviços comporta, necessariamente, o fornecimento da unidade de embarcação?

Tal assertiva não nos parece a mais adequada. Primeiro, porque os contratos podem ser coligados ou mistos – dependendo da relação entre a proprietária da embarcação e a prestadora de serviços.

Nos dois casos, o afretamento e a prestação de serviços estão – em maior ou menor grau – segmentados. Se no tipo coligado, os contratos sequer se confundem, apesar de dependentes, nos mistos há a exata delimitação do objeto e da contraprestação financeira.

Isso significa que sobre a rubrica paga a título de afretamento não pode incidir IRRF, pois a legislação prevê tal benefício para as receitas de afretamento de embarcações marítimas.

Quanto à CIDE, consideramos que a prestação de serviço é autônoma em relação ao afretamento e, portanto, não há que se falar em hipótese de incidência da contribuição.

Em síntese, os argumentos apresentados pelo CARF parecem querer invalidar a estrutura de contratação de um modo geral quando, na verdade, tanto a Receita Federal como os órgãos julgadores deveriam se ater às peculiaridades do caso concreto, ao invés de refutar, sem parâmetros reais, o modelo de contratação que o direito brasileiro reconhece.

Dessa forma, defendemos que a decisão não pode afastar a divisão que hoje impera nos contratos de afretamento. Por óbvio, quando há planejamento tributário ilegal, cabe à Fiscalização proceder às autuações. Todavia, essa análise deve ser feita caso a caso, considerando-se as idiossincrasias de cada contratação.

Por outro lado, reforçamos, se o Estado brasileiro pretende suprimir os benefícios concedidos às remessas feitas a título de afretamento, que o faça por meio do poder competente para tanto, sem afrontar princípios mantenedores da ordem democrática, como o da segurança jurídica e o da proteção da confiança.

A Competência Tributária Municipal para Tributação dos Serviços Prestados no Mar Territorial, Zona Econômica Exclusiva e Plataforma Continental

RICARDO LODI RIBEIRO
NINA DA CONCEIÇÃO PENCAK

1. Introdução

O presente trabalho tem como objetivo o exame da possibilidade de os municípios brasileiros exercerem a competência tributária que lhes foi deferida no artigo 156 da Constituição Federal nas águas marinhas, compostas pela zona econômica exclusiva e pela plataforma continental. A questão se impõe pela controvérsia acerca dos limites marítimos do território nacional, bem como da divisão dessas regiões entre Estados e Municípios, e do potencial conflito de competência entre eles diante da vagueza e ambiguidade das regras hoje utilizadas para delimitar o exercício da competência tributária nessas localidades, gerando um cenário de pluritributação espacial no plano municipal.

A questão torna-se ainda mais relevante com a descoberta da camada pré-sal, quase toda ela localizada além do mar territorial brasileiro, o que provoca um excepcional incremento da atividade econômica desenvolvida a partir da exploração e produção de petróleo por plataformas de petróleo localizadas nessas regiões, acompanhado da expectativa dos Municípios costeiros no aumento de suas arrecadações, especialmente no que se refere ao ISS cobrado na prestação de serviços das empresas que desenvolvem essa atividade *off-shore*.

Tal expectativa fazendária encontra, como contrapartida, a insegurança jurídica das empresas investidoras, diante da indefinição quanto às entidades federativas responsáveis pela exigência do ISS sobre as prestações de serviços a elas fornecidas.

2. Território nacional, águas marinhas e competência tributária

Como é sabido, o território nacional é composto não só pelo solo, subsolo e espaço aéreo, mas também pelo mar territorial, que compreende uma faixa de doze milhas marítimas de largura, medidas a partir da linha de baixo-mar do litoral continental e insular, tal como indicadas nas cartas náuticas de grande escala, reconhecidas oficialmente no Brasil (art. 1º da Lei nº 8.617/1993), onde é exercida a soberania nacional (art. 2º da Lei nº 8.617/1993). Porém, nosso país exerce a soberania para a exploração exclusiva dos recursos naturais contidos na zona contínua[1], na zona econômica exclusiva[2] e na plataforma continental,[3] de acordo com o art. 77 da Convenção das Nações Unidas sobre o Direito do Mar, aprovada pelo Decreto Legislativo nº 5/1987 e ratificada pelo Decreto nº 1.530/1995,[4] a chamada Convenção de Montego Bay, na Jamaica, celebrada em 1982.

A Convenção de Montego Bay acabou por estabelecer uma solução compromissória entre os países preocupados com a livre navegação, como os Estados Unidos, e os que almejavam maiores possibilidades para a exploração dos recursos naturais em ambiente marinho, como o Brasil. Os primeiros defendiam a tese de que o mar territorial deveria restringir-se às 12 milhas marítimas. E os últimos

---

[1] De acordo com o art. 4º da Lei nº 8.617/1993, a zona contígua brasileira compreende uma faixa que se estende das doze às vinte e quatro milhas marítimas, contadas a partir das linhas de base que servem para medir a largura do mar territorial.

[2] Segundo o art. 8º da Lei nº 8.617/1993, a zona econômica exclusiva brasileira compreende uma faixa que se estende das doze às duzentas milhas marítimas, contadas a partir das linhas de base que servem para medir a largura do mar territorial.

[3] Pelo art. 11 da Lei nº 8.617/1993, a plataforma continental do Brasil compreende o leito e o subsolo das áreas submarinas que se estendem além do seu mar territorial, em toda a extensão do prolongamento natural de seu território terrestre, até o bordo exterior da margem continental, ou até uma distância de duzentas milhas marítimas das linhas de base, a partir das quais se mede a largura do mar territorial, nos casos em que o bordo exterior da margem continental não atinja essa distância.

[4] "Convenção das Nações Unidas sobre o Direito do Mar, art. 77. Direitos do Estado costeiro sobre a plataforma continental: 1. O Estado costeiro exerce direitos de soberania sobre a plataforma continental para efeitos de exploração e aproveitamento dos seus recursos naturais. 2. Os direitos a que se refere o § 1º, são exclusivos no sentido de que, se o Estado costeiro não explora a plataforma continental ou não aproveita os recursos naturais da mesma, ninguém pode empreender estas atividades sem o expresso consentimento desse Estado. 3. Os direitos do Estado costeiro sobre a plataforma continental são independentes da sua ocupação, real ou fictícia, ou de qualquer declaração expressa. 4. Os recursos naturais a que se referem as disposições da presente Parte, são os recursos minerais e outros recursos não vivos do leito do mar e subsolo bem como os organismos vivos pertencentes a espécies sedentárias, isto é, aquelas que no período de captura estão imóveis no leito do mar ou no seu subsolo ou só podem mover-se em constante contato físico com esse leito ou subsolo."

advogavam a posição de que os limites do território nacional deveriam ser os das 200 milhas marítimas.

Para atender aos dois grupos de interesse, a Convenção restringiu o mar territorial a 12 milhas marítimas, reduzindo, com isso, a plenitude da soberania que os países costeiros exercem sobre as águas marinhas, resguardando a liberdade de navegação para além desse limite. Por outro lado, se garantiu aos países costeiros a exclusividade da exploração dos recursos naturais da plataforma continental, que tem como limite as 200 milhas marítimas,[5] se sobrepondo com a zona econômica exclusiva, sendo a primeira um conceito geográfico, baseado no prolongamento do seu território terrestre, enquanto a última vai levar em consideração as distâncias que serviram de base para medir o mar territorial (RIBEIRO, 2014, p. 71).

Nessas áreas, a soberania do Estado costeiro não é exercida em plenitude, uma vez que é flexibilizada, no que se refere à tolerância quanto à livre navegação. Por isso, quando se fala em flexibilização da soberania nacional na zona econômica exclusiva e na plataforma continental, deve-se ter em mente não uma redução dos poderes estatais do Estado costeiro (REZEK, 1994, p. 311), senão daquilo que se refere à preservação da livre navegação, pois no que tange à exploração de recursos naturais, a soberania é plena.

Diante desse quadro normativo no plano internacional, seria possível considerar que nessas áreas, os Estados costeiros podem exercer sua jurisdição, inclusive na imposição de tributos? Parece-nos que a resposta deva levar em consideração os contornos da flexibilização da soberania do país costeiro na zona econômica exclusiva. Deste modo, o exercício de jurisdição não poderá ensejar o embaraço à liberdade das embarcações de bandeiras de outros Estados para navegação com objetivos pacíficos.

Por outro lado, naquilo que for relacionado à exploração de recursos naturais, a soberania do Estado costeiro é plena. Sendo assim, os Estados costeiros podem exercer a competência tributária no que se refere à exploração de recursos naturais extraídos da plataforma continental e da zona econômica exclusiva, sendo-lhes, contudo, vedado, utilizar o tributo como embaraço à livre circulação de embarcações.

Porém, tal convenção se limita somente a definir os limites territoriais em que prevalece a competência nacional em relação aos outros países, o que se insere na lógica do direito internacional. Nada dispõe em relação à regulamentação dessa competência no âmbito do direito interno, cabendo essa definição à Constituição Federal e à legislação nacional.

---

[5] Caso a margem continental superar as 200 milhas, a plataforma continental poderá chegar até as 350 milhas, de acordo com o artigo 76, §6º, da Convenção sobre o Direito do Mar.

Nesse sentido, a Constituição do Brasil estabelece, como nenhuma outra, uma detalhada repartição das competências tributarias entre União, Estados, Distrito Federal e Municípios, a fim de dar respostas aos desafios oferecidos pelo regime federativo com o maior número de integrantes em todo o mundo, com o objetivo de evitar pluritributações verticais, entre os entes federativos de nível distinto, e horizontais, entre entidades da mesma classe federativa, a partir da indefinição do critério especial do fato gerador do tributo.

Um dos principais instrumentos que o constituinte lança mão para evitar as pluritributações verticais e horizontais é a previsão das materialidades econômicas utilizadas como hipóteses de incidência de impostos para cada ente federativo, bem como a fixação de limites territoriais nos quais a legislação tributária de Estados e Municípios possuem eficácia, que devem ser observados em relação a toda jurisdição fiscal brasileira.

No entanto, a despeito de se reconhecer a plena possibilidade do exercício da competência tributária federal no âmbito das águas marítimas, compostas pela plataforma continental e pela zona econômica exclusiva, e de, em tese, admitir-se a existência de projeções estaduais e municipais nessas áreas, como se pode extrair do artigo 20, §1º, da Constituição Federal[6], é forçoso reconhecer que, atualmente, não existem critérios válidos para a divisão das águas marítimas entre Estados e Municípios, por ausência de lei federal, que promova a repartição territorial dessas áreas.

Não suprem tal lacuna normativa, as normas do artigo 9º da Lei nº 7.525/86 que estabelecem critérios para a divisão dos *royalties* do petróleo explorados em águas marinhas, a partir de uma delegação ao IBGE para traçar as linhas de projeção territoriais dos Estados e Municípios, segundo a linha geodésica ortogonal à costa ou segundo o paralelo até o ponto de sua interseção aos limites da plataforma continental[7].

---

[6] "Art. 20. § 1º – É assegurada, nos termos da lei, aos Estados, ao Distrito Federal e aos Municípios, bem como a órgãos da administração direta da União, participação no resultado da exploração de petróleo ou gás natural, de recursos hídricos para fins de geração de energia elétrica e de outros recursos minerais no respectivo território, plataforma continental, mar territorial ou zona econômica exclusiva, ou compensação financeira por essa exploração."

[7] "Art. 9º Caberá à Fundação Instituto Brasileiro de Geografia e Estatística – IBGE: I – tratar as linhas de projeção dos limites territoriais dos Estados, Territórios e Municípios confrontantes, segundo a linha geodésica ortogonal à costa ou segundo o paralelo até o ponto de sua interseção com os limites da plataforma continental; II – definir a abrangência das áreas geoeconômicas, bem como os Municípios incluídos nas zonas de produção principal e secundária e os referidos no § 3º do art. 4º desta lei, e incluir o Município que concentra as instalações industriais para o processamento, tratamento, armazenamento e escoamento de petróleo e gás natural; III – publicar a relação dos Estados, Territórios e Municípios a serem indenizados, 30 (trinta) dias após a publicação desta lei; IV – promover, semestralmente, a revisão dos Municípios produtores de óleo, com base

Porém, o Supremo Tribunal Federal, ao julgar ADI 2.080 MC/RJ[8], reconheceu a existência de projeções estaduais e municipais no mar territorial, na plataforma continental e na zona econômica exclusiva, utilizando-se do critério legal para a distribuição dos *royalties*, que no entanto, é imprestável para tal desiderato, como a seguir será demonstrado.

3. Projeções estaduais e municipais das águas marinhas e os *royalties* do petróleo

A ausência de legislação regulamentando a divisão de competências entre Estados e Municípios sobre o mar territorial, zona econômica exclusiva e plataforma continental não tem se mostrado como óbice à imposição de tributação por esses entes sobre materialidades econômicas que sequer constituem fatos geradores dos respectivos impostos.

Diante da inexistência de normatização, diversos Municípios têm se utilizado das regras veiculadas pela Lei nº 7.525/86 e pelo Decreto nº 93.240/86, que a regulamenta, para a divisão dos poços de petróleo, bem como das plataformas de exploração e explotação, a fim de fazer incidir o ISS, conforme bem pontuou Rachel Guedes Cavalcante (CAVALCANTE, 2016) em artigo sobre ISS na importação de serviços:

> "(...) Porém, não foi o que se observou na realidade, pois a despeito do estabelecido pelo legislador complementar, alguns Municípios passaram a considerar, como parâmetro para determinar sua competência tributária em águas marítimas, as projeções dos respectivos limites municipais, utilizadas para fins de divisão dos royalties do petróleo (ALMEIDA JUNIOR, 2011, p. 113)."

Entretanto, é inegável que o processo legislativo que levou à promulgação da Lei nº 7.525/86 não foi desenvolvido a fim de dirimir controvérsias de matéria tributária, de acordo com as informações extraídas da Câmara dos Deputados, conforme se verifica da leitura de seu projeto:

> "PL 7528/1986
> Projeto de Lei

---

em informações fornecidas pela PETROBRÁS sobre a exploração de novos poços e instalações, bem como reativação ou desativação de áreas de produção.
Parágrafo único. Serão os seguintes os critérios para a definição dos limites referidos neste artigo:
I – linha geodésica ortogonal à costa para indicação dos Estados onde se localizam os Municípios confrontantes; II – seqüência da projeção além da linha geodésica ortogonal à costa, segundo o paralelo para a definição dos Municípios confrontantes no território de cada Estado."
[8] Supremo Tribunal Federal, ADI 2080 MC/RJ, Tribunal Pleno. Relator Ministro Sydney Sanches. Sessão de 06/02/2002, Diário Oficial da União 22/03/2002.

Situação: Transformado na Lei Ordinária 7525/1986
(...)
Ementa
ESTABELECE NORMAS COMPLEMENTARES PARA EXECUÇÃO DO DISPOSTO NO ARTIGO 27 DA LEI 2004, DE 03 DE OUTUBRO DE 1953 COM A REDAÇÃO DA LEI 7453, DE 27 DE DEZEMBRO DE 1985, E DA OUTRAS PROVIDENCIAS.
Explicação da Ementa
DEFININDO ESTADOS, TERRITORIOS E MUNICIPIOS CONFRONTANTES E SUAS AREAS GEOECONOMICAS, PARA FINS DE PAGAMENTO DE ROYALTIES PELA PETROBRAS E SUBSIDIARIAS, PELA EXPLORAÇÃO DE POÇOS DE OLEO, XISTO E GAS NATURAL." (Itálico não presente no original)

Frise-se que o objeto da Lei nº 7.525/86 é a regulamentação do artigo 27 da Lei nº 2.004/53,[9] que obrigava a Petrobras ao pagamento de compensações finan-

---

[9] Artigo 27 da Lei nº 2.004/53 em suas diversas redações:
Art. 27 – A Sociedade e suas subsidiárias ficam obrigadas a pagar indenização correspondente a 4% (quatro por cento) aos Estados ou Territórios e 1% (um por cento) aos Municípios, sobre o valor do óleo, do xisto betuminoso e do gás extraídos de suas respectivas áreas, onde se fizer a lavra do petróleo. (Redação dada pela Lei nº 7.453, de 1985)
Art. 27. A sociedade e suas subsidiárias ficam obrigadas a pagar a compensação financeira aos Estados, Distrito Federal e Municípios, correspondente a 5% (cinco por cento) sobre o valor do óleo bruto, do xisto betuminoso e do gás extraído de seus respectivos territórios, onde se fixar a lavra do petróleo ou se localizarem instalações marítimas ou terrestres de embarque ou desembarque de óleo bruto ou de gás natural, operados pela Petróleo Brasileiro S.A. – PETROBRÁS, obedecidos os seguintes critérios: (Redação dada pela Lei nº 7.990, de 1989)
I – 70% (setenta por cento) aos Estados produtores; (Incluído pela Lei nº 7.990, de 1989)
II – 20% (vinte por cento) aos Municípios produtores; (Incluído pela Lei nº 7.990, de 1989)
III – 10% (dez por cento) aos Municípios onde se localizarem instalações marítimas ou terrestres de embarque ou desembarque de óleo bruto e/ou gás natural. (Incluído pela Lei nº 7.990, de 1989)
§ 1º – Os valores de que trata este artigo serão fixados pelo Conselho Nacional do Petróleo. (Redação dada pela Lei nº 7.453, de 1985) (Revogado pela Lei nº 7.990, de 1989)
§ 2º – O pagamento da indenização devida será efetuado trimestralmente. (Redação dada pela Lei nº 7.453, de 1985) (Revogado pela Lei nº 7.990, de 1989)
§ 3º – Os Estados, Territórios e Municípios deverão aplicar os recursos previstos neste artigo, preferentemente, em energia, pavimentação de rodovias, abastecimento e tratamento de água, irrigação, proteção ao meio-ambiente e saneamento básico. (Redação dada pela Lei nº 7.453, de 1985)
§ 3º Ressalvados os recursos destinados ao Ministério da Marinha, os demais recursos previstos neste artigo serão aplicados pelos Estados, Territórios e Municípios, exclusivamente, em energia, pavimentação de rodovias, abastecimento e tratamento de água, irrigação, proteção ao meio ambiente e em saneamento básico. (Redação dada pela Lei nº 7.525, de1986)
§ 4º – É também devida a indenização aos Estados, Territórios e Municípios confrontantes, quando o óleo, o xisto betuminoso e o gás forem extraídos da plataforma continental, nos mesmos 5%

ceiras para Estados, Distrito Federal e Municípios equivalentes a um percentual do valor do óleo bruto extraído de seus territórios.

Fato é que, para possibilitar o pagamento dos *royalties* a Estados e Municípios, seria necessário saber sobre quais poços tais entes receberiam a compensação. Dessa forma, o art. 9º da Lei nº 7.525/86 delegou ao IBGE – Instituto Brasileiro de Geografia e Estatística – a competência para determinar a confrontação dos poços com os territórios terrestres[10].

(cinco por cento) fixados no caput deste artigo, sendo 1,5% (um e meio por cento) aos Estados e Territórios; 1,5% (um e meio por cento) aos Municípios e suas respectivas áreas geo-econômicas, 1% (um por cento) ao Ministério da Marinha, para atender aos encargos de fiscalização e proteção das atividades econômicas das referidas áreas, e 1% (um por cento) para constituir um Fundo Especial a ser distribuído entre todos os Estados, Territórios e Municípios. (Redação dada pela Lei nº 7.453, de 1985)

§ 4º É também devida a compensação financeira aos Estados, Distrito Federal e Municípios confrontantes, quando o óleo, o xisto betuminoso e o gás forem extraídos da plataforma continental nos mesmos 5% (cinco por cento) fixados no caput deste artigo, sendo 1,5% (um e meio por cento) aos Estados e Distrito Federal e 0,5% (meio por cento) aos Municípios onde se localizarem instalações marítimas ou terrestres de embarque ou desembarque; 1,5% (um e meio por cento) aos Municípios produtores e suas respectivas áreas geoeconômicas; 1% (um por cento) ao Ministério da Marinha, para atender aos encargos de fiscalização e proteção das atividades econômicas das referidas áreas de 0,5% (meio por cento) para constituir um fundo especial a ser distribuído entre os Estados, Territórios e Municípios. (Redação dada pela Lei nº 7.990, de 1989)

§ 5º – (VETADO). (Incluído pela Lei nº 7.453, de 1985)

§ 6º – Os Estados, Territórios e Municípios centrais, em cujos lagos, rios, ilhas fluviais e lacustres se fizer a exploração de petróleo, xisto betuminoso ou gás, farão jus à indenização prevista no caput deste artigo. (Incluído pela Lei nº 7.453, de 1985)

§ 6º Os Estados, Territórios e Municípios centrais, em cujos lagos, rios, ilhas fluviais e lacustres se fizer a exploração de petróleo, xisto betuminoso ou gás, farão jus à compensação financeira prevista no caput deste artigo. (Redação dada pela Lei nº 7.990, de 1989)

[10] Art. 9º Caberá à Fundação Instituto Brasileiro de Geografia e Estatística – IBGE:

I – tratar as linhas de projeção dos limites territoriais dos Estados, Territórios e Municípios confrontantes, segundo a linha geodésica ortogonal à costa ou segundo o paralelo até o ponto de sua interseção com os limites da plataforma continental;

II – definir a abrangência das áreas geoeconômicas, bem como os Municípios incluídos nas zonas de produção principal e secundária e os referidos no § 3º do art. 4º desta lei, e incluir o Município que concentra as instalações industriais para o processamento, tratamento, armazenamento e escoamento de petróleo e gás natural;

III – *publicar a relação dos Estados, Territórios e Municípios a serem indenizados, 30 (trinta) dias após a publicação desta lei;*

IV – promover, semestralmente, a revisão dos Municípios produtores de óleo, com base em informações fornecidas pela PETROBRÁS sobre a exploração de novos poços e instalações, bem como reativação ou desativação de áreas de produção.

Parágrafo único. Serão os seguintes os critérios para a definição dos limites referidos neste artigo:

I – linha geodésica ortogonal à costa para indicação dos Estados onde se localizam os Municípios confrontantes;

Assim, ocorre que, com a descoberta de um novo poço, a Agência Nacional do Petróleo – ANP – encaminha as coordenadas geográficas referentes a sua localização à Diretoria de Geociências do IBGE, que se utiliza dos critérios definidos nos incisos do parágrafo único do art. 9º da Lei nº 7.525/86, em destaque supra, para informar o Município cujo território é confrontante ao poço recém descoberto.

Verifica-se, pela simples leitura do parágrafo único, que são estabelecidos dois passos para que o IBGE realize a confrontação dos poços aos Municípios: (i) traçado pela linha geodésica ortogonal à costa, para indicação dos Estados, e (ii) projeção além da linha geodésica ortogonal à costa, tendo como base o paralelo, para que, enfim, sejam definidos os Municípios confrontantes do território de cada Estado.

Entretanto, o próprio IBGE, em seus ofícios de resposta à ANP, utilizando-se do critério das linhas ortogonais e das linhas paralelas, não consegue atingir uma certeza quanto ao Município confrontante. Via de regra, conforme se pode depreender da leitura dos ofícios disponíveis no site da ANP, são informados dois Municípios, um determinado pela linha ortogonal e outro determinado pela linha paralela, como se observa a seguir, em tabelas retiradas de ofícios[11], para ilustração:

Poço	Campo/ Bloco	Ortogonal	Paralelo
7BJ0024HPRJS	Bijupirá	Campos dos Goytacazes – RJ	Cabo Frio - RJ
3BRSA0861SPS	PA-1BRSA491SPS-BM-S-9	Ilhabela - SP	Não se configura
7JUB0027HPESS	Jubarte	Itapemirim - ES	Presidente Kennedy - ES

Poço	Campo/Bloco	Ortogonal	Paralelo
7PRG0023HPRJS	PEREGRINO	Armação dos Búzios/RJ	Parati/RJ
3BRSA1017DRJS	MARLIM LESTE	Campos dos Goytacazes/RJ	Rio das Ostras/RJ
7JUB0034HESS	JUBARTE	Marataízes/ES	Presidente Kennedy/ES
7MLS0209HARJS	MARLIM SUL	Campos dos Goytacazes/RJ	Cabo Frio/RJ
7SER0037DRNS	SERRA	Macau/RN	Macau/RN

II – seqüência da projeção além da linha geodésica ortogonal à costa, segundo o paralelo para a definição dos Municípios confrontantes no território de cada Estado." (Itálicos acrescidos).

[11] A primeira tabela se refere ao Ofício DGC nº 037/2012, disponível em http://www.anp.gov.br/?pg=67446&m=ibge&t1=&t2=ibge&t3=&t4=&ar=0&ps=1&cachebust=1381506350381. (Acesso em 11.out.2013).
A segunda tabela se refere ao Ofício DGC nº 011/2013, disponível em http://www.anp.gov.br/?pg=67446&m=ibge&t1=&t2=ibge&t3=&t4=&ar=0&ps=1&cachebust=1381506350381. (Acesso em 11.out.2013).

Verifica-se, em ambos os exemplos, que à exceção de um dos poços, os Municípios determinados pelo critério de linhas ortogonais não coincidem com aqueles determinados pelas linhas paralelas. Por vezes, como ocorreu na segunda linha da primeira tabela, um dos critérios leva a um Município, nesse caso, Ilhabela, em São Paulo, e de acordo com o outro critério, não se configura o confronto entre o poço e qualquer Município, o que demonstra a ambiguidade e incerteza dos critérios utilizados.

Nesse sentido, manifestou-se Micaela Dutra (DUTRA, 2016)em artigo sobre o tema:

"Ademais, vale ressaltar que esse critério não poderia ser utilizado para fins de delimitação de qual parte do mar pertenceria a qual Estado e a qual Município porque as linhas se sobrepõem umas às outras, o que significa que um mesmo espaço marítimo poderia ser considerado território de dois municípios simultaneamente, como já dito.

Existe vedação legal expressa no sentido de coibir o uso da analogia para exigência de tributo, o que se extrai da redação do § 1º do art. 108, do CTN, o que enseja a conclusão de não ser permitido utilizar-se das projeções trazidas pela Lei nº 7.525/86 para conferir a determinado ente da federação capacidade tributária."

Assim, além de ser nítido que o objeto da referida lei se limita à distribuição dos *royalties* para Estados, Distrito Federal e Municípios, motivo que, por si só, já levaria a sua inaplicabilidade para resolução de controvérsias referentes a competências tributárias, a sua utilização para definir a incidência de tributos significa conferir extraterritorialidade às leis dos referidos entes que, como se sabe, possuem eficácia dentro de seus limites territoriais.[12]

Ademais, o vício na tributação imposta por diversos Municípios litorâneos com base nas projeções não fere somente o art. 102 do Código Tributário

---

[12] Nesse sentido, segue o entendimento de Aires F. Barreto:
"Ante as balizas postas pelos princípios e normas constitucionais, o âmbito de eficácia das leis municipais tem seus limites coincidentes com os do seu território, assim como o das leis estaduais, cuja amplitude esgota-se nos seus limites territoriais. As leis de um Município a ninguém obriga fora do seu território, eis que elas só tem eficácia no interior dele. De outra parte, como já vimos de observar, os territórios municipais, por sua vez, têm seus limites fixados por lei estadual, obervada a Constituição. Igualmente, as leis de um Estado-membro: seu campo de ação ou eficácia circunscreve-se pelos mesmos limites do seu território, não atuam fora deles. As leis do Mato Grosso não têm efeitos jurídicos em São Paulo, ou em Minas Gerais ou em qualquer outro Estado-membro; só vão até suas divisas com este ou com outros Estados-membros, não as ultrapassam. (BARRETO, 2006, p. 19-27).

Nacional,[13] que trata do princípio da territorialidade das leis tributárias. Há grave afronta, ainda, ao §1º do art. 108[14], que veda a tributação por analogia, tendo em vista que há a utilização imprópria da Lei nº 7.525/86.

Por sua vez, a tributação por analogia viola não só o artigo 108 do CTN, como também o próprio princípio da legalidade tributária, consagrado pelo artigo 150, I, da Constituição Federal, uma vez que a utilização da referida técnica de integração pressupõe a regulação do negócio jurídico que não se adequa a qualquer dos sentidos possíveis oferecidos pela literalidade da lei, o que é incompatível com o princípio da reserva legal. Sendo o aspecto espacial do fato gerador um dos elementos essenciais da obrigação tributária, a sua definição só pode se dar por lei, a partir de soluções previstas do seu próprio texto, e não em textos que regulem situações análogas, a fim de evitar a pluritributação espacial.

Nesse sentido, salienta Ricardo Lodi Ribeiro (RIBEIRO, 2008, p. 112) a respeito da necessidade de previsão legislativa para o aspecto espacial do fato gerador:

> "Além da previsão do núcleo material, a lei deve ainda delimitar o aspecto espacial do fato gerador, com o que irá definir a entidade federativa titular da competência tributária. Num país onde podem instituir tributos mais de 5.600 municípios, 26 Estados e um Distrito Federal, além da União, é de fundamental importância que a lei defina o local onde se considera ocorrido o fato gerador, a fim de evitar a pluritributação."

Por outro lado, ainda que o Direito Tributário brasileiro permitisse a tributação por analogia, o que só para fins de argumentação se admite, a utilização de tal técnica de integração tem como pressuposto a utilização de uma lei que regule situação que guarde uma identidade valorativa com os fatos que se pretende regular, a partir da existência em ambos os casos das mesmas razões de decisão. Porém, é fácil perceber que tal identidade não existe no caso em questão, uma vez que os critérios legais para a divisão dos *royalties*, ingresso que tem

---

[13] Art. 102. A legislação tributária dos Estados, do Distrito Federal e dos Municípios vigora, no País, fora dos respectivos territórios, nos limites em que lhe reconheçam extraterritorialidade os convênios de que participem, ou do que disponham esta ou outras leis de normas gerais expedidas pela União.

[14] Art. 108. Na ausência de disposição expressa, a autoridade competente para aplicar a legislação tributária utilizará sucessivamente, na ordem indicada:
I – a analogia;
II – os princípios gerais de direito tributário;
III – os princípios gerais de direito público;
IV – a eqüidade.
§ 1º O emprego da analogia não poderá resultar na exigência de tributo não previsto em lei.

natureza indenizatória, parte de considerações que não estão necessariamente associadas à divisão territorial dos Municípios, podendo levar em conta aspectos populacionais, econômicos e políticos, como os que fundamentaram a edição da Lei nº 12.734/12, cuja constitucionalidade foi questionada no STF pela ADI nº 4.918/DF, e não a repartição territorial das projeções municipais na plataforma continental, que deve fundar-se em aspectos eminentemente geográficos definidos previamente, e não como é feito na sistemática da Lei nº 7.535/86, de acordo com a descoberta de cada bloco de petróleo.

Ademais, vale destacar que a demarcação dos Estados e Municípios beneficiários dos *royalties* do petróleo, além de ser feita *a posteriori*, de acordo com cada nova descoberta de petróleo, é atividade exercida pelo IBGE, com fundamento em norma que não guarda a menor densidade normativa exigida de uma lei necessária à definição do aspecto espacial do fato gerador do tributo ou à repartição territorial das entidades federativas em nosso país.

Nesse sentido, o posiciomaneto de Marco Aurélio Greco (GRECO, 2006, 73):

"Legislação federal é indispensável para determinar sobre que parcela do mar territorial e em que matérias e sob que circunstâncias cada um dos Estados poderá exercer suas competências.

A necessidade de existir legislação federal sobre matérias específicas e que contenha a definição de critérios a serem aplicados decorre do próprio modelo do parágrafo 1º do artigo 20 da CF/88, na medida em que ele circunscreve certas e determinadas matérias (exploração de petróleo ou gás natural, recursos hídricos para fins de geração de energia elétrica e outros recursos naturais) e atribui à lei federal a definição dos termos em que o interesse dos Estados será atendido.

Ora, em matéria tributária, não há uma norma nesse sentido.

Portanto, o 'poder de tributar' dos Estados no âmbito do mar territorial continua pro indiviso e, por isso, insuscetível de ser exercido unilateralmente, pois isto implicaria não apenas conflito de competências destes em relação à União e com os demais países.

Ou seja, não se nega que possa vir a ser especificado o poder tributário dos Estados em relação ao mar territorial. Afirma-se, sim, que isto só pode ser realizado por meio de legislação que transmude os poderes do Estados de pro indiviso em pro diviso, apenas as competências tributárias federais podem ser exercidas nesse ambiente territorial."

Em outro giro, vale verificar que o critério adotado pela Lei nº 7.525/86 é questionado, inclusive, quando aplicado à finalidade para a qual foi criado, a repartição dos *royalties* da exploração de petróleo, já que existem projetos de lei, dentre eles o PLS nº 96/2013, em que o próprio Senado reconhece que a atual metodologia, apenas uma entre as que são possíveis de ser adotada, é complexa e subjetiva.[15]

Resta inconteste, portanto, que incorrem em grave violação aos direitos dos contribuintes os Municípios ao se utilizarem da Lei nº 7.525/86 para impor a tributação de ISS sobre as plataformas de petróleo localizadas em alto mar. Primeiro, porque, como já assentado, tal lei foi criada exclusivamente para repartir as receitas dos *royalties* da exploração do petróleo. Em segundo lugar, deve-se ter em mente que os critérios por ela estabelecidos, para o cumprimento de sua finalidade, são extremamente ambíguos e incertos. Enfim, tem-se que a utilização de tal lei fere o preceito constitucional do art. 150, I, que veda a imposição de tributação por analogia.

4. O atual quadro de pluritributação horizontal municipal

De acordo com as informações trazidas no tópico acima, em que restou inconteste a inadequação da utilização da Lei nº 7.525/86 para fins de incidência tributária, passa-se a analisar as consequências dessa prática pelos Municípios.

Conforme é possível visualizar, a projeção dos territórios dos Municípios sobre os poços de petróleo localizados na plataforma continental leva, na esmagadora maioria das vezes, a conclusões distintas sobre a quais entes tais poços seriam confrontantes.

A princípio, tal informação não teria qualquer relação com a retenção de ISS pelas empresas que possuem plataformas para exploração de petróleo em águas marítimas, uma vez que os serviços nelas prestados estariam, tanto na vigência do artigo 12 do Decreto-lei nº 406/68,[16] quanto pelo §3º do art. 3º da Lei Comple-

---

[15] Trecho da justificação do referido projeto de lei:
"A metodologia atual de projeção, baseada nas linhas geodésicas ortogonais à costa, apresenta sérios problemas, de ordem técnica e político-econômica.
De ordem técnica, é uma metodologia mais complexa e gera projeções que são sensíveis aos vértices das linhas de base reta, de onde são traçadas as projeções ortogonais. Dependendo do vértice escolhido, a projeção – e, consequentemente, os limites interestaduais ou intermunicipais – se altera. Tendo em vista as diversas saliências e reentrâncias de nosso litoral, não há um critério único e consensual sobre os vértices a serem adotados, gerando uma multiplicidade de linhas de projeção viáveis de serem adotadas.
Do ponto de vista político-econômico, a metodologia atual gera forte concentração de receitas de petróleo em alguns municípios e estados, que são agraciados com linhas ortogonais que se abrem a partir de sua costa. A contrapartida da sorte de alguns é o azar de outros, como os Estados do Paraná e do Piauí, onde as linhas ortogonais se fecham."

[16] Art 12. Considera-se local da prestação do serviço (Revogado pela Lei Complementar nº 116, de 2003)
a) o do estabelecimento prestador ou, na falta de estabelecimento, o do domicílio do prestador;
b) no caso de construção civil o local onde se efetuar a prestação.

mentar nº 116/2003[17], submetidos à tributação no estabelecimento do prestador de serviços, não havendo, pois, que se falar em qualquer conflito de competência.

Entretanto, tais critérios não têm se mostrado suficientes para dirimir o conflito de competência entre os diversos Municípios que vêm efetuando, de forma indiscriminada, lançamentos sobre as empresas que procediam à exploração de poços sob sua operação, tornando-se comum que mais de um ente municipal venha a constituir créditos de ISS sobre o mesmo fato gerador, visualizando-se, assim, o fenômeno da pluritributação.

Conforme já explicitado, os Municípios passaram a se utilizar das linhas ortogonais e paralelas traçadas pelo IBGE, o que gerou diversos conflitos de competências entre esses entes, sobretudo, pela grande margem de dúvida quanto a qual Município cada poço seria confrontante. Para exemplificar tal afirmativa, vale observar dois mapas extraídos de seminário apresentado pelo IBGE,[18] em que foram traçadas as linhas ortogonais e as linhas paralelas para projeção de Municípios do Estado do Rio de Janeiro, por exemplo:

c) no caso do serviço a que se refere o item 101 da Lista Anexa, o Município em cujo território haja parcela da estrada explorada. (Incluída pela Lei Complementar nº 100, de 1999)

[17] Art. 3º O serviço considera-se prestado e o imposto devido no local do estabelecimento prestador ou, na falta do estabelecimento, no local do domicílio do prestador, exceto nas hipóteses previstas nos incisos I a XXII, quando o imposto será devido no local:
(...)
§ 3º Considera-se ocorrido o fato gerador do imposto no local do estabelecimento prestador nos serviços executados em águas marítimas, excetuados os serviços descritos no subitem 20.01.

[18] Mapas utilizados Seminário "Royalties do Petróleo e Gás Natural do Rio de Janeiro", ocorrido em novembro de 2009 na Escola de Contas e Gestão do Tribunal de Contas do Estado do Rio de Janeiro: http://www.ecg.tce.rj.gov.br/imagens/m_Rafael_March_-_Royalties_Apresentacao_TCE-RJ.pdf (Acesso em 11.10.2013).

LINHAS PARALELAS

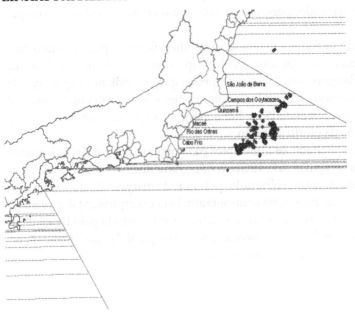

LINHAS ORTOGONAIS

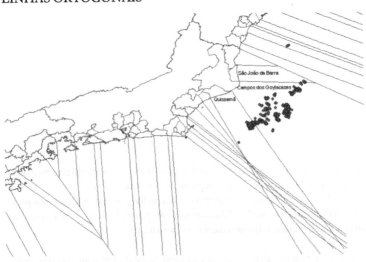

Pela análise das imagens, é fácil perceber que os Municípios confrontantes variam de acordo com os métodos utilizados. Por esse motivo, o IBGE, ao emitir os ofícios à ANP, não vincula os poços a somente um Município, cabendo à ANP decidir a quem caberão as compensações implementadas pela Lei nº 7.525/86. Ou seja, os critérios legais dos *royalties* definidos de forma supostamente técnica tem levado a resultados ambíguos.

É nesse ponto que se verifica o grande equívoco da utilização do referido diploma legal – Lei nº 7.525/86 – para repartição de competências tributárias entre os Municípios. Conforme já tangenciado, muitos Municípios têm se apropriado de ambos os critérios de projeção para efetuar os lançamentos sobre as plataformas localizadas em alto mar o que leva à ocorrência do fenômeno da bitributação.

Apesar de terminantemente vedada, a partir da divisão constitucional de competências, diversos Municípios, aparentemente, não julgam ser relevante o fato de não haver regulamentação quanto à tributação de plataformas em alto mar, o que acaba por gerar grandes conflitos de competência.

Resta claro, pois, que além do fato de se impor tributação por analogia, com o mau uso da Lei nº 7.525/86, ocorre que a principal consequência é a afronta à segurança jurídica, tendo em vista que há desrespeito à divisão de competências tributárias constitucionalmente estabelecidas, ocasionando situações de pluritributação horizontal.

Ainda, conforme já levantado, além da inadequação à determinação da competência tributária do caráter *a posteriori* da demarcação de Estados e Municípios beneficiários dos *royalties* do petróleo, realizada de acordo com cada nova descoberta de petróleo, vale destacar que é violadora do princípio da reserva legal tributária a delegação de tal mister ao IBGE, a partir de fundamento legal que não guarda a menor densidade normativa exigida de uma lei necessária à definição do aspecto espacial do fato gerador do tributo ou à repartição territorial das entidades federativas em nosso país. Não é preciso lembrar que a divisão do território dos Municípios e Estados tem consequências regulatórias, econômicas, ambientais e legislativas que vão muito além da mera divisão de *royalties* exercida pelo IBGE.

5. Lei complementar para dirimir o conflito de competência entre os Municípios

Como restou demonstrado, a tributação municipal sobre as plataformas localizadas em águas marítimas vem gerando inúmeros conflitos de competência, o que ocorre, em primeiro lugar, porque não há legislação que disponha sobre a divisão das projeções estaduais e municipais nessas áreas. Em segundo lugar, conforme relatado em tópico supra, a utilização dos critérios da Lei nº 7.525/86, levam à tributação da prestação de serviços nas plataformas de petróleo por diversos Municípios, gerando o fenômeno da pluritributação.

Nesse quadro de potencial conflito de competências entre Municípios na tributação dos serviços prestados em águas marinhas, insta ressaltar a necessidade da lei complementar para dirimir tais conflitos, e definir os critérios para que cada ente federativo venha a tributar essas áreas, já que a tributação na ausência de lei complementar é ilegal e inconstitucional.

Portanto, não se afirma aqui que a tributação em águas marítimas seja impossível. Afirma-se que no direito positivo brasileiro não há regra que promova a repartição entre Estados e Municípios de suas projeções marítimas na plataforma continental e na zona econômica exclusiva. Inexistindo tal norma, inadequada a utilização, por analogia, das regras para distribuições dos royalties do petróleo. A ausência de tal regramento, vem provocando um quadro de pluritributação horizontal no âmbito municipal, exigindo lei complementar que possa dirimir o potencial conflito de competência, nos termos do artigo 146, I, da Constituição Federal.

A Lei complementar nº 116/03 procurou resolver a questão com a previsão no §3º do seu artigo 3º[19] de que o fato gerador dos serviços executados em águas marítimas considera-se ocorrido no estabelecimento prestador, o que, aliás, é a regra geral prevista no *caput* do mesmo artigo para todos os serviços, excetuados os previstos nos incisos I a XII da referida norma.

Em um exame mais apressado, poder-se-ia imaginar que norma poderia resultar na lei complementar destinada a dirimir os problemas decorrentes da falta de repartição das projeções municipais das águas marinhas, nos termos do artigo 146, I, CF. No entanto, tal previsão não soluciona o quadro de potencial conflito de competência uma vez que os Municípios costumam prescrever que as plataformas de petróleo constituem estabelecimentos prestadores, com base no artigo 4º da LC nº 116/03[20] que considera estabelecimento prestador o local em que o serviço é efetivamente prestado.

Com efeito, há que se considerar que a regra do artigo 4º da LC nº 116/03, ao definir o que é estabelecimento prestador, só é aplicável em relação aos serviços tributados neste, o que constitui a regra geral do *caput* do artigo 3º, que foi reproduzida no §3º do artigo 3º em relação aos serviços prestados em águas marinhas. É ineficaz em relação aos serviços tributados no local do fato gerador, já que nestes, irrelevante é a definição do estabelecimento prestador.

Desse modo, a pretensa regra específica destinada a evitar o potencial conflito de competência em relação aos serviços prestados em águas marinhas é tão

---

[19] "§ 3º Considera-se ocorrido o fato gerador do imposto no local do estabelecimento prestador nos serviços executados em águas marítimas, excetuados os serviços descritos no subitem 20.01."
[20] "Art. 4º. Considera-se estabelecimento prestador o local onde o contribuinte desenvolva a atividade de prestar serviços, de modo permanente ou temporário, e que configure unidade econômica ou profissional, sendo irrelevantes para caracterizá-lo as denominações de sede, filial, agência, posto de atendimento, sucursal, escritório de representação ou contato ou quaisquer outras que venham a ser utilizadas."

impotente para impedir a pluritributação municipal quanto a regra geral, já que a ela é idêntica.

6. Sujeição passiva do ISS nos serviços prestados às plataformas e a retenção na fonte

Superada a falta de definição das projeções municipais sobre a plataforma continental e sobre a zona econômica exclusiva, seja pela produção legislativa que supra tal lacuna, ou pela desconsideração dessa deficiência normativa pelos Tribunais Superiores, existe ainda a preocupação quanto ao local da prestação de serviços verificada nessa região.

Como observamos, o artigo 3º, §3º da LC nº 116/03 considera ocorrido o fato gerador do imposto no estabelecimento prestador. Por sua vez, o artigo 4º da mesma lei esclarece que estabelecimento prestador é o local onde o contribuinte desenvolva a atividade de prestar serviços de modo permanente ou temporário, e que configure unidade econômica ou profissional.

Tratando-se de uma regra que busca, ainda que de modo vago, repartir competências tributárias entre Municípios, não é permitido a cada um deles que obrigue ao prestador a fixação de estabelecimento no seu território quando nele não mantém, ainda que temporariamente, uma unidade econômica de prestação de serviços, sob pena de esvaziar a regra de competência, gerando a pluritributação municipal.

Aires F. Barreto (BARRETO, 2009, 328-29) procura reunir os requisitos para a configuração do estabelecimento prestador:

> "Diante da dificuldade de definir estabelecimento prestador, a maioria dos Municípios, nas leis instituidoras de ISS, tem preferido listar uma série de indicadores que, conjugadamente, de modo parcial ou total, caracterizam a existência de um 'estabelecimento prestador'.

Em regra, os elementos indicados são:

a) manutenção, nesse lugar, de pessoal, material, máquinas, instrumentos e equipamentos necessários à execução dos serviços;

b) existência de estrutura gerencial, organizacional e administrativa compatível com as atividades desenvolvidas;

c) ter havido, ali, inscrição na Prefeitura Municipal e nos órgãos previdenciários;

d) informação desse local como domicílio fiscal, para efeito de outros tributos;

e) divulgação do endereço desse lugar em impressos, formulários, correspondência, ou conta de telefone, de energia elétrica, de água, ou gás, em nome do prestador.

Disso se pode concluir que, se esses elementos estiverem presentes no estabelecimento considerado, é razoável supor que este, em tese, estará qualificado para ser o 'estabelecimento prestador' de serviços."

Tais requisitos são uteis para a caracterização do local como estabelecimento prestador, embora não possa a lei municipal criar uma presunção absoluta nesse sentido.

Contudo, não se pode olvidar que a atividade de exploração e produção de petróleo e gás natural não é considerada prestação de serviços como já visto. Em consequência, o fato gerador do ISS é praticado por empresas que prestem serviços de apoio às atividades de exploração e produção. Por isso, são essas as empresas que são as contribuintes do imposto, e não as empresas integrantes do consórcio responsável pela exploração. Porém, é muito comum a lei municipal considerar as empresas de E&P como responsáveis pela retenção do ISS na fonte, com base do artigo 6º da LC nº 116/03, que autoriza que a lei municipal estabeleça a substituição tributária a cargo do tomador do serviço, independentemente de retenção na fonte.

A retenção do imposto na fonte é necessária quando o aspecto espacial do fato gerador não guarda identidade territorial com o estabelecimento prestador, como se dá nos casos das exceções previstas nos incisos I a XII do artigo 3º da LC nº 116/03, uma vez que os Municípios em que a prestação é realizada teriam extrema dificuldade de fiscalizar o contribuinte cujo estabelecimento é localizado em outra municipalidade, fora de sua jurisdição fiscal. Por isso, a responsabilidade é atribuída ao tomador que, estabelecido no território da entidade tributante, é facilmente localizável por ela. No entanto, como adverte Ricardo Lodi Ribeiro (RIBEIRO, 2013, 335-6), tal disciplina não é aplicável nos serviços submetidos à regra do caput do artigo 3º da LC nº 116/03, que são tributados no local do estabelecimento prestador, sob pena do ISS ser exigido na fonte por Município que não possui a competência tributária:

> "Porém, deve-se advertir que, nos casos em que o serviço é tributado no local do estabelecimento prestador (regra geral do artigo 3º, caput, da LC nº 116/2003) é ilegítima a retenção do imposto na fonte pelo Município onde ocorreu o fato gerador, uma vez que este não tem competência tributária, não podendo, portanto, impor responsabilidade de terceiros ou a obrigação de retenção do imposto na fonte. Nem poderá nestes casos impor ao prestador tributado por outro Município obrigações acessórias que resultem no pagamento do ISS por este ou pelo tomador domiciliado ou estabelecido no seu território, como pretendeu fazer o artigo 14-A da Lei nº 691/84, com redação dada pela Lei nº 4.452/06, que determinou responsabilidade do tomador quando o prestador estabelecido em outro município não presta informações exigidas pelo regulamento. Admitir tal disciplina seria permitir que ente federativo que não tem competência tributária pudesse criar obrigação de pagar tributo para o tomador em virtude da prática de ato praticado por terceiro, a partir da configuração de ilicitude da situação por norma não aplicável à operação. Ou seja, um tríplice absurdo.

A mesma disciplina foi estabelecida em São Paulo pelo artigo 9º-A da Lei nº 13.701/03, com redação dada pela Lei nº 14.256/06.

Deste modo, em casos de operações intermunicipais em que o prestador é estabelecido ou domiciliado em Município diverso do que ocorreu a prestação de serviços, só é legítima a responsabilização tributária e a imposição de retenção na fonte nos serviços previstos nos incisos do artigo 3º da LC nº 116/03, pois só nesses a competência tributária é atribuída ao ente federativo em que se domicilia o tomador de serviços, responsável pela retenção."

Sendo os serviços prestados em apoio à atividade de E&P executados em águas marinhas, a regra de competência, já vimos, aponta para o local do estabelecimento prestador, caso em que, como restou claro, não há possibilidade de exigência do ISS retido na fonte em relação ao tomador do serviço, sob pena de se pavimentar o caminho para a bitributação municipal, já que o imposto seria retido no Município em que o serviço foi prestado, quando a competência pertence à outra municipalidade, onde se localiza o estabelecimento prestador.

7. Conclusões

1) A Convenção de Montego Bay estabeleceu a possibilidade para os Estados costeiros exercerem a sua soberania na zona econômica exclusiva e na plataforma continental, no que se refere à exploração dos seus recursos naturais, resguardada a liberdade de navegação para os demais países. Com isso, os Estados costeiros podem exercer a competência tributária em águas marinhas. No entanto, a referida convenção não estabeleceu a disciplina quanto à divisão interna da competência entre os entes federativos, o que deve ser estabelecido pela Constituição Federal.

2) O artigo 20, §1º da Constituição Federal prevê que Estados e Municípios tenham projeções no mar territorial, na plataforma continental e na zona econômica exclusiva.

3) A despeito da possibilidade, em tese, de haver exercício da competência tributária por Estados e Municípios no âmbito da plataforma continental e da zona econômica exclusiva, é imprescindível que exista lei federal que promova tal repartição, atenta às necessidades da sociedade, de Estados e Municípios em todas as dimensões do poder estatal para além da mera distribuição de *royalties* de petróleo e gás.

4) Inexistindo tal norma, é preciso que a lei complementar venha a dirimir o potencial conflito de competência que se instaura sem a prévia definição dos aspectos espaciais dos fatos geradores estaduais e municipais.

5) Apesar de não haver lei complementar para dirimir os conflitos de competências tributárias, conforme disposto no art. 146, I, da Constituição

Federal, os Municípios vêm tributando o ISS supostamente devido pelas empresas de exploração e produção de petróleo a partir dos critérios estabelecidos pela Lei nº 7.525/86 para a distribuição de *royalties* – projeção, pelo IBGE, em linhas ortogonais e em linhas paralelas –, o que, além de violar o princípio da legalidade tributária, causa o fenômeno da pluritributação horizontal, tendo em vista a incerteza fática ocasionada pelos critérios citados;

6) É necessária a edição de lei complementar para dirimir o potencial conflito de competência entre os Municípios, sendo imprestável para tanto, o artigo 3, §3º, da LC nº 116/03, por reproduzir a regra geral de tributação no estabelecimento prestador, o que tem se mostrado insuficiente diante da fixação pela lei municipal de ficções jurídicas na definição de estabelecimento em alto mar.

7) Nos serviços tributados no local do estabelecimento prestador, não é possível a imposição da retenção do ISS na fonte, por gerar bitributação horizontal entre o Município em que se localiza a fonte tomadora do serviço e aquele onde fica o estabelecimento prestador.

8. Referências

BARRETO, Aires F. ISS – Não incidência sobre atividades desenvolvidas em águas marítimas. Revista Dialética de Direito Tributário, São Paulo, n. 200, p. 19-27, jun/2006.

–. ISS na Constituição e na Lei, 3. ed, São Paulo: Dialética, 2009.

BRASIL, Lei nº 8.617, de 4/01/1993. Dispõe sobre o mar territorial, a zona contígua, a zona econômica exclusiva e a plataforma continental brasileiros, e dá outras providências. DOU de 5/01/1993.

–. Constituição da República Federativa do Brasil de 1988. 05/10/1988.

–. Lei nº 7.525, de 22/07/1986. Estabelece normas complementares para a execução do disposto no art. 27 da Lei nº 2.004, de 3 de outubro de 1953, com a redação da Lei nº 7.453, de 27 de dezembro de 1985, e dá outras providências. DOU de 23/07/1986.

–. Lei nº 2.004, de 03/10/1953. Dispõe sôbre a Política Nacional do Petróleo e define as atribuições do Conselho Nacional do Petróleo, institui a Sociedade Anônima, e dá outras providências. Revogada pela Lei nº 9.478/97.

–. Supremo Tribunal Federal, ADI nº 2080 MC/RJ, Confederação Nacional do Transporte – CNT e Governador do Estado do Rio de Janeiro/Assembleia Legislativa do Estado do Rio De Janeiro. Relator: Ministro Gilmar Mendes, Sessão de 06/02/2002. Diário da Justiça, 22/03/2003.

–. Lei nº 5.172, de 25/10/66. Dispõe sobre o Sistema Tributário Nacional e Institui Normas Gerais de Direito Tributário Aplicáveis à União, Estados e Municípios. DOU de 27/10/66.

–. Lei Complementar nº 116, de 31/07/2003. Dispõe sobre o Imposto Sobre Serviços de Qualquer Natureza, de competência dos Municípios e do Distrito Federal, e dá outras providências. DOU 1/08/2003.

CAVALCANTE, Rachel Guedes. O ISS incidente nas importações de serviços e a indústria do petróleo. A Tributação na Indústria do Petróleo e Gás Natural. São Paulo: Almedina, 2016.

DUTRA, Micaela Dominguez. ISS Águas Marítimas. A Tributação na Indústria do Petróleo e Gás Natural. São Paulo: Almedina, 2016.

GRECO, Marco Aurélio. "Impossibilidade de cobrar ICMS em operações ocorridas no mar territorial e na zona econômica exclusiva." Revista Dialética de Direito Tributário, São Paulo, n. 133, p. 67-79, out/2006.

REZEK, José Francisco. Direito Internacional Público: curso elementar, 4. ed, São Paulo: Saraiva, 1994.

RIBEIRO, Marilda Rosado de Sá. Direito do Petróleo. 3. ed. Rio de Janeiro: Renovar, 2014, p. 71.

RIBEIRO, Ricardo Lodi. Segurança Jurídica do Contribuinte – Legalidade, Não Surpresa e Proteção à Confiança Legítima. Rio de Janeiro: Lumen Juris, 2008.

–. Tributos – Teoria Geral e Espécies, 1. ed, Niterói: Impetus, 2013, p. 335-336.

O ISS Incidente nas Importações de Serviços e a Indústria do Petróleo

RACHEL GUEDES CAVALCANTE

Introdução
Para além do vertiginoso crescimento do mercado de serviços e da progressiva globalização das relações comerciais, marcas da realidade atual, a questão da tributação dos serviços originados no exterior sempre foi da maior relevância para a chamada indústria do petróleo, negócio tradicionalmente caracterizado pela internacionalização de suas operações, que exigem consumo intensivo de serviços, não raro altamente especializados.

De fato não há como ignorar a escalada dos números relativos ao comércio internacional de serviços. Segundo dados do Ministério do Desenvolvimento, Indústria e Comércio Exterior (2013, p. 21) a participação do setor de serviços na balança comercial brasileira tem aumentado gradativamente nos últimos anos. As importações de serviços totalizaram 77,8 bilhões de dólares em 2012, registrando um incremento de 6,5% em relação ao ano anterior. Entre os anos de 2008 e 2012 essas importações cresceram 75,1%, fazendo aumentar de 20,4% para 25,8% a participação dos serviços no volume total importado pelo Brasil em 2012. Com as importações de serviços crescendo acima da média mundial, o Brasil atingiu, em 2012, a 17ª colocação no ranking dos maiores importadores.

A mesma fonte registra ainda que entre os principais setores importadores de serviços no Brasil figuram atividades do ramo petrolífero, como a fabricação de produtos derivados do petróleo e de biocombustíveis e a extração de petróleo e gás natural (MDIC, 2013, p. 72-73).

Assim, diante da importância que os serviços provenientes do exterior assumem para a economia como um todo e, mais especificamente, para a indústria petrolífera, despontam como centrais as questões relacionadas à tributação incidente sobre tais serviços, mais ainda se considerados os altos valores envolvidos. E não são poucos os tributos a onerar essas operações, a exemplo do imposto de renda retido na fonte e de contribuições sociais e de intervenção no domínio econômico.

Entre os diversos tributos incidentes sobre os serviços provenientes do exterior, o Imposto sobre Serviços de Qualquer Natureza (ISS), desponta como foco de polêmicas e incertezas, seja por sua disciplina concisa e controversa, levada a efeito pela Lei Complementar nº 116, de 31 de julho de 2003 (LC 116), ou mesmo pelo fato de, apesar de incidir sobre operações internacionais, o imposto estar compreendido na competência tributária dos Municípios.

Com o presente estudo pretendemos analisar alguns aspectos fundamentais da incidência do ISS sobre as operações genericamente designadas como importações de serviços, procurando enfatizar questões que se apresentam como especialmente relevantes ou problemáticas no contexto das atividades do setor petrolífero.

Breves Considerações sobre as Peculiaridades do Segmento Petrolífero

A atividade desenvolvida pela chamada indústria do petróleo apresenta algumas importantes características que precisam ser consideradas em qualquer estudo sobre a tributação no setor. Muitos desses aspectos têm especial impacto na incidência do ISS sobre serviços provenientes do exterior e serão abordados ao longo deste trabalho.

Inicialmente destaca-se o fato de que, por ter como objeto um recurso natural finito encontrado em regiões geográficas determinadas, as operações de exploração e produção de petróleo frequentemente envolvem mais de um país e, consequentemente, mais de uma ordem jurídico-tributária. Assim, atuando internacionalmente, as corporações encontram-se sujeitas a uma multiplicidade de complexos regramentos tributários, incluindo as normas internacionais criadas justamente com o objetivo de minimizar os impasses gerados por esse tipo de operação global.

Essa complexidade é multiplicada quando entra em cena um imposto de competência dos Municípios, disciplinado e cobrado de forma autônoma por cada ente local. Os serviços provenientes do exterior do País, ou cuja prestação ali se tenha iniciado, passam a sofrer incidência de tributo que, a despeito da veiculação de normas gerais pela LC 116, em verdade será diferente em cada uma das municipalidades competentes para instituí-lo, realidade que gera, no mínimo, a necessidade de domínio de diversas legislações municipais, além de grande potencial de conflitos entre os entes, com até mesmo dupla ou múltipla pretensão ao ISS sobre um único serviço importado.

Ademais, a indústria petrolífera é, notadamente, segmento econômico que proporciona ganhos consideráveis, mas que, de outro lado, exige um grande volume de investimentos, tanto em uma fase inicial de exploração quanto na posterior etapa de efetiva produção. O empreendimento caracteriza-se também pelos altos riscos envolvidos, a exemplo dos representados pela incerteza quanto ao retorno do capital empregado em sondagens, pela possibilidade de danos ao meio ambiente e pela dependência de constantes avanços tecnológicos.

A Incidência do ISS sobre Serviços Provenientes do Exterior

A Constituição Federal de 1988, em seu artigo 156, inciso III, prevê que compete aos Municípios "instituir impostos sobre serviços de qualquer natureza, não compreendidos no art. 155, II, definidos em lei complementar". Em 2003, com o advento da Lei Complementar nº 116, o ISS passa a submeter-se a nova disciplina geral, sendo uma grande inovação trazida por tal diploma legal a previsão da incidência do imposto também sobre o serviço proveniente do exterior do País (i) ou cuja prestação se tenha ali iniciado (ii).

Ficaram assim autorizados os Municípios brasileiros a instituir a tributação pelo ISS também sobre serviços provenientes do exterior, expressão ampla que, em realidade, termina por absorver a segunda hipótese mencionada pelo dispositivo legal (ii), afinal, aquele serviço cuja prestação, iniciada no exterior, venha a concluir-se no Brasil, também pode ser classificado como *proveniente do exterior*. Ainda quanto à terminologia, registre-se que a expressão *importação de serviços*, corrente na doutrina e amplamente aceita, será por nós também empregada para designar tais operações.

Ao lado da tributação das importações, a LC 116 veio materializar a escolha do legislador nacional pela desoneração das exportações (art. 2º, I), a partir da determinação da Constituição Federal de 1988 de que caberia à lei complementar excluir da incidência do ISS as exportações de serviços para o exterior (art. 156, §3º, II). Trata-se da confirmação da opção pátria pela regra do país destinatário para reger a tributação do comércio internacional de serviços, uma vez que, em comércio exterior, para que se evite a bitributação, os países podem adotar o princípio do destino, em que são desoneradas as exportações e tributadas as importações, ou o princípio da origem, em que se tributam as exportações ao passo que as importações ficam a salvo da imposição.

Sem lei complementar que excluísse da incidência do ISS os serviços destinados ao exterior, a disciplina anterior privilegiava a regra da origem, com a tributação alcançando as exportações de serviços (realizados por prestadores domiciliados no Brasil), ao lado da desoneração das importações, que ficavam fora do campo de incidência do imposto uma vez que os estabelecimentos prestadores de serviço estão no exterior (XAVIER, 2010, p. 205).

De fato, como bem ressalta Luís Eduardo Schoueri (2004, p. 40), o princípio do destino, hoje consagrado na maior parte dos sistemas tributários ao redor do mundo, revela-se vantajoso em termos concorrenciais por dar maior peso ao mercado consumidor.

Em realidade, importa observar que aquilo que aqui tratamos como opção não chega a revelar uma liberdade de fato do legislador complementar, uma vez que, considerando o cenário das relações comerciais internacionais, em face da já adoção do critério do destino por uma imensa quantidade de países, afigura-se praticamente inviável a adoção do princípio da origem por algum Estado nacional (SCHOUERI, 2012, p. 560).

Ademais, fazer incidir o imposto também sobre os serviços provenientes do exterior evidencia ainda a intenção do legislador de conferir tratamento tributário isonômico aos serviços, sem fazer distinção entre a origem nacional ou estrangeira. Tal preocupação de assegurar que o ISS não recaia apenas sobre os serviços nacionais mostra-se coerente com a dinâmica atual do comércio internacional e alinhada a diretrizes fundamentais, como o fortalecimento do setor produtivo nacional. Nos contratos de prestação de serviços de altos valores, comuns no ramo petrolífero, torna-se ainda mais evidente o risco de prejuízo ao mercado nacional, em termos concorrenciais, diante de uma imposição tributária diferenciada.

Misabel Abreu Machado Derzi (2004, p. 68) reafirma o acerto da LC 116 em manter o princípio do destino nas prestações de serviços internacionais, enfatizando a necessidade de se estabelecer tratamento tributário equânime entre serviços nacionais e importados, especialmente se considerarmos a crescente globalização, o surgimento de novas formas de prestação de serviços, como o comércio eletrônico, e a tendência universal de desoneração das exportações, que tem sido observada no mercado internacional.

Em um cenário de intensa mobilidade dos agentes econômicos, especialmente quando se pensa em *serviço*, com a intangibilidade e a fluidez que lhe são inerentes, reveste-se de especial relevância a providência tendente a evitar o tratamento tributário privilegiado às importações. É certo que sobre os serviços importados recaem outros tributos além do ISS, porém, a dinâmica do mercado hoje simplesmente não permite exonerar desse imposto os serviços provenientes do exterior que aqui produzam seus resultados, nem do posto de vista do prestador nacional, que com eles concorre, e nem da perspectiva do ente político, que veria sua competência tributária esvaziada pouco a pouco.

Há certas situações em que obter um serviço do exterior é tanto ou mais fácil que tomá-lo de um prestador nacional. As corporações internacionais que exercem as atividades de exploração e produção de petróleo ao redor do mundo, por exemplo, não encontram dificuldade para obter serviços de origem internacional. Observa-se, em realidade, que tais empresas são frequentemente obrigadas a recorrer a prestadores estrangeiros, diante da demanda por serviços técnicos altamente especializados, que no mercado local podem não estar disponíveis ou ser oferecidos em condições pouco competitivas.

De toda sorte, é inegável que os frutos do extraordinário desenvolvimento tecnológico e social experimentado nos últimos anos, como o surgimento de novas formas de prestação de serviços e a crescente internacionalização dos mercados, apontam para a necessidade de que as normas tributárias evoluam para acompanhá-los. Essa realidade exige que o legislador vislumbre critérios e técnicas capazes de possibilitar aos Municípios a continuidade do exercício de sua competência para tributar serviços de qualquer natureza.

Ao que parece, assim procedeu a LC 116 ao disciplinar em termos excepcionais certos aspectos da incidência do ISS sobre serviços provenientes do exterior, com o fito de adequá-los à realidade do comércio exterior. Afinal, é importante ter em conta que, mesmo estando no âmbito de um único tributo (TEIXEIRA, 2008, p. 261), operações locais e internacionais apresentam diferenças importantes que jamais permitiriam ao legislador pretender tratar de forma idêntica os fatos tributáveis que ocorrem inteiramente dentro do País e aqueles que transcendem suas fronteiras.

Aspecto Espacial
Ao cuidar da dimensão espacial da incidência, o artigo 3º, inciso I, da LC 116, esclarece que, no caso em tela, o imposto será devido no local "do estabelecimento do tomador ou intermediário do serviço ou, na falta de estabelecimento, onde ele estiver domiciliado (...)". Trata-se de exceção à regra geral, que considera o imposto devido no local do estabelecimento prestador, ou em seu domicílio. Assim, observa Alessandra Brandão Teixeira (2008, p. 235), ocorre uma ficção jurídica que faz com que o fato gerador do ISS ocorra no Município onde se localize o estabelecimento do tomador ou intermediário de serviço proveniente do exterior.

A respeito da controversa figura da ficção jurídica, José Eduardo Soares de Melo (2008, p. 185-186), manifesta-se contrariamente à sua utilização em desprestígio aos postulados da legalidade e da tipicidade cerrada, referindo-se a tal instituto como uma esdrúxula criação legal de situação inverídica. O autor parece rejeitar, nas operações nacionais, a possibilidade de se considerar o serviço prestado no local do estabelecimento prestador, por enxergar no texto constitucional um princípio da territorialidade a informar que o ISS só poderia ser exigido no local da efetiva prestação do serviço.

Fabio Clasen de Moura (2007, p. 126-127) concorda que a figura da ficção jurídica não se coaduna com o sistema constitucional tributário, porém, não vislumbra a criação de uma ficção jurídica na determinação da LC 116 de considerar como local da prestação do serviço aquele onde situado o estabelecimento prestador. Estaríamos, nesse caso, diante da ampliação do critério espacial da norma, com a opção do legislador por prestigiar elemento de conexão subjetivo em detrimento do elemento objetivo, este baseado unicamente no critério territorial. Assim, o estabelecimento prestador funcionaria como elemento de conexão entre o ordenamento jurídico de um Município e um fato tributário ocorrido fora dos limites de seu território.

Abstraindo-se a questão de tratar-se ou não de ficção, fato é que, ao eleger o local do estabelecimento prestador como aquele onde será devido o imposto, o legislador complementar não deixou de reconhecer que por vezes a praticabilidade e a certeza do Direito exigem algum grau de deformação da realidade como instrumento para alcançar previsibilidade e segurança. Afinal, a realidade da vida, dada sua imensa riqueza, não se permite reduzir a hipóteses que pretensamente compreendam todos os seus aspectos (SAUER, 2012, p.93).

A previsão de que o imposto será devido no local do tomador ou intermediário do serviço proveniente do exterior privilegia, analogamente ao que se observa na disciplina das operações locais, também um critério descolado do elemento objetivo. Observa-se que tal providência resulta essencial em face da necessidade de se lidar com certas realidades complexas e inexoráveis, tais como as características de fluidez, fragmentação e mobilidade, inerentes aos serviços.

Com efeito, o ato de prestar ou de usufruir um serviço é, muitas vezes e cada vez mais, caracterizado por sua dispersão no tempo e no espaço, de modo a tornar extremamente difícil a identificação dos marcos definidores da competência impositiva. Essa condição exige que o legislador lance mão de alguns recursos, a exemplo das presunções e ficções, a fim de possibilitar a tributação de certos fatos econômicos; não para que se tribute tudo, frise-se, mas apenas para que se continue a fazer incidir o tributo sobre as materialidades eleitas constitucionalmente, ainda que, eventualmente, estas possam aparecer com nova roupagem.

Em que pese revelar-se necessária diante do fato de ser o prestador de serviço um não residente, a determinação de que o imposto é devido no local do estabelecimento do tomador ou intermediário, à falta de maior detalhamento, pode dar margem ao surgimento de uma série de conflitos de competência. À questão da dificuldade de determinação do que pode ou não ser considerado estabelecimento, que, a despeito do teor do artigo 4º da LC 116[1], é foco de intensos debates

---

[1] Art. 4º Considera-se estabelecimento prestador o local onde o contribuinte desenvolva a atividade de prestar serviços, de modo permanente ou temporário, e que configure unidade econômica ou profissional, sendo irrelevantes para caracterizá-lo as denominações de sede, filial,

mesmo no âmbito das operações locais, soma-se o problema da identificação do tomador ou intermediário no caso concreto, notadamente no caso da atuação de empresas em regime de cooperação, situação bastante comum na indústria do petróleo.

Em decorrência da combinação entre a exigência de altos investimentos e os riscos inerentes ao negócio, ocorre que frequentemente as atividades de exploração e produção petrolíferas são exercidas por meio da formação das chamadas *joint ventures*, alianças entre empresas que, embora concorrentes, podem entender conveniente operar de forma conjunta, a fim de dividir riscos e custos, somando conhecimento e capital. Na modalidade em que as empresas efetivam a parceria por meio da formação de uma nova sociedade, independente e com propósito específico, fala-se em *joint ventures* societárias, ao passo que se denominam *joint ventures* contratuais aquelas alianças em que o exercício conjunto de certas atividades é regulado por meio de um contrato, o que lhes confere maior flexibilidade. No Brasil, as *joint ventures* contratuais aproximam-se do consórcio de empresas, instituto previsto nos artigos 278 e 279 da Lei nº 6.404 de 1976 e por intermédio do qual as empresas costumam realizar operações em conjunto na indústria petrolífera (MELO FILHO; FREITAS NETO, 2011, p. 228-229).

Uma vez que as atividades exercidas em consórcio caracterizam-se pela solidariedade tributária entre as empresas que o compõem, pode o Município exigir o ISS integralmente de qualquer uma das consorciadas, independentemente de haver acordo entre elas quanto a quem caberia o pagamento do tributo (MELO, 2008, p. 25). Ocorre que essa particularidade resulta especialmente problemática nos casos de serviços provenientes do exterior usufruídos por consórcios formados por empresas sediadas em mais de um Município. Assim, apoiadas nos efeitos da solidariedade, cada uma dessas municipalidades poderia se achar no direito de exigir o ISS das empresas estabelecidas em seus territórios, gerando múltiplas exigências do imposto em relação a um mesmo serviço tomado de prestador estrangeiro.

Opõe-se a tal raciocínio o argumento de que, por não ser dotado de personalidade jurídica, nem mesmo por equiparação, o consórcio não poderia assumir responsabilidades em nome próprio (MELO FILHO; FREITAS NETO, 2011, p. 232--234). Em trabalho dedicado ao tema, Raquel de Andrade Vieira Alves (2016, p. 139) destaca que um consórcio não pode celebrar um contrato de serviço em seu nome, o fazendo apenas a título de representação da coletividade de consorciados, concluindo assim que não há que se falar em incidência de ISS sobre serviços prestados pelo consórcio. Desse modo, no que tange à importação, ainda

agência, posto de atendimento, sucursal, escritório de representação ou contato ou quaisquer outras que venham a ser utilizadas.

que o serviço proveniente do exterior se desenvolva em benefício do empreendimento conjunto, somente seria possível a sua contratação por uma das sociedades consorciadas que, revestida da condição de tomadora, assumiria sozinha o papel na relação tributária.

A formação de consórcios de empresas também gera alguma polêmica em torno do chamado autosserviço, ou seja, o serviço prestado a si próprio. Aires Fernandino Barreto (2009, p. 29) trata de diferenciar trabalho de serviço, aduzindo que somente se poderia cogitar deste último no bojo de uma relação jurídica, de modo que é possível realizar um trabalho *para si mesmo*, não sendo aceitável, porém, afirmar que se prestou serviço *a si próprio*.

Marcio Branco (2005, p. 526) observa que, em um consórcio regularmente constituído, o resultado da atividade de uma empresa participante reverte em favor do grupo e, assim, indiretamente beneficia a ela mesma, não podendo configurar, pois, prestação de serviço para fins de tributação, mas sim autosserviço. Tal entendimento guarda coerência com a natureza e os objetivos do instituto jurídico do consórcio e parece fazer bastante sentido, contudo, cumpre assinalar a importância da análise em cada caso, diante da possibilidade de o tratamento tributário diferenciado dispensado a essas parcerias vir a encorajar a formação de consórcios simulados, em que o único empreendimento realmente comum às consorciadas seria eximir-se indevidamente do pagamento do imposto sobre serviços, inclusive aqueles oriundos do exterior.

Outro ponto conflituoso reside na indefinição que o dispositivo traz ao prever que o imposto será devido no local do estabelecimento do tomador *ou* intermediário do serviço. É possível a interpretação no sentido de que o imposto seria devido no local do estabelecimento do intermediário apenas quando não fosse possível a tributação no local do estabelecimento tomador, porém, tal interpretação não é a única que se pode extrair do texto legal.

Na verdade, ainda que fosse pacífico tal entendimento, também não seria possível determinar em que situações estaria permitido o deslocamento da competência impositiva para o Município do estabelecimento do intermediário do serviço, esta considerada como subsidiária. Poderia ser aventada uma série de hipóteses, inclusive a de que seria possível cobrar o tributo no local do intermediário diante da simples constatação de que o mesmo não fora exigido no Município do estabelecimento tomador.

Entretanto, o fato é que não há menção alguma a subsidiariedade e a só existência de alternativas deixa margem para que a legislação municipal procure atrair para si a competência impositiva, podendo prever, por exemplo, a incidência em ambos os casos, de modo que baste estar estabelecido em seu território um tomador ou um intermediário do serviço, para a municipalidade exigir o tributo. Naturalmente tal cenário ensejaria dupla ou múltipla pretensão ao ISS sobre o mesmo fato, situação conflituosa para os Municípios e inaceitável para os sujeitos passivos.

Tal dificuldade gerada pela disciplina particular do aspecto espacial da incidência do ISS sobre serviços provenientes do exterior vem agregar complexidade a outras questões problemáticas já bastante debatidas no âmbito das operações locais, mas nem por isso solucionadas, acerca da (in)definição do Município competente para exigir o imposto.

Nas operações puramente nacionais, muito se discutiu sobre se o ISS seria devido, em regra, no local da prestação do serviço ou no local do estabelecimento (ou domicílio) prestador. Apesar de este último critério ter sido o legalmente eleito, o Superior Tribunal de Justiça chegou a firmar jurisprudência no sentido de considerar que seria competente para exigir o imposto o Município em cujo território se desse a prestação do serviço. Hoje não mais persiste tal entendimento e, salvo as exceções expressamente previstas na LC 116, o serviço é considerado prestado e o ISS devido no local do estabelecimento prestador.

Infelizmente, porém, a questão está longe de ser solucionada. Estudo desenvolvido pelo consórcio Booz & Company e Vieira Rezende (2012, p. 148) indica que há ainda grande insegurança quanto à definição do Município competente para exigir o ISS sobre os serviços característicos da indústria do petróleo, especialmente quando prestados em águas marítimas. Tal situação, que acarreta dupla ou tripla cobrança do imposto sobre o mesmo serviço, gera consideráveis custos para as empresas do setor, seja na condução de defesas administrativas, ou judiciais contra cobranças consideradas indevidas, seja no ajuizamento de ações de consignação em pagamento.

Apesar da preocupação do legislador complementar em definir o que poderia ser considerado como estabelecimento, muitos conflitos continuam acontecendo, seja pela avidez da legislação de certos entes locais, buscando atingir fatos que, apesar de ocorridos em seu território, devem ser tributados por outro Município, seja pelo comportamento inadequado de alguns prestadores de serviço, que criam falsos estabelecimentos em Município diferente daquele em que realmente operam, com vistas à obtenção irregular de tributação favorecida.

De dificuldades análogas não pode escapar a tributação dos serviços provenientes do exterior. Como exemplificado linhas acima, os Municípios podem adotar critérios exageradamente amplos na delimitação do campo de incidência de suas normas, exigindo o imposto em todas as operações que com eles guardem alguma conexão. De outro lado, os tomadores de serviços importados podem vir a procurar formas ilegítimas, ou no mínimo questionáveis, de vincular seus contratos a Municípios que mantenham alíquotas mais baixas, podendo, inclusive, utilizar-se da figura do intermediário ou do instituto do consórcio, com o fim de alcançar tal objetivo.

Ainda no que se refere ao fator espacial da incidência do ISS sobre serviços provenientes do exterior, cabe ressaltar um ponto bastante delicado para a tributação, especialmente quando se trata de competência municipal. As implicações geradas pelo fato de que as operações do setor petrolífero podem ter lugar tanto em terra (*onshore*) quanto no mar (*offshore*) precisam ser consideradas, pois as dúvidas atinentes à legitimidade da imposição e à determinação do ente que a titulariza se multiplicam no caso de atividades desenvolvidas em águas marítimas.

Apesar de veicular regra geral que elege o Município do estabelecimento prestador como aquele competente para cobrar o imposto, preocupou-se a LC 116 em enfatizar que o serviço executado em águas marítimas submete-se à mesma disciplina.[2] Marcio Branco (2005, p. 527) chama a atenção para a só aplicação de tal regra aos serviços prestados por empresas brasileiras, uma vez que na importação de serviço o imposto será devido onde estiver estabelecido o tomador do serviço, a teor da regra específica trazida pelo artigo 3º, I, da Lei Complementar nº 116, de 2003.

Assim, em tese, estaria definida a questão. Porém, não foi o que se observou na realidade, pois a despeito do estabelecido pelo legislador complementar, alguns Municípios passaram a considerar, como parâmetro para determinar sua competência tributária em águas marítimas, as projeções dos respectivos limites municipais, utilizadas para fins de divisão dos *royalties* do petróleo (ALMEIDA JUNIOR, 2011, p. 113). Vale destacar que o emprego de tal critério no âmbito da tributação é tido por muitos como inaceitável. Ricardo Lodi Ribeiro e Nina da Conceição Pencak (2016, p. 60) consideram grave violação aos direitos dos contribuintes a sua utilização pelos Municípios com o intuito de exigir o ISS sobre as plataformas de petróleo localizadas em alto mar, tanto por não terem sido criados para essa finalidade, como por serem eles ambíguos e incertos.

Acresce a essa discussão a polêmica em torno de se considerar ou não a plataforma marítima como estabelecimento, em face dos amplíssimos termos do artigo 4º da LC 116, para efeitos de incidência tributária. Tal distinção revela extrema relevância no caso dos serviços provenientes do exterior, em que o imposto é considerado devido no local do estabelecimento tomador. Se a plataforma não pode ser considerada estabelecimento, então o imposto relativo a serviço importado para ali ser usufruído será devido no Município onde estiver localizado o estabelecimento daquele que, responsável pela referida plataforma, puder ser considerado como tomador do serviço.

---

[2] Artigo 3º, § 3º Considera-se ocorrido o fato gerador do imposto no local do estabelecimento prestador nos serviços executados em águas marítimas, excetuados os serviços descritos no subitem 20.01.

Inversamente, caso se compreenda a própria plataforma como um estabelecimento, fazendo com que seja ali devido o tributo correspondente a serviço tomado do exterior, os questionamentos suscitados não serão poucos. A própria legitimidade da exigência do imposto resultaria duvidosa diante da localização da plataforma em águas marítimas, ademais, ainda que superada essa questão, restaria a conhecida dificuldade de determinar qual o Município competente para exigir o tributo, com o retorno da polêmica pretensão de fazer valerem, para esse fim, métodos alternativos, a exemplo das tais projeções marítimas dos limites dos Municípios, usadas nas distribuições de *royalties* e às quais se fez alusão linhas acima.

Cabe aqui observar que, conforme será tratado em seção seguinte, há forte corrente doutrinária a entender que o ISS só pode incidir na importação de serviços cuja prestação, iniciada no exterior, seja concluída em território nacional. Assim, no caso específico de serviços que tenham sua prestação iniciada no exterior e finalizada em águas marítimas, tal linha de entendimento pode resultar na conclusão pela não incidência do imposto, sob o argumento de falta de conexão entre a prestação do serviço e o território da entidade tributante.

Esses pontos conflituosos, suscitados a propósito da análise do elemento espacial no ISS incidente na importação, sem nenhuma pretensão de constituírem um rol exaustivo, já revelam a clara necessidade de maior e melhor regulação do tema. São questões delicadas a reclamar atenção do Poder Legislativo, que não poderá escapar à necessidade de um maior detalhamento e aprofundamento na disciplina do ISS na importação; do Poder Judiciário, a quem cabe atuar de modo a coibir abusos cometidos por parte de sujeitos ativos e passivos; e também do Poder Executivo, que ao aplicar uma norma deve procurar interpretá-la de conformidade com a disciplina geral e constitucional a que está submetida.

Com tantas possibilidades de conflito, chega a surpreender que, mais de dez anos após a edição da LC 116, não haja ainda posição jurisprudencial firmada nem mesmo acerca da (in)constitucionalidade da incidência do ISS sobre serviços provenientes do exterior, muito menos sobre os pontos de atrito por ela gerados. Considerando o relativamente reduzido número de decisões e mesmo de demandas judiciais acerca de conflitos dessa ordem, além da constatação de que pouco se noticia ou mesmo se escreve atualmente a respeito, é possível suspeitar que os Municípios talvez não estejam exercendo plenamente sua competência para instituir e cobrar ISS sobre as operações de importação de serviços.

Trata-se de constatação intrigante, diante de um mercado de serviços em intenso processo de crescimento e internacionalização e de entes políticos sempre carentes de recursos para o cumprimento de suas atribuições. Mais especificamente, essa aparente calmaria contrasta com o tradicional acompanhamento atento que as administrações tributárias dispensam às atividades de exploração e produção de petróleo, importante fonte de arrecadação nos países produtores (BRANCO, 2005, p. 509).

A perplexidade pode, no entanto, reduzir-se ao considerarmos que a imensa maioria dos Municípios brasileiros não possui estrutura para exercer adequadamente a competência tributária conferida pela Constituição, ao que se somam dificuldades inerentes à fiscalização dos serviços provenientes do exterior, enfrentadas mesmo por Municípios maiores, como o fato de que o sujeito passivo, tomador do serviço, não está necessariamente inserido no cadastro de contribuintes, que tradicionalmente constitui um cadastro de prestadores de serviço.

Aspecto Pessoal
No que concerne ao aspecto pessoal, ao lado do artigo 5º, que estabelece a regra geral de que o contribuinte é o prestador do serviço, a LC 116, em seu artigo 6º, § 2º, I, atribui a responsabilidade pelo crédito tributário ao "tomador ou intermediário de serviço proveniente do exterior do País ou cuja prestação se tenha iniciado no exterior do País". Diante do fato de o prestador do serviço estar localizado no exterior do país, a par da expressa previsão legal de responsabilidade tributária ao tomador ou intermediário do serviço, importa destacar que parte da doutrina os considera como efetivamente contribuintes do imposto, não apenas responsáveis.

Em defesa dessa posição argumenta-se que o contribuinte do ISS pode ser tanto o prestador como o tomador do serviço, a depender do que estabelece a lei complementar. É o que faz Alessandra Teixeira (2008, p. 235-239), observando que faltaria rigor terminológico ao dispositivo legal em análise, uma vez que toda a sistemática da LC 116, quanto à importação de serviços, faz entender que se trata de exceção à regra geral que designa o prestador do serviço como sujeito passivo direto, ou contribuinte.

Na mesma linha, Luís Eduardo Schoueri (2004, p. 47) afirma merecer reparos a dicção do § 2º do art. 6º, em seu inciso I, pois, "Afinal, se o fato gerador dá ênfase à utilização do serviço, e não em sua prestação, então o tomador não é meramente responsável, mas verdadeiro contribuinte".

Tal discussão reveste-se de grande importância, especialmente para setores que, como o petrolífero, demandam serviços complexos cujas contratações envolvem altos valores. É que conforme o tomador do serviço seja considerado contribuinte do imposto ou mero responsável pelo pagamento, o preço do serviço varia, afetando, consequentemente, a base de cálculo de outros tributos incidentes.

Na prática, o valor a ser enviado ao prestador de serviço residente no exterior não sofrerá alteração. Se o tomador nacional é considerado o contribuinte do imposto, ele contabilizará como preço do serviço tão somente o valor remetido ao prestador estrangeiro, tratando separadamente o valor que recolher a título de ISS, como real contribuinte.

Se, do contrário, o tomador do serviço é considerado apenas responsável pelo pagamento do imposto, o preço do serviço será tal que, descontado o percentual retido a título de ISS, resulte no valor líquido remetido ao prestador estrangeiro. Assim, o preço do serviço que figurará na contabilidade do tomador nacional será maior, pois ali estará inserido o valor do ISS por ele retido e pago em substituição ao prestador.

De fato, a estrutura da incidência do ISS sobre serviços provenientes do exterior aponta para a maior coerência da atribuição do papel de contribuinte ao tomador nacional, com a prevalência do regime jurídico deste e não do prestador estrangeiro, que muitas vezes é até mesmo inacessível ao ente tributante (TEIXEIRA, 2008, p.234). Realmente parece fazer mais sentido submeter a relação tributária ao regime jurídico do tomador, inclusive porque este muitas vezes assume o verdadeiro ônus e não apenas efetua propriamente retenção de valores, considerando que os contratos internacionais usualmente preveem que o preço acordado será repassado livre de impostos. Assim, o tomador responsável realiza o reajustamento da base de cálculo, procedimento conhecido como *gross up*, suportando a carga tributária para disponibilizar o valor líquido cobrado pelo prestador estrangeiro.

Entretanto, não há como ignorar que literalidade da LC 116 conduz à consideração do tomador de serviços importados como mero responsável, diretiva que, seguida pelas legislações municipais, tende a se consolidar na disciplina jurídica do imposto, a despeito das incoerências que acarreta, inclusive em prejuízo dos sujeitos passivos.

Compatibilidade com a Ordem Constitucional
Desde o seu surgimento, o parágrafo primeiro do artigo 1º da LC 116 tem suscitado importantes questionamentos acerca de sua compatibilidade com a Constituição de 1988. A matéria ainda não foi pacificada na jurisprudência e divide os estudiosos, em um debate que o escopo deste trabalho não permite aprofundar, mas que se procura brevemente delinear a seguir.

Em geral, as teses doutrinárias pela inconstitucionalidade da incidência do ISS na importação de serviços, prevista na LC 116, aludem especialmente à falta de previsão constitucional expressa, a exemplo do que ocorre com o ICMS[3]; à questão da territorialidade da prestação do serviço e ao problema da indefinição do sujeito passivo.

---

[3] Imposto sobre Operações relativas à Circulação de Mercadorias e sobre Prestações de Serviços de Transporte Interestadual e Intermunicipal e de Comunicação.

Tradicional representante da doutrina que rejeita completamente a viabilidade constitucional do artigo 1º, parágrafo 1º, da LC 116 é José Eduardo Soares de Melo (2008, p. 202-206), para quem "(...) inexiste amparo constitucional para exigir-se o ISS relativamente a serviço proveniente do exterior ou cuja prestação se tenha iniciado no exterior". O autor considera que o dispositivo em comento objetiva alcançar fatos ocorridos fora do território nacional, demonstrando assim não retirar do ordenamento constitucional o seu fundamento de validade e, mais, que criaria uma obrigação tributária a que chama de esdrúxula, pela falta de indicação de contribuinte prestador de serviço na legislação, havendo referência apenas ao tomador responsável.

Entretanto, possivelmente a maior parte dos estudiosos que se dispuseram a escrever sobre o tema entende ser inconstitucional a incidência do ISS exclusivamente sobre aqueles serviços que tenham sua prestação ocorrida inteiramente no exterior e que venham a produzir seus resultados no País. Contudo, tais autores não fazem objeção, em princípio, a que o imposto possa incidir sobre os serviços cuja prestação seja apenas iniciada fora do país, desde que tal prestação tenha continuidade e conclusão em território nacional. Aqui importa a divisão do dispositivo em duas partes, duas possibilidades de incidência do ISS: (i) sobre o serviço proveniente do exterior do País e (ii) sobre o serviço cuja prestação tenha se iniciado no exterior do País.

No grupo dos que apontam a distinção entre essas duas situações para admitir a incidência do imposto apenas na segunda hipótese encontra-se Aires Barreto (2009, p. 330). Firme no entendimento de que o ISS incide no local da prestação do serviço, o jurista conclui pela inconstitucionalidade da parte inicial do dispositivo, que prevê sejam aqui tributados serviços prestados integralmente no exterior.

Na mesma linha, Sergio André Rocha (2013, p. 299-300) reconhece que quando a prestação de serviços tem início no exterior e se conclui no Brasil, esta constitui atividade desenvolvida em território brasileiro, asseverando, porém, que "não se figura possível a previsão da incidência do referido imposto sobre operações em que o serviço tenha sido prestado, integralmente, no exterior".

Não é diferente a conclusão de Heleno Taveira Tôrres (2004, p. 284-285), para quem deve existir um vínculo material entre o prestador do serviço e os limites espaciais do território do ente político, como fundamento de toda tributação de atos de serviços. Assim, filiado à corrente que entende ser determinante o critério do local da prestação, reputa inconstitucional a incidência do ISS sobre os serviços prestados exclusivamente no exterior. Em síntese, sustenta que a competência dos Municípios somente pode ser exercida quando o *fazer* do serviço for concluído nos limites de seu território, não importando se o prestador é residente ou não residente, nem se o serviço foi ou não iniciado no exterior.

Um dos exemplos usados por Heleno Tôrres (2004, p. 285) para demonstrar a impossibilidade de se tributar sujeitos não residentes por fatos praticados no exterior, em face da falta de conexão material da atividade com o ordenamento local, é o de um médico não residente que presta serviços a um brasileiro em seu consultório no exterior. Naturalmente, não se imagina a incidência tributária em tal situação.

No entanto, o impacto dos avanços tecnológicos no mercado mundial de serviços evidencia a insuficiência dos critérios de conexão material, como o do local da prestação do serviço, na delimitação do alcance da tributação. O atual estágio da ciência já permitiria, por exemplo, que um residente no Brasil, em um hospital aqui situado e adequadamente equipado, se submetesse a cirurgia conduzida remotamente por um médico não residente, localizado em qualquer parte do mundo. Haveria diferença entre essa situação e outra em que o mesmo paciente se desloca para o país de residência desse médico para ali ser submetido à cirurgia da forma tradicional? De que ordem seria tal diferença? Considerar que certo tributo não incide sobre a cirurgia realizada de forma remota pode vir causar algum prejuízo aos cirurgiões regularmente estabelecidos no país?

As respostas a essas e a outras questões emergentes ainda não estão disponíveis e realmente não parece simples o caminho para sua construção. Trata-se, porém, de debate relevante e inevitável, especialmente para setor petrolífero, que tem experimentado notáveis avanços em automação e robótica, desde o já conhecido veículo de operação remota (ROV – *Remote Operated Vehicle*) até os ambiciosos projetos de plataformas marítimas não habitadas, operadas de forma totalmente remota. A exploração e produção de óleo e gás em águas marítimas cada vez mais distantes e profundas alimenta o desenvolvimento desse tipo de tecnologia, capaz de reduzir a necessidade (ou suprir a impossibilidade) de deslocamento de seres humanos a locais tão isolados e inóspitos.

Diante dos dilemas surgidos a reboque dos avanços tecnológicos, não se pode deixar de refletir sobre de que forma a tributação poderia acompanhá-los. Inicialmente faz-se necessário definir se o objetivo seria manter o alcance da tributação sobre as mesmas bases econômicas hoje atingidas ou se a opção seria pela reformulação total, originando um sistema completamente novo. Contudo, se (ou enquanto) tal revolução não acontece, a manutenção do modelo tributário vigente exige medidas que garantam sua adequação às novas realidades socioeconômicas, de forma a conservar a coerência e o alcance do sistema.

Nesse processo de ajustamento, uma alternativa que não deve ser menosprezada é a ênfase no critério do *resultado* na determinação da incidência tributária sobre serviços. Conquanto hoje ainda pouco trabalhado e de difícil determinação, o elemento resultado demonstra algum potencial para dar conta de implicações geradas pelos novos tempos ao mercado de serviços.

A ênfase no resultado do serviço é defendida por Luís Eduardo Schoueri (2004, p. 45-46), para quem a importação de serviços será tributada pelo ISS se pelo menos um dos dois elementos, a prestação do serviço (o fazer, iniciado no exterior) ou o resultado do serviço (o proveito econômico objeto do contrato), ocorrer em território nacional. Desse modo, excluem-se os serviços desenvolvidos no exterior e que tenham seu resultado ali verificado, que não poderiam ser considerados importados por caracterizarem fato absolutamente estranho ao território nacional.

A crescente primazia da ideia de utilidade nas relações econômicas, em detrimento da atividade em si, é identificada por Marco Aurélio Greco (2000, p. 96-97) a partir da constatação de que a atividade do prestador (prestação) vem perdendo importância e valor frente à utilidade (resultado), muitas vezes imaterial, a ser obtida pelo cliente, que está disposto a pagar uma remuneração não pela natureza ou extensão da atividade exercida pela outra pessoa, mas sim em função da utilidade de que vai se beneficiar.

A tendência, na tributação, de emprego de critério baseado no resultado do serviço está também estampada no inciso II do parágrafo 1º, artigo 1º, da Lei nº 10.865, de 30 de abril de 2004, que determina a incidência de PIS/COFINS também na importação de serviços executados no exterior, cujo resultado se verifique no País[4].

Não se ignora, contudo, a dificuldade de se estabelecerem critérios que permitam, na análise do caso concreto, saber onde ocorre o resultado de um serviço. Em algumas situações, a determinação do momento e local em que se dá tal resultado será imediata. Outras tantas, porém, são de tal forma complexas que não permitem a identificação clara e incontroversa de onde e quando se verificam os seus efeitos.

O recurso ao elemento de conexão da *produção de resultados* exige a determinação do tipo de benefício gerado pelo serviço e do local onde ele é auferido, o que ocasiona alguma dificuldade. Assim, resta sempre a indagação acerca de onde foram efetivamente produzidos os resultados, especialmente quando se fala

---

[4] Art. 1º Ficam instituídas a Contribuição para os Programas de Integração Social e de Formação do Patrimônio do Servidor Público incidente na Importação de Produtos Estrangeiros ou Serviços – PIS/PASEP-Importação e a Contribuição Social para o Financiamento da Seguridade Social devida pelo Importador de Bens Estrangeiros ou Serviços do Exterior – COFINS-Importação, com base nos arts. 149, § 2º, inciso II, e 195, inciso IV, da Constituição Federal, observado o disposto no seu art. 195, § 6º.

§ 1º Os serviços a que se refere o caput deste artigo são os provenientes do exterior prestados por pessoa física ou pessoa jurídica residente ou domiciliada no exterior, nas seguintes hipóteses:
I – executados no País; ou
II – executados no exterior, cujo resultado se verifique no País.

de serviço de natureza intelectual, sendo certo que tal dilema não é privilegio da legislação brasileira e tem lugar em diversos outros países (BRANCO, 2005, 517-518).

Assim sendo, evidenciada está a urgência em se aprofundarem os estudos no sentido da construção de parâmetros mais precisos, capazes de conferir segurança na utilização do elemento resultado do serviço como critério de determinação da incidência tributária.

Retomando o argumento de Schoueri, observa-se que o autor entende que a primeira parte do parágrafo 1º do artigo 1º da LC 116 está legitimada pela a eleição, na hipótese, do resultado do serviço como elemento de conexão do fato ao território nacional. A possibilidade de tributar o serviço que, prestado no exterior, tenha seu resultado verificado no Brasil, estaria alicerçada no fato de que o imposto municipal incide sobre *serviços* de qualquer natureza, e não apenas sobre a prestação em si. Identifica-se, assim, distinção fundamental entre as disciplinas do ISS e do ICMS, tendo o constituinte enfatizado o aspecto material apenas no caso deste último (SCHOUERI, 2004, p. 46-47).

Em suma, contrariamente aos entendimentos doutrinários até aqui expostos, Luís Eduardo Schoueri (2004, p. 51) não encontra óbice constitucional para a incidência do ISS tanto sobre serviços provenientes do exterior quanto sobre aqueles cuja prestação lá se tenha iniciado, asseverando ainda tratar-se de regra mandatória de nosso sistema jurídico tributário, à luz do princípio da igualdade e tendo em conta a adoção da regra da tributação no país de destino. Assinala ainda que os acordos internacionais para evitar a bitributação não impedem a cobrança do ISS, bem como que a falta de competência dos Municípios para regular o comércio exterior não constitui empecilho à cobrança do imposto, mas tão somente impede que os entes locais dispensem às importações de serviços tratamento diverso do conferido às operações de âmbito local.

Alessandra Brandão Teixeira (2008, p. 343) também conclui pela constitucionalidade da incidência do ISS sobre serviços provenientes do exterior, nas duas hipóteses mencionadas na LC 116. A autora, que se dedicou a minucioso estudo sobre o tema, afirma que a incidência sobre a importação de serviços tem o mesmo aspecto material do ISS em geral, qual seja, a realização de operações que tenham por objeto a prestação de serviço. Assim, não há alteração da norma tributária, mas apenas o deslocamento do aspecto espacial da hipótese de incidência para o local do estabelecimento do tomador ou intermediário. Ressalta, ademais, que a tributação não recai sobre a pessoa do prestador ou do tomador, mas sobre a atividade econômica em si, constituindo a prestação e a aquisição de um serviço, em realidade, os dois lados de uma mesma operação (TEIXEIRA, 2008, p. 256-264).

A tributação das importações de serviço é considerada um avanço da legislação brasileira, tendo em vista o contexto mundial e a necessidade de aparelhar o sistema tributário para que este reste eficiente diante dos impactos causados pela evolução tecnológica (TEIXEIRA, 2008, p. 354).

Finalmente, registramos o entendimento de Ricardo Lobo Torres (2005, p. 365), para quem a criação da exigência do ISS sobre a importação de serviços deu-se diretamente pela LC 116, sem a necessidade de prévia definição constitucional, uma vez que a incidência na importação, etapa final do ciclo econômico internacional, e a desoneração na exportação constituem características inerentes aos tributos sobre a circulação de riqueza.

Conclusão

Com o expressivo crescimento do mercado de serviços e a sua progressiva internacionalização, a tributação dos serviços provenientes do exterior ganha cada vez mais importância. Especialmente para setores que, como o petrolífero, movimentam altos valores em contratos internacionais de prestação de serviço, é fundamental que a disciplina tributária seja clara, transmitindo segurança e evitando custos desnecessários.

Entretanto e lamentavelmente, não é essa a realidade brasileira atual dos tributos incidentes sobre serviços importados, notadamente do Imposto sobre Serviços de Qualquer Natureza. A regulação da matéria deixa ainda pontos duvidosos e há muita insegurança, não apenas entre os contribuintes, mas também entre os próprios entes políticos competentes para instituir e cobrar o tributo. Diante da insuficiência dos critérios oferecidos pela disciplina nacional, Municípios que de alguma forma conectam-se às atividades da indústria do petróleo, não raras vezes, produzem legislações excessivamente abrangentes, possibilitando assim a ocorrência de múltiplas incidências do ISS em operações tanto locais como internacionais.

As importantes controvérsias surgidas com parágrafo 1º do artigo 1º da LC 116, bem como o volume e os valores das importações brasileiras de serviços, contrastam com a relativa escassez de demandas judiciais envolvendo o tema e com a impossibilidade de se indicarem tendências jurisprudenciais, mesmo passados mais de dez anos da edição da Lei.

Tal situação pode representar um indício de que os Municípios talvez não estejam exercendo plenamente sua competência no que se refere à incidência do ISS na importação, inclusive em face da dificuldade de fiscalização da importação de serviços quando os tomadores não são também contribuintes prestadores de serviço, ainda que o Município cuide de prever a incidência em lei ordinária.

Em que pese haver grandes questionamentos acerca da compatibilidade do ISS sobre serviços provenientes do exterior com a ordem constitucional vigente, há de se ter em conta que tal previsão consubstancia a adoção do princípio do destino pelo legislador complementar. Tal opção é tida por parcela da doutrina como autorizada pela Constituição de 1988, apresentando-se em perfeita consonância com os mecanismos atualmente adotados em comércio internacional.

Com efeito, os avanços socioeconômicos e tecnológicos transformam as relações econômicas e impõem que os parâmetros tributários se atualizem, sob pena de a incidência tributária perder gradualmente a capacidade de atingir as bases econômicas eleitas pelo constituinte. A internacionalização do mercado de serviços, caracterizado pela fluidez e mobilidade de seu objeto, traz implicações que precisam ser acomodadas, inclusive tendo-se em conta aspectos federativos e concorrenciais.

Referências

ALMEIDA JUNIOR, Fernando Osório de. Serviços *onshore* e *offshore* – Local da Prestação dos Serviços. In: CARNEIRO, Daniel Dix; PEIXOTO, Marcelo Magalhães (Coord.). **Aspectos Tributários Relacionados à Indústria do Petróleo e Gás**. São Paulo: MP Editora, 2011. p. 99-114.

ALVES, Raquel de Andrade Vieira. Regime Jurídico-Tributário dos Consórcios Voltados à Indústria do Petróleo e Gás Natural no Brasil. In: GOMES, Marcus Lívio; RIBEIRO, Ricardo Lodi (Coord.). **A Tributação na Indústria do Petróleo e Gás Natural**. São Paulo: Almedina, 2016. p. 119-156.

BARRETO, Aires Fernandino. **ISS na Constituição e na Lei**. 3.ª ed. São Paulo: Dialética, 2009.

BRANCO, Marcio. A nova sistemática de tributação dos serviços internacionais e a importação de serviços na indústria do petróleo. In: RIBEIRO, Marilda Rosado de Sá (Org.). **Estudos e Pareceres – Direito do Petróleo e Gás**. Rio de Janeiro: Renovar, 2005. p. 505-530.

BRASIL. Constituição (1988). Constituição da República Federativa do Brasil. **Diário Oficial [da] República Federativa do Brasil**, Brasília, DF, 5 out. 1988. Disponível em: <http://www.planalto.gov.br/ccivil_03/constituicao/Constituicao.htm>. Acesso em: 16 nov. 2014.

–. Lei Complementar nº 116, de 31 de julho de 2003. Dispõe sobre o Imposto Sobre Serviços de Qualquer Natureza, de competência dos Municípios e do Distrito Federal, e dá outras providências. **Diário Oficial [da] República Federativa do Brasil**, Brasília, DF, 1º ago. 2003. Disponível em: <http://www.planalto.gov.br/ccivil_03/leis/lcp/lcp116.htm >. Acesso em: 16 nov. 2014.

–. Lei nº 6.404, de 15 de dezembro de 1976. Dispõe sobre as Sociedades por Ações. **Diário Oficial [da] República Federativa do Brasil**, Brasília, DF, 17 dez. 1976. Disponível em: <http://www.planalto.gov.br/ccivil_03/leis/l6404consol.htm>. Acesso em: 16 nov. 2014.

–. Lei nº 10.865, de 30 de abril de 2004. Dispõe sobre a Contribuição para os Programas de Integração Social e de Formação do Patrimônio do Servidor Público e a Contribuição para o Financiamento da Seguridade Social incidentes sobre a importação de bens e serviços e dá outras providências. **Diário Oficial [da] República Federativa do Brasil**, Brasília, DF, 30 abr. 2004. Disponível em: <http://www.planalto.gov.br/ccivil_03/_ato2004-2006/2004/lei/l10.865.htm>. Acesso em: 16 nov. 2014.

–. Ministério do Desenvolvimento, Indústria e Comércio Exterior. **Panorama do Comércio Internacional de Serviços**. Brasília: MDIC, 2013. Disponível em: <http://www.mdic.gov.br /arquivos/dwnl_1403724212.pdf>. Acesso em: 16 nov. 2014.

CONSÓRCIO BOOZ & COMPANY E VIEIRA REZENDE. **Panorama da Tributação Brasileira no Setor de Petróleo e Gás**. Rio de Janeiro: 2012. 271 p. Disponível em: <http://www.bndes.gov.br/SiteBNDES/export/sites/default/bndes_pt/Galerias/Arquivos/produtos/download/chamada_publica_FEPProsp0111_Produto5.pdf>. Acesso em: 16 nov. 2014.

DERZI, Misabel Abreu Machado. O aspecto espacial do Imposto Municipal sobre Serviços de Qualquer Natureza. In: TÔRRES, Heleno Taveira (Coord.). **Imposto sobre Serviços – ISS na Lei Complementar nº 116/03 e na Constituição**. Barueiri, SP: Manole, 2004. p. 53-84.

GRECO, Marco Aurélio. **Internet e Direito**. 2.ª ed. São Paulo: Dialética, 2000.

MELO, José Eduardo Soares de. **ISS – Aspectos Teóricos e Práticos**. 5.ª ed. São Paulo: Dialética, 2008.

MELO FILHO, Cyro Cunha e FREITAS NETO, Jayme Barboza de. Aspectos tributários e escriturais dos consórcios voltados à indústria do petróleo e gás. In: CARNEIRO, Daniel Dix; PEIXOTO, Marcelo Magalhães (Coord.). **Aspectos Tributários Relacionados à Indústria do Petróleo e Gás**. São Paulo: MP Editora, 2011. p. 227-239.

MOURA, Fábio Clasen de. **Imposto sobre Serviços: Operações Intermunicipais e Internacionais – Importação e Exportação**. São Paulo: Quartier Latin, 2007.

RIBEIRO, Ricardo Lodi; PENCAK, Nina da Conceição. A Competência Tributária Municipal para Tributação dos Serviços Prestados no Mar Territorial, Zona Econômica Exclusiva e Plataforma Continental. In: GOMES, Marcus Lívio; RIBEIRO, Ricardo Lodi (Coord.). **A Tributação na Indústria do Petróleo e Gás Natural**. São Paulo: Almedina, 2016. p. 49-69.

ROCHA, Sergio André. Considerações acerca da Incidência do ISS sobre Serviços Prestados no Exterior. In: ROCHA, Sergio André. **Tributação Internacional**. São Paulo: Quartier Latin, 2013.

SAUER, João Guilherme. ISS, Sujeito Ativo e "Local da Prestação". A Importância dos Elementos de Conexão para a Construção Jurisprudencial. **Revista Dialética de Direito Tributário**, São Paulo, n.º 196, p. 83-94, janeiro 2012.

SCHOUERI, Luís Eduardo. **Direito Tributário**. 2.ª ed. São Paulo: Saraiva, 2012.

–. ISS sobre a Importação de Serviços do Exterior. **Revista Dialética de Direito Tributário**, São Paulo, n.º 100, p. 39-51, janeiro 2004.

TEIXEIRA, Alessandra M. Brandão. **ISSQN e a Importação de Serviços**. Rio de Janeiro: Renovar, 2008.

TÔRRES, Heleno Taveira. Prestações de serviços provenientes do exterior ou cuja prestação se tenha iniciado no exterior. In: TÔRRES, Heleno Taveira (Coord.). **Imposto sobre Serviços – ISS na Lei Complementar nº 116/03 e na Constituição**. Barueiri, SP: Manole, 2004. p. 279-298.

TORRES. Ricardo Lobo. **Tratado de Direito Constitucional Financeiro e Tributário**. v. IV. Rio de Janeiro: Renovar, 2005.

XAVIER, Alberto. **Direito Tributário Internacional do Brasil**. 7.ª ed. Rio de Janeiro: Forense, 2010.

TÔRRES, Heleno Taveira. Prestações de serviços provenientes do exterior ou cuja prestação se tenha iniciado no exterior. In: TÔRRES, Heleno Taveira (Coord.). Imposto sobre Serviços – ISS na Lei Complementar nº 116/03 e na Constituição. São Paulo: Malheiros, 2004. p. 279-298.

TORRES, Ricardo Lobo. Tratado de Direito Constitucional Financeiro e Tributário. v. IV. Rio de Janeiro: Renovar, 2005.

XAVIER, Alberto. Direito tributário internacional do Brasil. 7ª ed. Rio de Janeiro: Forense, 2010.

ISS Águas Marítimas[1-2]

MICAELA DOMINGUEZ DUTRA

1. Introdução

Tem sido muito comum a lavratura de autos de infração por parte dos entes municipais capixabas com o fim de cobrar o Imposto Sobre Serviços em relação às atividades realizadas no Mar Territorial, Plataforma Continental e Zona Econômica Exclusiva, por considerarem que essas atividades estariam sendo praticadas no prolongamento de seu território, usando para tanto o critério das linhas ortogonais do IBGE.

Essa discussão envolve, entre outros pontos, o art. 3º, § 3º da LC 116/2003.

Contudo, a questão em tela é um pouco mais complexa, já que envolve a possibilidade de extensão da competência territorial dos municípios, e também do Poder de Tributar desses entes, em bens da União, segundo o que dispõe o art. 20, incisos V e VI, da CRFB, bem como a necessidade de lei complementar para regular conflitos de competência em matéria tributária (art. 146, I, CRFB).

Dessa feita, o objetivo desse artigo é analisar a viabilidade ou não de tributação, pelo ISS, dos serviços praticados em águas marítimas, leia-se como tal: Mar Territorial, Plataforma Continental e Zona Econômica Exclusiva.

2. Breves noções sobre o ISS

O Imposto sobre Serviços é um tributo de competência municipal e encontra sua matriz constitucional no art. 156, inciso III, da CRFB, o qual dispõe:

---

[1] Trabalho apresentado no âmbito do Programa de Pós-Graduação em Direito da Universidade do Estado do Rio de Janeiro-UERJ. Linha de Pesquisa: Finanças Púbicas e Tributação. Requisito para aprovação na disciplina: Grupo de Pesquisa Institucional – Tributação Setorial, ministrada pelo Prof. Marcus Lívio em 2014.1

[2] Agradecimento especial ao amigo Fernando Augusto Werneck Ramos pela revisão do texto.

Art. 156. Compete aos Municípios instituir impostos sobre:
(...)
III – serviços de qualquer natureza, não compreendidos no art. 155, II, definidos em lei complementar.

Dessa feita, verifica-se que a competência dos Municípios deve ser exercida de acordo com uma baliza legal, que foi o DL 406/68, e desde 2003 passou a ser a Lei Complementar Federal nº 116.

O fato gerador é a prestação de serviços, sendo que o aspecto espacial desse fato gerador, ou seja, aonde se reputa o serviço prestado é um dado fornecido pelo art. 3º da referida lei complementar, que visa orientar as leis municipais que irão, de fato, instituir esse imposto.

Sobre a necessidade de estarem previstos em lei todos os tipos de serviços sujeito à tributação pelo ISS, já se manifestou o STF[3], que passou a entender que a lista anexa ao referido diploma legal deveria ser lida de forma taxativa em seu sentido vertical, ou seja, não poderia incluir novas hipóteses que ali não estivessem previstas, contudo, seria admissível uma interpretação ampliativa no sentido horizontal, até porque a própria lei assim o permite.

Tecidas as linhas gerais do imposto, o objeto de análise do presente artigo reside no seguinte dispositivo legal:

Art. 3º – O serviço considera-se prestado e o imposto devido no local do estabelecimento prestador ou, na falta do estabelecimento, no local do domicílio do prestador, exceto nas hipóteses previstas nos incisos I a XXII, quando o imposto será devido no local:
(...)
§ 3º Considera-se ocorrido o fato gerador do imposto no local do estabelecimento prestador nos serviços executados em águas marítimas, excetuados os serviços descritos no subitem 20.01.

Ou seja, é possível que uma lei complementar federal permita que os Municípios possam cobrar ISS sobre serviços prestados em águas marítimas?

3. Mar territorial, plataforma continental e zona econômica exclusiva
A CRFB faz menção a mar territorial, plataforma continental e zona econômica exclusiva no art. 20, confira-se:

Art. 20. São bens da União:
(...)

---
[3] Vide RE nº 87931.

V – os recursos naturais da plataforma continental e da zona econômica exclusiva;
VI – o mar territorial;
(...)
§ 1º É assegurada, nos termos da lei, aos Estados, ao Distrito Federal e aos Municípios, bem como a órgãos da administração direta da União, participação no resultado da exploração de petróleo ou gás natural, de recursos hídricos para fins de geração de energia elétrica e de outros recursos minerais no respectivo território, plataforma continental, mar territorial ou zona econômica exclusiva, ou compensação financeira por essa exploração.

Não traz conceitos, o que será feito pela legislação infra-constitucional, mas deixa claro que apenas o mar territorial é bem da União, ou seja, faz parte do território nacional. Apenas os produtos da plataforma continental e da zona econômica exclusiva é que são bens da União e não essas áreas.

Contudo, essa interpretação não condiz com um entendimento preliminar apresentado pelo Supremo Tribunal Federal, em 2002, com composição diversa da que hoje existe, mas que pode ser bem resumido na ementa do julgado, que assim dispõe:

EMENTA: DIREITO CONSTITUCIONAL E TRIBUTÁRIO.
COMPETÊNCIA TRIBUTÁRIA DOS ESTADOS E MUNICÍPIOS SOBRE A ÁREA DOS RESPECTIVOS TERRITÓRIOS, INCLUÍDAS NESTES AS PROJEÇÕES AÉREAS E MARÍTIMA DE SUA ÁREA CONTINENTAL, ESPECIALMENTE AS CORRESPONDENTES PARTES DA PLATAFORMA CONTINENTAL, DO MAR TERRITORIAL E DA ZONA ECONÔMICA EXCLUSIVA.
AÇÃO DIRETA DE INCONSTITUCIONALIDADE DO § 5º DO ARTIGO 194 DA CONSTITUIÇÃO DO ESTADO DO RIO DE JANEIRO E DO § 4º DO ARTIGO DA LEI ESTADUAL Nº 2.657, DE 26.12.1996, QUE REGULA O ICMS NAQUELA UNIDADE DA FEDERAÇÃO.
1. Alegação de que tais normas violam os artigos 20, V e VII, 22, I, 155, II, 150, VI, 146, I, III, "a" e 155, § 2º, XII, "d", da Constituição Federal.
2. Fundamentação consideravelmente abalada com as objeções da ASSEMBLÉIA LEGISLATIVA e do GOVERNADOR DO ESTADO, que, a um primeiro exame, demonstraram a inocorrência de qualquer das violações apontadas na inicial.
Medida cautelar indeferida. Plenário. Decisão unânime.[4]

Como se pode verificar, num primeiro momento, o STF entendeu que é possível se falar em projeção do território do Estado e do Município para fins de

---

[4] STF, ADI-MC 2080, relator Ministro Sydney Sanches, in DJ 22.03.2002.

competência tributária, e para tal se respaldou nos seguintes argumentos: 1 – o fato do mar territorial e os produtos da plataforma continental e zona econômica exclusiva serem da União não os impede de integrar o território dos Estados e Municípios; 2 – a totalidade do território nacional, com exceção das porções ocupadas pelo Distrito Federal e Territórios Federais é também parte de algum Estado, e também de algum município, e o mar territorial, a plataforma continental nem a zona econômica exclusiva estão em algum Território Federal, fazem parte dos territórios de Estados e Municípios.

Contudo, a legislação infra-constitucional não nos ajuda muito no rumo a tomar, pois traz conceitos mais ligados ao exercício pleno ou não da soberania do Estado Brasileiro frente a essas áreas, como se verá abaixo.

Pode-se considerar o mar territorial como sendo uma zona intermediária entre o alto mar (de uso comum, insuscetível de apropriação) e a terra firme (de domínio exclusivo do Estado costeiro), que se justifica pela necessidade de segurança, conservação e defesa do Estado costeiro, vem como por motivos econômicos (navegação, pesca, etc.) e de polícia aduaneira e fiscal[5].

O art. 2º da Convenção de Montego Bay (Convenção das Nações Unidas sobre o Direito do Mar de 1982) estipula:

> Art. 2º Regime jurídico do mar territorial, seu espaço aéreo sobrejacente, leito e subsolo:
>
> 1. A soberania do Estado costeiro estende-se além do seu território e das águas interiores e, no caso de Estado arquipélago, das suas águas arquipelágicas, a uma zona de mar adjacente designada pelo nome de mar territorial.
>
> 2. Esta soberania estende-se ao espaço aéreo sobrejacente ao mar territorial, bem como ao leito e ao subsolo deste mar.
>
> 3. A soberania sobre o mar territorial é exercida de conformidade com a presente Convenção e as demais normas de direito internacional.

A referida Convenção determina que é de 12 milhas (22,2 km) a extensão do mar territorial de qualquer Estado Costeiro.

Importante mencionar que essa Convenção foi internalizada pelo sistema jurídico nacional por meio do Decreto de Promulgação nº 1.530/95.

A Lei Federal nº 8.617, apresentou as seguintes disposições acerca do mar territorial:

> Art. 1º O mar territorial brasileiro compreende uma faixa de doze milhas marítima de largura, medidas a partir da linha de baixa-mar do litoral continental e insu-

---

[5] RUSSOMANO, Gilda Maciel Côrrea Meyer. *Direito Internacional Público*. Rio de Janeiro: Forense, 1989, pp. 276-277.

lar, tal como indicada nas cartas náuticas de grande escala, reconhecidas oficialmente no Brasil.

Parágrafo único. Nos locais em que a costa apresente recorte profundo e reentrâncias ou em que exista uma franja de ilhas ao longo da costa na sua proximidade imediata, será adotado o método das linhas de base retas, ligando pontos apropriados, para o traçado da linha de base, a partir da qual será medida a extensão do mar territorial.

Art. 2º A soberania do Brasil estende-se ao mar territorial, ao espaço aéreo sobrejacente, bem como ao seu leito e subsolo.

Art. 3º É reconhecido aos navios de todas as nacionalidades o direito de passagem inocente no mar territorial brasileiro.

§ 1º A passagem será considerada inocente desde que não seja prejudicial à paz, à boa ordem ou à segurança do Brasil, devendo ser contínua e rápida.

§ 2º A passagem inocente poderá compreender o parar e o fundear, mas apenas na medida em que tais procedimentos constituam incidentes comuns de navegação ou sejam impostos por motivos de força ou por dificuldade grave, ou tenham por fim prestar auxílio a pessoas a navios ou aeronaves em perigo ou em dificuldade grave.

§ 3º Os navios estrangeiros no mar territorial brasileiro estarão sujeitos aos regulamentos estabelecidos pelo Governo brasileiro.

A Zona Econômica Exclusiva pode ser assim definida:

(...) é a área marítima situada para além do mar territorial e adjacente a este, que tem início a partir do limite exterior deste último e vai até o limite máximo de 188 milhas marítimas (descontando-se assim as 12 milhas do mar territorial), perfazendo uma extensão máxima de 200 milhas contadas a partir da linha de base normal ou reta, isto é, a partir da costa[6].

A Lei Federal nº 8.617, apresentou as seguintes disposições acerca da zona econômica exclusiva:

Art. 6º A zona econômica exclusiva brasileira compreende uma faixa que se estende das doze às duzentas milhas marítimas, contadas a partir das linhas de base que servem para medir a largura do mar territorial.

Art. 7º Na zona econômica exclusiva, o Brasil tem direitos de soberania para fins de exploração e aproveitamento, conservação e gestão dos recursos naturais, vivos ou não-vivos, das águas sobrejacentes ao leito do mar, do leito do mar e seu subsolo,

---

[6] MAZZUOLI, Valerio de Oliveira. *Curso de Direito Internacional Público*. 4ª ed. São Paulo: Revista dos Tribunais, 2010, p. 720.

e no que se refere a outras atividades com vistas à exploração e ao aproveitamento da zona para fins econômicos.

Art. 8º Na zona econômica exclusiva, o Brasil, no exercício de sua jurisdição, tem o direito exclusivo de regulamentar a investigação científica marinha, a proteção e preservação do meio marítimo, bem como a construção, operação e uso de todos os tipos de ilhas artificiais, instalações e estruturas.

Parágrafo único. A investigação científica marinha na zona econômica exclusiva só poderá ser conduzida por outros Estados com o consentimento prévio do Governo brasileiro, nos termos da legislação em vigor que regula a matéria.

Art. 9º A realização por outros Estados, na zona econômica exclusiva, de exercícios ou manobras militares, em particular as que impliquem o uso de armas ou explosivas, somente poderá ocorrer com o consentimento do Governo brasileiro.

Art. 10. É reconhecidos a todos os Estados o gozo, na zona econômica exclusiva, das liberdades de navegação e sobrevôo, bem como de outros usos do mar internacionalmente lícitos, relacionados com as referidas liberdades, tais como os ligados à operação de navios e aeronaves.

Por fim, pode-se definir a Plataforma Continental como:

> (...) é uma extensão suave que se inicia no litoral, onde termina a terra firme, e vai até certa distância da costa, para além das águas territoriais, onde se inclina radicalmente até cair nas extremas profundezas do alto mar[7].

O art. 76, § 1º da Convenção de Montego Bay estabelece: "plataforma continental de um Estado costeiro compreende o leito e o subsolo das áreas submarinas que se estendem além do seu mar territorial, em toda a extensão do prolongamento natural do seu território terrestre, até ao bordo exterior da margem continental, ou até uma distância de 200 milhas marítimas das linhas de base a partir das quais se mede a largura do mar territorial, nos casos em que o bordo exterior da margem continental não atinja essa distância."

A Lei Federal nº 8.617, apresentou as seguintes disposições acerca da plataforma continental:

> Art. 11. A plataforma continental do Brasil compreende o leito e o subsolo das áreas submarinas que se estendem além do seu mar territorial, em toda a extensão do prolongamento natural de seu território terrestre, até o bordo exterior da margem continental, ou até uma distância de duzentas milhas marítimas das linhas de base, a partir das quais se mede a largura do mar territorial, nos casos em que o bordo exterior da margem continental não atinja essa distância.

---

[7] MAZZUOLI, Valerio de Oliveira. *Op. cit.*, p. 724.

Parágrafo único. O limite exterior da plataforma continental será fixado de conformidade com os critérios estabelecidos no art. 76 da Convenção das Nações Unidas sobre o Direito do Mar, celebrada em Montego Bay, em 10 de dezembro de 1982.

Art. 12. O Brasil exerce direitos de soberania sobre a plataforma continental, para efeitos de exploração dos recursos naturais.

Parágrafo único. Os recursos naturais a que se refere o caput são os recursos minerais e outros não-vivos do leito do mar e subsolo, bem como os organismos vivos pertencentes a espécies sedentárias, isto é, àquelas que no período de captura estão imóveis no leito do mar ou no seu subsolo, ou que só podem mover-se em constante contato físico com esse leito ou subsolo.

Art. 13. Na plataforma continental, o Brasil, no exercício de sua jurisdição, tem o direito exclusivo de regulamentar a investigação científica marinha, a proteção e preservação do meio marinho, bem como a construção, operação e o uso de todos os tipos de ilhas artificiais, instalações e estruturas.

§ 1º A investigação científica marinha, na plataforma continental, só poderá ser conduzida por outros Estados com o consentimento prévio do Governo brasileiro, nos termos da legislação em vigor que regula a matéria.

§ 2º O Governo brasileiro tem o direito exclusivo de autorizar e regulamentar as perfurações na plataforma continental, quaisquer que sejam os seus fins.

Art. 14. É reconhecido a todos os Estados o direito de colocar cabos e dutos na plataforma continental.

§ 1º O traçado da linha para a colocação de tais cabos e dutos na plataforma continental dependerá do consentimento do Governo brasileiro.

§ 2º O Governo brasileiro poderá estabelecer condições para a colocação dos cabos e dutos que penetrem seu território ou seu mar territorial.

Segundo Valerio Mazzuoli, é importante saber que a noção jurídica da plataforma continental não coincide com a geográfica.

"Sob o ponto de vista jurídico, a plataforma continental inicia-se a partir do mar territorial, prolongando-se em seguida até a borda exterior da margem continental. Por outro lado, geograficamente a plataforma continental inicia-se a partir da costa (litoral), onde a terra firme termina, seguindo-se para além das águas territoriais. O Brasil conta com 4,5 milhões de km^2 a título de plataforma continental, área correspondente a pouco mais da metade do nosso domínio terrestre."[8]

---

[8] Cf. Paulo Borba Casella. *Direito Internacional dos Espaços*. Citado por Valerio Mazzuoli em *op. cit.* p. 726.

Portanto, possível é defender a impossibilidade de tributação nessas áreas pelos Estados e Municípios, com base legislação, ou a sua possibilidade, seguindo os argumentos constitucionais apontados.

Consideramos que uma teoria não exclui totalmente a outra, pois, mesmo quem entende factível a tributação pelos Municípios em águas marítimas, é levado a admitir que nunca se poderia igualar a dimensão externa do país – fronteira marítima brasileira que abrange toda a área litorânea – às fronteiras terrestres, que foram divididas e especificadas entre Estados e Municípios. Nesse ponto, vale trazer lição do prof. Marco Aurélio:

> "(...) no caso do mar territorial, a União – como entidade federal, ou seja, unidade parcial interna – recebe de todos os Estados pro indiviso a função de cuidar do que ocorre nesta parcela do território nacional. Há um interesse comum de todos e, portanto, não exclusivo de nenhum deles (...).
>
> Ou seja, na minha opinião, o mar territorial integra o território dos Estados e dos Municípios, mas de todos eles, enquanto não houver uma especificação da parcela exclusiva que caiba a cada um ou a alguns deles.⁹"

Dessa feita, é factível se falar em tributação pelos Municípios dos serviços prestados em águas marítimas, desde que respeitados alguns balizadores constitucionais. Todavia, antes de enfrentar efetivamente a possibilidade de tributação ou não, hoje, pelos Municípios dos serviços prestados em águas marítimas importante analisar a estrutura do Estado Federal brasileiro.

4. O Estado Federal Brasileiro – Estrutura tributária-financeira

O art. 1º da CRFB define os entes que compõem a Federação e o art. 18 da Carta Constitucional deixa claro que a organização político administrativa da Federação compreende a União, os Estados, o Distrito Federal e os Municípios.

Dessa forma, diferentemente de outros Estados que adotam a estrutura de Federação, o Brasil apresenta três níveis de entes, o que, obviamente gera maiores complexidades no funcionamento desse sistema.

Veja que a Constituição busca reduzir essa complexidade trazendo diversos nortes, tais como: os bens da União no art. 20, competências exclusivas da União no art. 21, privativas no art. 22, as competências comuns dos entes no art. 23 e as competências concorrentes no art. 24. No art. 26 traz os bens dos Estados, no art. 30 traz a competência dos Municípios, optando por não indicar bens dos Muni-

---

[9] Marco Aurélio Greco, *Impossibilidade de cobrar ICMS em operações ocorridas no mar territorial e na zona econômica exclusiva*. In.: Revista Dialética de Direito Tributário, nº 133, 2006, p.72.

cípios e deixando aos Estados uma competência residual, ou seja, aquilo que não for da União nem do Município é do Estado.

Traz algumas possibilidades de intervenção da União nos Estados, apontando dentre os casos listados, a hipótese de intervenção federal para reorganizar as finanças da unidade da Federação que suspender o pagamento da dívida fundada por mais de dois anos consecutivos, salvo força maior, ou que deixar de entregar aos Municípios receitas tributárias fixadas na CRFB, vide art. 34, inciso V; bem como no inciso VII, alínea "e" do mesmo artigo, permite a intervenção para assegurar a aplicação do mínimo exigido da receita resultante dos impostos estaduais, compreendida a proveniente de transferências na manutenção e desenvolvimento do ensino e nas ações e serviços públicos de saúde.

Da mesma forma permite a intervenção dos Estados nos Municípios, dentre outras hipóteses, para garantir a aplicação do mínimo exigido da receita municipal na manutenção e desenvolvimento do ensino e nas ações e serviços públicos de saúde, vide art. 35, inciso III, da CRFB.

Após a estrutura geral da Federação, a CRFB traz no Título VI – DA TRIBUTAÇÃO E DO ORÇAMENTO todos os comandos fundamentais para garantirem que o Federalismo instaurado possa se manter, afinal de nada adianta autonomia sem recursos para poder exercer as diversas competências concedidas, e esses recursos, que apresentam, em sua maior parte, natureza de receita derivada, por serem oriundos da arrecadação tributária, tem sua fonte definida nos arts. 145 a 156, 177, § 4º e 195 da CRFB.

Além disso, há uma garantia de que os entes que compõem a Federação repartam as receitas obtidas com a arrecadação de impostos com os demais, nos termos do que preveem os artigos 157 a 159 da CRFB.

Lembre-se que todas essas disposições que visam garantir a saúde financeira dos entes federados e a sua respectiva liberdade/autonomia são clausulas pétreas nos termos do estadeado no art. 60, § 4º, inciso I, da CRFB.

Além disso, preocupou-se o constituinte em instituir imunidade recíproca entre os entes federados, no que tange aos impostos, nos termos do fixado no art. 150, inciso VI, alínea "a", da CRFB, justamente em respeito à capacidade contributiva – inexistente nesses entes, que são meros administradores de recursos alheios-, bem como para evitar que houvesse uma submissão fiscal de um ente em relação ao outro.

O constituinte prevendo a possibilidade de conflito entre os entes no exercício da competência tributária trouxe dois comandos importantes: a) art. 146, inciso I, da CRFB que determina caber à lei complementar dispor sobre conflitos de competência tributária entre os entes federados, e b) o art. 155, inciso II, § 2º, XII, alínea "g", da CRFB que determina caber à lei complementar a definição da forma de deliberação dos Estados e DF para fins de concessão de renúncias de receita.

Importante ressaltar, que visando sempre atingir o equilíbrio orçamentário, teve o constituinte grande preocupação em garantir que o dever fundamental de pagar tributos seja exercido e fiscalizado pelos poderes legislativos dos entes federados e pela sociedade em geral, a partir do momento que exige, nos termos do art. 150, § 6º da Carta Constitucional, lei específica do ente para veicular qualquer hipótese de renúncia de receita. Inclusive, em respeito à estrutura federada, gerou a impossibilidade de que a União Federal concedesse renúncia de receita em relação a tributos dos demais entes, nos termos do fixado no art. 151, inciso III, CRFB.

O Supremo Tribunal Federal (STF), por meio de seu Plenário, no RE 576155/DF, chancelou essa leitura a partir do momento que permitiu que o Ministério Público pudesse ajuizar ação civil pública para questionar regime especial concedido a contribuinte, por estar nessa função representando a sociedade e zelando para que a exceção ao dever fundamental de pagar tributos, que é a renúncia de receita, seja sempre justificada em objetivos constitucionais e observe os procedimentos veiculados pela Magna Carta para tanto.

Pode-se, levando em consideração toda essa estrutura constitucional de suporte, aprofundar nosso estudo sobre o Federalismo Fiscal Brasileiro.

5. Divisão do poder de tributar no federalismo fiscal brasileiro

Nesse ponto, já conhecedores da estrutura federal, faz-se necessário analisar a divisão do poder de tributar entre os entes federados, explicitada por meio da divisão de competências veiculada entre os arts. 145, 147 a 156, 177, § 4º e 195 da CRFB.

Ao estudar esses dispositivos, constata-se que os entes federados dispõem de competência comum para instituir taxas e contribuições de melhoria e que no que tange aos impostos as competências são exclusivas dos entes, sendo indicadas nos arts. 153 e 154 as da União, 155 as dos Estados, 156 as dos Municípios.

Além disso, foi concedida à União competência para instituir empréstimo compulsório (art. 148 CRFB), contribuições sociais, de intervenção no domínio econômico, de categorias profissionais (arts. 149, 177, § 4º, 195, da CRFB). E para o Município foi permitida a instituição de contribuição de iluminação pública nos termos do veiculado pelo art. 149-A, da CRFB.

Fica sempre para a União a competência residual para a instituição de impostos e contribuições para a seguridade social (art. 154, inciso I e 195, § 4º, da CRFB).

Do exposto, tem-se claro que uma das grandes características de nossa federação é a centralização da União na obtenção da maior gama de recursos financeiros, o que acaba gerando o sustento do sistema como um todo, até mesmo em razão da repartição das receitas auferidas com os demais entes federados, que tem um peso considerável para o equilíbrio orçamentário desses entes.

Claro que essa centralização tem explicações históricas que, em síntese, podem ser resumidas nas seguintes, segundo Marta Arretche:

- Estado-nação no Brasil: concentração da autoridade decisória, do poder regulatório e de gasto no governo central;
- Tendência a políticas nacionais homogêneas;
- Centralização da autoridade na União remonta a República Velha – visão histórica de que a intervenção federal na política local é uma forma eficiente de proteger os cidadãos.

Agora, é possível enfrentar se é possível ou não a tributação do ISS em águas marítimas (mar territorial, plataforma continental e zona econômica exclusiva).

6. É possível a tributação pelo ISS de serviços prestados em águas marítimas?

Como já dito em item anterior, se considerarmos que mar territorial, plataforma continental e zona econômica exclusiva não estão compreendidas no âmbito do território dos Municípios e dos Estados, sendo somente território da União, só competiria a União exercer o poder de tributar nessas áreas, conforme já trabalhado em item anterior.

Além disso, um outro argumento de reforço a esse entendimento é o fato de não haver previsão expressa na Constituição Federal que dê ao Município competência tributária para legislar sobre atividades praticadas fora do território continental, até porque essa previsão ofenderia o princípio da territorialidade, veiculado no art. 102 do CTN, já que a competência tributária só pode ser exercida nos limites territoriais do Município, salvo convênio.

Portanto, para tributar os fatos geradores ocorridos em águas marítimas teria que se observar o art. 154, inciso I da CRFB, o qual define que:

> Art. 154. A União poderá instituir:
> I – mediante lei complementar, impostos não previstos no artigo anterior, desde que sejam não-cumulativos e não tenham fato gerador ou base de cálculo próprios dos discriminados nesta Constituição.

Entretanto, num segundo enfoque, partindo-se do pressuposto de ser factível aos Municípios tributar em águas marítimas, não se tem como falar em tributação por projeção de território, seria necessário haver lei federal, no caso complementar, para repartir as áreas entre Estados e Municípios.

O art. 146 da CRFB determina a necessidade de edição de lei complementar em matéria tributária nos seguintes casos:

> Art. 146. Cabe à lei complementar:
> I – dispor sobre conflitos de competência, em matéria tributária, entre a União, os Estados, o Distrito Federal e os Municípios;
> II – regular as limitações constitucionais ao poder de tributar;
> III – estabelecer normas gerais em matéria de legislação tributária, especialmente sobre:
> a) definição de tributos e de suas espécies, bem como, em relação aos impostos discriminados nesta Constituição, a dos respectivos fatos geradores, bases de cálculo e contribuintes;
> b) obrigação, lançamento, crédito, prescrição e decadência tributários;
> c) adequado tratamento tributário ao ato cooperativo praticado pelas sociedades cooperativas;
> d) definição de tratamento diferenciado e favorecido para as microempresas e para as empresas de pequeno porte, inclusive regimes especiais ou simplificados no caso do imposto previsto no art. 155, II, das contribuições previstas no art. 195, I e §§ 12 e 13, e da contribuição a que se refere o art. 239.
> Parágrafo único. A lei complementar de que trata o inciso III, d, também poderá instituir um regime único de arrecadação dos impostos e contribuições da União, dos Estados, do Distrito Federal e dos Municípios, observado que:
> I – será opcional para o contribuinte;
> II – poderão ser estabelecidas condições de enquadramento diferenciadas por Estado;
> III – o recolhimento será unificado e centralizado e a distribuição da parcela de recursos pertencentes aos respectivos entes federados será imediata, vedada qualquer retenção ou condicionamento;
> IV – a arrecadação, a fiscalização e a cobrança poderão ser compartilhadas pelos entes federados, adotando cadastro nacional único de contribuintes.

O STF já decidiu pela impossibilidade de exercício de competência tributária estadual e municipal sem lei complementar que afaste os potenciais conflitos espaciais de competência, o que pode ser comprovado na leitura das seguintes ementas:

> EMENTA: ADICIONAL DE IMPOSTO SOBRE A RENDA E PROVENTOS DE QUALQUER NATUREZA. INSTITUIÇÃO. LEI ESTADUAL. INCONSTITUCIONALIDADE. O PLENÁRIO DESTA CORTE JULGOU INCONSTITUCIONAL A INSTITUIÇÃO DO REFERIDO IMPOSTO, ANTE A INEXISTÊNCIA DE PREVIA EDIÇÃO DE LEI COMPLEMENTAR, INDISPENSÁVEL A DIRIMÊNCIA DE CONFLITOS DE COMPETÊNCIA

ENTRE OS ESTADOS. RECURSO PROVIDO. (STF, DJ 20.mai.1994, RE 14813/SP, Rel. Min. Paulo Brossard).

EMENTA: ADICIONAL ESTADUAL DO IMPOSTO SOBRE A RENDA (ART. 155, II, DA C.F.). IMPOSSIBILIDADE DE SUA COBRANÇA, SEM PREVIA LEI COMPLEMENTAR (ART. 146 DA C.F.). SENDO ELA MATERIALMENTE INDISPENSAVEL A DIRIMENCIA DE CONFLITOS DE COMPETÊNCIA ENTRE OS ESTADOS DA FEDERAÇÃO, NÃO BASTAM, PARA DISPENSAR SUA EDIÇÃO, OS PERMISSIVOS INSCRITOS NO ART. 24, PAR. 3., DA CONSTITUIÇÃO E NO ART. 34, E SEUS PARAGRAFOS, DO ADCT. RECURSO EXTRAORDINÁRIO PROVIDO PARA DECLARAR A INCONSTITUCIONALIDADE DA LEI N. 1.394, DE 2-12-88, DO ESTADO DO RIO DE JANEIRO, CONCEDENDO-SE A SEGURANÇA. (STF, DJ 16.abr.1993, RE 136215/RJ, Rel. Min. Octavio Gallotti).

EMENTA: ARGÜIÇÃO DE INCONSTITUCIONALIDADE DE LEIS ESTADUAIS QUE INSTITUIRAM O ADICIONALDO IMPOSTO SOBRE A RENDA, PREVISTO NO ART. 155, II, DA CONSTITUIÇÃO FEDERAL. MEDIDA CAUTELAR INDEFERIDA, PORQUANTO, NÃO OBSTANTE O RELEVO DO FUNDAMENTO APRESENTADO, NÃO SE CONFIGURA O PRESSUPOSTO RELATIVO A DEMONSTRAÇÃO DA INEFICACIA DE DECISÃO A SER, PORVENTURA, PROFERIDA NO SENTIDO DE PROCEDENCIA DA AÇÃO. (STF, DJ 26.mai.1989, MC em ADI 28/SP, Rel. Min. Octavio Gallotti).

EMENTA: CONSTITUCIONAL. TRIBUTÁRIO. LEI COMPLEMENTAR 87/96. ICMS E SUA INSTITUIÇÃO. ARTS. 150, II; 155, § 2º, VII 'A', E INCISO VIII, CF. CONCEITOS DE PASSAGEIRO E DE DESTINATÁRIO DO SERVIÇO. FATO GERADOR. OCORRÊNCIA. ALÍQUOTAS PARA OPERAÇÕES INTERESTADUAIS E PARA AS OPERAÇÕES INTERNAS. INAPLICABILIDADE DA FÓRMULA CONSTITUCIONAL DE PARTIÇÃO DA RECEITA DO ICMS ENTRE OS ESTADOS. OMISSÃO QUANTO A ELEMENTOS NECESSÁRIOS À INSTITUIÇÃO DO ICMS SOBRE NAVEGAÇÃO AÉREA. OPERAÇÕES DE TRÁFEGO AÉREO INTERNACIONAL. TRANSPORTE AÉREO INTERNACIONAL DE CARGAS. TRIBUTAÇÃO DAS EMPRESAS NACIONAIS. QUANTO ÀS EMPRESAS ESTRANGEIRAS, VALEM OS ACORDOS INTERNACIONAIS – RECIPROCIDADE. VIAGENS NACIONAL OU INTERNACIONAL – DIFERENÇA DE TRATAMENTO. AUSÊNCIA DE NORMAS DE SOLUÇÃO DE CONFLITOS DE COMPETÊNCIA ENTRE AS UNIDADES FEDERADAS. ÂMBITO DE APLICAÇÃO DO ART. 151, CF É O DAS RELAÇÕES DAS ENTIDADES FEDERADAS ENTRE SI. NÃO TEM POR OBJETO A UNIÃO QUANDO ESTA SE APRESENTA NA ORDEM EXTERNA. NÃO INCIDÊNCIA SOBRE A PRESTAÇÃO DE SERVIÇOS DE TRANSPORTE AÉREO, DE PASSAGEIROS – INTERMUNICIPAL, INTERESTADUAL E INTERNACIONAL. INCONSTITUCIONALIDADE DA EXIGÊNCIA DO ICMS NA PRESTAÇÃO DE SERVIÇOS DE TRANSPORTE AÉREO INTERNACIONAL DE CARGAS PELAS EMPRESAS AÉREAS NACIONAIS, ENQUANTO PERSISTIREM OS CONVÊNIOS DE ISENÇÃO DE EMPRESAS ESTRANGEIRAS. AÇÃO

JULGADA, PARCIALMENTE PROCEDENTE. (STF, DJ 20.jun.2003, ADI 1600/UF, Rel. Min. Sydney Sanches).

Frise-se que nesses casos, o STF foi claro quanto à necessidade de respeito ao art. 146, I, da CRFB, até para impedir eventual bitributação, o que se extrai da leitura de trecho do voto do Ministro Octávio Gallotti, no julgamento do RE 136.215/RJ:

> É esta última – e tipicamente – a hipótese em discussão, onde a diversidade de critérios legislativos estaduais sobre o domicílio de pessoas físicas e jurídicas (contribuintes e fontes de retenção) especialmente quando possuem mais de um estabelecimento, é campo fértil de inaceitável bitributação.

Interessante notar que não há uma disposição na Constituição que venha gerar uma interpretação restritiva sobre o que seja "matéria de legislação tributária", o que poderia ensejar o enquadramento da tributação do mar territorial nesse contexto.

Também é possível se compreender que a questão da tributação do mar territorial estaria albergada pelo inciso I do art. 146 da CRFB, ou seja, seria necessário o advento de lei complementar com o fim de regular esse tipo de conflito de competência.

Sabe-se que a extensão dos limites territoriais dos Municípios não é passível de regulação pelos próprios Municípios, pois a CRFB em seu art. 18, § 4º deixa claro que a criação, incorporação, fusão, desmembramento de Municípios se dará por meio de lei estadual, após autorização de lei complementar federal.

Ademais, há a possibilidade de fazer a legislação de um ente se estender a outro ente por meio de convênios, conforme deixa estadeado o art. 102 do CTN, abaixo transcrito:

> Art. 102. A legislação tributária dos Estados, do Distrito Federal e dos Municípios vigora, no País, fora dos respectivos territórios, nos limites em que lhe reconheçam extraterritorialidade os convênios de que participem, ou do que disponham esta ou outras leis de normas gerais expedidas pela União.

Essa linha argumentativa tem respaldo no art. 3º da LC 116/2003, o qual dispõe:

> Art. 3º O serviço considera-se prestado e o imposto devido no local do estabelecimento prestador ou, na falta do estabelecimento, no local do domicílio do prestador, exceto nas hipóteses previstas nos incisos I a XXII, quando o imposto será devido no local:

(...)

XXII – do porto, aeroporto, ferroporto, terminal rodoviário, ferroviário ou metroviário, no caso dos serviços descritos pelo item 20 da lista anexa.

(...)

§ 3º Considera-se ocorrido o fato gerador do imposto no local do estabelecimento prestador nos serviços executados em águas marítimas, excetuados os serviços descritos no subitem 20.01.

(...)

Subitem 20.01 – Serviços portuários, ferroportuários, utilização de porto, movimentação de passageiros, reboque de embarcações, rebocador escoteiro, atracação, desatracação, serviços de praticagem, capatazia, armazenagem de qualquer natureza, serviços acessórios, movimentação de mercadorias, serviços de apoio marítimo, de movimentação ao largo, serviços de armadores, estiva, conferência, logística e congêneres.

O conceito de estabelecimento deve ser extraído da interpretação conjunta do art. 110 do CTN com o art. 1142 do Código Civil. Deve-se entender que:

O estabelecimento é instrumento indissociável da empresa, sem o qual não seria possível a realização das atividades empresariais e que a investigação das características do estabelecimento empresarial e a lição da doutrina conduzem à conclusão de que o mesmo é composto de elementos materiais e imateriais. Portanto, a expressão "unidade econômica ou profissional" deve ser entendida como o complexo de bens materiais ou imateriais organizado para o exercício da empresa.

Da mesma forma, "o local onde o contribuinte desenvolve a atividade de prestar serviços" deve ser entendido como sendo o local onde o complexo de bens materiais e imateriais está organizado para que o contribuinte desenvolva suas atividades, não existindo estabelecimento em qualquer lugar onde o contribuinte preste serviço, mas somente onde exista complexo de bens organizado para tanto.

São essenciais, por conseguinte, para a caracterização do estabelecimento:

a) a manutenção de pessoal, materiais, máquinas, instrumentos e equipamentos necessários à execução dos serviços, com uma estrutura administrativa ou organizacional (ainda que mínima); e

b) permanência ou ânimo de permanecer no local, para exploração econômica de atividade de prestação de serviços, podendo ser exteriorizada através da indicação do endereço em impressos, formulários, correspondência, contrato de locação do imóvel, conta de telefone, de energia elétrica, água, gás, propaganda e publicidade, em nome do prestador ou de seus representantes.

Embarcação não pode ser considerada estabelecimento por não deter autonomia administrativa e financeira, sendo mero prolongamento do estabelecimento em terra.

Desse modo, a interpretação que se deve conferir ao art. 4º da Lei Complementar nº 116/2003, quando o serviço não estiver inserido no item 20.01, só pode ser uma: recolhe-se o tributo para o município no qual a empresa possui unidade econômica que possa ser considerada como um efetivo estabelecimento, devendo tal estabelecimento estar obrigatoriamente instalado no território de algum município, o que implica dizer que o estabelecimento deverá necessariamente estar fixado em terra, isto é, no continente, e não no mar.

Portanto, nos termos da Lei Complementar nº 116/2003, permanece o entendimento normativo de que o Município detentor da capacidade para tributar os serviços prestados em águas marítimas será aquele onde estiver situado em terra o estabelecimento prestador.

Sendo assim, a regra básica de interpretação sugere que o local onde se considerar ocorrido o fato gerador dos serviços portuários e demais serviços relacionados às operações portuárias (item 20.01), **não será definitivamente o mesmo local do fato gerador dos serviços realizados em águas marítimas,** a não ser que haja um estabelecimento fixo da empresa prestadora no município, de onde se emitirá as notas fiscais e se tomará as decisões relativas à prestação do serviço.

No STJ, temos algumas decisões que parecem aceitar a tributação dessas atividades em mar territorial, mas que não se aprofundam em diversos pontos da questão, além de não representarem um entendimento firme dessa Corte Superior:

> Não há dúvida que o mar territorial e a plataforma continental integram o patrimônio da União, não se podendo olvidar que se situam no território de algum Estado ou Município.
>
> A Competência tributária, à toda evidência, pode ser exercida sobre as atividades desenvolvidas na porção do mar territorial confrontante a seus territórios.
>
> (RESP 61.595-O-RJ-(95.0009999-3) – rel. Min. ANTÔNIO DE PÁDUA RIBEIRO, j. 31/10/1996, public. Fonte: DJ 02.12.1996 p. 47663 – Decisão por apertada maioria).

PROCESSUAL CIVIL E TRIBUTÁRIO – AGRAVO REGIMENTAL – ISS – ISENÇÃO – ATIVIDADES DERIVADAS DE CONTRATOS ASSINADOS COM A PETROBRÁS – ARMAÇÃO DE EMBARCAÇÕES – NÃO INCLUSÃO NA LC 56/87 – DISSÍDIO JURISPRUDENCIAL NÃO COMPROVADO – PRECEDENTE

1. Agravo Regimental contra decisão que negou provimento ao agravo de instrumento da parte agravante, ante a não comprovação da divergência jurisprudencial.

2. O Acórdão a quo julgou improcedente ação declaratória objetivando o reconhecimento de inexistência de relação jurídico-tributária referente ao ISSQN, relativamente às atividades da recorrente de assistência às plataformas marítimas de petróleo, por meio do chamado "off shore" quando, contratada pela Petrobrás para serviços específicos, arama embarcações e no desenvolver de sua assistência faz o transporte em área extramunicipal.

3. "Incidente, in casu, o ISS, porquanto as atividades da recorrente encontram-se incluídas na lista de serviços da Lei Complementar 56/87 (item 3.5), por se constituírem em serviços de apoio às plataformas de exploração e exportação de petróleo." (ROMS nº 5315/SE, 1ª Turma, DJ de 28.08.1995, Rel. Min. Demócrito Reinaldo)

4. Não se conhece de Recurso Especial fincado no art. 105, III, "c", da CF/88, quando a alegada divergência jurisprudencial não é devidamente demonstrada, nos moldes em que exigida pelo parágrafo único, do artigo 541, do CPC, c/c o art. 255 e seus §§, do RISTJ.

5. Agravo regimental não provido.

(STJ – AGA 484123 – RJ – 1ª T. – Rel. Min. José Delgado – DJU 09.06.2003 – p. 00187 – Marítima Petr. X Mun. Macaé)

Importante ressaltar que a expressão "águas marítimas" utilizada pela LC 116/03 não tem caráter técnico, de forma que deve ser entendida primeiramente como compreendendo o mar territorial, a plataforma continental e a zona econômica exclusiva.

Em sendo cabível a tributação pelos Municípios dos serviços prestados em águas marítimas, qual seria o critério para impedir conflitos em matéria tributária?

O primeiro critério que tem sido utilizado para esse fim é o critério demarcatório das linhas ortogonais do IBGE, utilizado para o cálculo de participação especial e royalties. Contudo, veiculado pela Lei nº 7.525/86.

A Lei nº 7.525/1986, de 22 de julho de 1986, veio estabelecer normas complementares para a execução do disposto no do artigo 27 da Lei nº 2.004/53[10]

---

[10] Artigo 27 da Lei nº 2.004/53 em suas diversas redações:
Art. 27 – A Sociedade e suas subsidiárias ficam obrigadas a pagar indenização correspondente a 4% (quatro por cento) aos Estados ou Territórios e 1% (um por cento) aos Municípios, sobre o valor do óleo, do xisto betuminoso e do gás extraídos de suas respectivas áreas, onde se fizer a lavra do petróleo. (Redação dada pela Lei nº 7.453, de 1985)
Art. 27. A sociedade e suas subsidiárias ficam obrigadas a pagar a compensação financeira aos Estados, Distrito Federal e Municípios, correspondente a 5% (cinco por cento) sobre o valor do óleo bruto, do xisto betuminoso e do gás extraído de seus respectivos territórios, onde se fixar a lavra do petróleo ou se localizarem instalações marítimas ou terrestres de embarque ou desembarque

(Dispõe sobre a Política Nacional do Petróleo e define as atribuições do Conselho Nacional do Petróleo, institui a Sociedade Anônima, e dá outras providências), que obrigava PETROBRAS ao pagamento de compensações financeiras para os

de óleo bruto ou de gás natural, operados pela Petróleo Brasileiro S.A. - PETROBRÁS, obedecidos os seguintes critérios: (Redação dada pela Lei nº 7.990, de 1989)
I – 70% (setenta por cento) aos Estados produtores; (Incluído pela Lei nº 7.990, de 1989)
II – 20% (vinte por cento) aos Municípios produtores; (Incluído pela Lei nº 7.990, de 1989)
III – 10% (dez por cento) aos Municípios onde se localizarem instalações marítimas ou terrestres de embarque ou desembarque de óleo bruto e/ou gás natural. (Incluído pela Lei nº 7.990, de 1989)
§ 1º – Os valores de que trata este artigo serão fixados pelo Conselho Nacional do Petróleo. (Redação dada pela Lei nº 7.453, de 1985) (Revogado pela Lei nº 7.990, de 1989)
§ 2º – O pagamento da indenização devida será efetuado trimestralmente. (Redação dada pela Lei nº 7.453, de 1985) (Revogado pela Lei nº 7.990, de 1989)
§ 3º – Os Estados, Territórios e Municípios deverão aplicar os recursos previstos neste artigo, preferentemente, em energia, pavimentação de rodovias, abastecimento e tratamento de água, irrigação, proteção ao meio-ambiente e saneamento básico. (Redação dada pela Lei nº 7.453, de 1985)
§ 3º Ressalvados os recursos destinados ao Ministério da Marinha, os demais recursos previstos neste artigo serão aplicados pelos Estados, Territórios e Municípios, exclusivamente, em energia, pavimentação de rodovias, abastecimento e tratamento de água, irrigação, proteção ao meio ambiente e em saneamento básico. (Redação dada pela Lei nº 7.525, de 1986)
§ 4º – É também devida a indenização aos Estados, Territórios e Municípios confrontantes, quando o óleo, o xisto betuminoso e o gás forem extraídos da plataforma continental, nos mesmos 5% (cinco por cento) fixados no caput deste artigo, sendo 1,5% (um e meio por cento) aos Estados e Territórios; 1,5% (um e meio por cento) aos Municípios e suas respectivas áreas geo-econômicas, 1% (um por cento) ao Ministério da Marinha, para atender aos encargos de fiscalização e proteção das atividades econômicas das referidas áreas, e 1% (um por cento) para constituir um Fundo Especial a ser distribuído entre todos os Estados, Territórios e Municípios. (Redação dada pela Lei nº 7.453, de 1985)
§ 4º É também devida a compensação financeira aos Estados, Distrito Federal e Municípios confrontantes, quando o óleo, o xisto betuminoso e o gás forem extraídos da plataforma continental nos mesmos 5% (cinco por cento) fixados no caput deste artigo, sendo 1,5% (um e meio por cento) aos Estados e Distrito Federal e 0,5% (meio por cento) aos Municípios onde se localizarem instalações marítimas ou terrestres de embarque ou desembarque; 1,5% (um e meio por cento) aos Municípios produtores e suas respectivas áreas geoeconômicas; 1% (um por cento) ao Ministério da Marinha, para atender aos encargos de fiscalização e proteção das atividades econômicas das referidas áreas de 0,5% (meio por cento) para constituir um fundo especial a ser distribuído entre os Estados, Territórios e Municípios. (Redação dada pela Lei nº 7.990, de 1989)
§ 5º – (VETADO). (Incluído pela Lei nº 7.453, de 1985)
§ 6º – Os Estados, Territórios e Municípios centrais, em cujos lagos, rios, ilhas fluviais e lacustres se fizer a exploração de petróleo, xisto betuminoso ou gás, farão jus à indenização prevista no caput deste artigo. (Incluído pela Lei nº 7.453, de 1985)
§ 6º Os Estados, Territórios e Municípios centrais, em cujos lagos, rios, ilhas fluviais e lacustres se fizer a exploração de petróleo, xisto betuminoso ou gás, farão jus à compensação financeira prevista no caput deste artigo. (Redação dada pela Lei nº 7.990, de 1989)

ISS ÁGUAS MARÍTIMAS

Estados, Distrito Federal e Municípios. Como se vê, a Lei nº 7.525/86 veio viabilizar a execução da Lei nº 2004/53, lei esta que não mais está em vigor vez que revogada pelo art. 83 da Lei nº 9.478/97.

Na leitura do projeto que deu origem a esse diploma legal fica claro o seu efetivo objetivo:

> PL 7528/1986
> Projeto de Lei
> Situação: Transformado na Lei Ordinária 7525/1986
> (...)
> Ementa
> ESTABELECE NORMAS COMPLEMENTARES PARA EXECUÇÃO DO DISPOSTO NO ARTIGO 27 DA LEI 2004, DE 03 DE OUTUBRO DE 1953 COM A REDAÇÃO DA LEI 7453, DE 27 DE DEZEMBRO DE 1985, E DA OUTRAS PROVIDENCIAS.
> Explicação da Ementa
> **DEFININDO ESTADOS, TERRITORIOS E MUNICIPIOS CONFRONTANTES E SUAS AREAS GEOECONOMICAS, PARA FINS DE PAGAMENTO DE ROYALTIES PELA PETROBRAS E SUBSIDIARIAS, PELA EXPLORAÇÃO DE POÇOS DE OLEO, XISTO E GAS NATURAL.** (Grifos acrescidos).

A Lei nº 7.525/86 traz em seu art. 9º a previsão de que competirá ao IBGE traçar as linhas de projeção dos limites territoriais dos Estados, Municipios, a qual é delimitada por linhas ortogonais do IBGE, confira-se:

> *Art. 9º Caberá à Fundação Instituto Brasileiro de Geografia e Estatística – IBGE:*
> *I – tratar as linhas de projeção dos limites territoriais dos Estados, Territórios e Municípios confrontantes, segundo a linha geodésica ortogonal à costa ou segundo o paralelo até o ponto de sua interseção com os limites da plataforma continental;*
> *II – definir a abrangência das áreas geoeconômicas, bem como os Municípios incluídos nas zonas de produção principal e secundária e os referidos no § 3º do art. 4º desta lei, e incluir o Município que concentra as instalações industriais para o processamento, tratamento, armazenamento e escoamento de petróleo e gás natural;*
> *III – publicar a relação dos Estados, Territórios e Municípios a serem indenizados, 30 (trinta) dias após a publicação desta lei;*
> *IV – promover, semestralmente, a revisão dos Municípios produtores de óleo, com base em informações fornecidas pela PETROBRÁS sobre a exploração de novos poços e instalações, bem como reativação ou desativação de áreas de produção.*
> *Parágrafo único. Serão os seguintes os critérios para a definição dos limites referidos neste artigo:*
> *I – linha geodésica ortogonal à costa para indicação dos Estados onde se localizam os Municípios confrontantes;*

II – seqüência da projeção além da linha geodésica ortogonal à costa, segundo o paralelo para a definição dos Municípios confrontantes no território de cada Estado.
(Grifos acrescidos).

Dessa forma, quando se descobre um novo poço, a Agência Nacional do Petróleo (ANP) deve encaminhar as coordenadas geográficas relativas a sua localização à Diretoria de Geociências do IBGE, que vai se utilizar dos critérios indicados nos incisos do parágrafo único do referido artigo 9º para informar o Município cujo território é confrontante ao poço descoberto.

Conforme se pode verificar da figura abaixo, o critério do IBGE acaba apontando para diversos Municípios confrontantes:

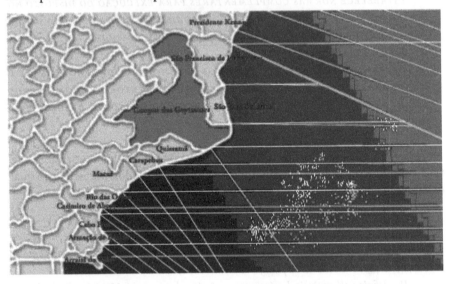

Observe que o Litoral do Estado do Rio de Janeiro é delimitado pela projeção dos limites municipais (ortogonais e paralelos) e a posição dos poços produtores de petróleo e gás natural que compõem a Bacia de Campos (conf. critérios da Lei 7525/86 e Decreto 93.189/86).

Atente-se que a própria Lei nº 7525/86 indica que o limite territorial do município está sendo projetado no mar, ou seja, o mar não faz parte do território desse tipo de ente federado, sendo a projeção uma ficção cuja finalidade única é permitir o percebimento de royalties e compensações financeiras, não podendo servir para de critério para definir os limites de exercício da competência tributária dos Municípios.

Ademais, vale ressaltar que esse critério não poderia ser utilizado para fins de delimitação de qual parte do mar pertenceria a qual Estado e a qual Município porque as linhas se sobrepõem umas às outras, o que significa que um mesmo espaço marítimo poderia ser considerado território de dois municípios simultaneamente, como já dito.

Existe vedação legal expressa no sentido de coibir o uso da analogia para exigência de tributo, o que se extrai da redação do § 1º do art. 108, do CTN, o que enseja a conclusão de não ser permitido utilizar-se das projeções trazidas pela Lei nº 7.525/86 para conferir a determinado ente da federação capacidade tributária.

Além da violação a vedação a tributação por analogia, a utilização desse critério para fins de determinação da competência tributária dos entes macula, também, o principio da legalidade tributária, veiculado no art. 150, I, da CRFB, já que não se pode instituir tributo sem lei que veicule todos os aspectos do tributo, e por ser o aspecto espacial um dos elementos essenciais da obrigação tributária, sua definição só pode ser dada por lei, conforme ensina Ricardo Lodi Ribeiro:

> Além da previsão do núcleo material, a lei deve ainda delimitar o aspecto espacial do fato gerador, com o que irá definir a entidade federativa titular da competência tributária. Num país onde podem instituir tributos mais de 5.600 municípios, 26 Estados e um Distrito Federal, além da União, é de fundamental importância que a lei defina o local onde se considera ocorrido o fato gerador, a fim de evitar a pluritributação[11].

Portanto, para que a tributação em águas marítimas possa se efetivar pelos Municípios torna-se fundamental a observância do art. 146, inciso I da CRFB, que impõe a edição de lei complementar para regular efetivamente como se dará a repartição do território entre os Municípios, respeitando a legalidade e evitando a pluritributação do mesmo fato.

O art. 3º § 3º da LC 116/2003 busca regular essa tributação, sob a ótica do estabelecimento prestador, contudo, os Municípios insistem em aplicar a ótica do local da prestação. A ótica Municipal não procede porque não há uma lei complementar federal que oriente como se dará a repartição do território nacional em Municípios, sem a qual o conflito de competência tributária será inevitável. O que leva a conclusão de que ele por si só não seria suficiente a respaldar a tributação pelos Municípios.

Ou seja, uma legislação mal elaborada, a falta de norte normativo e a necessidade de caixa fazem com que, novamente, os contribuintes sejam absolutamente

---

[11] Ricardo Lodi Ribeiro. *Segurança Jurídica do Contribuinte – Legalidade, Não Surpresa e Proteção à Confiança Legítima*, 2008, p. 112.

prejudicados, sendo cobrados por diversos Municípios em relação a um mesmo serviço prestado, o que onera atividade que já tem alto custo de instalação e execução.

Como já dito, para que uma estrutura federativa se mantenha, torna-se fundamental que seus entes sejam autônomos, e para tal é importante ter condições de gerar caixa, o que se consegue, dentre outros, por meio do exercício da competência tributária. Contudo, esse deve ser feito nos limites da CRFB e das leis sob pena de ruir o sistema federativo, ao invés de fortalece-lo. De fato, ao se adotar o critério de uma federação tripartida e reconhecer aos Municípios a figura de ente federado, trouxemos uma inovação importante, que gera mais complexidade e necessidade de controles maiores para evitar sobreposição de competências e insegurança jurídica. O grande problema é que não estamos acostumados a nos preocupar ou condicionar a esses controles, e por isso o sistema acaba sendo abalado por essa falta de visão global, pois se acaba limitando o espectro de análise ao Município que pontualmente age dessa forma, cobrando algo que, no mínimo, ainda não tem respaldo legal para cobrar, ao invés de perceber que a falta de uma solução legislativa séria pode abalar toda a estrutura federativa, já que estamos a falar de mais de 5000 (cinco mil) Municípios.

7. Conclusões

O presente artigo teve por finalidade analisar a viabilidade da tributação pelo Município dos serviços prestados em águas marítimas.

Contudo, para enfrentar o tema, precisou-se primeiro estudar o tratamento constitucional dado ao ISS, os conceitos de mar territorial, zona econômica exclusiva e plataforma continental, depois de federalismo fiscal, para então analisar a viabilidade da tributação.

De fato, verificamos que hoje em dia é incabível a tributação, sendo necessário que o legislador complementar forneça critérios claros para que seja factível ao Município o exercício dessa competência, sem que isso conflite com outros entes federados, de modo a garantir a harmonia do sistema nos termos do idealizado pelo constituinte.

Do exposto, tem-se claro que para que uma estrutura federativa possa, de fato, funcionar faz-se necessário o respeito a parâmetros no exercício das competências e a constante preocupação com o todo, e não apenas com cada um dos entes. Não basta haver competências tributárias se seu exercício pode causar conflitos e não haver balizas legais aptas a solucioná-los. A Carta Constitucional trouxe diversos instrumentos, como a necessidade de edição de Lei Complementar para regular conflitos no exercício das competências tributárias, o grande problema é que esses instrumentos não são levados a efeito já que temos um Legislativo que adota a postura da inércia plena.

8. Referências

AMARO, Luciano. *Direito Tributário Brasileiro*. 10ª ed., São Paulo: Saraiva, 2004.
ARRETCHE, Marta. *Democracia, federalismo e centralização no Brasil*. Rio de Janeiro: Fiocruz e FGV, 2012.
ATALIBA, Geraldo. *Hipótese de Incidência Tributária*. 6ª ed., São Paulo: Malheiros, 2003.
–. IPTU: Progressividade. *Revista de Direito Público*. São Paulo, nº 93, p. 233.
BALEEIRO, Aliomar. *Limitações Constitucionais ao Poder de Tributar*. 7ª ed., atual. por Misabel Abreu Machado Derzi. Rio de Janeiro: Forense, 1997.
BORGES, José Souto Maior. *Lançamento Tributário*. São Paulo: Malheiros, 1999.
–. Direitos humanos e tributação. *Revista tributária e de finanças públicas*, v. 9, nº 40, p. 188-224, set./out. 2001.
BOTHE, Michael. *Federalismo, Um Conceito em Transformação Histórica*. São Paulo: Ed. Konrad Adenauer, 1995.
CAMPOS, Dejalma de. As Cláusulas Pétreas Tributárias. *Revista Dialética de Direito Tributário*, São Paulo, nº 9, pp. 28-33, jun. 1996.
CARRAZZA, Roque Antonio. *Curso de Direito Constitucional Tributário*. 20ª ed., São Paulo: Malheiros, 2004.
CARVALHO, Paulo de Barros. *Curso de Direito Tributário*. 16ª ed., São Paulo: Saraiva, 2004.
–. Sobre Princípios Constitucionais Tributários. *Revista de Direito Tributário*: Cadernos de Direito Tributário. São Paulo, ano 15, nº 55, pp. 143-155, jan./mar. 1991.
CASSONE, Vittorio. *Direito Tributário*. 11ª ed., São Paulo: Atlas, 1999.
–. *Sistema Tributário Nacional na Nova Constituição*. 3ª ed., São Paulo: Atlas, 1990.
COÊLHO, Sacha Calmon Navarro. *Curso de Direito Tributário Brasileiro*. 6ª ed., Rio de Janeiro: Forense, 2001.
–. *Curso de Direito Tributário Brasileiro*. 8ª ed., Rio de Janeiro: Forense, 2005.
CONTI, José Maurício. *Sistema Constitucional Tributário*: Interpretado pelos Tribunais. São Paulo, Belo Horizonte: Oliveira Mendes/Del Rey, 1997.
–. *Princípios Tributários da Capacidade Contributiva e da Progressividade*. São Paulo: Dialética, 1996.
COSTA, Alcides Jorge. Capacidade Contributiva. *Revista de Direito Tributário*: Cadernos de Direito Tributário. São Paulo, ano 15, nº 55, pp. 297-302, jan./mar. 1991.
COSTA, Regina Helena. *Princípio da Capacidade Contributiva*. 2ª e 3ª ed. São Paulo: Malheiros, 1996, 1998.
DENARI, Zelmo. *Curso de Direito Tributário*. 8ª ed., São Paulo: Atlas, 2002.
–. Cidadania e Tributação. *Revista Dialética de Direito Tributário*. São Paulo, nª 10, pp. 44-53, jul. 1996.
DUTRA, Micaela Dominguez. *Capacidade Contributiva – Análise dos Direitos Humanos e Fundamentais*. São Paulo: Saraiva, 2010.
–. A aplicação do princípio da capacidade contributiva aos tributos no sistema tributário nacional. *Revista Fórum de Dir. Tributário – RFDT*, Belo Horizonte, ano 6, nª 35, pp. 115-137, set./out. 2008.

FERRAZ, Roberto (Coord.) *Princípios e limites da tributação*.São Paulo: Quatier Latin, 2005.

GARCIA, Eusébio González. *Serie de Conferencias sobre Derecho Tributário*, Buenos Aires, Asociación Argentina de Estudios Fiscales, 1994, en particular la conferencia pronunciada el 18.8.1994.

HARADA, Kiyoshi. *Sistema tributário na constituição de 1988:* tributação progressiva. São Paulo: Juruá, 2006.

HOLANDA, Ana Neyle Olimpio. O principio da capacidade contributiva na Constituição Federal de 1988. *Tributação em Revista*, v. 7, nº 25, pp. 17-30, jul./set. 1998.

HORVATH, Estevão. *O princípio do não confisco no direito tributário*. São Paulo: Dialética, 2002.

ICHIARA, Yoshiaki. *Direito Tributário*. 8ª ed., São Paulo: Atlas, 1999.

LACOMBE, Américo Lourenço Masset. Princípios Constitucionais Tributários. 2ª ed., São Paulo: Malheiros, 2000.

–. Igualdade e Capacidade Contributiva. In: CONGRESSO BRASILEIRO DE DIREITO TRIBUTÁRIO, 5. Separata de: *Revista de Direito Tributário*, p. 158, 1991.

LEMKE, Gisele. *Imposto de Renda: os Conceitos de Renda e de Disponibilidade Econômica e Jurídica*. São Paulo: Dialética, 1998.

LOBO, Rogério Leite. *Federalismo Fiscal Brasileiro: Discriminação das Rendas Tributárias e Centralidade Normativa*. Rio de Janeiro: Lumen Juris, 2006.

LODI, Ricardo. *Limitações Constitucionais ao Poder de Tributar*. Rio de Janeiro: Lumen Iuris, 2010.

MACHADO, Hugo de Brito. *Curso de Direito Tributário*. 25ª ed., São Paulo: Malheiros, 2004.

–. *Os princípios jurídicos da tributação na Constituição de 1998*. São Paulo: Dialética, 2004.

–. O Princípio da Capacidade Contributiva. *Caderno de Pesquisas Tributárias*, co-edição Resenha Tributária: Centro de Estudos de Extensão Universitária, São Paulo, nº 14, pp. 125-126, 1989.

–. Supremacia Constitucional como Garantia do Contribuinte. *Revista dos Tribunais*: Caderno de Direito Tributário e Finanças Públicas, São Paulo, ano 9, nº 39, pp. 23-48, jul./ago. 2001.

MARTINS, Ives Gandra da Silva (Org.). *A defesa do contribuinte no direito*. São Paulo: IOB, 2002.

–. Breves comentários sobre capacidade contributiva. *Revista Dialética de Direito Tributário*, nº 10, pp. 12-18, jul. 1996.

–. Capacidade Econômica e Capacidade Contributiva. *Caderno de Pesquisas Tributárias*, co-edição CEU/Resenha Tributária, São Paulo, nº 4, pp. 285-286, 1990.

–. Os direitos fundamentais do ser humano. *Informativo Jurídico Consulex*, v. 21, nº 17, p. 11, 30 abr. 2007.

–. *O Sistema Tributário na Constituição*. 6ª ed., São Paulo: Saraiva, 2007.

MARTINS, Sérgio Pinto. A capacidade contributiva como princípio constitucional. *LTR suplemento tributário*, v. 31, nº 46, pp. 309-315, 1995.

MELLO, Rafael Munhoz de. Aspectos Relevantes do Federalismo. In: *Revista de Direito Constitucional e Internacional nº 41*, São Paulo, 2002, pp. 149-150.

MORBIDELLI, Janice H. F.. *Um Novo Pacto Federativo para o Brasil*. São Paulo: Celso Bastos, 1999.
NABAIS, José Casalta. *O Dever Fundamental de Pagar Impostos*. Coimbra: Almedina, 2000.
NEGRÃO, Luiz Felipe. Princípio jurídico da capacidade contributiva e taxa na Constituição de 1988. *Arch Interdisciplinar*, v. 9, nº 27, pp. 159-180, 2000.
NEVES, Ana Paula Baeta. *A Reconstrução do Princípio da Capacidade Contributiva para o Imposto de Renda da Pessoa Física sob o enfoque da Declaração dos Direitos do Homem e do Cidadão*. Porto Alegre: Nuria Fabris, 2010.
NOBRE JUNIOR, Edílson Pereira. *Princípio constitucional da capacidade contributiva*. Porto Alegre: Fabris, 2001.
NOGUEIRA, Alberto. *Jurisdição das Liberdades Públicas*. Rio de Janeiro: Renovar, 2003.
OLIVEIRA JUNIOR, Dario da Silva. *Análise jurídica dos princípios tributários da legalidade, anterioridade e capacidade contributiva*. Rio de Janeiro: Lumen Juris, 2000.
OLIVEIRA, José Marcos Domingues de. *Capacidade Contributiva*: conteúdo e eficácia do princípio. 2ª ed., Rio de Janeiro: Renovar, 1998.
PACHECO, Ângela M. M.. Capacidade Contributiva. *Capacidade Contributiva: Cadernos de Pesquisas Tributárias*, co-edição Resenha Tributária: Centro de Estudos de Extensão Universitária, São Paulo, nº 14, pp. 305-307, 1989.
PIMENTA, Paulo Roberto Lyrio. Cláusulas Pétreas Tributárias. *Revista Dialética de Direito Tributário*. São Paulo, nº 92, pp. 40-46, maio 2003.
PIRES, Adilson Rodrigues. *Manual de Direito Tributário*. 10ª ed., Rio de Janeiro: Forense, 1999.
–. *Princípios de Direito Financeiro e Tributário*: Estudos em Homenagem ao Professor Ricardo Lobo Torres. Rio de Janeiro: Renovar, 2006.
PONTES, Helenilson Cunha. O princípio da capacidade contributiva e extrafiscalidade: uma conciliação possível e necessária. *In Ordem Econômica e Social*. São Paulo: LTR, 1999.
QUARESMA, Regina (Coord.). *Direito constitucional brasileiro: perspectivas e controvérsias contemporâneas*.Rio de Janeiro: Forense, 2006.
ROBERT, Cintia e MAGALHAES, José Luiz Quadros de. *Teoria do Estado, Democracia e Poder Local*. Rio de Janeiro: Lumen Juris, 2002.
ROCHA, Carmen Lúcia Antunes. República e Federação no Brasil. Belo Horizonte: Del Rey, 1997.
ROSA JÚNIOR, Luiz Emygdio F. da. *Manual de Direito Financeiro e Direito Tributário*. 17ª ed., Rio de Janeiro: Renovar, 2003.
SARLET, Ingo Wolfgang. *A Eficácia dos Direitos Fundamentais*. Porto Alegre: Livraria do Advogado, 1998.
–. *Dignidade da Pessoa Humana e Direitos Fundamentais na Constituição Federal de 1988*. 5ª ed., Porto Alegre: Livraria do Advogado, 2007.
SCHWARTZ, Bernardo. *El Federalismo Norteamericano Actual*. Madrid: Civitas, 1993.
TABOADA, Carlos Palao. Isonomia e Capacidade Contributiva. *Revista de Direito Tributário*. São Paulo, nº 4, pp. 126-134, 1978.
TAVOLARO, Agostinho Toffoli. Direitos humanos e tributação. *In Dimensão Jurídica do tributo: homenagem ao professor Dejalma de Campos*. São Paulo: Meio Jurídico, 2003, pp. 41-72.

–. Capacidade Contributiva. *Capacidade Contributiva: Cadernos de Pesquisas Tributárias*. São Paulo, co-edição Resenha Tributária: Centro de Estudos de Extensão Universitária, São Paulo, nº 14, p. 196, 1989.

–. Estatuto do Contribuinte. *Revista Tributária e de Finanças Públicas*. São Paulo, ano 12, nº 58, pp. 82-104, set./out. 2004.

TIPKE, Klaus; YAMASHITA, Douglas. *Justiça Fiscal e Princípio da Capacidade Contributiva*. São Paulo: Malheiros, 2002.

TIPKE, Klaus. *Sobre a Unidade da Ordem Jurídica Tributária. Estudos em Homenagem a Brandão Machado*, coord. por SHOUERI, Luís Eduardo e ZILVETI, Fernando Aurélio. São Paulo, 1998, p. 66.

TORRES, Ricardo Lobo. *Curso de Direito Financeiro e Tributário*. 12ª ed., Rio de Janeiro: Renovar, 2005.

–. *Tratado de Direito Constitucional Financeiro e Tributário*: Os Direitos Humanos e a Tributação: Imunidade e Isonomia. Rio de Janeiro: Renovar, 1999. v. 3.

TROIANELLI, Gabriel Lacerda. Justiça e Capacidade Contributiva: a Questão dos Impostos Reais. *Revista Dialética de Direito Tributário*. São Paulo, nº 53, pp. 43-51, fev. 2000.

UCKMAR, Victor. *Princípios Comuns de Direito Constitucional Tributário*. 2ª ed., Tradução e notas ao Direito Brasileiro de Marco Aurélio Greco. São Paulo: Malheiros, 1999.

ZILVETI, Fernando Aurélio. *Princípios de Direito Tributário e a Capacidade Contributiva*. São Paulo: Quatier Latin, 2004.

Regime Jurídico-Tributário dos Consórcios Voltados à Indústria do Petróleo e Gás Natural no Brasil

RAQUEL DE ANDRADE VIEIRA ALVES

1. Introdução

Tem-se destacado cada vez mais no cenário mundial o uso de entidades híbridas, não apenas como instrumento de planejamento fiscal, mas como decorrência da própria complexidade de atividades e serviços exigida pela sociedade moderna. Verifica-se, assim, uma busca crescente pela otimização econômica e desburocratização, através de novas formas de associação.

A indústria do petróleo não foge a esse contexto. Com efeito, a atividade de exploração de petróleo e gás natural envolve uma série de riscos a ela inerentes, como o risco geológico, que é o risco de não realizar uma descoberta; o risco técnico, ligado ao desempenho dessas atividades em áreas hostis, como regiões polares e áreas *offshore* de alta profundidade; o risco do desenvolvimento, que é o risco do petróleo encontrado possuir dificuldades para a produção; o risco ambiental, ligado a possíveis danos ao meio ambiente decorrentes do desempenho dessa atividade; além dos riscos políticos e fiscais, pois, ainda que superados os demais riscos enumerados, o sucesso da operação depende de condições políticas e fiscais favoráveis.[1]

Assim, a complexidade das atividades da indústria do petróleo requer soluções práticas por parte dos agentes econômicos, que visem à transposição dos riscos inerentes à atividade e à redução dos altos custos que ela envolve, sobretudo, com relação às etapas da cadeia produtiva que antecedem o refino do petróleo,

---

[1] RIBEIRO, Marilda Rosado de Sá. Direito do petróleo: as joint ventures na indústria do petróleo. 2ª Ed. Rio de Janeiro: Renovar, 2003, pp. 166-167.

que consistem na exploração, perfuração, produção e transporte do óleo extraído até a refinaria, compondo a fase denominada *upstream*.

Nesse ponto, a busca por parcerias empresariais tem se mostrado como um importante meio de compartilhamento desses riscos, não só no que concerne à fase de *upstream*, apesar da larga utilização desses instrumentos nessa fase, mas também em outros segmentos da atividade petrolífera[2].

No Brasil, tem se destacado a figura dos consórcios, como forma de associação para o compartilhamento de riscos, de conhecimentos técnicos e dos altos custos inerentes à atividade de exploração e produção de petróleo e gás natural, sobretudo, a partir da flexibilização do monopólio estatal sobre essas atividades, com o advento da Emenda Constitucional nº 09, de 09 de novembro de 1995.

Desde então, os consórcios têm sido protagonistas da expansão econômica vivenciada pela indústria petrolífera no país. No entanto, passados quase vinte anos da abertura do mercado, a legislação que define o regime jurídico-tributário aplicável aos consórcios ainda é incipiente, de forma que a tributação dos mesmos no Brasil ainda é um assunto polêmico, gerando questionamentos pelas autoridades fiscais, diante da complexidade operacional e de registro das movimentações financeiras efetuadas.

Diante desse quadro, a proposta do presente trabalho é estudar os principais aspectos dos consórcios voltados à indústria do petróleo e gás natural no ordenamento jurídico pátrio, especialmente com relação ao regime tributário aplicável, através da análise da legislação existente, do entendimento da Receita Federal do Brasil e da proposição de alternativas viáveis à adoção dos consórcios, como forma de simplificação e redução do contingenciamento passivo, a depender do objetivo almejado pelos investidores.

2. Breves considerações sobre as *joint ventures*

O cenário dinâmico da economia mundial, exposto acima, que requer a busca crescente por novas formas de cooperação empresarial, tem sido um terreno fértil para a disseminação da figura das *joint ventures*, formas associativas cuja acepção é amplíssima, capaz de abranger as mais variadas modalidades jurídicas de cooperação entre empresas.

---

[2] "Em decorrência da combinação entre a exigência de altos investimentos e os riscos inerentes ao negócio, ocorre que frequentemente as atividades de exploração e produção petrolíferas são exercidas por meio da formação das chamadas joint ventures, alianças entre empresas que, embora concorrentes, podem entender conveniente operar de forma conjunta, a fim de dividir riscos e custos, somando conhecimento e capital." CAVALCANTE, Rachel Guedes. "O ISS Incidente nas Importações de Serviços e a Indústria do Petróleo". A Tributação na Indústria do Petróleo e Gás Natural. São Paulo: Almedina, 2016, p. 77.

É importante ressaltar que a origem do instituto *joint venture* está na prática privada, nas operações comerciais realizadas durante as Navegações. Eram, portanto, livres, informais e desvinculadas de limitações estatutárias.[3] Remontam o Direito Inglês, em que a sua forma mais primitiva foi muito utilizada pelas grandes companhias coloniais dos séculos XVI ao XVIII.

O termo *joint venture* na prática inglesa é utilizado tanto para designar a *equity joint venture* ou *joint venture corporation*, onde se cria uma nova pessoa jurídica, distinta de seus membros, quanto a *non-equity joint venture* ou *contractual joint venture*[4], associação sem personalidade jurídica, de caráter meramente contratual, embora a lei inglesa nunca tenha reconhecido a *joint venture* como uma forma independente de empreendimento, tratando-a como sociedade, fato devido em grande parte à incorporação pelo Direito Comercial Inglês de conceitos do Direito Romano (como a *societas*, da qual se originou a *commenda*, que se dissolvia ao fim de uma viagem).

No entanto, a *joint venture* tal como hoje concebida tem origem no Direito Norte-Americano que, embora tenha adotado a *Common Law* no final do século XVIII, sofreu posteriormente forte influência do Direito Francês, na medida em que o comércio na França se intensificava, familiarizando-se com as instituições francesas (*societé en commandite* e a *societé en participation*), mas adotando a nomenclatura utilizada na Escócia[5].

Essa origem como uma mescla da tradição civilista com a tradição consuetudinária da *Common Law* explica o hibridismo de suas formas e a dificuldade em se obter uma conceituação precisa, a depender da tradição e do sistema jurídico em questão. Alie-se a isso, o fato de que, sendo fruto da prática negocial, a partir do momento em que essa prática se intensificou, particularmente após a Segunda Guerra Mundial, pelos negócios celebrados por empresas norte-americanas, o instituto foi sendo difundido pelo mundo e ganhando diferentes contornos jurídicos, conforme o sistema em que foi inserido.

O que se vê, em linhas gerais, é que na prática a *joint venture* era um instrumento que viabilizava parcerias entre comerciantes, em sua origem primitiva, e posteriormente entre empresas, a fim de maximizar os lucros e diminuir os custos e riscos de determinada operação, incrementando o acesso aos mercados doméstico e internacional e transpondo barreiras comerciais. A falta de conceituação jurídica contribui para a abstração e generalidade do conceito que, justamente

---

[3] LOBO, Carlos Augusto da Silveira. As Joint Ventures. Revista de Direito Renovar, vol. 1, p. 77 – Ano 1995. Disponível em http://www.loboeibeas.com.br/archives/1656 Acesso em: 04.09.14.
[4] Ibid. Acesso em: 04.09.14.
[5] RIBEIRO, Marilda Rosado de Sá. Op. Cit. p. 88.

por ter nascido para atender às necessidades das relações comerciais, cada vez mais dinâmicas, se adapta com incrível flexibilidade a variadas situações.

Não obstante, devido à sua utilização em larga escala no contexto do comércio internacional, em razão da globalização e da expansão de tecnologias, que têm demandado reorganizações societárias a fim de manter a concorrência, o Instituto Internacional de Documentação Fiscal (*International Bureau of Fiscal Documentation* – IBFD) em seu Glossário da Tributação Internacional, define a *joint venture* como:

> Termo utilizado para descrever várias formas de associação legal entre duas ou mais partes, a fim de perseguir um objetivo comercial comum. A *joint venture* pode adotar a forma de sociedade ou empresa em comum ou não passar de um mero arranjo contratual entre as partes. *Joint ventures* são frequentemente criadas (mas não necessariamente) para projetos específicos.
>
> Ver: Contrato de cooperação comercial; Consórcio.[6] (Tradução livre)

Uma distinção importante deve ser feita em relação à *joint venture* e à *partnership*, esta última, concebida em sentido amplo como uma associação de duas ou mais pessoas (individuais ou empresas) para administração conjunta de ativos ou condução de determinados negócios, cujos lucros (ou perdas) serão partilhados entre eles, em proporções predeterminadas.[7]

A forma mais comum de *partnership* é a *general partnership*, em que não há divisão de capital ou um corpo administrativo separado da entidade, de modo que todos os *partners* possuem responsabilidade ilimitada em relação às obrigações assumidas pela entidade. A *general partnership* não constitui uma entidade legal separada das que a constituem, porém essas características não são necessariamente encontradas em todos os países.

Há outras formas híbridas de *partnership*, como é o caso das *limited partnerships*, em que ao menos um dos membros possui responsabilidade ilimitada em face das obrigações assumidas pela entidade, por elas respondendo limitadamente os demais membros, na proporção das suas respectivas participações societárias, podendo ou não fazer parte da administração do negócio comum.

---

[6] Term used loosely to describe various forms of legal relationship between two or more parties set uo to pursue a common business goal. A joint venture may take the form of a partnership or jointly owned company or be no more than a contractual arrangement between the parties. Joint ventures are often (but not necessarily) entered into for a specific project or projects.
See also: Business cooperation contract; Consortium.
IBFD. International Tax Glossary. Revised 6rd Ed. Netherlands, Amsterdam: 2009, p. 255.

[7] IBFD. International Tax Glossary. Revised 6rd Ed. Netherlands, Amsterdam: 2009, pp. 312-313.

Em alguns países, como é o caso da Inglaterra, surge ainda a figura das *limited liability partnerships*, em que todos os membros possuem responsabilidade limitada até o limite do capital subscrito e integralizado, mas, em contrapartida, são obrigadas a manter uma contabilidade completa, auditoria independente, além de dar publicidade a várias informações societárias e contábeis[8].

Em síntese, as *partnerships* originariamente possuem natureza meramente associativa, não constituindo entidades legais e personalizadas; ou seja, possuem caráter contratual, sobretudo nos países que seguem a tradição anglo-saxônica (*Common law*), tal como ocorre com as *joint ventures*. Já nos países de tradição jurídica romanística (*Civil law*), as *partnerships* usualmente adotam a forma de sociedade de pessoas, o que acarreta diferenças no tratamento legislativo dos países, ora sendo tratadas como entes personalizados e distintos de seus respectivos membros, ora sendo tratadas como sociedades sem personalidade jurídica própria[9].

Nesse sentido, podem ser constatados alguns pontos de aproximação entre as *joint ventures* e as *partnerships*, como: o emprego em comum de meios ou recursos; a busca de lucros comuns e; via de regra, ambas não possuem personalidade jurídica, não constituindo uma entidade diversa das que lhe compõem, que podem ser tanto pessoas físicas quanto jurídicas.

Entretanto, argumenta-se que na *partnership* todos os *partners* são, presumidamente, agentes em nome da associação, tendo, portanto, o poder de obrigar os demais perante terceiros. Ao contrário, na *joint venture* não se presume o poder do *co-venture* de agir em nome dos demais. Para isso, deve haver uma delegação expressa de poderes para tal, normalmente, limitada.

Alguns autores norte-americanos distinguem ainda a *joint venture* da *partnership* pelo fato de que a primeira possui um objetivo determinado e limitado, enquanto esta última contempla um negócio geral e não um empreendimento específico. Contudo, insistem em vincular as duas figuras às sociedades, dando, assim, pouca importância à essa distinção.

Marilda Rosado de Sá, citando autor norte-americano, relata os problemas decorrentes desse tratamento das *joint ventures* e das *partnerships* como sociedades no sistema jurídico norte-americano, que acaba desconsiderando a estrutura e

---

[8] GRISI FILHO, Celso Cláudio de Hildebrand e SILVEIRA, Rodrigo Maitto da. "O uso de *Partnerships* no Planejamento Tributário Internacional." Revista de Direito Tributário Internacional. Ano 2, nº 6, Quarter Latin. São Paulo: agosto, 2007. p. 11.

[9] GOLDBERG, Sanford H. "The nature of a partnership." In: Essays on International Taxation – In Honor of Sidney I. Roberts. New York and The Hague, 1993, p. 155 *apud* GRISI FILHO, Celso Cláudio de Hildebrand e SILVEIRA, Rodrigo Maitto da. Op. cit. p. 12. – GOLDBERG compara ainda as *partnerships* à figura de um camaleão, diante do tratamento diverso dado pelas legislações de diferentes países.

as atividades dos parceiros, o que resulta em problemas de revelação de informações, de conflitos de interesses, de direito de propriedade, dentre outros[10].

Seja como for, embora as *joint ventures* e as *partnerships* tenham correspondido ao sentido lato de sociedade, confusão conceitual que, além dos problemas jurídicos mencionados, aumenta a imprecisão das distinções entre os dois institutos, o fato é que a *joint venture* possui um sentido mais amplo, abarcando qualquer forma de união entre duas ou mais empresas do mesmo ou de diferentes países, com a finalidade de realizar uma operação específica[11].

Logo, pode-se afirmar que as *partnerships* são espécies do gênero *joint ventures*, sendo que, como bem coloca Carlos Augusto da Silveira Lobo, a prática reserva o termo *joint venture* para designar associações de empresas com o objetivo de realizar negócios sujeitos a um grau de risco acima do normal[12].

3. Consórcios como espécies do gênero *joint venture* e sua utilização pela indústria petrolífera no brasil

As *joint ventures* tanto podem ser constituídas formalmente, por meio do registro do contrato de constituição no órgão competente, de acordo com as leis do país de atuação, adquirindo personalidade jurídica própria, quanto a partir da formação de uma relação contratual entre as partes, sem aquisição de uma nova personalidade jurídica, distinta da de seus membros, assumindo, assim, um caráter meramente contratual.

A adoção de uma forma ou de outra, via de regra, fica a critério dos *ventures*, contudo, a legislação de muitos países não reconhece e não permite a constituição de associações temporárias para a realização de determinado propósito negocial, exigindo, para tanto, a constituição de uma sociedade, como é o caso de alguns países da América Latina, África, Ásia e Europa Oriental[13].

A grande importância prática de reconhecer a *joint venture* como uma sociedade personalizada ou não, além das formalidades quanto ao seu registro e consequente existência, é justamente a capacidade de contrair direitos e obrigações em seu próprio nome, intimamente ligada à capacidade processual em muitos países.

Dessa forma, a personalização da entidade ganha relevo quando se trata de cumprimento de obrigações, reconhecimento de direitos e de sua responsabilização, especialmente perante terceiros, visto que a existência de capacidade jurídica permite que estes possam exigir judicialmente o cumprimento de obrigações da própria *joint venture*, como figura distinta dos *venturers*. De outro lado,

---

[10] RIBEIRO, Marilda Rosado de Sá. Op. Cit. pp. 94-95.
[11] Ibid. p. 103.
[12] LOBO, Carlos Augusto da Silveira. Op. cit. Acesso em: 04.09.14.
[13] RIBEIRO, Marilda Rosado de Sá. Op. Cit. pp. 108-109.

se a legislação não confere à *joint venture* uma personalidade jurídica distinta da de seus *venturers*, tem-se que as obrigações perante terceiros somente podem ser exigidas de cada *venturer*, na proporção de sua participação ou em qualquer outra proporção contratualmente definida.

Essa distinção de tratamento de acordo com a forma de associação utilizada também gera reflexos no relacionamento entre os sócios da *joint venture*, visto que, deliberada a criação de uma entidade personalizada, passa a haver uma estrutura corporativa e uma regulamentação das atividades dentro da sociedade, bem como um acordo de acionistas e estatutos e registros necessários à sua atuação no país hospedeiro, nos termos do que determinar a lei local.

Ademais, a constituição de *joint ventures* produz efeitos fiscais relevantes, que especificamente mais interessam ao escopo do presente trabalho, sobretudo, diante dos diferentes tratamentos conferidos ao instituto pelas legislações dos países.

Originalmente, as *joint ventures* são entidades fiscalmente transparentes, de forma que cada um de seus membros é responsável pela apuração do imposto a ser pago, caso haja lucro gerado a partir das atividades sociais da entidade. Assim, todas as receitas, despesas e custos são apropriados pelos *venturers*, na proporção da participação contratual de cada um no capital da *joint venture*.

Entretanto, nem todos os países reconhecem as *joint ventures* como entidades transparentes para fins fiscais, reconhecendo-as como entidades autônomas, sujeitas à tributação independentemente de seus integrantes. Como não há uma legislação específica sobre o assunto é difícil precisar o tratamento tributário a ser conferido a essas entidades, senão por meio de paralelos entre as *joint ventures* usualmente formadas no Direito Comparado com os institutos existentes na legislação do país hospedeiro.

No Brasil, é possível identificar figuras que representam tanto as *joint ventures* contratuais quanto as *joint ventures* societárias, sendo as primeiras melhor representadas pelos consórcios, enquanto as segundas pelas sociedades em conta de participação, que possuem maior grau de flexibilidade estrutural do que outros tipos societários, que também podem ser utilizados.

Até o advento da Emenda Constitucional nº 09/1995, a atividade de exploração de petróleo, gás natural e outros hidrocarbonetos fluidos constituía monopólio da União, passando-se a admitir a possibilidade de outorga de concessões a empresas privadas para exploração dessas atividades, a partir da inserção do parágrafo. 1º no art. 177 da Constituição pela referida emenda, pendente de lei especial regulamentadora[14].

---

[14] Art. 177. Constituem monopólio da União:
I – a pesquisa e a lavra das jazidas de petróleo e gás natural e outros hidrocarbonetos fluidos; (Vide Emenda Constitucional nº 9, de 1995)

A lei especial a que se referia o dispositivo veio a ser editada dois anos depois, Lei nº 9.478, de 06 de agosto de 1997, instituindo um novo marco regulatório para a atividade de exploração e produção de petróleo e gás natural em território nacional.

Como bem observa Marilda Rosado de Sá, o monopólio da atividade tornou-se flexível[15], na medida em que a propriedade dos recursos do subsolo continuou sendo da União, mas o exercício exclusivo concedido por mais de quarenta anos a uma empresa estatal (Petrobrás) tornou-se aberto a empresas privadas, desde que constituídas sob as leis brasileiras, com sede no país, mediante concessão, autorização ou contratação sob o regime de partilha de produção, nos termos do art. 5º da Lei nº 9.478/97[16].

Assim, a abertura do mercado de petróleo às empresas privadas despertou o interesse das empresas internacionais, que passaram a buscar parcerias, sobretudo junto à Petrobrás, que já conhecia e dominava o mercado brasileiro, a fim de conciliar as demandas de tecnologia, conhecimentos e capitais. Esse contexto propiciava a celebração de novos instrumentos contratuais, visando estabelecer um regime de parceria na indústria do petróleo e gás natural.

Como a Lei nº 9.478/97 consolidou a flexibilização do monopólio do petróleo, mas condicionou a participação de empresas privadas à necessidade de constituição sob as leis brasileiras, a parceria entre as empresas estrangeiras e as nacionais era não apenas um fato desejável para o sucesso do empreendimento, como

---

II – a refinação do petróleo nacional ou estrangeiro;
III – a importação e exportação dos produtos e derivados básicos resultantes das atividades previstas nos incisos anteriores;
IV – o transporte marítimo do petróleo bruto de origem nacional ou de derivados básicos de petróleo produzidos no País, bem assim o transporte, por meio de conduto, de petróleo bruto, seus derivados e gás natural de qualquer origem;
V – a pesquisa, a lavra, o enriquecimento, o reprocessamento, a industrialização e o comércio de minérios e minerais nucleares e seus derivados, com exceção dos radioisótopos cuja produção, comercialização e utilização poderão ser autorizadas sob regime de permissão, conforme as alíneas b e c do inciso XXIII do caput do art. 21 desta Constituição Federal. (Redação dada pela Emenda Constitucional nº 49, de 2006)
§ 1º A União poderá contratar com empresas estatais ou privadas a realização das atividades previstas nos incisos I a IV deste artigo observadas as condições estabelecidas em lei. (Redação dada pela Emenda Constitucional nº 9, de 1995). (Grifos aditados)
[15] Ibid. pp. 321-322.
[16] Art. 5º As atividades econômicas de que trata o art. 4º desta Lei serão reguladas e fiscalizadas pela União e poderão ser exercidas, mediante concessão, autorização ou contratação sob o regime de partilha de produção, por empresas constituídas sob as leis brasileiras, com sede e administração no País. (Redação dada pela Lei nº 12.351, de 2010)

necessário para permitir que as empresas estrangeiras atuassem no mercado nacional.

Nesse cenário, ganhou destaque a figura dos consórcios, como modalidade de associação que mais se assemelha ao instituto da *joint venture* contratual no Direito Brasileiro[17]. Inclusive, o próprio art. 38 da Lei nº 9.478/97[18] reconhece a possibilidade de participação de empresas em consórcio nas licitações para outorga de concessão das atividades de exploração, desenvolvimento e produção de petróleo e gás natural.

Esse mesmo dispositivo estabelece alguns requisitos para a participação de consórcios nas licitações para exploração de petróleo e gás, como a comprovação de compromisso de constituição do consórcio; indicação da empresa líder, responsável pelo consórcio e pela condução das operações; apresentação de documentos pelas empresas consorciadas que comprovem a qualificação técnica e econômico-financeira do consórcio; e proibição de participação de uma mesma empresa em mais de um consórcio. Respeitados os respectivos requisitos, a outorga da concessão ao consórcio vencedor ficará condicionada ao prévio registro do instrumento constitutivo do consórcio.

Assim, formalizado o consórcio de acordo com as leis brasileiras, após a outorga para a exploração, desenvolvimento e produção de hidrocarbonetos a determinado grupo de empresas, essas negociam entre si um acordo de operações conjuntas, *joint operating agreement* (JOA), instrumento contratual de particular interesse na indústria do petróleo, que estabelece as bases para a partilha de direitos e responsabilidades entre as partes e para condução das atividades

---

[17] "No Brasil, as joint ventures contratuais aproximam-se do consórcio de empresas, instituto previsto nos artigos 278 e 279 da Lei nº 6.404 de 1976 e por intermédio do qual as empresas costumam realizar operações em conjunto na indústria petrolífera." CAVALCANTE, Rachel Guedes. "O ISS Incidente nas Importações de Serviços e a Indústria do Petróleo". A Tributação na Indústria do Petróleo e Gás Natural. São Paulo: Almedina, 2016.

[18] Art. 38. Quando permitida a participação de empresas em consórcio, o edital conterá as seguintes exigências:

I – comprovação de compromisso, público ou particular, de constituição do consórcio, subscrito pelas consorciadas;

II – indicação da empresa líder, responsável pelo consórcio e pela condução das operações, sem prejuízo da responsabilidade solidária das demais consorciadas;

III – apresentação, por parte de cada uma das empresas consorciadas, dos documentos exigidos para efeito de avaliação da qualificação técnica e econômico-financeira do consórcio;

IV – proibição de participação de uma mesma empresa em outro consórcio, ou isoladamente, na licitação de um mesmo bloco;

V – outorga de concessão ao consórcio vencedor da licitação condicionada ao registro do instrumento constitutivo do consórcio, na forma do disposto no parágrafo único do art. 279 da Lei nº 6.404, de 15 de dezembro de 1976.

do operador da *joint venture*. O JOA, portanto, regula internamente o relacionamento das partes que subscreveram o contrato de concessão para exploração, com ele não se confundindo.

O art. 63 da Lei nº 9.478/97[19] autoriza ainda a Petrobrás e suas subsidiárias a instituírem consórcios com empresas nacionais e estrangeiras objetivando expandir atividades, reunir tecnologias e ampliar investimentos aplicados à indústria do petróleo. Nesse caso, a Petrobrás continua sendo a única concessionária, conferindo-se às demais consorciadas um percentual do produto da lavra, após o pagamento das participações governamentais pela empresa, sendo desnecessária a prévia autorização da Agência Nacional do Petróleo – ANP para constituição do consórcio, já que não há cessão contratual e as consorciadas nesse caso não se sub-rogam nos direitos que a Petrobrás possui, provenientes do contrato de concessão.

Logo, devido à sua flexibilidade e à facilidade de dissolução, os consórcios têm sido largamente utilizados pela indústria petrolífera no Brasil, a fim de permitir a sua expansão, servindo como uma espécie de válvula de escape a certa rigidez advinda da constituição de uma sociedade entre duas ou mais partes que pretendem realizar um empreendimento conjunto[20], cujo tratamento conferido pelo ordenamento jurídico pátrio será analisado a seguir.

4. Conceito e natureza jurídica

No direito brasileiro, a previsão legal para a formação de consórcios está contida nos arts. 278 e 279 da Lei nº 6.404, de 15 de dezembro de 1976 (Lei das Sociedades Anônimas)[21].

---

[19] Art. 63. A PETROBRÁS e suas subsidiárias ficam autorizadas a formar consórcios com empresas nacionais ou estrangeiras, na condição ou não de empresa líder, objetivando expandir atividades, reunir tecnologias e ampliar investimentos aplicados à indústria do petróleo.

[20] BARRETO, Celso D. de Albuquerque. Consórcio de Empresas. Revista Forense, Rio de Janeiro, v. 72, nº 253, pp. 133-138, jan/mar 1976 *apud* SÁ, Marilda Rosado de. Op. Cit. p. 411.

[21] Art. 278. As companhias e quaisquer outras sociedades, sob o mesmo controle ou não, podem constituir consórcio para executar determinado empreendimento, observado o disposto neste Capítulo.

§ 1º O consórcio não tem personalidade jurídica e as consorciadas somente se obrigam nas condições previstas no respectivo contrato, respondendo cada uma por suas obrigações, sem presunção de solidariedade.

§ 2º A falência de uma consorciada não se estende às demais, subsistindo o consórcio com as outras contratantes; os créditos que porventura tiver a falida serão apurados e pagos na forma prevista no contrato de consórcio.

Art. 279. O consórcio será constituído mediante contrato aprovado pelo órgão da sociedade competente para autorizar a alienação de bens do ativo não circulante, do qual constarão:

I – a designação do consórcio se houver;

A partir da análise desses dispositivos, pode-se conceituar o consórcio como um contrato associativo que regulamenta a forma de cooperação entre duas ou mais sociedades para a realização de um determinado empreendimento, sem que isso implique na criação de uma nova pessoa jurídica, mantendo-se, assim, a individualidade e independência econômica das sociedades integrantes do consórcio.

Em outras palavras: consórcio é o contrato pelo qual duas ou mais sociedades se obrigam entre si, de forma coordenada, a executar determinado empreendimento, sem que desse contrato resulte a criação de um novo ente dotado de personalidade jurídica[22].

Apesar de a lei fazer referência à execução de determinado "empreendimento", não há uma definição legal para o termo, contudo a experiência do Direito Comparado revela que ele consiste num objetivo econômico a ser perseguido na produção, industrialização ou comercialização de bens ou serviços.

Ademais, antes mesmo da Lei das Sociedades Anônimas prever a possibilidade de formação de consórcios no Direito brasileiro, já era possível encontrar esse tipo de associação na prática negocial, tendo Fabio Konder Comparato, em obra anterior à Lei nº 6.404/76, afirmado que:

> empresários que hesitam em perder sua autonomia de decisão, e temem ligar-se de modo mais complexo e definitivo a outros grupos empresariais, encontrarão no consórcio a solução flexível que lhes permite testar, sem compromissos irreversíveis, a capacidade de vida em comum das empresas consorciadas[23].

Destaque-se que a associação formada pelo consórcio deve ter uma finalidade específica e comum entre as sociedades, sendo um mecanismo de colaboração temporária e limitada, em que as responsabilidades de cada uma, a sua parcela

II – o empreendimento que constitua o objeto do consórcio;
III – a duração, endereço e foro;
IV – a definição das obrigações e responsabilidade de cada sociedade consorciada, e das prestações específicas;
V – normas sobre recebimento de receitas e partilha de resultados;
VI – normas sobre administração do consórcio, contabilização, representação das sociedades consorciadas e taxa de administração, se houver;
VII – forma de deliberação sobre assuntos de interesse comum, com o número de votos que cabe a cada consorciado;
VIII – contribuição de cada consorciado para as despesas comuns, se houver.
Parágrafo único. O contrato de consórcio e suas alterações serão arquivados no registro do comércio do lugar da sua sede, devendo a certidão do arquivamento ser publicada.

[22] XAVIER. Alberto. "Consórcio: Natureza Jurídica e Regime Tributário." Revista Dialética de Direito Tributário nº 64. Editora Dialética. São Paulo: janeiro, 2001. p. 07.
[23] COMPARATO, Fabio Konder. Simpósio sobre Fusões e Incorporações. Rio de Janeiro: Mestre Jou, 1972. pp. 145-146 *apud* SÁ, Marilda Rosado de. Op. Cit. p. 409.

de contribuição nos custos e a partilha de resultados estejam bem delimitadas no instrumento de constituição.

Assim, as características principais do consórcio residem na sua finalidade e no seu prazo de duração. A sua duração será sempre determinada, normalmente curta, e seu objetivo específico. E é exatamente em virtude de sua duração determinada e de seu fim específico que o consórcio não substitui ou supera a personalidade jurídica de seus contratantes, cujos fins são mais amplos e genéricos, demandando um tempo de duração mais longo ou indeterminado.

Ressalte-se que duração determinada não necessariamente significa curta duração, embora por vezes estes conceitos coincidam. Como explica Alberto Xavier, pode-se entender duração determinada como uma vinculação mútua "apenas na medida do necessário para a execução de um determinado empreendimento"[24].

Especialmente em contratos associativos para exploração de recursos minerais, como é o caso dos contratos para exploração de petróleo e gás natural, verifica-se o estabelecimento de cooperações estáveis e duradouras, que não permitem afirmar-se que são de curta duração, o que não significa que não possuam uma duração determinada.

Quanto à finalidade, os consórcios podem ser classificados como operacionais ou instrumentais. Os operacionais são aqueles que se destinam à execução de um empreendimento próprio e comum das partes consorciadas, através da somatória de aptidões e recursos das mesmas. Nesse caso, o próprio contrato de consórcio é o contrato principal que norteará a execução do empreendimento.

Já os instrumentais são aqueles em que o empreendimento é de titularidade de um terceiro, sendo o consórcio um instrumento de execução do mesmo. Nesse caso, o contrato entre as consorciadas e o terceiro será o contrato principal que norteará a execução do empreendimento e o contrato de consórcio regulará apenas os direitos e obrigações das consorciadas no que diz respeito às atividades que desenvolverão no consórcio.

Os consórcios podem ainda ser internos ou externos. Os consórcios externos disciplinam relações com terceiros, mediante um vínculo de cooperação entre eles existente, é o próprio consórcio em si. Já os internos disciplinam as relações entre os consorciados e não suas relações com terceiros. Um bom exemplo de consórcio interno é a figura do *joint operating agreement* (JOA), já mencionado anteriormente, que tem por objeto as relações entre os sócios de uma *joint venture* na indústria do petróleo.

Em relação à natureza dos consórcios, Alberto Xavier aponta precisamente a existência de duas correntes doutrinárias: a da teoria unitária patrimonial e a da

---

[24] XAVIER, Alberto. Op. Cit. p. 07.

teoria contratual pluralista[25]. Segundo a primeira teoria, minoritária diga-se, os consórcios teriam a natureza de um fundo patrimonial, tal qual o condomínio e o espólio, pois, embora carentes de personalidade jurídica, possuiriam personalidade judicial e negocial, além de autonomia financeira, à semelhança das sociedades despersonalizadas, sendo a sua representação feita pela sociedade líder.

De acordo com a teoria majoritária, que foi, aliás, acolhida pela Lei das Sociedades Anônimas e à qual também adere Alberto Xavier[26], a natureza jurídica do consórcio é de mero ajuste contratual, sem personalidade jurídica e sem capacidade para contrair direitos e obrigações em seu nome, cabendo a cada consorciado a responsabilidade pelo cumprimento de seus deveres e o exercício de seus direitos. Daí falar-se em pluralidade de obrigações entre cada um dos consorciados e terceiros, visto que, em relação a um terceiro, existirão tantos vínculos obrigacionais autônomos quanto consorciados.

A distinção que deve ser feita a fim de evitar equívocos conceituais é a de exercício coletivo de direitos individuais e cumprimento coletivo de obrigações individuais, ambos autorizados ou mesmo impostos por lei, de uma organização patrimonial. Não é porque a lei permite ou determina o exercício conjunto de direitos e obrigações que os mesmos mudam de titularidade, pois essa continua sendo de cada consorciado individualmente, não havendo que se confundir titularidade com exercício.

Outrossim, não há sequer a necessidade de constituição de um patrimônio comum, visto que a lei não previu a necessária existência de um patrimônio afetado a finalidade específica para constituição de um consórcio, podendo este existir ou não. Inclusive, a existência de um líder do consórcio, embora conveniente, não é figura indispensável e a solidariedade, no silêncio do contrato e da legislação específica, não se presume, como prevê o § 1º do art. 278 da Lei nº 6.404/76.

Logo, o exercício conjunto de direitos ou o cumprimento conjunto de obrigações não tem o condão de retirar o caráter meramente contratual dos consórcios, cuja responsabilidade dos membros é limitada à sua participação na formação do capital da entidade.

5. Personalidade jurídica e capacidade tributária passiva

O resultado dessa abordagem contratual em relação aos consórcios é a imputação direta dos direitos e obrigações a cada uma das sociedades consorciadas, considerando-se a medida da sua participação no respectivo consórcio.

Visto que os consórcios não possuem personalidade jurídica própria, não podem ser considerados titulares de direitos e obrigações, entretanto, isso não

---

[25] Ibid. pp. 11-19.
[26] Ibid. p. 18.

implica que não possam celebrar contratos com seus fornecedores, por exemplo. Nas palavras de Alberto Xavier, deve-se definir "em que sentido a expressão consórcio é utilizada em certo contexto"[27].

Celebrar um contrato através de um consórcio não significa que o consórcio é titular dos deveres e direitos a ele inerentes de forma individualizada, mas que o consórcio representa os consorciados como se estes estivessem celebrando coletivamente o contrato; trata-se, assim, de uma representação. Quando se fala, portanto, na denominação do consórcio, está-se de certa forma falando em todos os consorciados, identificados de forma abreviada.

Pode-se afirmar, assim, que os consórcios não possuem personalidade jurídica formal, mas gozam de personalidade processual e contratual. Na lição de Modesto Carvalhosa:

> Temos assim que o consórcio estabelece um contrato organizativo de atividades e de recursos que, embora sem personalidade jurídica formal, tem personalidade jurídico-processual e contratual. Representa este um centro autônomo de relações jurídicas internas, entre as sociedades consorciadas, seja por uma direção própria, seja pelo seu exercício pela consorciada líder[28].

Questão que se coloca diante desse quadro é se os consórcios possuem capacidade tributária passiva, embora não possuam personalidade jurídica.

A capacidade tributária passiva, entendida como a capacidade de ser sujeito passivo da relação jurídico-tributária, independe da capacidade civil no caso de pessoas físicas ou da constituição regular da pessoa jurídica, nos termos do que dispõe o art. 126 do Código Tributário Nacional[29]. Aduz o dispositivo ainda que basta a configuração de uma unidade econômica ou profissional para que a pessoa jurídica integre a relação jurídico-tributária.

---

[27] Ibid. p. 19.
[28] CARVALHOSA, Modesto. Comentários à lei de Sociedades Anônimas. IV Vol. Arts. 43 a 300: Lei nº 6.404, de 15 de dezembro de 1976, com as modificações da Lei nº 11.941, de 27 de maio de 2009, 4ª Ed. São Paulo: Saraiva, 2011. p. 278 *apud* HENRIQUES, Guilherme de Almeida *et al.* "O Tratamento Tributário dos Consórcios no Ordenamento Jurídico Brasileiro." Revista Dialética de Direito Tributário nº 226. Editora Dialética. São Paulo: julho, 2014. p. 66.
[29] Art. 126. A capacidade tributária passiva independe:
I – da capacidade civil das pessoas naturais;
II – de achar-se a pessoa natural sujeita a medidas que importem privação ou limitação do exercício de atividades civis, comerciais ou profissionais, ou da administração direta de seus bens ou negócios;
III – de estar a pessoa jurídica regularmente constituída, bastando que configure uma unidade econômica ou profissional.

Ocorre que os consórcios nem são pessoas jurídicas propriamente ditas, nem tampouco configuram uma unidade econômica ou profissional, não possuindo, portanto, capacidade para serem sujeitos passivos de obrigações tributárias. Essa, aliás, é a posição de Hermano Notaroberto Barbosa, ao afirmar que:

> A lei brasileira não prevê qualquer exceção em relação à não atribuição de personalidade jurídica aos consórcios, nem mesmo no que concerne a matérias tributárias. Por tal razão, todas as obrigações contratadas pelo consórcio, bem como seus respectivos resultados, são imputáveis diretamente a cada uma das consorciadas, de modo proporcional, para fins contábeis e fiscais[30].

No mesmo sentido ensina Alberto Xavier, segundo o qual o consórcio não foi incluído na enumeração, necessariamente taxativa, dos contribuintes do Imposto de Renda, não possuindo personalidade jurídico-tributária. Aduz ainda que inexiste um ativo permanente de propriedade do consórcio e que a obrigatoriedade de inscrição no Cadastro Nacional de Pessoas Jurídicas (CNPJ) é mera formalidade para fins de controle, de maneira a facilitar o cumprimento coletivo de obrigações tributárias, não tendo o condão de lhe conferir personalidade tributária[31].

Não obstante, Marcio Ávila, ao tratar da aplicação das regras de preços de transferência, considera que as mesmas devem ser aplicadas aos consórcios, ressaltando que a Lei nº 9.430, de 27 de dezembro de 1996, em seu art. 23, inciso VII, teria tratado do tema, embora não o tenha feito de forma satisfatória, ao considerar como vinculada à pessoa jurídica, as pessoas físicas ou jurídicas a ela associadas na forma de consórcio[32].

Assim, para o autor, seria razoável considerar a aplicação dos preços de transferência às operações ligadas ao consórcio, ainda que o vínculo por ele estabelecido não seja de índole societária, mas meramente contratual. Essa construção não importa em reconhecimento de personalidade tributária, mas apenas uma interpretação razoável das regras atinentes aos preços de transferência.

Contudo, há ainda quem considere que os consórcios estariam abrangidos pela norma do art. 126 do CTN, sujeitando-se, assim, às consequências decorrentes dessa subsunção, tais como pagamento de tributos e emissão de documentos fiscais[33].

---

[30] BARBOSA, Hermano Notaroberto. "Tributação de Consórcios: Novas Regras da Lei nº 12.402//2011." Revista Dialética de Direito Tributário nº 193. Editora Dialética. São Paulo: outubro, 2011. p. 62.
[31] XAVIER, Alberto. Op. cit. pp. 20-22.
[32] ÁVILA, Marcio Ladeira. Preços de transferência na indústria do petróleo. Rio de Janeiro: Interciência, 2010. p. 26.
[33] HENRIQUES, Guilherme de Almeida et al. Op. Cit. p. 67.

Com a devida vênia, este entendimento não se coaduna com o conceito de entidades transparentes para fins fiscais, como são originariamente as *joint ventures* e como devem ser os consórcios constituídos de acordo com a legislação brasileira, que em momento algum lhes conferiu capacidade tributária passiva.

Do mesmo jeito que ocorre com as relações negociais e processuais, não há que se confundir a possibilidade ou exigência de que determinados direitos possam ser exercidos coletivamente, assim como determinadas obrigações possam ser cumpridas em conjunto, com a titularidade de tais direitos e obrigações, que mesmo em matéria tributária continuam pertencendo aos consorciados. Simples exigências escriturais para efeitos de controle são, igualmente, incapazes de atribuir personalidade jurídico-tributária aos consórcios, como se verá melhor a seguir.

6. Regime tributário aplicável aos consórcios brasileiros
6.1. Registro e aspectos escriturais

Com relação ao registro, o consórcio deve ter seu contrato e respectivas alterações arquivados no registro do comércio do local da sua sede, segundo o regime de arquivamento adotado para as sociedades mercantis, como determina o parágrafo único do art. 279 da Lei nº 6.404/76.

Além disso, deve obter uma inscrição para si no Cadastro Nacional de Pessoas Jurídicas – CNPJ, junto à Receita Federal do Brasil, nos termos do que dispõe o art. 251, inciso II, do Decreto Federal nº 3.000, de 26 de março de 1999 (Regulamento do Imposto de Renda) e a Instrução Normativa da Receita Federal do Brasil nº 200, de 1º de outubro de 2002.

Como já registrado, tanto o registro do consórcio quanto a sua inscrição no CNPJ, longe de conferirem personalidade jurídica à entidade, apenas reforçam o seu não enquadramento como sociedade de pessoas, conferindo aos sócios, a terceiros e ao próprio Poder Público a possibilidade de aferição da característica associativa, através de simples consulta ao órgão de registro competente ou ao *site* da Receita Federal do Brasil.

Nesse sentido, bem observou Marilda Rosado de Sá, ao abordar a preocupação dos investidores estrangeiros com a legislação brasileira, que prevê a necessidade de registro dos consórcios:

> Essa formalidade poderia fazer crer terem os consórcios personalidade jurídica. Entretanto, forçoso era o esclarecimento de que resultava o registro em proteção, afastamento da possibilidade de seu enquadramento como sociedade irregular[34].

---

[34] Sá, Marilda Rosado de. Op. Cit. p. 418/419.

Quanto à representação e administração do consórcio, as empresas consorciadas têm ampla liberdade para a formulação de suas cláusulas no contrato consorcial, cabendo a responsabilidade pela administração e representação à empresa líder ou à direção autônoma do consórcio, conforme o sistema adotado pelas consorciadas. Em ambos os casos, contudo, a natureza da representação será a de mandato, investindo o representante do consórcio de poderes para contratação com terceiros.

Em relação à escrituração, a Instrução Normativa da Receita Federal nº 1.199, de 14 de outubro de 2011 (revogou a Instrução Normativa da Receita Federal nº 834, de 26 de março de 2008) trouxe os procedimentos fiscais a serem aplicados aos consórcios e seus integrantes, para efeitos de apuração dos principais tributos federais[35], dispondo em seu art. 3º que as pessoas jurídicas consorciadas devem apropriar receitas, custos e despesas na proporção de sua participação, para fins de apuração do seu lucro, bem como da base de cálculo dos demais tributos próprios.

Além disso, sem prejuízo da escrituração individual de cada consorciada na proporção de sua participação, a empresa líder deverá manter o registro contábil das operações do consórcio apartada da sua própria contabilidade ou, até mesmo, em livros contábeis registrados somente para esse fim, conforme determina o § 2º do art. 3º da referida Instrução Normativa.

Consequência direta desse tratamento é a necessidade de que cada sociedade consorciada emita notas fiscais e faturas correspondentes à sua parcela, de acordo com o contrato de constituição do consórcio. Eventuais retenções incidentes sobre essas faturas, a seu turno, deverão em regra ser feitas em nome em nome de cada consorciada (c.f. arts. 4º e 7º da IN RFB nº 1.199/2011, respectivamente).

É possível ainda emitir notas fiscais ou faturas no valor total das atividades do consórcio e em nome deste, se a legislação tributária estadual ou municipal acerca dos impostos indiretos estaduais ou municipais incidentes assim permitir.

Esse tratamento tributário, que já era reconhecido no Brasil pela legislação infralegal anterior da Receita Federal (IN RFB nº 834/2008), foi confirmado em sede legal pela Lei nº 12.402, de 02 de maio de 2011, que, em seu art. 1º[36], deixou expresso que as empresas integrantes do consórcio respondem pelos tributos

---

[35] Art. 1º O consórcio constituído nos termos do disposto nos arts. 278 e 279 da Lei nº 6.404, de 15 de dezembro de 1976, e as pessoas jurídicas consorciadas deverão, para efeitos dos tributos administrados pela Secretaria da Receita Federal do Brasil, observar o disposto nesta Instrução Normativa.

[36] Art. 1º As empresas integrantes de consórcio constituído nos termos do disposto nos arts. 278 e 279 da Lei nº 6.404, de 15 de dezembro de 1976, respondem pelos tributos devidos, em relação às operações praticadas pelo consórcio, na proporção de sua participação no empreendimento, observado o disposto nos §§ 1º a 4º.

devidos, em relação às operações praticadas pelo consórcio, na proporção de sua participação no empreendimento.

Não obstante, o referido diploma legal trouxe a faculdade de exercício de algumas obrigações pela empresa líder ou pela administração do consórcio em nome coletivo.

Assim, as retenções de tributos sobre pagamentos feitos a sociedades ou pessoas físicas contratadas poderão ser feitas em nome do próprio consórcio, bem como o cumprimento das obrigações acessórias correspondentes, conforme o disposto nos parágrafos 1º a 3º da Lei nº 12.402/11[37], que trouxe ainda a previsão de responsabilidade solidária entre os membros do consórcio pelo adimplemento dessas obrigações.

Retornando às lições de Alberto Xavier[38], o cumprimento coletivo de obrigações individuais pelo consórcio não tem o condão de alterar-lhes a titularidade, que continua sendo de cada consorciada, na proporção de sua participação na entidade.

Portanto, a interpretação acerca da solidariedade, trazida pela Lei nº 12.402/11, pelo descumprimento do dever de retenção de tributos, deve ser feita em atenção a este entendimento que, aliás, foi o mesmo utilizado pela própria lei com relação à responsabilidade pelos tributos devidos pelo consórcio, de forma que cada consorciada responda solidariamente pela falta de retenção apenas até o limite da sua participação[39].

Por fim, especificamente para os consórcios que visem à exploração e produção de petróleo, o art. 38, inciso II, da Lei nº 9.478/97 prevê a responsabilidade solidária entre as empresas consorciadas, sem, contudo, fazer qualquer ressalva acerca da limitação dessa responsabilidade, tal como fez a Lei nº 12.402/11.

Nesse sentido, com relação à interpretação desse dispositivo, mantém-se a mesma posição defendida quanto à interpretação da responsabilidade solidária pela falta de retenção de tributos: ela deve ser limitada à participação de cada

---

[37] Art. 1º [...]

§ 1º O consórcio que realizar a contratação, em nome próprio, de pessoas jurídicas e físicas, com ou sem vínculo empregatício, poderá efetuar a retenção de tributos e o cumprimento das respectivas obrigações acessórias, ficando as empresas consorciadas solidariamente responsáveis.

§ 2º Se a retenção de tributos ou o cumprimento das obrigações acessórias relativos ao consórcio forem realizados por sua empresa líder, aplica-se, também, a solidariedade de que trata o § 1º.

§ 3º O disposto nos §§ 1º e 2º abrange o recolhimento das contribuições previdenciárias patronais, inclusive a incidente sobre a remuneração dos trabalhadores avulsos, e das contribuições destinadas a outras entidades e fundos, além da multa por atraso no cumprimento das obrigações acessórias."

[38] XAVIER, Alberto. Op. Cit. pp. 18-19.

[39] No mesmo sentido: BARBOSA, Hermano Notaroberto. Op. Cit. pp. 66-67. Em sentido contrário: HENRIQUES, Guilherme de Almeida et al. Op. Cit. pp. 70-71.

empresa no consórcio, caso contrario, se estará diante de uma figura societária e não de uma associação contratual.

6.2. Imposto de Renda e Contribuição Social sobre o Lucro Líquido (IR e CSLL)

Como examinado, a escrituração das receitas, custos, despesas, direitos e obrigações deve ser feita por cada consorciada individualmente, na proporção de sua participação no consórcio, aplicando-se o mesmo entendimento para fins de apuração do lucro (arts. 1º a 3º da IN RFB nº 1.199/2011).

Essa consequência é corolário lógico da ausência de personalidade jurídica do consórcio e da falta de capacidade tributária passiva que lhe é inerente, não havendo que se falar em receitas "do consórcio" ou ainda em "ativo permanente do consórcio", cabendo à cada consorciada parte da receita auferida em conjunto, de acordo com a sua participação contratualmente definida. O mesmo vale para eventual depreciação do ativo permanente, que deverá ser feita por cada consorciada, refletindo a sua quota parte na formação do bem comum. Nas oportunas palavras de Alberto Xavier:

> Mais uma vez sublinhamos que expressões tais como escrituração 'do consórcio', ativo permanente 'do consórcio', apenas significam, de modo abreviado sintético, a escrituração e o ativo permanente de 'todos os consorciados'[40].

Especificamente no âmbito dos consórcios voltados à indústria petrolífera, pode-se observar com clareza a realização de um objetivo comum, visto que, embora os custos e despesas com a exploração e produção do petróleo sejam assumidos em consórcio, as receitas são realizadas individualmente. Diferente é o caso de uma obra de construção civil realizada em consórcio, cuja receita será auferida em conjunto com a conclusão e entrega da obra, ocasião em que se poderia falar em lucro do consórcio[41].

Não há dúvidas, portanto, da apuração individual por cada consorciada do IR e da CSLL incidentes sobre a parcela da receita proporcionalmente auferida, nos termos das disposições contratuais do consórcio.

Contudo, não se pode deixar de ressaltar que não raras vezes, ante a ausência ou deficiência de controles individualizados, a Receita Federal do Brasil acaba requalificando o consórcio como uma sociedade de fato, regida assim pelas nor-

---

[40] XAVIER, Alberto. Op. Cit. p.22.
[41] MELO FILHO, Cyro Cunha e FREITAS NETO, Jayme Barboza de. "Aspectos tributários e escriturais dos consórcios voltados à indústria do petróleo e gás." CARNEIRO, Daniel Dix; PEIXOTO, Marcelo Magalhães (Coord.). Aspectos Tributários Relacionados à Indústria do Petróleo e Gás. São Paulo: MP Editora, 2011. p. 232.

mas aplicáveis às sociedades de pessoas, o que implica em autuações para exigência de IR e CSLL sobre os rendimentos auferidos pelo consórcio, de forma coletiva.

Esse entendimento não conduz à conclusão de ser o consórcio sujeito passivo da obrigação tributária, mas sim, de que, na verdade, o empreendimento requalificado se trata de uma sociedade de pessoas. Daí a vital importância da manutenção de controles e registros contábeis e fiscais idôneos e que propiciem lançamentos consentâneos com a legislação, a fim de afastar qualquer possibilidade de requalificação pelo Fisco.

6.3. Contribuição ao PIS e à COFINS (PIS e COFINS)

A sistemática de tributação do PIS e da COFINS encontra-se prevista na Lei nº 9.718, de 27 de novembro de 1998 que, em seus arts. 2º e 3º[42], determina que as contribuições serão recolhidas com base no faturamento das pessoas jurídicas de direito privado. O faturamento, para fins determinação da base de cálculo do PIS e da COFINS deve corresponder à receita bruta da pessoa jurídica, feitas as devidas exclusões autorizadas pela lei.

Em primeiro lugar, tendo em vista que os consórcios não são pessoas jurídicas e nem a elas se equiparam, para fins de capacidade tributária passiva, nos termos do art. 126 do CTN, não há que se falar em pagamento de PIS e COFINS pelo consórcio.

Ademais, como a tributação do PIS e da COFINS está ligada à ideia de receita e, como já exposto, não existe receita auferida pelo consórcio, mas apenas pelas consorciadas individualmente, na proporção de sua participação na entidade, não há que se falar em tributação da receita auferida pelo consórcio.

As contribuições para o PIS e para a COFINS deverão ser apuradas de forma individual por cada empresa consorciada, de acordo com a parcela da receita bruta que a cada uma delas competir, conforme as proporções definidas no contrato, devendo a respectiva apropriação do crédito oriundo do recolhimento das contribuições sob o regime não cumulativo (Leis nº 10.637/02 e 10.833/03), ser efetivada também na proporção da participação de cada consorciada no empreendimento.

Esse entendimento, inclusive, encontra expressa previsão no art. 5º da IN RFB nº 1.199/2011:

---

[42] Art. 2º As contribuições para o PIS/PASEP e a COFINS, devidas pelas pessoas jurídicas de direito privado, serão calculadas com base no seu faturamento, observadas a legislação vigente e as alterações introduzidas por esta Lei.
Art. 3º O faturamento a que se refere o artigo anterior corresponde à receita bruta da pessoa jurídica.

Art. 5º A Contribuição para o PIS/Pasep e a Cofins relativas às operações correspondentes às atividades dos consórcios serão apuradas pelas pessoas jurídicas consorciadas proporcionalmente à participação de cada uma no empreendimento, observada a legislação específica.

Parágrafo único. Os créditos referentes à Contribuição para o PIS/Pasep e à Cofins não cumulativas, relativos aos custos, despesas e encargos vinculados às receitas das operações do consórcio, serão computados nas pessoas jurídicas consorciadas, proporcionalmente à participação de cada uma no empreendimento, observada a legislação específica.

6.4. Imposto sobre a Circulação de Mercadorias e Serviços e Imposto sobre Serviços (ICMS e ISS)

A Lei Complementar nº 87, de 13 de setembro de 1996, que regulamenta o ICMS, define em seu art. 4º[43] que é contribuinte do imposto qualquer pessoa física ou jurídica que realize com habitualidade operações de circulação de mercadorias ou prestações de serviço de transporte interestadual e intermunicipal e de comunicação.

Não sendo o consórcio pessoa jurídica, não há que se falar em incidência de ICMS sobre suas atividades, estando, portanto, excluído do conceito de contribuinte do imposto, como bem observa Alberto Xavier: "Ora, não sendo o consórcio pessoa jurídica, como expressamente afirmado pela Lei nº 6.404/76, necessariamente, este não é contribuinte de ICMS"[44].

Já com relação ao ISS, a Lei Complementar nº 116, de 31 de julho de 2003 não faz referência à pessoa jurídica como contribuinte do imposto, mas ao conceito de prestador de serviço, como aquele que celebra o contrato de prestação de serviço.

No entanto, como o consórcio não possui personalidade jurídica e não pode celebrar um contrato de serviço em seu nome, mas apenas o faz a título de representação da coletividade de consorciados, igualmente não há que se falar em incidência de ISS sobre serviços prestados pelo consórcio.

Como consequência disso, só haverá incidência de ICMS ou de ISS sobre as atividades de cada consorciado, relativamente às operações realizadas em seu nome, com a respectiva emissão da nota fiscal no nome da pessoa jurídica integrante do consórcio. O que pode acontecer é que a legislação estadual e muni-

---

[43] Art. 4º Contribuinte é qualquer pessoa, física ou jurídica, que realize, com habitualidade ou em volume que caracterize intuito comercial, operações de circulação de mercadoria ou prestações de serviços de transporte interestadual e intermunicipal e de comunicação, ainda que as operações e as prestações se iniciem no exterior.

[44] XAVIER, Alberto. Op. Cit. p. 25.

cipal algumas vezes concede regimes especiais para a emissão de uma nota fiscal global pela empresa líder do consórcio, representando em conjunto as operações realizadas pelas empresas consorciadas.

Para tanto, a legislação dos Estados e Municípios pode exigir a obtenção de cadastro estadual ou municipal em nome do consórcio, caso contrário, não seria possível a emissão de uma nota fiscal global pela empresa líder.

Não obstante, deve-se deixar claro que essa faculdade não implica em conferir personalidade jurídica ao consórcio, assim como a exigência de inscrição no CNPJ pela Receita Federal também não possui o condão de personalizá-lo.

Inclusive, o Decreto Estadual nº 26.064, de 15 de março de 2000, que dispõe sobre o tratamento dispensado aos consórcios de empresas relacionadas com a atividade petrolífera, em vigor no âmbito do Estado do Rio de Janeiro, expressamente reconhece que a exigência de inscrição no cadastro estadual não confere personalidade jurídica ao consórcio. Confira-se a esclarecedora redação do dispositivo:

> Art. 1º – O consórcio formado por um grupo de empresas para exercer atividades r acionadas com a exploração e produção de petróleo ou gás natural no território deste Estado deve requerer por meio da empresa líder, com a anuência expressa das demais consorciadas, inscrição especial no Cadastro de Contribuintes do Estado do Rio de Janeiro (CADERJ).
>
> §1º – **A exigência de inscrição estadual não importa em conferir personalidade jurídica ao consórcio.**
>
> 2º – **A empresa líder agirá como mandatária das demais consorciadas.** (Grifos aditados)

Por fim, registre-se que eventuais saldos credores de ICMS decorrentes das operações realizadas pelas empresas em consórcio, ainda que a responsabilidade pela sua escrituração e pelo recolhimento do imposto seja da empresa líder, deverão ser utilizados pelas consorciadas, na proporção de sua participação na entidade, sendo transferidos para seus livros logo após a compensação de débitos e créditos coletivos.

Especificamente com relação à atividade de exploração e produção de petróleo e gás natural, é importante ressaltar que, via de regra, não há operação de saída desses produtos em consórcio, a ensejar a incidência de ICMS, mas tão somente partilha da produção entre as consorciadas. Ademais, a saída interestadual e a exportação de petróleo e seus derivados é imune e as operações internas com petróleo bruto muitas vezes estão abarcadas por diferimento do ICMS até a saída de seus derivados, cabendo, assim, à refinaria recolher o imposto.

Mesmo assim, grande parte dos Estados, como é o caso Estado do Rio de Janeiro, exigem a emissão de notas fiscais de entrada do petróleo e do gás natural no estabelecimento das consorciadas, quando da partilha da produção, em uma possível tentativa de resguardar seus interesses para exigência eventual de ICMS na extração do petróleo bruto e do gás natural, após a passagem pelo ponto de medição[45-46].

6.5. Imposto sobre Produtos Industrializados (IPI)

No que diz respeito ao IPI, vale destacar que o Decreto nº 7.212, de 15 de junho de 2010 (Regulamento do IPI), não contém previsão acerca da capacidade tributária passiva dos consórcios, não fazendo qualquer equiparação dos mesmos ao conceito de estabelecimento industrial e nem lhes atribuindo responsabilidade pelo pagamento do imposto.

Assim, havendo incidência da IN RFB nº 1.199/2011 com relação também ao IPI, tributo administrado pela Secretaria da Receita Federal do Brasil, a ele aplica-se o mesmo entendimento adotado para o IR, para o PIS e para a COFINS.

7. O entendimento da receita federal do Brasil

A Receita Federal do Brasil por diversas vezes já se manifestou, através de respostas a consultas formuladas pelos contribuintes, no sentido de que os consórcios não possuem personalidade jurídica, de forma que as obrigações tributárias, principais e acessórias, são de responsabilidade de cada uma das consorciadas, na proporção de sua participação no empreendimento. É o que se depreende da solução de consulta abaixo, julgada pela 6ª Região Fiscal:

> CONSÓRCIO DE EMPRESAS. As obrigações tributárias, principais e acessórias, decorrentes das operações praticadas pelo consórcio, são de responsabilidade das próprias consorciadas, que devem responder proporcionalmente à sua participação no empreendimento. Opcionalmente, a partir de 29/10/2010, o consórcio que realize a contratação, em nome próprio, de pessoas jurídicas e físicas, pode efetuar a retenção de tributos administrados pela RFB e o cumprimento das respectivas obrigações acessórias, utilizando seu próprio CNPJ, ficando nessa situação as consorciadas como solidariamente responsáveis.[47]

---

[45] Vide art. 2º, inciso VI do Livro I do RICMS/RJ, que se encontra atualmente suspenso pelo Decreto nº 34.783, de 04 de fevereiro de 2004.
[46] Ressalva feita por MELO FILHO, Cyro Cunha e FREITAS NETO, Jayme Barboza de. Op. Cit. pp. 235-236.
[47] Solução de Consulta DISIT/SRRF nº 68, de 11 de julho de 2011. 6ª Região Fiscal.

Ressalva-se, entretanto, a possibilidade de retenção de tributos pelo próprio consórcio, nos termos da Lei nº 12.402/11, resultante da conversão da Medida Provisória nº 510, de 28 de outubro de 2010, publicada em 29.10.10, com efeitos a partir daí. No mesmo sentido, vide: Solução de Consulta DISIT/SRRF nº 47, de 13 de junho de 2011, julgada pela 6ª Região Fiscal[48], Solução de Consulta DISIT/SRRF nº 34, de 23 de maio de 2011 e Solução de Consulta DISIT/SRRF nº 33, de 17 de maio de 2011, ambas julgadas pela 10ª Região Fiscal[49].

Especificamente sobre a apuração de IR, PIS e COFINS, a Receita Federal possui soluções de consulta exigindo a emissão de documentos fiscais individualizados para cada consorciada, para fins de reconhecimento da respectiva receita e apuração dos tributos incidentes:

> CONSÓRCIO ENTRE EMPRESAS NACIONAIS. O consórcio, constituído nos termos dos arts. 278 e 279 da Lei nº 6.404, de 1976, não possui personalidade jurídica própria, mantendo-se a autonomia jurídico-tributária de cada uma das consorciadas. CONTRIBUINTE. Contribuinte do IRPJ e das contribuições sociais decorrentes da atividade consorcial não é o consórcio, mas sim a consorciada, que, no regime do lucro real, deverá manter contabilidade que reflita proporcionalmente a do consórcio, segundo sua participação. Cabe a cada uma das empresas participantes do consórcio apropriar individualmente suas receitas e despesas, proporcionalmente à sua participação percentual no rateio do empreendimento, e computá-las na determinação do lucro real, presumido ou arbitrado, nas respectivas DIPJ, observado o regime tributário a que estão sujeitas no ano-calendário correspondente, bem como calcular e recolher a contribuição para o PIS/Pasep e a Cofins. RECEITA AUFERIDA POR CONSORCIADA COM ALUGUEL DE BENS AO CONSÓRCIO. A receita de aluguel auferida pela consorciada, decorrente da locação de bens ao consórcio, deverá com-

---

[48] CONSÓRCIO DE EMPRESAS. As obrigações tributárias, principais e acessórias, decorrentes das operações praticadas pelo consórcio, são de responsabilidade das próprias consorciadas, que devem responder proporcionalmente à sua participação no empreendimento. Opcionalmente, a partir de 29/10/2010, o consórcio que realize a contratação, em nome próprio, de pessoas jurídicas e físicas, pode efetuar a retenção de tributos administrados pela RFB e o cumprimento das respectivas obrigações acessórias, utilizando seu próprio CNPJ, ficando nessa situação as consorciadas como solidariamente responsáveis.

[49] CONSÓRCIO. TRIBUTAÇÃO. RESPONSABILIDADE TRIBUTÁRIA. As empresas integrantes de consórcio constituído nos termos do disposto nos arts. 278 e 279 da Lei nº 6.404, de 1976, respondem pelos tributos e contribuições sociais administrados pela Secretaria da Receita Federal do Brasil devidos, em relação às operações por elas praticadas, na proporção de sua participação no empreendimento. É facultado ao consórcio que realizar a contratação, em nome próprio, de pessoa jurídica ou física, efetuar a retenção de tributos e contribuições sociais administrados pela Secretaria da Receita Federal do Brasil, conforme estabelece o § 1º do art. 1º da Lei nº 12.402, de 2011. Nesta hipótese, o consórcio deve cumprir as correspondentes obrigações acessórias e as empresas consorciadas são solidariamente responsáveis.

por a base de cálculo dos tributos e contribuições da consorciada beneficiária. BENS A DQUIRIDOS PELO CONSÓRCIO. Os bens adquiridos pelo consórcio compõem o ativo permanente das consorciadas, na proporção de sua participação. EMISSÃO DE DOCUMENTO FISCAL. Cabe a cada empresa consorciada, inclusive à administradora, a em issão de Nota-Fiscal ou documento equivalente, levando-se em conta a participação que detém no empreendimento. É irrelevante, para este fim, o fato de o consórcio estar obrigado a ter inscrição própria no Cadastro Nacional da Pessoa Jurídica – CNPJ. RETENÇÃO DE TRIBUTOS E CONTRIBUIÇÕES. A retenção de que trata o art. 1º da Instrução Normativa SRF nº 480, de 2004, deverá ser efetuada em nome de cada empresa participante do consórcio, tendo por base o valor constante da correspondente nota fisca l de emissão de cada uma das pessoas jurídicas consorciadas. Os valores retidos poderão ser deduzidos, pelo contribuinte (consorciada), do valor do imposto e contribuições da mesma espécie devidos, relativamente a fatos geradores ocorridos a partir do mês da retenção.[50]

Ainda nesse sentido, confiram-se as Soluções de Consulta DISIT/SRRF nº 103, de 18 de junho de 2009, julgada pela 1ª Região Fiscal e nº 251, de 19 de outubro de 2006, julgada pela 6ª Região Fiscal[51].

Sobre a emissão de notas fiscais e a entrega de obrigações acessórias em nome das empresas consorciadas, reconhecendo expressamente a ausência de personalidade jurídica dos consórcios:

CONSÓRCIOS. EMISSÃO DE NOTAS FISCAIS/FATURAS DE SERVIÇOS. As notas fiscais/faturas relativas a serviços prestados pelos consórcios devem ser emitidas por cada uma das pessoas jurídicas consorciadas, proporcionalmente à participação contratada.[52]

CONSÓRCIO DE SOCIEDADES. AUSÊNCIA DE PERSONALIDADE JURIDICA. DCFT E DE DIRF DEVEM SER APRESENTADAS EM NOME DAS CONSORCIADAS. O Consórcio de Sociedades constituído na forma dos arts. 278 e 279 da Lei nº 6.404,

---

[50] Solução de Consulta DISIT/SRRF nº 70, de 23 de março de 2005. 8ª Região Fiscal.

[51] Solução de Consulta DISIT/SRRF nº 103:
CONSÓRCIO. COFINS.PIS. INCIDÊNCIA. No consórcio de empresas a que se refere o art. 278, § 1º, da Lei nº 6.404, de 1976, inclui-se no faturamento mensal de cada empresa consorciada, base de cálculo da Cofins, o montante do faturamento mensal obtido na atividade consorcial, de forma proporcional a sua participação.
Solução de Consulta DISIT/SRRF nº 251:
O consórcio, constituído nos termos dos arts 278 e 279 da Lei nº 6.404, de 1976, não possui personalidade jurídica própria, mantendo-se a autonomia jurídico-tributária de cada uma das consorciadas. Em face disso, apenas a parcela das receitas correspondente à participação da consorciada compõe a base de cálculo da contribuição.

[52] Solução de Consulta DISIT/SRRF nº 181, de 23 de outubro de 2006. 10ª Região Fiscal.

de 15 de dezembro de 1976, embora sujeito à inscrição co CNPJ não dispõe de personalidade jurídica. Embora em tese dispensada de apresentação de DCTF e de DIRF, não deve, na verdade, apresentar tais declarações, eis ainda que o faça, ainda subsistirá a responsabilidade das consorciadas pela apresentação dessas declarações, proporcionalmente à participação das mesmas no Consórcio, no tocante às receitas do empreendimento[53].

Não obstante, é possível encontrar decisões do Conselho Administrativo de Recursos Fiscais (CARF) discutindo a regularidade da formação de consórcios em autuações em que as autoridades fiscais descaracterizaram a associação instituída entre empresas, para considerá-la como uma sociedade de fato, seja para exigir imposto de renda sobre a totalidade das receitas auferidas pelo consórcio, seja para desconsiderar os créditos oriundos das atividades consorciais.

É o caso, por exemplo, do julgamento abaixo, em que a 1ª Câmara do Conselho de Contribuintes negou provimento à unanimidade ao recurso de ofício da Fazenda, em face de decisão da Delegacia de Julgamento que julgou improcedente a autuação fiscal, por desconsiderar o rateio de receitas e despesas previsto no contrato de consórcio, para tentar incluir como despesa da consorciada a despesa total do empreendimento, cujo acórdão está assim ementado:

> **ASSUNTO: IMPOSTO SOBRE A RENDA RETIDO NA FONTE IRRF**
> Exercício: 2005
> CONSÓRCIO DE EMPRESAS. RATEIO DAS RECEITAS E DESPESAS.
> Não sendo constatada infração à legislação tributária, o rateio das receitas e das despesas do consórcio deve ser conforme as estipulações do contrato devidamente registrado no órgão competente.
> Hipótese configurada nos autos.
> DISTRIBUIÇÃO DE LUCRO EM VALOR SUPERIOR AO LUCRO
> PRESUMIDO.
> É isenta de tributação a parcela do lucro, distribuído aos sócios, que exceda a base tributável apurada no regime do lucro presumido, desde que se tome por base a escrituração comercial.
> Na hipótese, o lucro distribuído aos sócios, que excedeu ao lucro presumido, está de acordo com o lucro líquido apurado na contabilidade[54].

---

[53] Solução de Consulta DISIT/SRRF nº 270, de 12 de setembro de 2006. 7ª Região Fiscal.
[54] Conselho Administrativo de Recursos Fiscais. 2ª Seção. 1ª Câmara/1ª Turma Ordinária. Acórdão nº 2101-002.161. Relatora Conselheira Celia Maria de Souza Murphy. Sessão de 16 de abril de 2013.

Interessante destacar ainda a presença de julgamentos pelo CARF em que originalmente as autoridades fiscais entenderam que não havia legitimidade da consorciada participante de consórcio para pleitear o aproveitamento de créditos presumidos de IPI, oriundos das atividades consorciais, por ausência de constituição regular do consórcio.

No caso, tratava-se de consórcio entre empresas para a construção de um parque industrial que visava o refino e a redução de minerais para a obtenção do alumínio. Pela especificidade da operação, o consórcio tinha prazo de duração de cinquenta anos, podendo o mesmo ser prorrogado ao final. Apesar disso, o Conselho de Contribuintes, reconhecendo que o prazo de duração do consórcio era determinado, entendeu que o mesmo estava regularmente constituído, podendo, assim, a parte consorciada pleitear o aproveitamento de créditos presumidos de IPI decorrentes das atividades realizadas em conjunto.

A despeito de não haver prazo fixado na lei para a duração de consórcios e de se tratar de atividade específica, que envolve a aplicação de vultosos recursos e o retorno a longo prazo, a votação em alguns dos casos foi concluída por maioria de votos, tendo alguns conselheiros afirmado a irregularidade da constituição de um consórcio com prazo de duração longo e com possibilidade de prorrogação, não obstante tenham restado vencidos. Nesse sentido, confira-se a ementa e um dos votos vencidos no acórdão nº 3402-01.160, julgado pela 4ª Câmara da Terceira Seção:

ASSUNTO: IMPOSTO SOBRE PRODUTOS INDUSTRIALIZADOS IPI
Período de apuração: 01/07/2002 a 30/09/2002
CRÉDITO PRESUMIDO DE IPI COMO RESSARCIMENTO DE PIS E COFINS (LEI Nº 9.363/96). CONSÓRCIO CONSTITUÍDO PARA CRIAÇÃO DE PARQUE INDUSTRIAL. PREVISÃO DE PRAZO DE DURAÇÃO LONGO E POSSIBILIDADE DE PRORROGAÇÃO. IMPOSSIBILIDADE DE DESCARACTERIZAÇÃO PARA SOCIEDADE
DE FATO. LEGITIMIDADE ATIVA DA PARTICIPANTE RECONHECIDA.

Não é dotado de personalidade jurídica o Consórcio constituído com observância dos artigos 278 e 279 da Lei nº 6.404/76, não perdendo essa condição pelo fato de seu prazo determinado ser longo e com possibilidade de prorrogação, não podendo, portanto, pleitear o ressarcimento, a restituição ou a compensação de crédito fiscal em seu nome. Por isso é descabida a desconsideração do Consórcio para qualificá-lo como sociedade de fato, devendo ser reconhecida a legitimidade ativa da participante do Consórcio para pleitear, em nome próprio, o ressarcimento, a restituição ou a compensação do crédito presumido de IPI previsto na Lei nº 9.363/96, eis que constatado que produz em estabelecimento próprio, embora comum, e após destina seus produtos ao exterior.

[...]
Voto Vencido
Conselheiro Júlio César Alves Ramos, Relator.

Com as informações adicionais, agora produzidas, concluo acertada a decisão recorrida.

É que a figura do consórcio foi mesmo, a meu sentir, utilizada em abuso pelas empresas. Assim penso porque ela se apresenta como uma alternativa concedida pelo legislador à simples constituição de uma nova empresa com personalidade jurídica própria.

Ela se aplica, pois, à constituição de uma **unidade econômica** nova e distinta das empresas constituintes porque voltada à exploração de uma atividade econômica com fins empresariais. Em outras palavras, uma unidade que promoverá a venda de um bem – previamente produzido ou não – ou a prestação de serviços, em sentido lato. Isto é, uma unidade na qual se desenvolverá uma atividade **econômica** geradora, pois, de receitas, custos e despesas, mas cujo caráter transitório desobriga à constituição de uma unidade juridicamente capaz de direitos e obrigações.

[...]

Em suma, o consórcio é "uma empresa sem personalidade jurídica".

Por isso, firmei minha convicção no sentido de que houve mesmo abuso da forma prevista em lei, de modo a pretender caracterizar como consórcio o que na verdade é meramente um estabelecimento produtor partilhado por quatro empresas. Para isso confluem as respostas dadas aos pedidos de esclarecimento da fiscalização: o que se queria era viabilizar técnica e financeiramente a exploração da bauxita existente no estado do Maranhão, mas mantendo-se a completa autonomia (de compras e vendas) de cada uma das participantes, de mais a mais concorrentes no mesmo mercado.

A isso, porém, não se presta o consórcio, como também não se prestaria a constituição de uma nova sociedade. De fato, para garantir a pretendida autonomia só havia uma forma: montar cada uma um estabelecimento produtor além da correspondente estrutura de escoamento. Isso, porém, seria técnica e/ou economicamente inviável, no mínimo porque implicaria renunciar às economias de escala possíveis com a constituição de uma única unidade produtora e escoadora.

A outra forma possível, a meu ver, seria a constituição de uma nova empresa, o que, no entanto, implicaria a operação conjunta do **empreendimento** (compra, produção, venda, obtenção de receitas e resultados), desatendendo o requisito de autonomia buscado.

[...]

O que se tentou, portanto, foi aplicar a forma do consórcio, somente disponível para uma unidade econômica, àquilo que é apenas uma dependência adicional de cada empresa.

Os argumentos aduzidos pela empresa não me convenceram do contrário. De fato, a alegação de que a união de esforços para viabilizar o "empreendimento" é requisito do consórcio não muda o fato de que o mesmo requisito está presente na constituição de uma empresa "normal". No que diferem os dois é tão somente a transitoriedade do primeiro e a relativa – ou pretendida – perenidade do segundo.

Em reforço, a transitoriedade não se demonstra pela simples aposição de uma data no contrato de constituição. É preciso que o empreendimento realmente se conclua naquela data, e há no contrato, como já dito, cláusula prevendo sua continuada revalidação.

[...]

Com essas considerações, é o meu voto por negar provimento ao recurso do contribuinte.[55]

No mesmo sentido, concluído também por maioria de votos pela mesma Câmara, em sessão de julgamento realizada em 23 de outubro de 2013, vide o acórdão nº 3402-002.218.[56]

Por fim, tratando de consórcio personalizado sob a forma de sociedade de propósito específico (SPE), voltada à construção de plataformas de petróleo em águas profundas, vale destacar recente acórdão julgado pela 4ª Câmara da Primeira Seção[57], em que a autoridade fiscal, ao negar pedido de compensação formulado pela SPE, promoveu a reclassificação das operações realizadas em conjunto, desconsiderando o rateio previsto contratualmente e, consequentemente, desqualificando o saldo negativo apurado pela respectiva sociedade, culminando

---

[55] Conselho Administrativo de Recursos Fiscais. 3ª Seção. 4ª Câmara/2ª Turma Ordinária. Acórdão nº 3402-01.160. Relator para acórdão Conselheiro João Carlos Cassuli Junior. Sessão de 02 de junho de 2011.

[56] Julgado em Câmara diversa: Acórdão nº 3403-001.544. 3ª Seção. 4ª Câmara/3ª Turma Ordinária Relatora Conselheira Liduína Maria Alves Macambira. Sessão de 24 de abril de 2012.
Assunto: Imposto sobre Produtos Industrializados IPI
Período de apuração: 01/01/2000 a 31/03/2000
CONSÓRCIO DE EMPRESAS. REQUISITOS. EMPREENDIMENTO DETERMINADO. CARACTERIZAÇÃO. PRAZO.
Empreendimento, identificado no ato constitutivo de consórcio operacional como a construção do parque industrial, o refino de bauxita e a redução de alumina para a obtenção do alumínio, tem grau de determinação suficiente para fim de respaldar a constituição de um consórcio de sociedades nos termos da legislação comercial.
Não há falar em perpetuação de empreendimento que tem prazo determinado em 50 (cinqüenta) anos, ainda que renovável.
Recurso Voluntário Provido

[57] Conselho Administrativo de Recursos Fiscais. 1ª Seção. 4ª Câmara/1ª Turma Ordinária. Acórdão nº 1401-001.033. Relator Conselheiro Alexandre Antonio Alkmim Teixeira. Sessão de 08 de agosto de 2013.

com a lavratura de auto de infração, para exigir o pagamento de IR, PIS, COFINS e CSLL.

O Conselho de Contribuintes, por maioria de votos, cancelou a autuação fiscal, entendendo que a omissão de receitas considerada pela autoridade fiscal não correspondia à receita omitida de fato, em acórdão assim ementado:

> ASSUNTO: IMPOSTO SOBRE A RENDA DE PESSOA JURÍDICA IRPJ
> Ano calendário:
> 2002, 2003, 2004
> CONSÓRCIO. SOCIEDADE DE PROPÓSITO ESPECÍFICO. DESCARACTERIZAÇÃO.
> A sociedade de propósito específico podem funcionar como personificação de um consórcio, quando criada por um grupo de empresas com o objetivo de desenvolver determinada atividade específica. Não existe sentido descaracterizar a personificação do consórcio na SPE, para considerá-la, com suas sócias, parte de um consórcio informal.
> RECEITAS ORIUNDAS DE CONTRATO. SEGREGAÇÃO NA
> PROPORÇÃO DAS DESPESAS. AUSÊNCIA DE PREVISÃO LEGAL.
> O lançamento tributário não pode trazer surpresas. Não se aceita, no ordenamento jurídico brasileiro, que se exerça a atividade tributária fora daquilo que a lei permite. E essa impossibilidade está expressamente definida, não só pelo princípio da legalidade constante do art. 150, inciso I da Constituição da República, como também do art. 3º do Código Tributário Nacional, que diz que a atividade tributária "é plenamente vinculada" à lei. Não pode o lançamento tributário adotar um critério de imputação de receitas na proporção das despesas incorridas, por absoluta ausência de previsão legal para tanto.
> ALTERAÇÃO DO FUNDAMENTO JURÍDICO. EQUIVALÊNCIA
> ECONÔMICA DO LANÇAMENTO.
> Não se está autorizado, na ordem jurídica brasileira, à análise meramente econômica dos negócios empreendidos, de forma a permitir dizer que, se a totalidade das receitas decorrentes do contrato tivessem sido imputadas à contribuinte, a atribuição de parte dessas receitas também poderia possível, quando o fundamento fático e jurídico que respaldam referidas imputações são diversos. Mormente no caso como o presente, em a imputação de receita omitida equivale aos valores que, em tese, também corresponderiam à despesa, nulificando o efeito fiscal, para fins de lançamento tributário, dos valores considerados segundo a versão fiscal que respalda o lançamento.
> RELASSIFICAÇÃO NEGOCIAL.
> Segundo o entendimento do CARF, é dado à Administração Tributária reclassificar os negócios formalmente apresentados pelos contribuinte, quando a sua realidade divergir da forma por ele adotada. Todavia, ao fazê-lo, impõe-se necessariamente ao

aplicar do direito a análise do negócio jurídico como um todo, de forma a identificar a realidade do negócio realizado, não sendo possível a desconsideração parcial do negócio. A tributação deverá ser apurada a partir da recomposição da totalidade do negócio apurado na realidade, sendo que a insubsistência na descrição do negócio real, diante das provas dos autos, impõe o cancelamento da autuação fiscal.

Assim como esse, há outros casos analisados pelo CARF, em que houve reclassificação negocial dos consórcios pela autoridade fiscal e tentativa de recomposição da totalidade das receitas auferidas em conjunto, como é o caso do acórdão nº 107-08.957, julgado pela 7ª Câmara do Primeiro Conselho de Contribuintes, sob a relatoria do Conselheiro Luiz Martins Valero, em sessão realizada em 29.03.2007[58].

Embora o Conselho de Contribuintes, pelas decisões analisadas, reconheça em sua maioria a regularidade de consórcios de longa duração, a necessidade de observância aos critérios de rateio contratualmente definidos e a necessidade de recomposição da totalidade do negócio apurado na realidade, quando se trata de reclassificação negocial de consórcios pela autoridade fiscal, o fato é que a complexidade das obrigações contábeis e fiscais e a necessidade de manutenção de uma escrituração precisa, aliadas a dispositivos legais que não disciplinam satisfatoriamente a sistemática de tributação dos consórcios, conduzem à possibilidade de discussões pelas autoridades fiscais, gerando contingências pelas movimentações financeiras, caracterizadamente nos casos de descompasso entre os critérios de aportes e recebimentos dos resultados por cada uma das consorciadas.

Assim, embora não se esteja deixando de lado a importância dos consórcios para a atividade de exploração e produção de petróleo e derivados, nem tampouco negligenciando a impossibilidade de adoção de outras formas associativas em certos casos, como quando se trata de atividades desempenhadas em conjunto por empresas concorrentes, levanta-se a seguir o questionamento acerca da necessidade de avaliação pelos *venturers* da forma associativa, no caso de opção por sociedades não personificadas, como uma possível alternativa para simplificação das obrigações fiscais e contábeis.

---

[58] IRPJ/CSLL – DESCONSIDERAÇÃO DA ATIVIDADE EXERCIDA NECESSIDADE DE READEQUAÇÃO DE TODA A SITUAÇÃO TRIBUTÁRIA DAS PESSOAS JURÍDICAS ENVOLVIDAS – Quando a fiscalização descaracteriza os negócios jurídicos realizados (no caso consócio de empresas), a formalização de exigências fiscais deve levar em conta a situação tributária de todas as pessoas jurídicas envolvidas, sob pena de se verificar tributação em duplicidade.

8. Uma alternativa à formação de consórcios na indústria petrolífera: sociedades em conta de participação. Vantagens e Desvantagens

Não há no ordenamento jurídico qualquer restrição quanto à utilização de consórcios para a realização de investimentos e consecução de projetos de natureza econômica. Pelo contrário, especificamente com relação à atividade petrolífera, a Lei nº 9.478/97 autoriza expressamente a formação de consórcios em quase todas as etapas da cadeia[59].

Também em outros segmentos da indústria do petróleo não há qualquer obstáculo legal à formação de consórcios, como é o caso da atividade de distribuição de derivados de petróleo, em que não há óbice na legislação da ANP à sua associação mediante a fórmula consorcial. Isso porque, não é a atividade em si que deve determinar a eleição do consórcio e sim as peculiaridades do investimento.

Assim, é perfeitamente possível a adoção, alternativamente à figura do consórcio, de outras formas associativas, dentro, inclusive, do escopo da *joint venture* que, como se viu, pode ser de natureza contratual ou societária, a depender da escolha dos *venturers* e da legislação do país hospedeiro. E essa escolha será feita justamente com base no tipo de empreendimento que se almeja.

Como a definição contratual e a escrituração dos fatos nos consórcios assume vital importância, diante do risco de uma requalificação fiscal, que poderia importar em um grande contingenciamento passivo, algumas vezes torna-se necessário conceber uma estrutura em que o tratamento tributário e o nível de obrigações acessórias impostas sejam mais atrativos do que na formação de um consórcio.

Ou seja, por vezes, a escolha de um outro tipo associativo que não os consórcios pode implicar na diminuição das obrigações contábeis e fiscais, represen-

---

[59] Vide:
Art. 38. Quando permitida a participação de empresas em **consórcio**, o edital conterá as seguintes exigências:
Art. 53. Qualquer empresa **ou consórcio** de empresas que atenda ao disposto no art. 5º poderá submeter à ANP proposta, acompanhada do respectivo projeto, para a construção e operação de refinarias e de unidades de processamento e de estocagem de gás natural, bem como para a ampliação de sua capacidade.
Art. 56. Observadas as disposições das leis pertinentes, qualquer empresa ou **consórcio** de empresas que atender ao disposto no art. 5º poderá receber autorização da ANP para construir instalações e efetuar qualquer modalidade de transporte de petróleo, seus derivados e gás natural, seja para suprimento interno ou para importação e exportação.
Art. 60. Qualquer empresa ou **consórcio** de empresas que atender ao disposto no art. 5º poderá receber autorização da ANP para exercer a atividade de importação e exportação de petróleo e seus derivados, de gás natural e condensado.
Art. 63. A PETROBRÁS e suas subsidiárias ficam autorizadas a formar **consórcios** com empresas nacionais ou estrangeiras, na condição ou não de empresa líder, objetivando expandir atividades, reunir tecnologias e ampliar investimentos aplicados à indústria do petróleo. (Grifos aditados).

tando não só um ganho em economia tributária, como também em segurança jurídica, já que infelizmente a legislação brasileira sobre o regime tributário dos consórcios não é completamente clara e elucidativa.

Uma alternativa que também representa uma espécie de *joint venture* prevista na legislação brasileira e que igualmente corresponde a uma entidade despersonalizada, regida por um contrato base, é a sociedade em conta de participação, semelhante a uma *joint venture corporation*.

A sociedade em conta de participação está disciplinada no Código Civil de 2002, nos arts. 991 a 996, e pode ser conceituada como uma sociedade meramente contratual, sem personalidade jurídica, sem firma ou denominação social, sem autonomia patrimonial, formada por duas ou mais pessoas com desígnios semelhantes que reúnem esforços para atingir um objetivo comum.[60]

O traço mais marcante da sociedade em conta de participação é a ausência de personalidade jurídica distinta da de seus criadores, muito embora se apresente efetivamente como uma sociedade organizada, inclusive, sob a influência da *affectio societatis*. É, portanto, uma sociedade interna, cujos efeitos só repercutem na esfera dos sócios, não produzindo, assim, efeitos perante terceiros.

Dessa ausência de personalidade jurídica decorre a incapacidade para contrair direitos e obrigações em nome próprio e a ausência de patrimônio autônomo, não obstante seja possível a constituição de um fundo pelos sócios, como patrimônio especial, que só produz efeitos entre eles; ou seja, basta a afetação dos bens e serviços necessários à atividade social, não sendo necessária a transferência dos bens para a sociedade[61]. Ademais, sua constituição dispensa formalidades e independe de registro.

Dentro dessa sociedade, há participantes ativos, que são denominados como sócios "ostensivos" e participantes inativos, que são os sócios "ocultos". O sócio ostensivo se responsabiliza plena e ilimitadamente pelas obrigações da sociedade em conta de participação, enquanto os sócios ocultos respondem de forma limitada, conforme o disposto no contrato de constituição, e apenas perante os sócios ostensivos, porém, jamais perante terceiros. Os sócios ocultos sequer precisam ser identificados perante terceiros, pois apenas a figura do sócio ostensivo representa a sociedade.

Nesse ponto, vale destacar que, em 30 de maio de 2014, a Receita Federal editou a Instrução Normativa nº 1.470, que dispõe sobre o Cadastro Nacional

---

[60] BOZZA, Flávio Piovesan. "Sociedade em Conta de Participação: Natureza, Regime Jurídico e Tributação pelo Imposto de Renda. Revista Dialética de Direito Tributário nº 145. Editora Dialética. São Paulo: outubro de 2007, p. 37.
[61] SCAFF, Fernando Facury. "Tributação de Sociedades em Conta de Participação". Revista Dialética de Direito Tributário nº 157. Editora Dialética. São Paulo: outubro de 2008, p. 88.

da Pessoa Jurídica (CNPJ) e cujo art. 3º prevê a inscrição no cadastro de todas as pessoas jurídicas domiciliadas no Brasil e as ela equiparadas pela legislação do imposto de renda[62].

Essa parte final que exige a inscrição no CNPJ das entidades equiparadas às pessoas jurídicas pela legislação do imposto de renda não possui correspondente em normas anteriores, que já chegaram a afastar expressamente a necessidade de inscrição no CNPJ das sociedades em conta de participação[63].

Pois bem. Ocorre que o Regulamento do Imposto de Renda, em seu art. 148[64], equipara expressamente às pessoas jurídicas as sociedades em conta de participação, de forma que, com a vigência da IN RFB nº 1.470/2014, passou a ser obrigatória a inscrição dessas sociedades no cadastro da Receita Federal.

Diante disso, tem-se criado muito alarde no meio empresarial, em relação aos possíveis efeitos que essa obrigatoriedade de inscrição no CNPJ poderá trazer com relação à "blindagem" do sócio oculto[65]. No entanto, assim como a mera inscrição no cadastro da Receita Federal não tem o condão de atribuir personalidade jurídica aos consórcios, o mesmo aplica-se às sociedades em conta de participação, eis que tal procedimento representa mera formalidade para fins de controle.

Ademais, através da declaração de imposto de renda a Receita Federal já poderia obter conhecimento acerca do sócio oculto e de seu patrimônio, de modo que a exigência de CNPJ nada muda para fins fiscais. Da mesma forma, a obtenção do cadastro não deve implicar em publicidade do sócio oculto, que não possui responsabilidade perante terceiros. Logo, a despeito das especulações em torno da nova norma, não há nada de diferente em relação ao tratamento que já era dado aos consórcios.

Como consequência dessa equiparação das sociedades em conta de participação às demais pessoas jurídicas pelo Regulamento do Imposto de Renda, para fins tributários, ela é entendida como uma unidade econômica independente como qualquer outra, considerando-se os sócios ocultos e ostensivos como membros na divisão dos lucros e prejuízos. A responsabilidade fiscal, contudo, é integral do sócio ostensivo, assim como a responsabilidade societária, respondendo o mesmo perante o ente tributante com o patrimônio que afetou à sociedade e, subsidiariamente, com seu patrimônio pessoal.

---

[62] Art. 3º Todas as pessoas jurídicas domiciliadas no Brasil, inclusive as equiparadas pela legislação do Imposto sobre a Renda, estão obrigadas a inscrever no CNPJ cada um de seus estabelecimentos localizados no Brasil ou no exterior, antes do início de suas atividades.

[63] Vide Item 4 da IN nº 179, de 30 de dezembro de 1987.

[64] Art. 148. As sociedades em conta de participação são equiparadas às pessoas jurídicas.

[65] Vide, por exemplo: http://www.valor.com.br/legislacao/3648556/norma-da-receita-pode-afetar-blindagem-de-socios-ocultos Acesso em 13.09.14.

A escrituração fiscal das operações deverá ser feita pelo sócio ostensivo, que poderá optar por fazê-la em seus próprios livros ou em livros específicos para contabilização da sociedade em conta de participação, podendo, ainda, optar pelo regime de apuração do imposto de renda da sociedade, mesmo que diverso do seu.[66]

Nesse contexto, a apuração de resultados, ainda que contabilizada nos livros do sócio ostensivo, deverá ser feita de forma a evidenciar a segregação de atividades, de maneira que o tributo seja apurado em separado.

Por fim, nos termos do art. 10 da Lei nº 9.249, de 26 de dezembro de 1995[67], não há tributação no repasse de valores entre as sociedades em conta de participação e seus sócios, ocultos e ostensivos, pois o que se rateia nesta hipótese é lucro, cujo tratamento fiscal dispensa a incidência de imposto de renda, eis que a mesma já foi tributada na própria sociedade.

Assim, do ponto de vista tributário, a principal vantagem da constituição de uma sociedade em conta de participação é a concentração da responsabilidade tributária principal e acessória na figura do sócio ostensivo, para fins de cumprimento às exigências dos principais tributos incidentes sobre rendimentos e consumo.

Esse tratamento propicia uma simplificação na escrituração fiscal e nos lançamentos contábeis, proporcionando consequentemente uma diminuição da exposição fiscal da empresa investidora por eventual inadequação do tratamento contábil-fiscal aos aportes efetuados.

Contudo, a relação entre os sócios é diferente da relação existente entre empresas consorciadas, visto que, conforme a lição de Fabio Konder Comparato, nas sociedades a relação entre seus integrantes é de subordinação e nos consórcios há uma relação de coordenação[68].

Marilda Rosado de Sá arremata afirmando que o consórcio surge como uma opção onde a união integral revela-se inadequada, configurando uma estrutura de cooperação institucional e sendo mais vantajoso do ponto de vista da produção

---

[66] C.f. Instrução Normativa da Secretaria da Receita Federal do Brasil nº 31, de 29 de março de 2001.
[67] Art. 10. Os lucros ou dividendos calculados com base nos resultados apurados a partir do mês de janeiro de 1996, pagos ou creditados pelas pessoas jurídicas tributadas com base no lucro real, presumido ou arbitrado, não ficarão sujeitos à incidência do imposto de renda na fonte, nem integrarão a base de cálculo do imposto de renda do beneficiário, pessoa física ou jurídica, domiciliado no País ou no exterior.
[68] COMPARATO, Fabio Konder. Simpósio sobre Fusões e Incorporações. Rio de Janeiro: Mestre Jou, 1972, pp. 145-146 *apud* SÁ, Marilda Rosado de. Op. Cit., p. 409.

de efeitos perante terceiros, já que seus atos de constituição possuem exigências e registro.[69]

Desse modo, sem a pretensão de esgotar todas as vantagens e desvantagens de cada opção, certo é que a escolha do modelo associativo a ser utilizado dependerá das características do investimento e dos objetivos pretendidos pelos investidores.

9. Considerações finais

Conforme o exposto, as *joint ventures* no Direito pátrio, em sua abordagem contratual, podem ser representadas pelos consórcios, forma associativa que propicia a cooperação entre duas ou mais empresas por um prazo determinado, para a realização de um empreendimento conjunto.

Essa cooperação permite o compartilhamento de conhecimentos técnicos, de recursos e de riscos entre as empresas consorciadas, sem que seja necessária a criação de uma sociedade entre elas, o que permite, inclusive, a associação temporária de empresas concorrentes para a consecução de um objetivo específico.

No campo da exploração e produção de petróleo, além dos riscos altos inerentes à atividade de localização e extração dos recursos naturais, há a necessidade de aporte de investimentos em larga escala, o que favorece a expansão dos consórcios, sobretudo, após a flexibilização do monopólio do petróleo e a implantação do novo marco regulatório da atividade no Brasil, que trouxe expressamente a possibilidade de participação de consórcios nas licitações para concessão da atividade de exploração e produção de petróleo e gás natural.

Não obstante não possuírem personalidade jurídica, a legislação permite – e até mesmo exige – o exercício coletivo de direitos e o cumprimento conjunto de obrigações pelo consórcio, normalmente, através de sua empresa líder, o que ocasiona equívocos conceituais e de interpretação por alguns, que entendem que essa exigência ou faculdade teria o condão de alterar a natureza da associação, embora não se deva confundir titularidade com representação.

Dessa despersonalização decorre a ausência de capacidade tributária passiva dos consórcios, de modo que as obrigações tributárias, principais e acessórias, são de responsabilidade de cada consorciada, conforme a sua participação no empreendimento. Para isso, contudo, é necessário que as pessoas jurídicas consorciadas mantenham um ajuste contratual claro e bem definido e uma escrituração contábil e fiscal idônea, com lançamentos que reflitam com exatidão a natureza dos aportes efetuados e as respectivas despesas de cada consorciada, sob pena de requalificação negocial pelo Fisco.

---

[69] SÁ, Marilda Rosado de. Op. Cit., p. 410.

Alie-se a isso o fato de que a legislação tributária brasileira acerca dos consórcios e de seu regime tributário ainda é muito incipiente, o que fragiliza e expõe os consorciados a riscos ficais, quando de certas movimentações ocorridas entre as empresas consorciadas e o consórcio e vice-versa.

Assim, como uma alternativa possível à adoção de consórcios, para fins de simplificação das obrigações contábeis e tributárias e redução da exposição dos consorciados a riscos de autuações fiscais, especialmente nos casos em que há um desequilíbrio entre o investimento, as obrigações e os critérios de participação no respectivo resultado entre os consorciados, tem-se a adoção de sociedades não personificadas, como a sociedade em conta de participação.

A principal vantagem da sociedade em conta de participação reside na concentração de responsabilidades na figura do sócio ostensivo, possibilitando lançamentos contábeis mais simples, já que se trata de uma sociedade e não de uma associação entre várias empresas, e evitando contingenciamentos passivos, no caso de descompasso entre os critérios de aportes e recebimentos dos resultados por cada uma das consorciadas.

Entretanto, nem sempre será adequada ao tipo de atividade a ser desenvolvida a constituição de uma sociedade, razão pela qual deve-se frisar que a escolha pela adoção de um modelo consorcial ou de um modelo societário dependerá do tipo de empreendimento visado pelos investidores, não havendo na legislação brasileira específica para a indústria petrolífera preferência ou objeção pela adoção de qualquer dos dois modelos.

Referências

ÁVILA, Marcio Ladeira. Preços de transferência na indústria do petróleo. Rio de Janeiro: Interciência, 2010.

BARBOSA, Hermano Notaroberto. "Tributação de Consórcios: Novas Regras da Lei nº 12.402/2011." Revista Dialética de Direito Tributário nº 193. Editora Dialética. São Paulo: outubro, 2011.

BOZZA, Flávio Piovesan. "Sociedade em Conta de Participação: Natureza, Regime Jurídico e Tributação pelo Imposto de Renda. Revista Dialética de Direito Tributário nº 145. Editora Dialética. São Paulo: outubro de 2007.

CAVALCANTE, Rachel Guedes. "O ISS Incidente nas Importações de Serviços e a Indústria do Petróleo". A Tributação na Indústria do Petróleo e Gás Natural. São Paulo: Almedina, 2016, p. 71-91.

GRISI FILHO, Celso Cláudio de Hildebrand e SILVEIRA, Rodrigo Maitto da. "O uso de Partnerships no Planejamento Tributário Internacional." Revista de Direito Tributário Internacional. Ano 2, nº 6, Quarter Latin. São Paulo: agosto, 2007.

HENRIQUES, Guilherme de Almeida et al. "O Tratamento Tributário dos Consórcios no Ordenamento Jurídico Brasileiro." Revista Dialética de Direito Tributário nº 226. Editora Dialética. São Paulo: julho, 2014.

LOBO, Carlos Augusto da Silveira. "As *Joint Ventures*." Revista de Direito Renovar, vol. 1, p. 77 – Ano 1995. Disponível em http://www.loboeibeas.com.br/archives/1656 Acesso em: 04.09.14.

MELO FILHO, Cyro Cunha e FREITAS NETO, Jayme Barboza de. "Aspectos tributários e escriturais dos consórcios voltados à indústria do petróleo e gás." CARNEIRO, Daniel Dix; PEIXOTO, Marcelo Magalhães (Coord.). Aspectos Tributários Relacionados à Indústria do Petróleo e Gás. São Paulo: MP Editora, 2011.

RIBEIRO, Marilda Rosado de Sá. Direito do petróleo: as *joint ventures* na indústria do petróleo. 2ª Ed. Rio de Janeiro: Renovar, 2003.

SCAFF, Fernando Facury. "Tributação de Sociedades em Conta de Participação". Revista Dialética de Direito Tributário nº 157. Editora Dialética. São Paulo: outubro de 2008.

XAVIER. Alberto. "Consórcio: Natureza Jurídica e Regime Tributário." Revista Dialética de Direito Tributário nº 64. Editora Dialética. São Paulo: janeiro, 2001.

Conceito de Insumo para Apuração de Crédito de PIS/ /Cofins Não-Cumulativo segundo Combinação dos Critérios da Essencialidade e Relacional – Aplicação na fase de Exploração de Petróleo

MARCELLO FERNANDES LEAL

1. Introdução

A definição do conceito de insumo no regime não-cumulativo das contribuições sociais PIS – Programa de Integração Social, PASEP – Programa de Formação do Patrimônio do Servidor Público e COFINS – Contribuição Financeira para a Seguridade Social (tratadas doravante simplesmente como "PIS/COFINS") perpassa diversas controvérsias, presentes nos órgãos julgadores da Administração Pública e nos tribunais investidos de jurisdição. Como sói ocorrer no trato de conceitos indeterminados, a escolha de uma significação carecerá de esforço argumentativo maior ou menor a depender de sua fonte de criação. Entretanto, como há a necessidade de compatibilidade vertical, seja material ou formal, em nosso ordenamento pátrio, de todas as espécies normativas com a Constituição Federal, malgrado a origem da definição, ainda que proveniente de lei, dificilmente esta surgirá de forma definitiva. Não é outro o cenário do presente tema.

Isto, contudo, não permite concluir que o contribuinte deverá conviver com as consequências advindas da incerteza no trato de conceitos indeterminados. A pacificação acerca da significação de conceito em disputa é dever daqueles que em determinado ordenamento devem zelar pelos princípios constitucionais, dentre eles o da segurança jurídica. A aceitação de mais de um possível significado que determinadas palavras e expressões admitem, não pode obstar a persecução da estabilidade do tráfego das relações jurídicas, em especial quando vislumbramos uma relação verticalizada de poder e pouca cooperação, como aquela existente entre o Fisco e o contribuinte.

É por este motivo que, com certo grau de ansiedade, a comunidade jurídica aguarda um importante capítulo na controversa discussão sobre o conceito de insumo nas Leis 10.637/2002 e 10.833/2003, que instituíram o regime não--cumulativo das contribuições PIS/COFINS, qual seja o julgamento do Recurso Especial Representativo de Controvérsia REsp. 1.221.170/PR[1], obedecendo a sistemática de julgamento dos recursos repetitivos[2]. Sob relatoria do Ministro Napoleão Nunes Maia Filho, o Superior Tribunal de Justiça decidirá, dentre outras questões, sobre o reconhecimento do direito a créditos de PIS/COFINS, pleiteados por uma sociedade empresária paranaense do ramo alimentício, derivados da aquisição de insumos para a fabricação de produtos, insumos estes inseridos nas contas "custos gerais de fabricação" e "despesas gerais comerciais", tais como água, combustíveis e lubrificantes, despesas com veículos, materiais de proteção IPI, seguros e despesas de vendas.

Dito de outro modo, caberá ao poder judiciário, em última análise (não necessariamente no bojo do julgado acima referido), identificar qual conteúdo significativo da palavra 'insumos' empregado no inciso II do artigo 3º das supracitadas leis, vez que Fisco e contribuintes possuem entendimentos inconciliáveis sobre a significação pretendida pelo legislador ordinário, com fulcro atualmente em norma constitucional.

1.1. Apresentação do conflito

As leis nº 10.637/02 e 10.833/03 estabeleceram a possibilidade de o contribuinte descontar créditos na apuração das contribuições PIS/COFINS. Dentre os casos previstos que possibilitam a utilização de créditos, merece destaque para os fins propostos neste trabalho o previsto no art. 3º, inciso II, de ambas as leis: "pagamentos de "bens e serviços, utilizados como insumo na prestação de serviços e na produção ou fabricação de bens ou produtos destinados à venda, inclusive combustíveis e lubrificantes".[3]

Apesar da utilização da palavra 'insumo', o legislador ordinário não lhe trouxe qualquer conteúdo apto a maior densificação do conceito referido por ele, o que

---

[1] Apesar de ter finalmente sido incluído na pauta da 1ª Seção do Superior Tribunal de Justiça, com julgamento previsto para o dia 11 de fevereiro de 2015, foi retirado de pauta em decisão publicada no dia 25 de fevereiro de 2015, com decisão de seguinte teor: "Determino o adiamento do julgamento do presente Recurso Especial, que será oportunamente reincluído em pauta, com a pertinente divulgação"

[2] Artigo nº 543-C do Código de Processo Civil.

[3] "Art. 3º Do valor apurado na forma do art. 2º a pessoa jurídica poderá descontar créditos calculados em relação a: (Regulamento)
II – bens e serviços, utilizados como insumo na prestação de serviços e na produção ou fabricação de bens ou produtos destinados à venda, inclusive combustíveis e lubrificantes, exceto em relação ao pagamento de que trata o art. 2º da Lei nº 10.485, de 3 de julho de 2002, devido pelo fabricante ou importador, ao concessionário, pela intermediação ou entrega dos veículos classificados nas posições 87.03 e 87.04 da TIPI; (Redação dada pela Lei nº 10.865, de 2004)"

causou imediatamente enorme celeuma ante as diversas possibilidades apresentadas pelas partes interessadas na questão. Como agravante, sequer a Constituição Federal, diferentemente do que ocorre com o IPI e o ICMS, ofereceu quais seriam as técnicas aplicáveis a tais contribuições para que fosse atingida a não-cumulatividade neste peculiar caso, valendo-se apenas desta expressão "não-cumulativa" que, por si só, como se verá abaixo, pouco nos informa.

Na doutrina identificamos três principais posicionamentos quanto à conceituação de insumos. Poderíamos representar graficamente as diversas posições alocando-as em um gráfico de dispersão no qual um eixo representaria uma tendência a restringir o conteúdo semântico da expressão, melhor representado pela posição exarada pela Receita Federal do Brasil através das Instruções Normativas 247/02 e 404/04, e outro eixo representaria a tendência a uma maior amplitude semântica do conceito de insumos, ficando mais próximo dele o entendimento de parte da doutrina que advoga como sendo insumo tudo quanto seja utilizado, empregado ou consumido, direta ou indiretamente, para o desenvolvimento da atividade empresarial, quer seja ela de caráter produtivo, comercial ou de prestação de serviços[4]. Neste gráfico, julgados tanto de órgãos administrativos quanto integrantes do poder judiciário se espraiariam variando em proximidade do eixo vertical e do horizontal[5].

Advém desta pluralidade de orientações encontradas na Administração Pública e no Poder Judiciário incômoda dúvida que permeia aqueles que contribuem pelo regime da não-cumulatividade[6], qual seja a possibilidade de legalmente aproveitar os créditos em relação aos custos e despesas que incidam em suas atividades. Assim, como atualmente a regra é a cobrança pelo sistema da não-cumulatividade, muitos são os contribuintes que possuem direto interesse na estabilização desse particular tráfego jurídico afetado pela controvérsia apresentada acima.

Para os fins pretendidos por este trabalho, a análise da questão sobre a conceituação de insumo no regime não-cumulativa da PIS e da COFINS se fará tendo em vista uma determinada atividade empresarial: a cadeia de suprimentos da indústria petrolífera, mais especificamente a etapa de exploração de óleo na fase *Upstream*, ou seja a parte da cadeia produtiva que antecede o refino, abrangendo

---

[4] Nesse sentido: GRECO, Marco Aurélio. Conceito de insumo à luz da legislação de PIS/COFINS. Revista Fórum de Direito Tributário, Belo Horizonte, v. 6, n. 34, jul. 2009.
[5] Desenhamos abaixo uma representação do que se pretendeu expor aqui. Em outro trabalho, pretendemos mapear todas as decisões proferidas sobre o tema e coloca-las neste tipo de gráfico.
[6] Estão sujeitos ao PIS/COFINS não-cumulativo as pessoas jurídicas que calculam o IRPJ pelo Lucro Real, nos termos do art. 8º, da Lei 10.637/02 c/c art. 15, V da Lei 10.833/03 e art. 10 da Lei 10.833/03.

as atividades de exploração, desenvolvimento, produção e transporte para beneficiamento.

A depender da significação de insumo adotada, muito se diferirá quanto a possibilidade de creditamento pela sociedade que se dedica às atividades acima. Como se demonstrará a seguir, a exploração de petróleo exige investimentos altíssimos em estudos, pesquisas e perfuração de poços que em muitos dos casos, se demonstrarão infrutíferos, pois em algumas situações, mesmo quando por exemplo determinado poço possui petróleo, este carece de investimentos em elevada monta que superam sua viabilidade econômica.

Apesar do altíssimo custo, releva-se impossível dele se afastar caso queira a sociedade se dedicar ao ramo de exploração do petróleo. Tais custos não são incorridos ao sabor do contribuinte para simplesmente maximizar seus lucros ou criar uma diferenciação de preço ou valor frente à concorrência. Em verdade, são condições sem as quais a obtenção de quaisquer receitas advindas deste segmento empresarial tornar-se-á impossível. Dito de forma mais direta, os gastos incorridos na fase *Upstream* não só se relacionam como também possibilitam o exercício da atividade empresarial.

A dúvida então parece simples: quais custos incorridos na fase *Upstream* seriam considerados para fins de creditamento no regime não-cumulativo da PIS/COFINS e qual o critério que seria utilizado?

Passemos, então, a análise do tema para, ao final, proporemos uma resposta possível.

2. Da não-cumulatividade

A não-cumulatividade é considerada por muitos doutrinadores como princípio constitucional[7] tributário que tem por objetivo impedir a incidência em cascata da tributação, de modo que uma determinada exação tributária somente acontecerá em cada etapa da cadeia econômica. Isto fica muito claro com relação ao IPI e ao ICMS, posto que a própria Constituição esclarece inclusive o método a ser adotado dentre tantos possíveis para sua implementação. A adoção deste princípio nestes impostos se dá mediante a compensação do que for devido em cada operação, com o montante do tributo relativo às operações anteriores. Apesar de a doutrina identificar diversas técnicas para a implementação da não-cumulatividade, o objetivo deste instituto é o mesmo, qual seja fazer com que tributação

---

[7] Não entraremos aqui na natureza jurídica da não-cumulatividade, se princípio, regra ou postulado. Deixaremos apenas consignado que entendemos não ser imediatamente esta norma veiculadora de um princípio, mas de regra, apesar de consubstanciar mediatamente em seu enunciado prescritivo um estado ideal de coisas que se pretenda alcançar, qual seja evitar a incidência em cascata da tributação, almejando, com isso, uma tributação mais justa.

incida somente sobre o valor acrescido em cada etapa da cadeia de circulação daquela riqueza. Veremos que, com relação ao PIS/COFINS, por conta da materialidade destes tributos, essa lógica não poderá ser aplicada sem que adaptações sejam feitas.

A não-cumulatividade foi adotada pela Constituição Federal em alguns tributos sendo neles de observância obrigatória, como o ICMS (art. 155, II, §2º. I), IPI (art. 153, II), impostos residuais (art. 154, I) e contribuições residuais (art. 195, §4º), restando facultativa a sua observância pelas contribuições para a seguridade social incidentes sobre o faturamento ou receita e sobre a importação (art. 195, §12 e §13). Justamente em função da facultatividade em sua adoção, André Moreira entende ser a norma constitucional que prevê a não-cumulatividade para as contribuições em comento serem normas de eficácia limitada de princípio institutivo[8]. É curial que se esclareça melhor este ponto.

A Constituição Federal, em seu art. 195, §§12 e 13, frutos da EC 42/03[9], admite a forma não-cumulativa de cobrança das contribuições sociais incidentes sobre o faturamento ou receita e sobre a importação. A previsão constitucional traz no §12 norma de eficácia limitada, posto que dependerá de lei infraconstitucional para decidir quais setores da economia se sujeitarão a sistemática não-cumulativa da PIS/COFINS. Isto permite a conclusão de que tais contribuições poderão continuar com sua cobrança no regime atual, qual seja o cumulativo, ficando dentro da discricionariedade legislativa editar lei dentro dos parâmetros constitucionais. Claro é que não foi entregue ao legislador carta em branco para disciplinar essa novel forma de cobrança sem quaisquer limites e expectativa mínima de conteúdo. O que se pretende chamar a atenção nesse momento é que, diferente do que ocorre com o IPI e o ICMS, por exemplo, que são normas de eficácia plena, a não-cumulatividade do PIS/COFINS é norma de eficácia limitada, pois possui aplicabilidade diferida, carecendo de lei para ser implementada.

Insta salienta que, apesar de a adoção da não-cumulatividade destas contribuições ser facultativa, uma vez em se a adotando estará o legislador ordinário federal jungido à observar os ditames da não cumulatividade no que for compatível com as contribuições sobre receita bruta e importação de bens e serviços. Oportuno aqui o alerta de André Moreira, no sentido de que *"havendo escolha*

---

[8] MOREIRA, André Mendes. A não-cumulatividade dos tributos. São Paulo: Noeses, 2012, p. 243.
[9] § 11. É vedada a concessão de remissão ou anistia das contribuições sociais de que tratam os incisos I, a, e II deste artigo, para débitos em montante superior ao fixado em lei complementar. (Incluído pela Emenda Constitucional nº 20, de 1998)
§ 12. A lei definirá os setores de atividade econômica para os quais as contribuições incidentes na forma dos incisos I, b; e IV do caput, serão não-cumulativas. (Incluído pela Emenda Constitucional nº 42, de 19.12.2003)

(pela adoção) *da não-cumulatividade no PIS/COFINS, as características essenciais deste instituto deverão ser mandatoriamente observadas.*"[10]

A não-cumulatividade é uma expressão que per se pouco conteúdo semântico invoca, de modo que para se chegar a uma definição satisfatória deste conceito diversos elementos na tradição deverão ser buscados pelo intérprete para a construção de seu significado. A jurisprudência do STF e do STJ, por exemplo, são imprescindíveis para que se determine que o legislador ordinário não poderá entender a não-cumulatividade não permitindo o repasse do saldo credor para os períodos subsequentes, conforme alerta trazido por Humberto Ávila[11].

Aqui é importante fazer uma ressalva de que a materialidade das contribuições incidentes sobre a receita bruta das sociedades empresariais não admite a não-cumulativdade incidente sobre a receita agregada em cada fase econômica ou ciclo do processo produtivo. A receita bruta é decorrente de diversas origens, atreladas ou não ao objeto social da empresa, como a venda de um ativo ou de uma aplicação financeira. Não se vislumbra circulação de riquezas, como no ICMS e no IPI, de forma que a técnica adotada para as contribuições deverá observar esta peculiaridade. Seu conteúdo mínimo, então, indica apenas que a cobrança dessas contribuições admitiria a possibilidade de deduzir do valor a ser pego créditos escriturados sobre as despesas incorridas em determinado período de apuração.

Ficou ao alvedrio do legislador ordinário federal a escolha do método que será utilizado na apuração da cobrança destas contribuições, desde que eficaz e que permita o atingimento do seu conteúdo mínimo, vez que diferentemente do escolhido para o ICMS e IPI, a legislador constituinte originário ou derivado não determinou a adoção de um método específico no art. 195, §12.

São vários os métodos existentes e possíveis de serem aplicados[12], cabendo-nos aqui apenas assinalar que foi escolhido pelo legislador ordinário, nas Leis

---

[10] MOREIRA, André Mendes, Op. Cit., p.247.

[11] ÁVILA, Humberto Bergmann. *O "Postulado do legislador coerente" e a Não-Cumulatividade das Contribuições*. ROCHA, Valir de Oliveira. Grandes questões atuais do direito tributário, v.11 São Paulo: Dialética, 2007, pp. 171-181.

[12] Fabiana Del Padre Tomé sintetiza os principais métodos em seu artigo na seguinte forma: *"Vários são os métodos de cálculo que possibilitam a exigência de tributos não-cumulativos. Vejamos os principais:*
a) Método direto subtrativo: consiste na aplicação da alíquota do tributo sobre a diferença entre as saídas e as entradas. Deduz-se da base de cálculo do tributo (preço de venda, do serviço, valor da receita etc.) o montante correspondente às entradas necessárias ao desenvolvimento da atividade tributada, para, sobre esse resultado, aplicar-se a alíquota.
b) Método direto aditivo: determina a aplicação da alíquota tributária sobre o valor efetivamente agregado. Nesse caso, o quantum devido é calculado mediante a incidência da alíquota sobre o somatório da mão-de-obra, matérias-primas, insumos, margem de lucro e quaisquer despesas do contribuinte, tendo em vista ser essa soma acrescida ao preço da atividade sujeita à tributação.

nº 10.637/02 e 10.833/03, o método de subtração "imposto sobre imposto", chegando-se ao valor devido deduzindo-se do tributo a pagar o tributo que incidiu nas etapas anteriores. Este é o mesmo adotado pelos demais tributos em nosso ordenamento.

2.1. A não-cumulatividade nas contribuições PIS/COFINS

As Leis nº 10.637/02 e 10.833/03 determinaram a adoção da não-cumulatividade em um novo regime de apuração da contribuição para o PIS/ COFINS. Este novo regime foi chamado pelo legislador ordinário de não-cumulativo, apesar de possuir significativas dessemelhanças com o que o ordenamento pátrio já entendia por não-cumulatividade.

Em síntese, o novo regime possibilita aos contribuintes que a ele se submetem o desconto da base de cálculo créditos calculados em relação a bens de revenda, insumos, energia elétrica, alugueis, ativo imobilizado, edificações e devoluções de bens, especificando, ainda, no caso da COFINS, a possibilidade de creditamento relativo a despesas com armazenagem e frete de mercadoria na operação de venda dos bens para revenda e insumos, quando o ônus for suportado pelo vendedor, dentre outros.

Antes mesmo da atividade legiferante do poder constituinte derivado, o primeiro veículo normativo que versou sobre a não-cumulatividade das contribuições sobre a receita bruta foi a Lei nº 10.637/02, que dispôs sobre a Contribuição para os Programas de Integração Social (PIS) e de Formação do Patrimônio do Servidor Público (PASEP), tendo estabelecido como fato gerador o auferimento

---

c) Método indireto subtrativo: determina o valor devido por meio da diferença entre a alíquota aplicada sobre as saídas e a alíquota correspondente às entradas. É a sistemática adotada para o IPI e ICMS.
d) Método indireto aditivo: estipula seja o tributo calculado por meio da somatória da aplicação da alíquota a cada um dos elementos que compõem o valor agregado pelo contribuinte. Por exemplo: o somatório da alíquota incidente sobre os fatores mão-de-obra, matérias-primas, margem de lucro e demais despesas voltadas à consecução da atividade do contribuinte." Continua a autora e adverte quanto à possibilidade de serem adotadas técnicas de adição e de subtração. *"Ao examinar esta última, identifica duas variantes: o método de subtração "base sobre base" e o de "imposto sobre imposto".*
Pela técnica de subtração na variante "imposto sobre imposto", o valor devido é obtido deduzindo-se do tributo a pagar o imposto que incidiu nas etapas anteriores. Poderíamos também denominá-la "tributo sobre tributos" nas hipóteses em que se estivermos diante de não-cumulatividade aplicada a espécie tributária diversa do imposto.
Já a sistemática de subtração na variante "base sobre base" corresponde àquela acima denominada "método direto subtrativo". O sistema "base sobre base" pode ser operacionalizado, ainda, deduzindo-se da base de cálculo o valor do tributo devido a partir da base anterior." (TOMÉ, Fabiana Del Padre. Definição do conceito de "insumo" para a não-cumulatividade do PIS e da COFINS. Disponível em www.ibet.com.br. Acesso em: 20. Fev. 2015).

de receitas por pessoas jurídicas e possibilitou o direito a créditos a serem deduzidos do valor devido.

A Emenda Constitucional nº 42 elevou a não-cumulatividade das contribuições para a seguridade social incidentes sobre a receita ou faturamento a status constitucional, nos termos do artigo 195, § 12 da Constituição Federal e §13.

É importante já assinalar que o elemento discriminador contido na Constituição de observância obrigatória para a adoção desta nova sistemática pelo legislador ordinário foi "setores da economia", conforme se depreende facilmente da leitura do texto do §12. Não haveria, então, que se falar em possíveis desequilíbrios concorrenciais perpetrados pela novel forma de cobrança, posto que os *players* de determinado seguimento econômico se sujeitariam ao mesmo regime – seja ele cumulativo ou não. Destaque-se que este comando não foi respeitado pelo legislador ordinário, incorrendo, segundo parte da doutrina, em insanável inconstitucionalidade[13].

Em seguida, a Lei nº 10.833/03 estabeleceu o regime de cobrança da Contribuição para o Financiamento da Seguridade Social (COFINS). À semelhança da Lei 10.637/02, regulamentou a não-cumulatividade daquela contribuição, possibilitando ao contribuinte que deverá se sujeitar à nova forma de cobrança o direito de se creditar de bens e serviços, utilizados como insumo na prestação de serviços e na produção ou fabricação de bens ou produtos destinados à venda.

A forma pela qual o crédito será calculado difere substancialmente daquela aplicada ao IPI e ao ICMS, malgrado adotada a mesma técnica de não-cumulatividade alcunhada de "imposto sobre imposto". E não há estranheza alguma nisso, posto que receita bruta não é um fato que admite a noção de circulação de riqueza e descoberta do valor agregado a cada etapa, como ocorre com os citados impostos. Assim, em virtude das diferenças nas materialidades das regras-matrizes de incidência, a não-cumulatividade do PIS/COFINS não prescreve a compensação dos valores incidentes nas etapas anteriores com aqueles devidos nas operações subsequentes.

As Leis nº 10.637/02 e 10.833/03 determinaram que o contribuinte, após apurar o valor devido da contribuição ao PIS e da COFINS, ou seja, determinar o quanto é devido naquele período de apuração, aplicará as alíquotas de 1,65% e de 7,6%, respectivamente, sobre o valor de determinados bens, serviços e despesas adquiridos e incorridos no mês e passíveis de creditamento, previstas no art. 3º de ambas as leis, chegando a um montante que corresponderá ao *quantum* do seu crédito, advindo, sublinhe-se, da aplicação das mesmas alíquotas utilizadas para a apuração do seu débito. A última operação é a verificação de se naquele período o contribuinte possuirá saldo devedor a ou credor.

---

[13] Sobre este tema, é de se esperar o julgamento da ADC nº 18, pelo Supremo Tribunal Federal.

Apesar de a não-cumulatividade do PIS/COFINS partir como regra geral da mesma premissa que a adotada nos demais casos previstos na Constituição, qual seja de que os créditos das referidas contribuições são meramente escriturais, não gerando dívida do Fisco para com o contribuinte, as dessemelhanças sobressaem. Assim, é importante frisar que a técnica adotada pelas supracitadas leis para o PIS/COFINS não se assemelha à forma aplicação da não-cumulatividade do IPI e ICMS, que adotaram o método de subtração indireta ou "imposto sobre imposto".

Esta noção será fundamental para se afastar aproximação pretendida pela Receita Federal do Brasil do conceito de insumo do art. 3º, II, de ambas as leis, com aquele previsto na legislação do IPI para fins de apuração do crédito físico. A forma de apuração das contribuições sob exame autoriza o desconto de valores, independentemente da correspondente exigência tributária nas "fases" que antecederam a operação tributada. E fases aqui deve ser compreendida em sua acepção ampla, pois não é possível verificar uma circulação daquela riqueza agregativa de valor em fase anterior que comporá a receita bruta posteriormente. Assim, prescrevem as Leis nº 10.637/02 e nº 10.833/03 que o montante do crédito será calculado mediante a aplicação das alíquotas de 1,65% e 7,6% (ou 9,25% como preferem alguns, haja vista a similitude do regime jurídico de cobrança destas contribuições) sobre o valor dos bens, serviços e despesas incorridos, referentes à contribuição ao PIS ou de COFINS, respectivamente.

Para afastar qualquer dúvida sobre a existência de um regime próprio de não--cumulatividade do PIS/COFINS, basta observar que o creditamento ocorrerá não importando o fato das entradas terem se sujeitado a alíquotas diversas nas etapas antecedentes. Isto significa que se determinado insumo tiver ensejado tributação pelo sistema de cobrança cumulativa pelo vendedor, o adquirente se creditará, em se submetendo ao regime não-cumulativo, pelas alíquotas próprias deste. Assim sendo, as referidas leis não vinculam a entrada da mercadoria ou serviço à sua posterior saída, como ocorre com o IPI e o ICMS.

Em síntese, regimes distintos carecem de tratamento distinto, fazendo com que tentativa de aplicação de analogia nesse caso seja feita com muita cautela, e somente quando não se vislumbrar elemento diferenciador relevante.

2.2. O conceito de insumo

Várias são as situações que possibilitam o creditamento pelo contribuinte do PIS/COFINS não-cumulativos. Maiores entretanto são as discussões sobre tais situações e outros aspectos das leis instituidoras, tais como o critério escolhido para a sujeição passiva ter sido a forma de apuração do IRPJ ao arrepio do que fora previsto em norma constitucional. Contudo, para que fiquemos dentro do escopo deste trabalho, veremos apenas a questão atinente à compreensão do conceito de insumos, utilizado no art. 3º, II, das Leis nº 10.637/02 e nº 10.833/03, *in verbis*:

> "Art. 3º. Do valor apurado na forma do art. 2º a pessoa jurídica poderá descontar créditos calculados em relação a: (...)
>
> II – bens e serviços, utilizados como insumo na prestação de serviços e na produção ou fabricação de bens ou produtos destinados à venda, inclusive combustíveis e lubrificantes, exceto em relação ao pagamento de que trata o art. 2º da Lei nº 10.485, de 3 de julho de 2002, devido pelo fabricante ou importador, ao concessionário, pela intermediação ou entrega dos veículos classificados nas posições 87.03 e 87.04 da TIPI; (Redação dada pela Lei nº 10.865, de 2004)" (destaque nosso)

A adoção de conceito indeterminado pelo legislador proporcionou que várias definições do que seria "insumo" fossem criadas, vez que as leis 10.637/02 e 10.833/03 não trouxeram interpretação autêntica ou elementos que permitissem definição mais precisa pelos intérpretes. Isto, inclusive, abre a possibilidade de um outro debate sobre ser o rol de despesas dedutível exemplificativo ou taxativo. Com a adoção de conceito tão amplo, fica quase impossível precisar em rol taxativo todas as situações que permitirão o creditamento pelo contribuinte. Faz-se, assim, necessária a busca por definição que afaste algumas incertezas quanto ao que será tido por insumo, sob pena do esforço do legislador revelar-se ora inócuo, ora restritivo além do permitido pela Constituição, negando a aplicação do próprio instituto.

São encontradas de maneira reiterada na doutrina e jurisprudência pátrias, seja administrativa ou judicial. São elas:

a) Bens ou serviços qualificáveis como insumo são os previstos na legislação do IPI (bens) ou expressamente nas leis de regência PIS e COFINS (serviços);

b) Bens ou serviços qualificáveis como insumo são os previstos na legislação do IRPJ – com as exceções previstas expressamente nas leis de regência PIS; e

c) Bens ou serviços qualificáveis como insumo para apuração de crédito do PIS e da COFINS devem seguir critérios próprios.

Remetendo-se à ideia do gráfico de dispersão proposta acima, mas de forma bem mais simples, as três correntes seriam classificadas da seguinte forma:

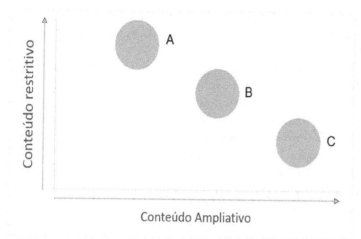

2.2.1. Conceito de insumos à semelhança da legislação do IPI

Após a edição das Leis instituidoras do regime não-cumulativo para as contribuições sociais, a Secretaria da Receita Federal, ao "interpretar e aplicar" a legislação fiscal, editou atos normativos e as instruções necessárias à sua execução, merecendo destaque as Instruções Normativas nº 247/02[14] e 404/04[15]. Através

---

[14] IN SRF Nº 247/02: Art. 66. A pessoa jurídica que apura o PIS/Pasep não-cumulativo com a alíquota prevista no art. 60 pode descontar créditos, determinados mediante a aplicação da mesma alíquota, sobre os valores:
I – das aquisições efetuadas no mês: [...]
b) de bens e serviços, inclusive combustíveis e lubrificantes, utilizados como insumos:
b.1) na fabricação de produtos destinados à venda; ou
b.2) na prestação de serviços; [...]
§ 5º Para os efeitos da alínea "b" do inciso I do caput, entende-se como insumos:
I – utilizados na fabricação ou produção de bens destinados à venda:
a) as matérias primas, os produtos intermediários, o material de embalagem e quaisquer outros bens que sofram alterações, tais como o desgaste, o dano ou a perda de propriedades físicas ou químicas, em função da ação diretamente exercida sobre o produto em fabricação, desde que não estejam incluídas no ativo imobilizado;
b) os serviços prestados por pessoa jurídica domiciliada no País, aplicados ou consumidos na produção ou fabricação do produto;
II – utilizados na prestação de serviços:
a) os bens aplicados ou consumidos na prestação de serviços, desde que não estejam incluídos no ativo imobilizado; e
b) os serviços prestados por pessoa jurídica domiciliada no País, aplicados ou consumidos na prestação do serviço. [...].
[15] IN SRF Nº 404/04: Art. 8º Do valor apurado na forma do art. 7º, a pessoa jurídica pode descontar créditos, determinados mediante a aplicação da mesma alíquota, sobre os valores:

destes atos complementares, o Fisco Federal externou seu posicionamento sobre a significação do conceito de insumos utilizado no art. 3º, inciso II, contido nas já multicitadas leis.

Em síntese, entende a Receita Federal que insumos são os serviços prestados por pessoa jurídica domiciliada no País, aplicados ou consumidos na fabricação do produto; e as aquisição somente são utilizadas na fabricação de produtos destinados à venda, tais como a matéria-prima, o produto intermediário, o material de embalagem e quaisquer outros bens que sofram alterações, tais como o desgaste, o dano ou a perda de propriedades físicas ou químicas, em função da ação diretamente exercida sobre o produto em fabricação, desde que não estejam incluídas no ativo imobilizado. Adotou na interpretação da legislação tributária do PIS/COFINS os mesmos critérios previstos no Regulamento do IPI[16].

Claro é que muitas distorções foram criadas por conta deste proceder. Exemplo disto é a dificuldade, em se adotando o conceito proposto pelo Fisco Federal, de se explicar a existência de insumos com permissões de creditamento expressamente previstas nas leis, mas que não integram o produto final e tampouco estão sujeitos àquelas alterações em suas propriedades, tais como os combustíveis e lubrificantes. Esses argumentos não comoveram a Receita Federal.

Para agravar a situação dos contribuintes, somou-se ao já extenso rol de dificuldades para se alcançar uma legislação tributária justa, as primeiras decisões do CARF[17] e do STJ[18] que adotaram o entendimento fazendário, quando os contri-

---

I – das aquisições efetuadas no mês: [...]
b) de bens e serviços, inclusive combustíveis e lubrificantes, utilizados como insumos:
b.1) na produção ou fabricação de bens ou produtos destinados à venda; ou
b.2) na prestação de serviços; [...]
§ 4º Para os efeitos da alínea 'b' do inciso I do caput, entende-se como insumos:
I – utilizados na fabricação ou produção de bens destinados à venda:
a) a matéria-prima, o produto intermediário, o material de embalagem e quaisquer outros bens que sofram alterações, tais como o desgaste, o dano ou a perda de propriedades físicas ou químicas, em função da ação diretamente exercida sobre o produto em fabricação, desde que não estejam incluídas no ativo imobilizado;
b) os serviços prestados por pessoa jurídica domiciliada no País, aplicados ou consumidos na produção ou fabricação do produto;
II – utilizados na prestação de serviços:
os bens aplicados ou consumidos na prestação de serviços desde que não estejam incluídos no ativo imobilizado; e os serviços prestados por pessoa jurídica domiciliado no País, aplicados ou consumidos na prestação do serviço.

[16] Ver Regulamento do IPI, Decreto 7212/2010, no seu art. 164, I.
[17] CARF, Acórdão nº 201-79.759. Julgado em 07/11/2006.
[18] PROCESSUAL CIVIL E TRIBUTÁRIO. PIS E COFINS. CREDITAMENTO. LEIS Nº 10.637/2002 E 10.833/2003. NÃO-CUMULATIVIDADE. ART. 195, § 12, DA CF. MATÉRIA EMINENTEMENTE CONSTITUCIONAL. INSTRUÇÕES NORMATIVAS SRF 247/02 E SRF 404/04. EXPLICITAÇÃO DO

buintes começaram a questionar a recusa pela Receita Federal de se creditarem de insumos indispensáveis para a consecução de suas atividades empresariais. Adotavam tais decisões a tese de que as Instruções Normativas SRF 247/02 e SRF 404/04 não restringem, mas apenas explicitam o conceito de insumo previsto nas Leis 10.637/02 e 10.833/03. Admitimos que jamais entendemos essa frase contida em diversos julgados do STJ. Talvez entendem nossos tribunais que o conceito de insumo pode ser descoberto pelo intérprete, como se estivesse encoberto por indesejável camada de poeira. Assim, nada mais fez tais instruções normativas que clarear aquilo que já existia.

Malgrado posterior abandono dessa visão pelas recentes decisões do CARF, não é raro encontrar ainda este entendimento sendo adotado pelo poder judiciário. Mais um motivo pelo qual os contribuintes estão ansiosos pelo julgamento do Recurso Especial Representativo de Controvérsia REsp. 1.221.170/PR.

Muitas foram as críticas formuladas por doutrina abalizada sobre essa indesejável aproximação do conceito de insumos em legislação referentes a tributos com materialidades tão distintas. Para aplicação válida do recurso de analogia, não podemos identificar um elemento diferenciador relevante entre os objetos comparados. E, conforme já apontado, basta uma perfunctória análise da materialidade dos referidos tributos para que se entendesse ser este movimento inapropriado.

Por todos aquele que se insurgiram contra esse entendimento, podemos citar as lições de Marco Aurélio Greco que, em excepcional artigo, demonstrou que o conceito de insumo para o PIS e a COFINS deveria ser mais amplo do que aquele adotado pela legislação do IPI e reproduzido nas manifestações tanto da Receita Federal quanto do CARF.

Nessa linha de raciocínio, esclarece Marco Aurélio Greco[19]:

> "No caso, estamos perante contribuições cujo pressuposto de fato é a receita ou o faturamento, portanto, sua não-cumulatividade deve ser vista como técnica voltada a viabilizar a determinação do montante a recolher em função deles (receita/faturamento). Enquanto o processo formativo de um produto aponta no sentido de eventos

---

CONCEITO DE INSUMO. BENS E SERVIÇOS EMPREGADOS OU UTILIZADOS DIRETAMENTE NO PROCESSO PRODUTIVO. BENEFÍCIO FISCAL. INTERPRETAÇÃO EXTENSIVA. IMPOSSIBILIDADE. ART. 111 CTN. 1. A análise do alcance do conceito de não-cumulatividade, previsto no art. 195, § 12, da CF, é vedada neste Tribunal Superior, por se tratar de matéria eminentemente constitucional, sob pena de usurpação da competência do Supremo Tribunal Federal. 2. As Instruções Normativas SRF 247/02 e SRF 404/04 não restringem, mas apenas explicitam o conceito de insumo previsto nas Leis 10.637/02 e 10.833/03. 3. Possibilidade de creditamento de PIS e COFINS apenas em relação aos bens e serviços empregados ou utilizados diretamente sobre o produto em fabricação.

[19] GRECO, Marco Aurélio. Op. Cit., p. 9.

a ele relativos, o processo formativo da receita ou do faturamento aponta na direção de todos os elementos (físicos ou funcionais) relevantes para sua obtenção. Vale dizer, por mais de uma razão, o universo de elementos captáveis pela não-cumulatividade de PIS/COFINS é mais amplo que o do IPI."

Apesar do abandono deste entendimento pelo CARF, importante salientar que ele ainda assombra os contribuintes, a exemplo do Parecer do PGR nº 11902/14 –DVT, no bojo do fatídico REsp. nº 1.221.170/PR[20].

Passemos a análise dos demais entendimentos sobre o conceito de insumos na legislação do IPI.

2.2.2. Conceito de insumos à semelhança da legislação do IRPJ

Parte da doutrina então passou a advogar a tese de que o conceito de insumo para o PIS/COFINS não-cumulativo deveria se pautar naquele previsto na legislação do IRPJ.

Por todos aqueles que se opuseram ao entendimento das supracitadas instruções normativas, citamos Ricardo Mariz de Oliveira que advogou então a tese de que o conceito de insumo na legislação do PIS/COFINS deveria se aproximar da definição de custos e despesas dedutíveis para fins de imposto de renda de pessoa jurídica – IRPJ, abrindo campo para uma vasta tomada de créditos:

> (...) constituem-se insumos para a produção de bens ou serviços não apenas as matérias primas, os produtos intermediários, os materiais de embalagem e outros bens quando sofram alteração, mas todos os custos diretos e indiretos de produção, e até mesmo despesas que não sejam registradas contabilmente a débito do custo, mas que contribuam para a produção[21].

Bruna Benevides colaciona entendimento deste segmento da doutrina, no sentido de que *"deveriam ser considerados insumos, para fins de não cumulatividade de PIS e de COFINS, os bens, serviços e utilidades deles decorrentes, ligados aos fatores de produção (capital e trabalho), adquiridos ou obtidos pelo contribuinte e onerados pelas*

---

[20] EMENTA: PROCESSUAL CIVIL. TRIBUTÁRIO. MANDADO DE SEGURANÇA. COFINS. PIS. CREDITAMENTO. INSUMOS DE PRODUÇÃO. CONCEITO. 1 – As Instruções Normativas SRF 247/02 e SRF 404/04 não restringem, mas explicitam o conceito de insumo previsto nas Leis 10.637/02 e 10.833/03. 2 – Apenas é possível o creditamento de PIS e COFINS em relação aos bens e serviços empregados ou utilizados diretamente no produto em fabricação. 3 – Não se admite interpretação extensiva nos casos de concessão de benefício fiscal (artigo 111 do CTN). 4 – Parecer pela aplicação do preceito aos casos repetitivos e não provimento do presente recurso especial.

[21] OLIVEIRA, Ricardo Mariz de. Aspectos relacionados à Não-cumulatividade da COFINS e da Contribuição ao PIS. PIS-COFINS. Questões polêmicas. PEIXOTO, Marcelo Magalhães e FISCHER, Octávio Campos (coordenadores). São Paulo: Quartier Latin, 2005, p. 24.

contribuições, desde que sejam relevantes para o processo de produção ou fabricação e até mesmo para o produto, em função dos quais resultará a receita ou faturamento, ficando de fora dessa noção, unicamente, os bens que configurem mera conveniência ao contribuinte."[22]

Essa nova posição defendida por parte da doutrina encontra eco na jurisprudência do Conselho Administrativo de Recursos Fiscais[23], que em suas decisões passa a entender que o conceito de insumo abrange todo e qualquer custo ou despesa necessários à atividade da empresa nos temos da legislação do Imposto de Renda, abandonando a tese da Receita Federal do Brasil, desvinculando-o, assim, da legislação do Imposto sobre Produtos Industrializados.

O principal fundamento adotado pelo CARF para abandonar o entendimento da Receita Federal foi de que a definição de insumo contida na legislação do IPI para estabelecer o conceito de insumo na apuração do PIS e da COFINS equipararia conceitos e situações relacionadas a tributos de materialidades distintas, conforme já alertado linhas acima, de modo que aqueles atos normativos infringiriam a estrita legalidade tributária, por ausência de previsão legal nesse sentido.

Partindo da premissa de que para uma determinada sociedade empresária auferir lucro é necessário antes se obter receita, foi construído o entendimento de que a materialidade das contribuições ao PIS e COFINS permite aproximação com a do IRPJ, suplantando o óbice apontado acima relativo à proximidade das materialidades. Desta feita, o passo seguinte seria que todos os itens que integrassem o custo (sejam os diretos, sejam os indiretos de produção) deveriam gerar creditamento perante a legislação do PIS/COFINS. A conclusão disso é de que o conceito de insumo aplicável ao PIS/COFINS deveria ser o mesmo aplicável ao imposto de renda.

O problema deste entendimento é que as contribuições do PIS e da COFINS, como bem alerta Bruna Benevides, *"não incidem unicamente sobre produtos industrializados e nem sobre todos os ingressos de recursos no patrimônio da empresa. Incidem sobre o ingresso que possa ser considerado receita. E a receita, por lei e nos termos da jurisprudência do STF, deve ser oriunda de compra e venda de mercadorias, prestação de serviços e das demais atividades empresarias típicas*[24]*"*.

Assim, de acordo com aqueles que criticam a adoção do conceito de insumos na legislação do IRPJ, quando se fala em não-cumulatividade do PIS e da COFINS, ela deve estar relacionada com os gastos incorridos pelo contribuinte para realizar os negócios jurídicos capazes de gerar a sua receita operacional.

---

[22] BENEVIDES, Bruna Garcia. O conceito de insumo no regime do PIS e da COFINS segundo a ótica do Conselho Administrativo de Recursos Fiscais. Disponível em www.pgfn.gov.br. Acesso em: 20 fev. 2015.
[23] CARF, Acórdão nº 3202-00.226. Julgado em 08/12/2010.
[24] BENEVIDES, Bruna Garcia. Op. Cit.

Como a legislação do PIS/COFINS permite o creditamento com alíquotas que não necessariamente são idênticas àquelas que incidiram em operações anteriores, de aquisição de insumos, se comparadas com as que gravarão a receita bruta do contribuinte, conforme já fora apontado acima. Como um contribuinte do regime não-cumulativo pode se creditar, aplicando as alíquotas deste regime, de insumos adquiridos de vendedores submetidos ao regime cumulativo, é forçoso reconhecer peculiaridades da não-cumulatividade própria dessas contribuições que afastam a possibilidade de simples aplicação analógica da legislação do IRPJ.

2.2.3. Conceito de insumos próprio ao PIS/COFINS

A doutrina acompanhada pela atual jurisprudência do CARF[25] caminhou para a criação de um conceito próprio de insumo para o PIS/COFINS não-cumulativo, não mais vinculando a outro tributo.

São múltiplos os critérios identificados na doutrina pesquisada, podendo ser agrupados em quatro grupos: i) Imprescindibilidade ou essencialidade; ii) Relacional; iii) Inerência; e iv) atividades-meio versus atividades-fim.

Para os fins propostos neste trabalho, iremos nos ocupar apenas dos dois primeiros.

2.2.3.1. Imprescindibilidade ou essencialidade

Uma proposta de conceituação de insumos é a que atrela a necessidade daquele insumo para a consecução da atividade da empresa. Assim, o insumo é na verdade um gasto imprescindível para o auferimento da receita de modo que lhe seria devido o direito ao creditamento. É importante perceber que não basta ser relacionado à atividade empresarial, mas esta dele depender.

Dessa forma, todos os gastos necessários à obtenção do faturamento, base de cálculo dessas contribuições, sejam de vendas, logísticos, marketing e publicidade, administrativos e similares, sem os quais não haveria faturamento, não têm nem podem ter ao creditamento negado.

Como bem adverte Antônio Moreno, o *"critério de imprescindibilidade ou essencialidade do gasto para a obtenção de receita é elemento de certa forma conexo ao Imposto de Renda na parte que trata de seus dispositivos sobre custos e despesas dedutíveis"*.[26]

---

[25] Exemplo do que se expõe pode ser encontrado no voto exarado no julgamento do processo nº 16707.002127/2005-69 (acórdão nº 3301-0.954)7, do CARF.

[26] MORENO, Antônio et MENDONÇA, Raquel Borba de. *O conflito na conceituação de "insumo" e as recentes decisões do "CARF" sobre os créditos das contribuições do "PIS" e da "COFINS"*. Disponível em: <http://www.carf.fazenda.gov.br>. Acesso em: 22 fev. 2015.

Em sentido que se aproximada da conceituação ora apresentada, o CARF[27] já decidiu que em *"razão da natureza intangível dos serviços, associada à natureza do processo produtivo e não ao produto gerado resultante deste processo, o que qualifica um determinado serviço como insumo, não é o seu o contato físico com o produto, mas sim a sua imprescindibilidade à existência, funcionamento, aprimoramento ou à manutenção de outros processos produtivos de bens ou serviços."*

Com suporte em tais fundamentos, decidiu o STJ, nos autos do REsp nº 1.246.317-MG, que:

"(...) 5. São 'insumos', para efeitos do art. 3º, II, da Lei nº 10.637/2002, e do art. 3º, II, da Lei nº 10.8332003, todos aqueles bens e serviços pertinentes ao, ou que viabilizam o processo produtivo e a prestação de serviços, que neles possam ser direta ou indiretamente empregados e cuja subtração importa na impossibilidade mesma da prestação do serviço ou da produção, isto é, cuja subtração obsta a atividade da empresa, ou implica em substancial perda de qualidade do produto ou serviço daí resultantes.

De acordo com este critério faz-se necessária uma análise da atividade empresarial para que se determine quais insumos são essenciais para o desenvolvimento da atividade empresarial. Não precisa que os insumos estejam incorporados no bem produzido ou nos serviços prestados, uma vez obedecidos os demais requi-

---

[27] Acórdão nº 3402-001.982 – 4ª Câmara/2ª Turma Ordinária, do CARF: COFINS NÃO CUMULATIVIDADE RESSARCIMENTO CONCEITO DE INSUMO CRÉDITOS RELATIVOS A SERVIÇOS TÉCNICOS TERCEIRIZADOS NAS AÉREAS DE ENGENHARIA, PLANEJAMENTO E GESTÃO DE SISTEMAS DE CONTROLE DE QUALIDADE UTILIZADOS NO PROCESSO PRODUTIVO DE PLATAFORMA DE PETRÓLEO LEIS Nº 10.637/02 E Nº 10.684/03. O princípio da não cumulatividade da COFINS visa neutralizar a cumulação das múltiplas incidências da referida contribuição nas diversas etapas da cadeia produtiva até o consumo final do bem ou serviço, de modo a desonerar os custos de produção destes últimos. A expressão "insumos e despesas de produção incorridos e pagos", obviamente não se restringe somente aos insumos utilizados no processo de industrialização, tal como definidos nas legislações de regência do IPI e do ICMS, mas abrange também os serviços terceirizados utilizados no processo produtivo de bens e serviços. Em razão da natureza intangível dos serviços, associada à natureza do processo produtivo e não ao produto gerado resultante deste processo, o que qualifica um determinado serviço como insumo, não é o seu o contato físico com o produto, mas sim a sua imprescindibilidade à existência, funcionamento, aprimoramento ou à manutenção de outros processos produtivos de bens ou serviços. Por serem imprescindíveis à existência, funcionamento, aprimoramento e à manutenção do complexo processo produtivo da plataforma petrolífera destinada à venda, que constitui o objeto do mister social da Recorrente, as locações de serviços técnicos terceirizados prestados por pessoas jurídicas domiciliadas no país e habilitadas a prestados, se inserem no conceito de insumo, assim como seus custos se inserem obrigatoriamente no custo do produto final (plataforma petrolífera) destinada à venda (art. 290, inc. I do RIR/99).

sitos previstos em lei, poderá o contribuinte se creditar quando sem os quais a execução da sua atividade revelar-se impossível.

2.2.3.2. Relacional

Segundo este critério, talvez o mais abrangente dentre os abordados neste trabalho, todas as despesas incorridas na produção de bens e serviços, em geral, tal como as mercadorias adquiridas para revenda, os insumos dos insumos adquiridos, dentre outros, devem dar direito a créditos de PIS/COFINS para atendimento da sistemática não-cumulativa.

Admite-se ainda o direito ao creditamento de outras despesas não diretamente vinculadas às mercadorias adquiridas para revenda, ou não incorridas na produção de bens e serviços. A análise dos gastos que admitem o creditamento previstos nos incisos III e X do art. 3º, de ambas as leis, embasam esta conclusão.

Assim, os limites para o creditamento seriam aqueles expressamente previstos em lei, como por exemplo os contidos nos parágrafos 1º, 2º e 3º das referidas leis. Isto porque o creditamento deverá se dar de forma ampla, observando apenas os limites previstos na legislação, desde que haja uma relação das despesas com a atividade empresarial.

Nesse sentido, segue trecho do voto do julgador Rodrigo Cardozo Miranda, no Acórdão nº 9303-003-069 – 3ª Turma, do CARF, de 13 de agosto de 2014.

> Portanto, reiteramos que a linha interpretativa a ser adotada deve ser no sentido de que, quanto ao PIS e COFINS não cumulativo e a sistemática de creditamento, se o legislador quis alcançar todas as receitas (com as limitações previstas em lei), justo que todas as despesas incorridas para gerar tais receitas passíveis de creditamento (respeitadas as limitações previstas em lei).
>
> O critério é relacional entre as despesas incorridas e receitas auferidas e tributadas, considerando o processo de produção específico de cada indústria. Isso inclui, no caso, não só os gastos incorridos na produção da celulose, mas também da produção da madeira que lhe servirá de insumo.

A adoção desse entendimento permite, inclusive o creditamento dos insumos dos insumos, como muito bem apontou o julgador acima.

O objetivo da não-cumulatividade do PIS e da COFINS foi capturado em julgado do STJ no volto exarado pelo Ministro Relator Mauro Campbell Marques, quando do julgamento do REsp. nº 1.246.317-MG:

> "Continuando o raciocínio, da própria redação das referidas leis, extrai-se a impertinência da utilização de parâmetros da legislação do IPI para definir o vocábulo 'insumo' a regular o creditamento do PIS e da COFINS, na medida em que, para o IPI, não há previsão de creditamento de 'serviços', e, para aquelas contribuições, os

serviços poderão ser creditados como insumos ainda que não tenham interferência direta e física com o produto final.

(...)

Ressalta-se, ainda, que a não-cumulatividade do Pis e da Cofins não têm por objetivo eliminar o ônus destas contribuições apenas no processo fabril, visto que a incidência destas exações não se limita às pessoas jurídicas industriais, mas a todas as pessoas jurídicas que auferiram receitas, inclusive prestadoras de serviços (excetuando-se as pessoas jurídicas que permanecem vinculadas ao regime cumulativo elencadas nos artigos 8º da Lei 10.637/02 e 10 da Lei 10.833/03), o que dá maior extensão ao contexto normativo desta contribuição do que aquele atribuído ao IPI. Não se trata, portanto, de desonerar a cadeia produtiva, mas sim o processo produtivo de um determinado produtor ou a atividade-fim de determinado prestador de serviço."

Entendemos que os critérios de essencialidade e relacional são complementares e não excludentes. A combinação de ambos os critérios fornecerá limites para sua aplicação, de modo que o contribuinte não conseguirá se creditar de insumos que não sejam essenciais para a consecução de sua atividade empresarial, por mais que mediatamente relacionados a ele. Da mesma forma, pode-se dizer que em se verificando relação com a atividade daquela indústria, a acepção de essencialidade deverá ser tida dentro do contexto da atividade econômica.

Assim é que, por exemplo, gastos necessários para a obtenção da receita operacional relativos tanto à fase de produção quanto à fase de comercialização de determinado produto deverão ser considerados insumos naquela atividade. Se em determinado ramo de negócio os produtos são distribuídos e vendidos através de representantes comerciais, a comissão paga estes deverá ser considerada insumo creditável.

Caso se espere da legislação tributária uma lista completa de todos os dispêndios que poderão ser considerados insumos, estaremos criando um sistema inoperante e demasiadamente caro. A Autoridade Fazendária deveria exercer o impraticável papel de especialista nos mais diversos ramos de atividades empresariais para que se entendesse quais seriam os gastos passíveis de serem compreendidos como insumos creditáveis. Este sistema, além de malferir a praticabilidade, é extremamente oneroso e incentivador de postura litigante, pois multiplica as situações de discórdia e incentiva o contribuinte a levar suas questões ao CARF ou ao poder judiciário. A solução deve ser mais simples.

Uma sugestão seria indagar se determinada fase da atividade econômica é essencial para a consecução da atividade do contribuinte. Se afirmativo, não mais seria necessário perquirir se há relação ou inerência, vez que este dispêndio já poderá ser considerado insumo, posto que sem o qual não há que se falar em receita operacional.

Caso haja dúvidas quanto a resposta acima, passaria a autoridade fazendária para o segundo teste, qual seja do critério relacional. Em se relacionando o gasto diretamente com a receita operacional do contribuinte, respeitados os demais requisitos previstos em lei, este gasto deverá ser considerado insumo. Assim é que o custo com as comissões de vendas, propagandas pagas, etc. comporão as despesas creditáveis do PIS/COFINS.

Passemos agora à análise da realidade da atividade empresarial de produção do petróleo na fase de exploração de petróleo, integrante da etapa *Upstream* com o único objetivo de verificar se haveria distinção do que já se expôs acima.

3. A fase de exploração como exemplo da adoção dos critérios da essencialidade e relacional

Uma sociedade empresária que se dedique às atividades de exploração, desenvolvimento e produção de petróleo e gás natural possui receita operacional decorrente da venda destes produtos – e para que um produto seja vendido diversos são os gastos incorridos pelos contribuintes, desde sua concepção, com pesquisas, até a distribuição e efetiva venda. Além disso, logicamente, para que a sociedade empresária possua um produto para ser vendido, este deverá, antes de mais nada, ter sido produzido com sucesso. E a cadeia produtiva de produtos derivados do petróleo é muito complexa e envolve diversos riscos que lhe são peculiares.

As operações da indústria de petróleo são divididas em três partes principais: *upstream, midstream e downstream. Upstream* engloba as atividades de busca, identificação e localização das fontes de óleo e o transporte deste óleo extraído até as refinarias. *Midstream* é a fase em que as matérias-primas são transformadas em produtos prontos para uso específico. *Downstream* é a parte logística, ou seja, o transporte dos produtos da refinaria até os locais de consumo.

Na indústria do petróleo, *Upstream* designa a parte da cadeia produtiva que antecede o refino. Abrange as atividades de exploração, desenvolvimento, produção e transporte para beneficiamento. Fiquemos apenas com a fase de exploração.

Contudo, é importante ressaltar que o escopo do presente trabalho não é analisar em detalhes a realidade econômica da indústria do petróleo. Este tipo de trabalho já foi muito bem desenvolvido por Raphael Cândido da Silva e Júnia Abrantes[28]. A intenção é apenas contextualizar a aplicação dos critérios da essen-

---

[28] SILVA, Raphael Cândido e ABRANTES, Júnia. Possibilidade de apropriação de créditos de PIS e COFINS na fase de exploração e de desenvolvimento. *In* Aspectos Tributários Relacionados à Indústria do Petróleo e Gás. Autores: Adilson Rodrigues Pires [et al]; Daniel Dix Carneiro, Marcelo Magalhães Peixoto (coordenadores). – São Paulo: MP Ed. 2011, p. 170.

cialidade em conjunto com o relacional na fase de exploração do petróleo, possibilitando uma melhor compreensão de sua importância e operacionalização.

Diversos são os dispêndios que deverão ser realizados pela indústria do petróleo na fase de exploração. Segundo dados trazidos por Raphael e Júnia, *"tendo em vista o risco associado ao processo de descoberta de reservatórios, e levando em conta a média mundial do setor, faz-se necessária a exploração de aproximadamente 10 (dez) poços para que sejam descobertos 4 (quatro) reservatórios que contenham óleo ou gás (cabe destacar, contudo, que não necessariamente os reservatórios descobertos serão economicamente viáveis).*

Assim sendo, os autores continuam e explicam que o processo de produção do petróleo

"é específico e não engloba somente os gastos incorridos na fase de produção das áreas declaradas economicamente viáveis; ao contrário, fazem parte do 'processo de produção' todos os gastos relacionados à exploração de petróleo de todas as áreas, já que é da essência da indústria efetuar investimentos significativos na exploração de diversas áreas para que somente poucos campos possam vir a ser declarados economicamente viáveis[29]".

Como não pretendemos aqui replicar o estudo acima citado, basta-nos sinalizar que, respeitados os limites previstos em lei, seja por serem essenciais e por se relacionarem à atividade de exploração do petróleo, deverão ser considerados insumos para fins de creditamento do PIS/COFINS não-cumulativo todos os gastos necessários que se relacionem à atividade de exploração do petróleo, desde que respeitados os demais requisitos legais[30]. Não importará aqui segmentar os gastos os dispêndios realizados na fase de exploração do petróleo, dividindo-os em gastos não capitalizáveis (geologia e geofísica) e gastos capitalizáveis (registráveis em conta de ativo imobilizado), como feito pelos autores supracitados.

Assim sendo, mesmo os gastos capitalizáveis, registráveis em conta de ativo imobilizado, poderão ser enquadrados no art. 3º, VI, de ambas as leis, como *"outros bens incorporados ao ativo imobilizado, adquiridos ou fabricados para locação a terceiros ou para utilização na produção de bens destinados à venda ou na prestação de serviços"*.

---

[29] _____., Op. Cit., p. 178.
[30] A admissão do desconto de créditos de PIS e COFINS referente aos gastos incorridos na fase de exploração, desenvolvimento e produção de petróleo, devendo os requisitos legais serem atendidos, dentre os quais: a) Estar previstos em um dos incisos do art. 3º das Leis 10.637/2002 e 10.833/2003; b) Que os pagamentos sejam efetuados a pessoas jurídicas domiciliadas no Brasil; e c) Que os bens e serviços adquiridos tenham sido alcançados pela incidência do PIS e da COFINS.

Perceba que a inexistência acima de referência expressa aos serviços não pode retirar a possibilidade de creditamento, posto que não poderia de todo modo o legislador ordinário federal prever disposição que restinga o alcance da não-cumulatividade, em se adotando uma postura coerente com o conceito de insumos contido no art. 3º, II.

Em outras palavras, antes é necessário se definir o conceito de insumos pautado em um critério válido sob a ótima constitucional, vez que uma acepção mais ampliativa do termo permitirá que despesas não previstas expressamente no bojo do art. 3º encontrem portas abertas naquela amplitude conceitual.

4. Conclusões

O princípio da não-cumulatividade não possui definição satisfatória passível de ser construída sem que carece do exame da materialidade do tributo ao qual se aplique. Tanto o é que muito pouco se diz acerca deste princípio sem perquirir sobre as técnicas de efetivação em cotejo com especificidades do aspecto material do tributo em questão. Quando muito se entenderá que a tributação não poderá ter efeito cumulativo, mas para que possamos ir além disso a jurisprudência dos Tribunais Superiores, órgãos de julgamento administrativos, Fazenda Pública e a doutrina tiveram que contribuir fomentando o debate para que, aos poucos, uma significação fosse sendo criada.

Assim é que malgrado facultativa a adoção da sistemática não-cumulativa do PIS/COFINS por parte do legislador, sua implementação não poderá se afastar, quando aplicável, daquilo que já fora criado no ordenamento pátrio. Em se tratando de tributos com materialidade que se afastam da lógica ínsita à descoberta do valor agregado na circulação de riquezas, a adoção do princípio da não-cumulatividade abre maior espaço discricionário para o legislador. Isto não quer dizer que sua atividade não possui controles e limites. E, talvez, um dos principais limites é o da coerência.

A utilização de um determinado instituto pelo legislador deverá possuir significação coerente com o regime jurídico aplicável às situações que pretende normatizar. Isto quer dizer que a opção pelo PIS/COFINS não-cumulativo, cujo fato gerador é a receita bruta, deverá observar elementos próprios desta realidade. Isto quer dizer que como se pretende fazer com que o tributo não possua incidência cumulativa, a construção da receita operacional deverá ser analisada para que se permita o creditamento de despesas com bens e serviços, utilizados como insumo na prestação de serviços e na produção ou fabricação de bens ou produtos destinados à venda, inclusive combustíveis e lubrificantes.

A forma entendida como sendo a mais eficaz para se analisar se determinada despesa se insere no conceito de insumo, ou seja, bem ou serviço em fase anterior que compõe a formação da receita operacional de determinada sociedade empresária não pode se apropriar de conceitos próprios de outros tributos, seja ele o IPI ou o IRPJ. Faz-se necessário criar conceituação própria à legislação do PIS/COFINS. Para tanto, entendemos como sendo os melhores critérios a essencialidade em aplicação conjunta com o relacional.

Este tipo de entendimento faz-se necessário especialmente para empresa que enfrentam elevado risco no desempenho de suas atividades empresariais e que, para tanto, investem montantes expressivos em fases que antecedem mesmo a produção de seus bens e serviços. Exemplo disso é a indústria do petróleo que, ainda na fase de exploração, já desembolsa enormes quantidade de recursos financeiros em etapas que não se agregarão, apesar de serem necessária e relacionadas, ao produto final.

Com base nisso podemos concluir que se determinadas despesas com bens e serviços, utilizados na prestação de serviços e na produção ou fabricação de bens ou produtos destinados à venda, respeitados os demais requisitos previstos em lei, forem essenciais e se relacionarem com a receita operacional serão considerados insumos, portanto, ensejarão direito à crédito pelo contribuinte.

5. Referências

ÁVILA, Humberto Bergmann. O "Postulado do legislador coerente" e a Não-Cumulatividade das Contribuições. ROCHA, Valir de Oliveira. Grandes questões atuais do direito tributário, v.11 São Paulo: Dialética, 2007.

BENEVIDES, Bruna Garcia. O conceito de insumo no regime do PIS e da COFINS segundo a ótica do Conselho Administrativo de Recursos Fiscais.

BRASIL. Constituição (1988). Constituição [da] República Federativa do Brasil. Brasília, DF: Senado Federal.

BRASIL. Lei nº 10637, de 30 de dezembro de 2002. Dispõe sobre a não-cumulatividade na cobrança da contribuição para os Programas de Integração Social (PIS) e de Formação do Patrimônio do Servidor Público (Pasep), nos casos que especifica e dá outras providências. Disponível em: <http://www.planalto.gov.br>. Acesso em: 20 fev. 2015.

BRASIL. Lei nº 10833, de 29 de dezembro de 2003. Altera a Legislação Tributária Federal e dá outras providências. Disponível em: <http://www.planalto.gov.br>. Acesso em: 20 fev. 2015.

BRASIL. Instrução Normativa Secretaria da Receita Federal do Brasil nº 247/02. Dispõe sobre a Contribuição para o PIS/Pasep e a COFINS, devidas pelas pessoas jurídicas de direito privado em geral. Disponível em: <http://www.receita.fazenda.gov.br/Legislacao>. Acesso em: 20 fev. 2015.

BRASIL. Instrução Normativa Secretaria da Receita Federal do Brasil nº 404/04. Dispõe sobre a incidência não-cumulativa da Contribuição para o Financiamento da Seguridade Social na forma estabelecida pela Lei nº 10.833, de 2003, e dá outras providências. Disponível em: <http://www.receita.fazenda.gov.br/Legislacao>. Acesso em: 20 fev. 2015.

BRASIL. Conselho Administrativo de Recursos Fiscais. Acórdão nº 201-79.759. Julgado em 07/11/2006. Disponível em <http://www.carf.fazenda.gov.br>. Acesso em: 18 fev.2012.

BRASIL. Conselho Administrativo de Recursos Fiscais. Acórdão nº 3202-00.226. Julgado em 08/12/2010. Disponível em: <http://www.acordaoscarf.com.br>. Acesso em 18 fev. 2012.

BRASIL. Conselho Administrativo de Recursos Fiscais. Acórdão nº 3301-000.954. Julgado em 02/06/2011. Disponível em: <http://www.carf.fazenda.gov.br>. Acesso em: 10 fev. 2015.

BRASIL. Conselho Administrativo de Recursos Fiscais Acórdão nº 3402-001.982 – 4ª Câmara/2ª Turma Ordinária. Disponível em: <http://www.carf.fazenda.gov.br>. Acesso em: 10 fev. 2015.

GRECO, Marco Aurélio. Conceito de insumo à luz da legislação de PIS/COFINS. Revista Fórum de Direito Tributário, Belo Horizonte, v. 6, n. 34, jul. 2009.

MOREIRA, André Mendes. A não-cumulatividade dos tributos. São Paulo: Noeses, 2012

MORENO, Antônio et MENDONÇA, Raquel Borba de. O conflito na conceituação de "insumo" e as recentes decisões do "CARF" sobre os créditos das contribuições do "PIS" e da "COFINS". Disponível em: <http://www.carf.fazenda.gov.br>. Acesso em: 22 fev. 2015.

OLIVEIRA, Ricardo Mariz de. Aspectos relacionados à Não-cumulatividade da Cofins e da Contribuição ao PIS. PIS-Cofins. Questões polêmicas. PEIXOTO, Marcelo Magalhães e FISCHER, Octávio Campos (coordenadores). São Paulo: Quartier Latin, 2005.

PAULSEN, Leandro, VELLOSO, Andrei Pitten. Contribuições: teoria geral, contribuições em espécie. Porto Alegre: Livraria do Advogado, 2010.

SILVA, Raphael Cândido e ABRANTES, Júnia. Possibilidade de apropriação de créditos de PIS e COFINS na fase de exploração e de desenvolvimento. In Aspectos Tributários Relacionados à Indústria do Petróleo e Gás. Autores: Adilson Rodrigues Pires [et al]; Daniel Dix Carneiro, Marcelo Magalhães Peixoto (coordenadores). – São Paulo: MP Ed. 2011.

TOMÉ, Fabiana Del Padre. "Natureza jurídica da 'não-cumulatividade' da contribuição ao PIS/PASEP e da COFINS". PIS-COFINS: questões atuais e polêmicas, Coord. Marcelo Magalhães Peixoto e Octavio Campos Fischer, São Paulo: Quartier Latin, 2005.

–. Definição do conceito de "insumo" para a não-cumulatividade do PIS e da COFINS. Disponível em www.ibet.com.br. Acesso em: 20. Fev. 2015).

Tributação das Operações Interestaduais com Combustíveis derivados de Petróleo – Convênio ICMS nº 110/2007 – Aproximações e Distanciamentos entre a ADI 4171 e o RE 781.926

RICHARD EDWARD DOTOLI T. FERREIRA

1. Introdução

Como bem destacado pelo Ministro Luiz Fux no seu voto pela admissibilidade do RE nº 781.926 sob a sistemática da repercussão geral, este guarda relação com o tema julgado na ADI nº 4171[1], mas, como se demonstrará, com o mesmo se diferencia em razão da oposição de teses jurídicas advogadas pelas partes envolvidas.

Nos dois processos está em jogo a discussão jurídica acerca do crédito para as DISTRIBUIDORAS do ICMS DIFERIDO nas operações interestaduais com combustíveis derivados de petróleo, disciplinada no Convênio ICMS nº 110/2007, e da cobrança do chamado "estorno" previsto na cláusula vigésima primeira, §§ 10 e 11.

No RE nº 781.926 advoga-se o direito das DISTRIBUIDORAS de combustíveis de se creditarem do ICMS incidente na operação de aquisição do AEAC – Álcool Etílico Anidro Combustível e do B100 – Óleo 100% vegetal adquiridos das USINAS, operação essa amparada com o DIFERIMENTO.

Tal DIFERIMENTO ocorre desde a saída do AEAC/B100 da USINA, mantendo-se na entrada desses produtos na DISTRIBUIDORA, até a saída efetiva da Gasolina C e do óleo diesel B7, resultantes da mistura da Gasolina A (gasolina

---

[1] Julgamento ocorrido em 05/03/2015, ainda sem publicação dos votos, com a declaração de inconstitucionalidade dos parágrafos 10 e 11 da Cláusula 21ª do Convênio nº 110/2007. Permanece ainda pendente de definição a questão da modulação dos efeitos da decisão de inconstitucionalidade, em razão da ausência justificada da Ministra Cármen Lúcia. Apenas o Ministro Marco Aurélio divergiu da proposta de modulação da Ministra Ellen Gracie, permitindo que os Estados tivessem 6 (seis) meses para se prepararem para o encerramento da exigência.

pura) com o AEAC (resultando na Gasolina C) e do óleo diesel puro com o B100 (resultando no B7).

O valor do ICMS DIFERIDO, seja nos regimes anteriores[2], seja no atual modelo do Convenio ICMS nº 110/2007 é cobrado, por substituição tributária, diretamente pelas REFINARIAS de petróleo.

Assim, temos numa mesma operação o DIFERIMENTO (da saída do AEAC e do B100 da Usina até a saída dos produtos resultantes da mistura – Gasolina C e Diesel B7) e a SUBSTITUIÇÃO TRIBUTÁRIA, atribuída às REFINARIAS, pelo pagamento do ICMS diferido aos Estados de origem das Usinas, produtoras do AEAC e do B100, sendo que esta mesma substituição alcança o ICMS incidente nas operações subsequentes com a Gasolina C e o óleo diesel B7, devido aos Estados de consumo.

Em 05/03/2015, a ADI nº 4171 foi levada a julgamento no Plenário do Supremo Tribunal Federal pela devolução do voto-vista do Ministro Ricardo Lewandowski, sem contudo observar a correlação indicada pelo Ministro Luiz Fux com o RE nº 781.926, afetado à sistemática da repercussão geral. Sobrelevam-se, como se demonstrará, os desafios de compatibilização entre os dois processos, com vistas a evitar contradições no entendimento da Suprema Corte.

2. Histórico e particularidades da tributação dos combustíveis derivados de petróleo

A tributação sobre os combustíveis remonta à Constituição de 1934, quando o seu art. 8º atribuiu aos Estados a competência exclusiva para instituir o imposto sobre o *"consumo de combustíveis de motor de explosão"*[3]. Com a promulgação da Constituição de 1946, a competência passa a ser exclusiva da União Federal para instituir impostos sobre a *"produção, comércio, distribuição e consumo, e bem assim importação e exportação de lubrificantes e de combustíveis líquidos ou gasosos de qualquer origem ou natureza"*[4] mantendo-se essa mesma configuração, com pequenos ajus-

---

[2] Convênio ICMS 10/1989 (não havia substituição tributária na Refinaria, apenas para a Distribuidora); Convênio ICMS nº 105/1992 (cláusula décima quarta – a Refinaria passa a ser substituta); Convênio ICMS nº 03/1999 (cláusula décima segunda).

[3] Constituição Federal de 1934 – Art. 8º – Também compete privativamente aos Estados: I – decretar impostos sobre: (...) d) consumo de combustíveis de motor de explosão;

[4] Constituição Federal de 1934 – Art. 15 – Compete à União decretar impostos sobre: (...) III – produção, comércio, distribuição e consumo, e bem assim importação e exportação de lubrificantes e de combustíveis líquidos ou gasosos de qualquer origem ou natureza, estendendo-se esse regime, no que for aplicável, aos minerais do País e à energia elétrica;

tes no texto, nas Constituições de 1967[5] e 1969[6]. Assim, os combustíveis foram gravados, até a promulgação da Constituição Federal de 1988 pelo Imposto Único sobre Lubrificantes e Combustíveis Líquidos e Gasosos, instituído através da Lei nº 4.452/1964, excluindo a incidência de quaisquer outros impostos federais, estaduais ou municipais, exceto os de Renda e Sêlo (§ 4º do art. 1º).

Com a promulgação da Constituição Federal de 1988 o imposto único foi extinto, trazendo-se duas novidades na tributação dos combustíveis: a incidência exclusiva de alguns impostos (Imposto de Importação, de Exportação e o ICMS), nos termos do § 3º do art. 155[7], e a criação de um imposto municipal sobre a venda a varejo, com exceção do óleo diesel, nos termos do art. 156, III[8], o chamado IVV.

Apesar do IVV ser considerado um tributo de simples arrecadação, MARCUS ABRAHAM[9] assevera que vários questionamentos foram suscitados acerca da sua aplicação, especialmente quanto à *"dificuldade de fiscalização de contribuintes sediados em outros municípios, aliadas às diversidades de regimes especiais de recolhimento, juntamente com as questões das isenções indiscriminadas e, principalmente, com a controvérsia sobre alíquotas 'por fora' e 'por dentro', sem deixar de mencionar os fatores circunstanciais do mercado de combustíveis da época, ensejaram a sua extinção."*

O IVV também foi objeto de contestação perante o Supremo Tribunal Federal referente ao alcance na venda pelas DISTRIBUIDORAS para grandes consumidores, como ocorreu no RE nº 140.612/AM[10], cuja relatoria coube ao Sydney Sanches, concluindo-se que a venda em grandes quantidades para grandes consumidores não pode ser considerada uma venda a varejo.

---

[5] Constituição Federal de 1967 – Art. 22 – Compete à União decretar impostos sobre: (...) VIII – produção, importação, circulação, distribuição ou consumo de lubrificantes e combustíveis líquidos e gasosos;

[6] Constituição Federal de 1969 – Art. 21. Compete à União instituir impôsto sôbre: (...) VIII – produção, importação, circulação, distribuição ou consumo de lubrificantes e combustíveis líquidos ou gasosos e de energia elétrica, impôsto que incidirá uma só vez sôbre qualquer dessas operações, excluída a incidência de outro tributo sôbre elas;

[7] CF/88 – Art. 155. (...) § 3º À exceção dos impostos de que tratam o inciso I, b, do caput deste artigo e os arts. 153, I e II, e 156, III, nenhum outro tributo incidirá sobre operações relativas a energia elétrica, combustíveis líquidos e gasosos, lubrificantes e minerais do País.

[8] CF/88 – Art. 156. Compete aos Municípios instituir impostos sobre: (...) III – vendas a varejo de combustíveis líquidos e gasosos, exceto óleo diesel;

[9] ABRAHAM, Marcus. As emendas constitucionais tributárias e os vinte anos da Constituição Federal de 1988. São Paulo: Quartier Latin, 2009. p. 75.

[10] STF – RE nº 140.612 – 1ª Turma – Rel. Min. Sydney Sanches – j. 15/09/1999 – DJ, 08/03/2002. Recentemente esse entendimento foi confirmado no RE nº 633.537 – 2ª Turma – Rel. Min. Ricardo Lewandowski – j. 25/06/2014 – Dje, 15/08/2014.

Pelo menos até a sua extinção pela Emenda Constitucional nº 3/1993, com efeitos até 31/12/1995[11], gravavam as operações com combustíveis derivados de petróleo dois tributos: o ICMS e o IVV[12].

Com a Emenda Constitucional nº 3/1993, uma outra mudança produziria efeitos muito relevantes nas operações com combustíveis derivados de petróleo, qual seja, a substituição tributária "para frente". A substituição tributária, apesar de já existente, ganha status constitucional nos termos da redação acrescida do § 7º do art. 150:

> § 7º A lei poderá atribuir a sujeito passivo de obrigação tributária a condição de responsável pelo pagamento de imposto ou contribuição, cujo fato gerador deva ocorrer posteriormente, assegurada a imediata e preferencial restituição da quantia paga, caso não se realize o fato gerador presumido.

A partir, portanto, da Emenda Constitucional nº 3/1993 consolida-se a substituição tributária, simplificando a arrecadação de tributos, com aplicação mais acentuada para o ICMS.

Novas mudanças na tributação dos combustíveis derivados de petróleo viriam através da Emenda Constitucional nº 33/2011, com a alteração da redação do § 3º do art. 155[13] da Constituição Federal para alterar a restrição anterior da operação com combustíveis derivados de petróleo ser gravada apenas por impostos e mais nenhum outro tributo. A novel redação permitiu que outros "tributos" incidissem sobre a operação com derivados petróleo, abrindo caminho para a instituição da CIDE-COMBUSTÍVEIS.

A mesma Emenda Constitucional nº 33/2001, inserindo os §§ 4º e 5§ no art. 155[14], definiu as diretrizes que acompanharam a tributação dos combustíveis derivados de petróleo até os dias atuais.

---

[11] Emenda Constitucional nº 3/1993 – Art. 4º A eliminação do imposto sobre vendas a varejo de combustíveis líquidos e gasosos, de competência dos Municípios, decorrente desta Emenda Constitucional, somente produzirá efeitos a partir de 1º de janeiro de 1996, reduzindo-se a correspondente alíquota, pelo menos, a um e meio por cento no exercício financeiro de 1995.

[12] CF/88 – Art. 156. Compete aos Municípios instituir impostos sobre: (...) III – vendas a varejo de combustíveis líquidos e gasosos, exceto óleo diesel; (...) § 3º O imposto previsto no inciso III não exclui a incidência do imposto estadual previsto no art. 155, I, b, sobre a mesma operação.

[13] Emenda Constitucional nº 33/2001 – § 3º. À exceção dos impostos de que tratam o inciso II do caput deste artigo e o art. 153, I e II, nenhum outro imposto poderá incidir sobre operações relativas a energia elétrica, serviços de telecomunicações, derivados de petróleo, combustíveis e minerais do País.

[14] Emenda Constitucional nº 33/2001 – § 4º Na hipótese do inciso XII, h, observar-se-á o seguinte: I – nas operações com os lubrificantes e combustíveis derivados de petróleo, o imposto caberá ao Estado onde ocorrer o consumo; II – nas operações interestaduais, entre contribuintes,

2.a) Operação com Combustíveis derivados de petróleo[15] – A mistura obrigatória e as partes envolvidas na cadeia econômica

Para bem compreender esta operação sui generis que envolve o recolhimento do ICMS nas operações com combustíveis derivados de petróleo é preciso, antes, fixar alguns conceitos e propósitos que envolvem essa operação e sua forma de tributação.

De início é preciso registrar que, no mercado nacional, os combustíveis derivados de petróleo à disposição para comercialização nos postos de combustíveis (gasolina e óleo diesel) são na verdade produto da industrialização do derivado de petróleo que contém na sua fórmula uma mistura obrigatória de álcool (AEAC) à gasolina[16] e de biodiesel (B100 – óleo vegetal) ao diesel[17]. O percentual de adição de AEAC e de B100 é regulamentado, dentro dos percentuais fixados pela legis-

---

com gás natural e seus derivados, e lubrificantes e combustíveis não incluídos no inciso I deste parágrafo, o imposto será repartido entre os Estados de origem e de destino, mantendo-se a mesma proporcionalidade que ocorre nas operações com as demais mercadorias; III – nas operações interestaduais com gás natural e seus derivados, e lubrificantes e combustíveis não incluídos no inciso I deste parágrafo, destinadas a não contribuinte, o imposto caberá ao Estado de origem; IV – as alíquotas do imposto serão definidas mediante deliberação dos Estados e Distrito Federal, nos termos do § 2º, XII, g, observando-se o seguinte: a) serão uniformes em todo o território nacional, podendo ser diferenciadas por produto; b) poderão ser específicas, por unidade de medida adotada, ou ad valorem, incidindo sobre o valor da operação ou sobre o preço que o produto ou seu similar alcançaria em uma venda em condições de livre concorrência; c) poderão ser reduzidas e restabelecidas, não se lhes aplicando o disposto no art. 150, III, b. § 5º As regras necessárias à aplicação do disposto no § 4º, inclusive as relativas à apuração e à destinação do imposto, serão estabelecidas mediante deliberação dos Estados e do Distrito Federal, nos termos do § 2º, XII, g.

[15] Aqui exclui-se as demais fontes energéticas, tal como o Etanol e o Gás Natural que não estão envolvidas na presente controvérsia.

[16] Lei nº 8.723/1993 – Art. 9º É fixado em vinte e dois por cento o percentual obrigatório de adição de álcool etílico anidro combustível à gasolina em todo o território nacional. § 1º O Poder Executivo poderá elevar o referido percentual até o limite de 27,5% (vinte e sete inteiros e cinco décimos por cento), desde que constatada sua viabilidade técnica, ou reduzi-lo a 18% (dezoito por cento). § 2º Será admitida a variação de um ponto por cento, para mais ou para menos, na aferição dos percentuais de que trata este artigo.

[17] Lei nº 13.033/2014 – Art. 1º Ficam estabelecidos os seguintes percentuais de adição obrigatória de biodiesel ao óleo diesel comercializado com o consumidor final, medidos em volume, em qualquer parte do território nacional: I – 6% (seis por cento), a partir de 1º de julho de 2014; e II – 7% (sete por cento), a partir de 1º de novembro de 2014. Parágrafo único. O Conselho Nacional de Política Energética – CNPE poderá, a qualquer tempo, por motivo justificado de interesse público, reduzir esse percentual para até 6% (seis por cento), restabelecendo-o por ocasião da normalização das condições que motivaram a redução do percentual.

lação, pelo Conselho Interministerial do Açúcar e do Álcool – CIMA[18]. Assim, o modelo adotado no Brasil para a comercialização dos derivados de petróleo privilegia a adição de outros combustíveis de origem vegetal na sua composição, como forma de diversificar as fontes energéticas, reduzindo-se a dependência do país de combustíveis fósseis.

Não se pode também deixar de registrar que toda a cadeia econômica de combustíveis no Brasil, derivados ou não de petróleo, desde a sua produção até a venda ao consumidor final, é regulada pelo Governo Federal através da **ANP – Agência Nacional de Petróleo**, criada pela Lei nº 9.478/1996.

Destacam-se na cadeia econômica do petróleo quatro atores fundamentais para garantir o fornecimento de combustíveis derivados de petróleo no país: **(a)** as Refinarias, **(b)** as Usinas produtoras de álcool e óleo vegetal, **(c)** as Distribuidoras e **(d)** os Postos de Combustíveis.

Em apertada síntese, temos as seguintes atribuições para cada um deles:

(a) **REFINARIAS**[19] produzem e fornecem o derivado de petróleo, produto do refino (gasolina pura ou óleo diesel puro);

(b) **USINAS** produzem e fornecem o AEAC[20] e o Óleo Vegetal[21];

(c) **DISTRIBUIDORAS**[22] são exclusivamente responsáveis pela mistura da gasolina pura com o AEAC e do óleo diesel puro com o óleo vegetal, e pela distribuição aos Postos de Combustíveis; e

(d) **POSTOS DE COMBUSTÍVEIS**[23] são os responsáveis pela comercialização dos derivados de petróleo ao consumidor final.

Todas essas atividades são controladas com absoluto rigor e autorizadas pela **ANP**[24]. No modelo adotado no país, são atividades totalmente segregadas umas das outras, quanto às suas participações na cadeia. Apesar de algumas empresas

---

[18] A Resolução CIMA nº 1/2013 (DOU, 01/03/2013) fixou o percentual de mistura de AEAC em 25%.
[19] Resolução ANP nº 16/2010 – DOU, 11/06/2010.
[20] Resolução ANP nº 26/2012 – DOU, 31/08/2012.
[21] Resolução ANP nº 45/2014 – DOU, 26/08/2014.
[22] Resolução ANP nº 58/2014 – DOU, 20/10/2014.
[23] Resolução ANP nº 41/2013 – DOU, 06/11/2013.
[24] Lei nº 9.478/1996 – art. 8º. A ANP terá como finalidade promover a regulação, a contratação e a fiscalização das atividades econômicas integrantes da indústria do petróleo, do gás natural e dos biocombustíveis, cabendo-lhe: (...) XVI – regular e autorizar as atividades relacionadas à produção, à importação, à exportação, à armazenagem, à estocagem, ao transporte, à transferência, à distribuição, à revenda e à comercialização de biocombustíveis, assim como avaliação de conformidade e certificação de sua qualidade, fiscalizando-as diretamente ou mediante convênios com outros órgãos da União, Estados, Distrito Federal ou Municípios;

controlarem grande parte da cadeia da produção e comercialização dos combustíveis derivados de petróleo, cada uma das quatro atividades é submetida a uma regulação própria e necessitam de autorizações totalmente diferentes.

Nesse contexto, por exemplo, uma REFINARIA não pode vender combustíveis derivados de petróleo diretamente aos Postos de Gasolina; da mesma forma que as DISTRIBUIDORAS não estão autorizadas a comercializar ao público a Gasolina Pura que adquire das REFINARIAS; e, por fim, os Postos de Gasolina não estão autorizados a produzir a Gasolina C, em substituição às DISTRIBUIDORAS.

Como na produção dos combustíveis derivados de petróleo a *mistura é obrigatória*, e a proporção dessa mistura é sempre previamente conhecida (no caso da gasolina, mistura-se 25% de AEAC e no óleo diesel, mistura-se 7% de B100, podendo variar em razão de condições mercadológicas ou de produção nacional), a REFINARIA sabe previamente qual o volume de AEAC e de B100 necessário para que a DISTRIBUIDORA produza a Gasolina C e o Óleo Diesel B7 que serão vendidos aos Postos de Combustíveis.

De posse dessas condicionantes de volume de combustível, a REFINARIA sabe que, por exemplo, se uma DISTRIBUIDORA adquirir 1.000 litros de gasolina pura, obrigatoriamente terá que adquirir 25% desse volume (250 litros) de AEAC das USINAS, e o resultado final de *Gasolina C* será, obrigatoriamente, de 1.250 litros passíveis de comercialização pelos Postos de Combustíveis. O mesmo também ocorrerá com o diesel puro, que terá uma mistura obrigatória de B100 à proporção de 7%, conhecendo-se desde logo qual o volume final do produto.

Através desse modelo, foi possível concentrar nas REFINARIAS todas as informações acerca da cadeia de produção e comercialização dos combustíveis derivados de petróleo.

Assim, a *mistura obrigatória* e *segregação das atividades* de cada parte da cadeia de produção e industrialização dos combustíveis derivados de petróleo são os dois pilares sobre os quais se fundamenta toda a sistemática de cobrança de tributos, notadamente o *ICMS*, objeto desse estudo.

Compreender previamente o funcionamento da cadeia econômica de produção e comercialização dos derivados de petróleo é condição essencial para que o intérprete também compreenda as opções que levaram o legislador a estabelecer um modelo de tributação que privilegia a concentração da tributação em uma fase específica da cadeia econômica, qual seja, a REFINARIA.

Não incomum, no primeiro contato com a matéria, o intérprete se depara com questionamentos de toda ordem, especialmente acerca da possibilidade de se conhecer previamente o volume de combustível envolvido; da possibilidade da destinação do ICMS pago pela DISTRIBUIDORA diretamente à REFINARIA quando da aquisição inicial da gasolina ou óleo diesel puros; ou da possibilidade do Estado em que está localizado a DISTRIBUIDORA não receber nenhum valor de ICMS quando a operação com combustíveis derivados de petróleo for interestadual. Todos esses questionamentos são dissipados a partir do conhecimento dos atores envolvidos, da mistura obrigatória e da própria sistemática do ICMS nas operações com derivados de petróleo.

2.b) Operação com Combustíveis derivados de petróleo – Concepção e operação do sistema de tributação do ICMS

Historicamente, nas operações com combustíveis derivados de petróleo, os Estados enfrentaram uma grande dificuldade na arrecadação do ICMS em razão da quantidade de cadeias econômicas que envolvia a produção e a distribuição desses produtos, com muitos casos de sonegação, especialmente das por parte das USINAS produtoras dos biocombustíveis e das DISTRIBUIDORAS, responsáveis pela mistura, o que gerava um problema também no campo concorrencial para as empresas.

E a solução dessa questão surgiu a partir da concentração da arrecadação do ICMS em apenas uma das partes desse processo, na REFINARIA. E nesse ponto a questão da *mistura obrigatória* e da *segregação das atividades* de cada parte envolvida foi fundamental para a concepção e operação do sistema de tributação do ICMS.

O primeiro ponto a considerar na criação desse sistema de tributação foram os regimes de destinação do ICMS: *(i)* nas operações com derivados de petróleo, a Constituição Federal atribui o ICMS ao Estado onde ocorrer o consumo (art. 155, § 4º, I[25] e inciso X, alínea b[26]); e *(ii)* nas operações com biocombustível (AEAC e B100), seguindo o regime geral, o ICMS é atribuído ao Estado de origem desses produtos.

O legislador constitucional originário estabeleceu a não incidência nas operações interestaduais com derivados de petróleo (art. 155, inciso X, alínea b) e o legislador derivado, através da Emenda Constitucional nº 33/2001, alterou a redação do art. 155 da Constituição Federal para determinar que o produto da arrecadação do ICMS nas operações com derivados de petróleo caberá ao Estado onde ocorrer o consumo do produto (art. 155, § 4º, I e inciso X).[27]

---

[25] CF/88 – art. 155. (...) § 4º Na hipótese do inciso XII, h, observar-se-á o seguinte: I – nas operações com os lubrificantes e combustíveis derivados de petróleo, o imposto caberá ao Estado onde ocorrer o consumo; (Incluído pela Emenda Constitucional nº 33, de 2001)

[26] CF/88 – art. 155. (...) X – não incidirá: b) sobre operações que destinem a outros Estados petróleo, inclusive lubrificantes, combustíveis líquidos e gasosos dele derivados, e energia elétrica; (texto original promulgado em 1988)

[27] Apesar da clareza da sistemática de tributação dos derivados de petróleo no Estado de destino, o tema foi submetido à apreciação do Supremo Tribunal Federal: *"A imunidade ou hipótese de não*

O tema da tributação no destino e a não-incidência nas operações interestaduais com combustíveis derivados de petróleo já foi objeto de apreciação pelo STF, no RE nº 198.088[28], prevalecendo o entendimento de que a não-incidência não é um benefício ao consumidor em outro Estado, mas uma medida assecuratória de que o ICMS será devido ao Estado onde ocorrer o consumo. Extrai-se do voto do Ministro-Relator Ilmar Galvão o seguinte excerto:

> *"O dispositivo constitucional transcrito não discrimina entre operação interestadual destinada a contribuinte do ICMS e operação interestadual destinada a consumidor.*
>
> *É patente, entretanto, que não se está, no caso, diante de imunidade propriamente dita, mas de genuína hipótese de não-incidência do tributo – como aliás, se acha expresso no inc. X do § 2º do art. 155 da CF –, restrita ao Estado de origem, não abrangendo o Estado de destino, onde são tributadas todas as operações que compõem o ciclo econômico por que passam os produtos descritos no dispositivo sob enfoque, desde a produção até o consumo.*
>
> *Não beneficia, portanto, o consumidor, mas o Estado de destino do produto, ao qual caberá todo o tributo sobre ele incidente, até a operação final. Do contrário, estaria consagrado tratamento desigual entre consumidores, segundo adquirissem eles os produtos de que necessitam, no próprio Estado, ou no Estado vizinho, o que não teria justificativa".*

O próximo passo, para o desenho normativo do regime, foi estabelecer as chamadas **margens de valor agregado – MVA** e o ***preço médio ponderado a consumidor final – PMPF*** nos termos do art. 8º da Lei Complementar nº 87/1996[29],

---

incidência contemplada na alínea b do inciso X do § 2º do art. 155, da CF, restringe-se ao Estado de origem, não abrangendo o Estado de destino da mercadoria, onde são tributadas todas as operações que compõem o ciclo econômico por que passam os produtos, independentemente de se tratar de consumidor final ou intermediário." (RE 190.992-AgR, Rel. Min. Ilmar Galvão, j. 12/11/2002, Primeira Turma, DJ, 19-12-2002). No mesmo sentido: RE 338.681-AgR-ED, Rel. Min. Carlos Velloso, j. 6/12/2005, Segunda Turma, DJ de 3/2/2006.

[28] STF – RE nº 198.088 – Tribunal Pleno – Rel. Min. Ilmar Galvão – j. 17/05/2000 – DJ, 05/09/2003. Esse entendimento é corroborado por outros precedentes do STF, dentre os quais podemos destacar o recente Ag.Reg. no Ag nº 513.815 – 1ª Turma – Rel. Min. Dias Toffoli – j. 19/03/2013 – Dje, 05/09/2013.

[29] Lei Complementar nº 87/1996 – Art. 8º A base de cálculo, para fins de substituição tributária, será: (...) II – em relação às operações ou prestações subsequentes, obtida pelo somatório das parcelas seguintes: a) o valor da operação ou prestação própria realizada pelo substituto tributário ou pelo substituído intermediário; b) o montante dos valores de seguro, de frete e de outros encargos cobrados ou transferíveis aos adquirentes ou tomadores de serviço; c) a margem de valor agregado, inclusive lucro, relativa às operações ou prestações subsequentes. § 4º A margem a que se refere a alínea c do inciso II do caput será estabelecida com base em preços usualmente praticados no mercado considerado, obtidos por levantamento, ainda que por amostragem ou através de informações e outros elementos fornecidos por entidades representativas dos respectivos setores, adotando-se a média ponderada dos preços coletados, devendo os critérios para sua fixação ser

tanto para o AEAC e o B100, quanto para a *Gasolina C* e para o *Óleo Diesel B7*. As MVA's levam em consideração os preços médios finais praticados – *PMPF* – com determinado produto (nesse estudo os combustíveis), que servem de base para a tributação nos casos de substituição tributária. Essas margens são constantemente analisadas e avaliadas pelo COTEPE – Comissão Técnica Permanente, órgão do CONFAZ – Conselho Federal de Política Fazendária, para a fixação de preços – parâmetro para fins fiscais.

O terceiro passo foi aplicar o regime de substituição tributária, concentrando toda a arrecadação nas REFINARIAS, detentora das informações sobre a cadeia econômica de produção e comercialização de derivados de petróleo, para a adequação dos regimes de destinação do ICMS em cada fase de produção e de distribuição, na forma atualmente prevista no Convênio ICMS nº 110/2007.

2.c) Operacionalização da substituição tributária para os combustíveis derivados de petróleo no regime do Convênio ICMS nº 110/2007

A primeira parte do regime de substituição tributária se dá através da conjugação de duas técnicas de tributação: um DIFERIMENTO e uma SUBSTITUIÇÃO TRIBUTÁRIA[30].

O DIFERIMENTO ocorre na operação de remessa do AEAC e do B100 da USINA para a DISTRIBUIDORA, onde o ICMS é devido ao Estado onde está localizada a USINA. A esse ICMS (saída do biocombustível para USINA para a DISTRIBUIDORA), por sua vez, é atribuído, ainda, um regime de SUBSTITUIÇÃO TRIBUTÁRIA, pois será pago diretamente pela REFINARIA ao Estado onde localizada a USINA. Com essa primeira parte cumpre-se o objetivo do legislador (CONFAZ) de concentração do pagamento do ICMS DIFERIDO pela REFINARIA.

Nessa primeira parte do regime, em razão da *mistura obrigatória* e da *MVA/PMPF* a REFINARIA sabe exatamente a quantidade de AEAC e de B100 necessários para a produção do combustível derivado de petróleo pela DISTRIBUIDORA e o seu preço, sendo possível, portanto, o cálculo do ICMS nessa primeira parte da operação.

---

previstos em lei. (...) § 6º Em substituição ao disposto no inciso II do caput, a base de cálculo em relação às operações ou prestações subsequentes poderá ser o preço a consumidor final usualmente praticado no mercado considerado, relativamente ao serviço, à mercadoria ou sua similar, em condições de livre concorrência, adotando-se para sua apuração as regras estabelecidas no § 4º deste artigo.

[30] Essas fases não ocorrem necessariamente em cronologia exata, como se a operação com biocombustível antecedesse a aquisição da gasolina/óleo diesel puros. A distribuidora pode adquirir esses produtos separadamente, mas inevitavelmente pagará o ICMS para as duas operações diretamente à refinaria.

A segunda parte do regime de substituição tributária, relativo ao ICMS da operação com os derivados de petróleo, devido ao Estado de destino na forma disciplinada pela Constituição Federal, mais uma vez a técnica da substituição tributária é aplicada, substituindo-se tanto a DISTRIBUIDORA quanto os Postos de Gasolina pela REFINARIA

Valendo-se mais uma vez da *mistura obrigatória* e da *MVA/PMPF*, a REFINARIA sabe exatamente o volume de derivado de petróleo que será produzido e o seu valor, sendo possível também o cálculo do ICMS devido ao Estado de consumo desses produtos.

Na posse, portanto, de todas essas variáveis a REFINARIA, ao fornecer a gasolina e o óleo diesel puros, inclui no preço a ser cobrado da DISTRIBUIDORA, tanto o ICMS DIFERIDO quando o ICMS CONSUMO das operações subsequentes, até a comercialização ao consumidor final, pelos Postos de Gasolina.

Ao receber o preço pago pela DISTRIBUIDORA (somados o preço do produto + ICMS Diferido + ICMS Consumo), a REFINARIA, na qualidade de substituto tributário, fica obrigada a repassar ao Estado de origem das USINAS e ao Estado do consumo dos derivados de petróleo a parte que a cada um caberá na operação.

Para que todo esse regime fosse viável e que os próprios Estados pudessem exercer o seu poder de fiscalização, foi concebido um **sistema informatizado**, alimentado tanto pelas REFINARIAS quanto pelas DISTRIBUIDORAS, denominado ***SCANC – Sistema de Captação e Auditoria dos Anexos de Combustíveis***.[31]

As REFINARIAS inserem todos os dados referentes às operações pelas mesmas praticadas, os valores de ICMS arrecadados (diferimento e consumo) e as DISTRIBUIDORAS, por sua vez, inserem os dados referentes às aquisições de AEAC e B100 (Estados de origem) e às suas vendas (Estados de Consumo).

Com base nesses dados do sistema, as REFINARIAS fazem a distribuição dos pagamentos de ICMS aos Estados, obedecendo as regras constitucionais de repartição: o ICMS DIFERIDO ao Estado de origem das Usinas e o ICMS CON-

---

[31] Sistema de informações relativas a operações comerciais de circulação de combustível derivado de petróleo, em que o imposto tenha sido retido anteriormente, e/ou circulação de álcool etílico anidro combustível (AEAC), que tenha ocorrido com diferimento ou suspensão do imposto. Deve ser utilizado pelos contribuintes de qualquer parte do país, que comercializam combustíveis (refinarias de petróleo, centrais petroquímicas, formuladores, importadores, distribuidores de combustíveis e transportadores revendedores retalhistas), exceto postos revendedores varejistas. Com as informações fornecidas pelos citados contribuintes, mensalmente, o sistema gera e transmite relatórios para as respectivas Unidades da Federação. Ao Estado de Minas Gerais cabe o gerenciamento central do SCANC, hospedando-o em servidor de internet da Secretaria de Estado de Fazenda (SEF/MG) e zelando por sua segurança e atualização. http://www.fazenda.mg.gov.br/empresas/sistemas/scanc/

SUMO aos Estados onde os derivados de petróleo forem comercializados (consumidos).

2.d) Convênio ICMS nº 110/2007 – Operações Interestaduais com combustíveis derivados de petróleo – A questão do Estorno/pagamento

Como anteriormente esclarecido, o regime de substituição tributária trazido pelo Convênio ICMS nº 110/2007 não é uma novidade na cadeia econômica de produção e comercialização de derivados de petróleo, precedida pelo Convênio ICMS nº 03/1999 e pelo Convênio ICMS nº 105/1992 que também disciplinaram as operações interestaduais com combustíveis, a novidade ficou por conta da cláusula vigésima primeira que previu o chamado "estorno" do ICMS correspondente ao volume de AEAC ou B100 contido na mistura dos combustíveis, para as DISTRIBUIDORAS que efetuarem operações interestaduais.

Os parágrafos 10 e 11 tiveram a seguinte redação:

> *§ 10. Os contribuintes que efetuarem operações interestaduais com os produtos resultantes da mistura de gasolina com AEAC ou da mistura de óleo diesel com B100, **deverão efetuar o estorno do crédito** do imposto correspondente ao volume de AEAC ou B100 contido na mistura.*
>
> *§ 11. O **estorno a que se refere o § 10 far-se-á pelo recolhimento do valor correspondente ao ICMS diferido** ou suspenso que será apurado com base no valor unitário médio e na alíquota média ponderada das entradas de AEAC ou de B100 ocorridas no mês, observado o § 6º da cláusula vigésima quinta.*

Em razão dessa nova sistemática, a DISTRIBUIDORA que realizasse operação interestadual com combustíveis derivados de petróleo deveria promover o estorno do ICMS referente ao AEAC e ao B100 contido na mistura da gasolina C e no óleo diesel B7, e o estorno seria realizado através do recolhimento do valor do ICMS DIFERIDO.

A redação dos parágrafos 10 e 11 não é de fácil compreensão pois:

a) Pressupõe a existência de um crédito de ICMS para a DISTRIBUIDORA referente ao ICMS DIFERIDO quando da aquisição do AEAC e do B100, pois sem crédito, não há o que estornar; e

b) Conflita com a sistemática de substituição tributária na REFINARIA, a quem a DISTRIBUIDORA paga, acrescido ao preço da gasolina e do óleo diesel puros, o ICMS referente à operação de remessa do AEAC e do B100 pelas USINAS.

Esses dois elementos "existência de crédito" (pressuposto do estorno) e o "novo pagamento" (o ICMS da USINA foi pago pela DISTRIBUIDORA, quando da operação com a REFINARIA) foram os pressupostos para o questionamento da constitucionalidade do "estorno-pagamento" através da ADI nº 4171, perante o Supremo Tribunal Federal.

3. Os pontos de interseção entre a ADI nº 4171 e o RE nº 781.926

3.a) Tema definitivamente julgado na ADI Nº 4171 – Estorno pagamento – Inconstitucionalidade

O tema objeto da ADI nº 4171, proposta pela CNC – Confederação Nacional do Comércio, como visto, foram os parágrafos 10 e 11 da Cláusula vigésima primeira do Convênio ICMS nº 110/2007, que introduziram a figura do "estorno-pagamento" na sistemática de apuração do ICMS nas operações com combustíveis derivados de petróleo.

A CNC alega na peça inicial a ofensa aos princípios da legalidade (art. 150, I) e da não-cumulatividade (art. 155, § 2º, I), ao regime constitucional de destinação da arrecadação do ICMS para o Estado de destino nas operações com petróleo e derivados (art. 155, §4º, I) e ao princípio da capacidade contributiva (art. 145, §1º).

Nessa linha de argumentos, discorre a autora acerca do fato de que as DISTRIBUIDORAS foram substituídas nas operações de recolhimento do imposto pela Refinaria, conforme regime fixado pelo próprio Convênio ICMS 110/2007, inexistindo, portanto, qualquer crédito de ICMS em seu favor ou recolhimento complementar a efetuar.

Por outro lado, das razões extraídas das informações prestadas pelos Estados[32], nos autos da ADI nº 4171, tem-se estes, os Estados, ao conceberem o estorno-pagamento, tiveram em consideração que as DISTRIBUIDORAS, quando promovem a entrada do AEAC e do B100 em seus estabelecimentos, antes da efetivação da mistura, teriam direito ao crédito de ICMS dessa mesma operação e que esse crédito seria, ou poderia ser, utilizado para abater o ICMS devido na operação subsequente, quando da saída da Gasolina C e do óleo diesel B7, pois os biocombustíveis seriam insumos na industrialização.

Assim, quando realizassem a saída do combustível derivado de petróleo ter-se-ia uma nova saída de AEAC e de B100, cujo regime de tributação do ICMS continua sendo na origem, nesse sentido as informações prestadas pelo Estado do Rio de Janeiro[33]:

"É que ao efetuar a operação interestadual com a 'Gasolina C', o AEAC não se constitui, nesse caso, como espécie de 'insumo' (input) para a "Gasolina C", pois não há que se falar em

---

[32] Aqui tomou-se como base as informações prestadas pelo Estado do Rio de Janeiro. A maioria dos Estados optou por uma resposta padronizada que a nosso sentir pouco contribuiria para o debate proposto no presente trabalho.

[33] Página 25 das Informações prestadas pelo Estado do Rio de Janeiro, protocolizada nos autos da ADI nº 4171, em 29/01/2009. Petição assinada pelo Secretário de Estado de Fazenda.

produto novo, mas simples composição de produtos acabados que possuem propriedade peculiares, a servir na carburação automotiva (mistura determinada por força da regulação federal – Resolução CIMA nº 37/2007)".

E conclui acerca da destinação interestadual do combustível

"Dessa forma, ao efetuar a operação interestadual com "Gasolina C", a distribuidora de combustíveis fica sujeita:

(i) em relação a parcela do imposto incidente sobre a Gasolina – a efetuar, na condição de substituta tributaria, o recolhimento do imposto incidente sobre todas as operações subsequentes até o consumidor final, podendo compensar a importância retida pela refinaria no Estado de origem (correspondente ao fato gerador presumido não realizado), com o valor do imposto devido ao Estado de destino do combustível derivado de petróleo, aplicando a alíquota interna vigente no Estado destinatário sabre a base de cálculo estimada (o "preço médio de venda ao consumidor final" do Estado de destino).

(ii) em relação a parcela do imposto incidente sobre AEAC – efetuar, na condição de contribuinte, o recolhimento do imposto incidente sobre a operação interestadual de comercialização deste produto, em favor do Estado de origem, aplicando a alíquota interestadual correspondente sobre o valor total da operação.

As considerações trazidas pelo Estado do Rio de Janeiro evidenciam o entendimento de que na saída interestadual estar-se-ia diante, na realidade, da saída de dois produtos distintos (gasolina pura/óleo diesel puro e AEAC/B100) e não de produtos novos, a gasolina C e o óleo diesel B7, ambos derivados de petróleo. Sob essa perspectiva da operação, haveria, de fato, uma nova saída interestadual de biocombustível não sujeita à sistemática da tributação no Estado de consumo, cabendo à DISTRIBUIDORA um crédito de ICMS na operação anterior (aquisição do AEAC e B100), referente ao ICMS pago à REFINARIA, e a necessidade de um novo pagamento, referente à nova saída interestadual do AEAC e do B100. Esse o fundamento que justifica para os Estados a sistemática estorno-pagamento do Convenio ICMS nº 110/2007.

Como já exposto, não obstante a identificação de correlação entre a ADI nº 4171 e o RE nº 781.926, indicada pelo Ministro Luiz Fux, no último dia 05/03/2015, a ADI nº 4171 teve concluído parcialmente seu julgamento, em razão da apresentação no Plenário do STF do voto-vista do Ministro Ricardo Lewandowski.

O voto do Ministro Lewandowski ainda não havia sido publicado até a conclusão do presente estudo, no entanto, colhe-se da gravação do julgamento[34], disponibilizado pelo endereço eletrônico do Supremo Tribunal Federal, os

---

[34] https://www.youtube.com/watch?v=IuO0tlJlnEo (Endereço do STF no site YOUTUBE.com).

seguintes entendimentos que resultaram na declaração de inconstitucionalidade, por maioria, dos parágrafos 10 e 11 da Cláusula vigésima primeira do Convênio ICMS nº 110/2007:

a) impossibilidade de estorno, diante da inexistência de crédito na hipótese de diferimento;
b) o estorno é um registro escritural-contábil e se realiza através de uma operação de mesma natureza (escritural-contábil) e não através de um pagamento; e
c) a instituição de nova hipótese de incidência através de Convênio viola o Princípio da Legalidade e acarreta uma bitributação.

Acompanharam o voto da Ministra-Relatora Ellen Gracie, o próprio Ministro Ricardo Lewandowski, o Ministro Roberto Barroso, o Ministro Teori Zavascki, o Ministro Gilmar Mendes, o Ministro Marco Aurélio e o Ministro Celso de Mello, pela inconstitucionalidade da cobrança.

Os votos divergentes foram proferidos pelo Ministro Luiz Fux e pela Ministra Cármen Lúcia, na primeira fase do julgamento. O Ministro Dias Toffoli não participou do julgamento, pois atuou no caso na qualidade de Advogado-Geral da União, quando a União Federal foi instada a prestar informações.

O julgamento foi dividido em dois temas: a inconstitucionalidade da norma impugnada e a modulação dos efeitos da decisão. A inconstitucionalidade das normas foi definitivamente declarada, pois foi alcançado o quórum regimental do STF; no entanto, em razão da justificada ausência da Ministra Cármen Lúcia no julgamento, ainda permaneceu pendente de definição pelo Plenário do STF a questão da modulação dos efeitos da decisão, com placar parcial favorável pela concessão de 6 (seis) meses para que os Estados se organizem quanto à redução da arrecadação.

Não obstante as ponderações trazidas pelo Ministro Marco Aurélio durante o julgamento, a maioria presente no julgamento entendeu pela concessão aos Estados do prazo de 6 (seis) meses para que estes organizem suas finanças de forma a conformarem-nas com a não arrecadação dessa parcela de ICMS, mas essa questão depende do voto da Ministra Cármen Lúcia, no mesmo sentido, para surta os efeitos pretendidos.

3.b) *Tema em discussão no RE nº 781.926 – Crédito de ICMS nas aquisições de AEAC e B100*

Como já assinalado, durante o processamento da ADI nº 4171 surgiu um fato novo relacionado à admissão, sob o regime de repercussão geral, do RE nº 781.926, em que a Autora (DISTRIBUIDORA) alega, em respeito ao Princípio da não-cumulatividade, ter direito ao crédito do ICMS DIFERIDO, pago às REFINARIAS por substituição tributária, na operação de aquisição do AEAC e do B100, de USINAS, direito esse que lhe é negado pelo Estado de Goiás.

Em oposição à pretensão do contribuinte, o Estado de Goiás aduz que nas hipóteses de substituição tributária o contribuinte apenas teria direto à restituição do ICMS pago, na hipótese de inocorrência do fato gerador, fundamentando seu entendimento em precedentes do próprio STF (ADI nº 1.851/AL).

Assim, o Ministro Luiz Fux, ao admitir o recurso e afetá-lo com a repercussão geral, reconheceu expressamente que este recurso veicula tema jurídico que guarda similitude ao tema da ADI nº 4171, sob a relatoria da Ministra Rosa Weber, por sucessão regimental à Ministra Ellen Gracie.

Importante desde logo ressaltar que o Ministro Luiz Fux, no julgamento da ADI nº 4171 proferiu voto (ainda não publicado) no sentido de considerar constitucional a cobrança do estorno-pagamento. Apesar do voto não ter sido disponibilizado, é possível deduzir-se, a princípio, o entendimento do Ministro pela possibilidade da existência do crédito para a DISTRIBUIDORA. Tal entendimento, no entanto, não prevaleceu.

3.c) Temas em comum na ADI nº 4171 e no RE nº 781.926

O ponto em comum entre as duas ações submetidas à análise do Supremo Tribunal Federal está na discussão acerca da existência ou não de crédito para a DISTRIBUIDORA pelo ICMS DIFERIDO incidente na operação de AEAC e do B100, no âmbito da substituição tributária, mas sob perspectivas jurídicas diversas.

A aproximação entre as teses jurídicas está no fato de que no RE nº 781.926 a Distribuidora de combustíveis alega lhe ser negado direito ao crédito na aquisição do AEAC e no B100, e na ADI nº 4171 discute-se a inconstitucionalidade do estorno/pagamento, vez que a Distribuidora de combustíveis não possui direito a esse mesmo crédito, daí a impossibilidade de estorno/pagamento, criando-se uma nova incidência tributária sem respaldo na Constituição Federal.

O único ponto de distanciamento entre as duas ações verifica-se na abrangência das operações: (i) no RE nº 781.926 o direito ao crédito alcançaria operações internas (dentro do próprio Estado) e as interestaduais, e (ii) na ADI nº 4171 apenas estaria em discussão às operações interestaduais.

Nos dois processos, mas de formas diametralmente opostas, os Estados advogam em defesa do interesse da arrecadação: a) a impossibilidade do creditamento do ICMS nessas operações, em oposição à tese apresentada no RE nº 781.926 e b) a existência do creditamento feito pelas DISTRIBUIDORAS, nessas mesmas operações, o que justifica e torna válido o recolhimento do ICMS sob a rubrica de "estorno", tema objeto de julgamento na ADI nº 4171.

Dessas disparidades de interpretação, extrai-se o questionamento fundamental que será enfrentado pelo Supremo Tribunal Federal: determinar se, nas operações com combustíveis derivados de petróleo, as DISTRIBUIDORAS terão ou não direito ao crédito de ICMS, ao adquirirem o AEAC e o B100, operações essas submetidas ao regime de DIFERIMENTO, com o imposto pago pelas Refinarias aos Estados de origem.

Como se está diante de uma mesma operação de ICMS, o acolhimento de uma das teses jurídicas em discussão implicará na exclusão da outra, posto que juridicamente impossível considerar-se a existência e a inexistência, concomitante, de crédito numa mesma operação econômica submetida à tributação.

4. Análise dos conflitos das teses jurídicas submetidas à apreciação do Supremo Tribunal Federal.

Da análise dos temas trazidos ao julgamento do Supremo Tribunal Federal nos dois processos (ADI nº 4171 e RE nº 781.926), alguns se destacam pela aparente incongruência com a sistemática constitucional da substituição tributária e de outros precedentes do próprio STF sobre a matéria.

Para esse trabalho destacaremos 3 questionamentos que estarão submetidos à apreciação do STF:

4.a) Da inexistência de crédito também na hipótese do RE nº 781.926 – Saídas subsequentes não tributadas

Voltando-se as atenções para o tema discutido no RE nº 781.926, identifica-se um questionamento relevante na instituição do regime de substituição tributária: a DISTRIBUIDORA teria direito ao crédito de ICMS DIFERIDO, pago à REFINARIA, em razão da operação interestadual ou interna com biocombustíveis (AEAC e B100) promovida diretamente pela USINA?

Para responder a esse questionamento é preciso fazer um breve regresso quanto à substituição tributária prevista no Convênio ICMS nº 110/2007, para afirmar que a USINA realiza a operação de remessa do AEAC e B100 para a DISTRIBUIDORA com diferimento do pagamento do ICMS, e que este será pago pela DISTRIBUIDORA à REFINARIA juntamente com o valor da gasolina e óleo diesel puros que adquirir.

E afirmar, ainda, que a REFINARIA, por sua vez, na qualidade de substituto tributário, efetuará o pagamento do ICMS ao Estado de origem da USINA, partindo essa do pressuposto de fato de que a mistura do biocombustível é realizada em percentuais obrigatórios, sem o que o combustível não poderá ser comercializado pelos postos de combustíveis.

Sob essa perspectiva surge um outro questionamento que poderá também ser submetido ao STF: *o produto, resultado da mistura, seria um combustível derivado de petróleo ou teríamos, nos termos pretendidos pelos Estados, produtos distintos (de um lado a gasolina/diesel puros, e de outro o AEAC/B100)?*

Esse questionamento acerca da natureza do produto resultado da mistura é relevante, na medida em que ele fixará o regime tributário para a incidência do ICMS. Isso porque o inciso X do § 2º do art. 155 da Constituição Federal estabelece a não incidência para saídas interestaduais com combustíveis derivados de petróleo, ao mesmo tempo em que o inciso I do § 4º do mesmo artigo determina que o ICMS será devido ao Estado em que ocorrer o consumo.

A conjugação desses dois dispositivos constitucionais informa a competência para a instituição e cobrança do ICMS nas operações com combustíveis derivados de petróleo.

Ao definir-se que o produto objeto da mistura será um combustível derivado de petróleo (gasolina C e óleo diesel B7), o ICMS arrecadado e pago pela REFINARIA seria devido ao Estado de consumo. Prevalecendo, por outro lado, o entendimento de que estar-se-ia diante de dois produtos distintos, na hipótese de uma saída interestadual promovida pela DISTRIBUIDORA, a parcela correspondente à gasolina/óleo diesel puros seria devida ao Estado de consumo e a parcela do AEAC/B100 seria devida ao Estado onde localizada a DISTRIBUIDORA que promoveu saída interestadual.

Para responder esse questionamento se faz necessário colher a disciplina da natureza do produto, resultado da mistura, na legislação do IPI – Imposto sobre Produtos Industrializados que rege o processo de industrialização.

Nos termos do art. 4º do Decreto nº 7.212/2010[35], cinco processos caracterizam, não exclusivamente, a industrialização: transformação, beneficiamento, montagem, acondicionamento ou reacondicionamento ou renovação ou recondicionamento.

---

[35] Decreto nº 7.212/2010 – Art. 4º Caracteriza industrialização qualquer operação que modifique a natureza, o funcionamento, o acabamento, a apresentação ou a finalidade do produto, ou o aperfeiçoe para consumo, tal como: I – a que, exercida sobre matérias-primas ou produtos intermediários, importe na obtenção de espécie nova (transformação); II – a que importe em modificar, aperfeiçoar ou, de qualquer forma, alterar o funcionamento, a utilização, o acabamento ou a aparência do produto (beneficiamento); III – a que consista na reunião de produtos, peças ou partes e de que resulte um novo produto ou unidade autônoma, ainda que sob a mesma classificação fiscal (montagem); IV – a que importe em alterar a apresentação do produto, pela colocação da embalagem, ainda que em substituição da original, salvo quando a embalagem colocada se destine apenas ao transporte da mercadoria (acondicionamento ou reacondicionamento); ou V – a que, exercida sobre produto usado ou parte remanescente de produto deteriorado ou inutilizado, renove ou restaure o produto para utilização (renovação ou recondicionamento). Parágrafo único. São irrelevantes, para caracterizar a operação como industrialização, o processo utilizado para obtenção do produto e a localização e condições das instalações ou equipamentos empregados.

Dentre as opções indicadas acima para a caraterização da industrialização, a que mais se assemelha ao processo produtivo das DISTRIBUIDORAS é a transformação, pois estão presentes duas matérias primas diferentes (gasolina/óleo diesel puros e os biocombustíveis – AEAC/B100), obtendo-se uma espécie nova de produto, no caso a Gasolina C e o óleo diesel B7.

Portanto, ao final do processo de industrialização (transformação) o produto resultante será um novo produto: a gasolina C ou o óleo diesel B7. Novamente, faz-se necessário reafirmar uma das principais condicionantes das operações com derivados de petróleo no país, para que não reste dúvidas quanto ao processo de industrialização: a mistura do biocombustível à gasolina/óleo diesel puros é obrigatória e de atribuição exclusiva das DISTRIBUIDORAS. Em palavras mais simples: a DISTRIBUIDORA não promove a comercialização da gasolina/óleo diesel puros ou do AEAC/B100 separadamente.

Pode-se afirmar que o produto resultado do processo de industrialização realizado pela DISTRIBUIDORA é, obrigatoriamente, um derivado de petróleo (gasolina C e óleo diesel B7).

Essa afirmação impõe que o ICMS incidente na operação com derivado de petróleo seja atribuído ao Estado onde ocorrer o consumo, nos termos do inciso I do § 4º do art. 155 da Constituição Federal, e a saída interestadual se dê sem a incidência do imposto, nos termos inciso X do § 2º do art. 155.

Afirmada a condição de derivado de petróleo do resultado da mistura entre a gasolina/óleo diesel puro e do AEAC/B100, resta ainda o questionamento inicial referente à possibilidade do creditamento do ICMS DIFERIDO referente à operação de aquisição do AEAC/B100, pago pela DISTRIBUIDORA à REFINARIA e o novo pagamento, caso a DISTRIBUIDORA promova a saída com o AEAC/B100 misturados à gasolina C/óleo diesel B7 para Estado diverso da sua localização.

Como destacado anteriormente, para que o regime de substituição tributária alcance seus objetivos, o ICMS incidente sobre a cadeia de produção, distribuição e comercialização é pago integralmente à REFINARIA pela DISTRIBUIDORA quando esta adquire a Gasolina/Óleo Diesel puros.

Essa primeira particularidade (substituição tributária), acrescida do fato de que o ICMS não incide na operação interestadual com combustível (art. 155, § 2º, X, b[36]), torna juridicamente impossível para a DISTRIBUIDORA apropriar-

---

[36] Constituição Federal – art. 155 (...), § 2º O imposto previsto no inciso II atenderá ao seguinte: (...) X – não incidirá: (...) b) sobre operações que destinem a outros Estados petróleo, inclusive lubrificantes, combustíveis líquidos e gasosos dele derivados, e energia elétrica.

-se do crédito do ICMS referente às operações anteriores, à luz da disciplina do art. 155, § 2º, II, a da Constituição Federal[37].

Impende observar que são dois comandos constitucionais a impedir o creditamento do ICMS: (a) não incidência nas operações interestaduais com combustíveis; e (b) a vedação ao crédito nas operações isentas ou não-tributadas.

Em síntese: se a Constituição Federal veda o crédito, não há como a DISTRIBUIDORA estornar/pagar o ICMS correspondente à operação com o AEAC/B100, como pretendido pelo Convênio ICMS nº 110/2007.

Acresça-se a esse argumento os comandos dos incisos I e II § 3º do art. 20 da Lei Complementar nº 87/1996 que vedam o crédito relativo a mercadoria entrada no estabelecimento quando a saída do produto resultante não for tributada ou estiver isenta do imposto, em textual:

> *§ 3º É vedado o crédito relativo a mercadoria entrada no estabelecimento ou a prestação de serviços a ele feita:*
>
> *I – para integração ou consumo em processo de industrialização ou produção rural, quando a saída do produto resultante não for tributada ou estiver isenta do imposto, exceto se tratar-se de saída para o exterior;*
>
> *II – para comercialização ou prestação de serviço, quando a saída ou a prestação subsequente não forem tributadas ou estiverem isentas do imposto, exceto as destinadas ao exterior.*

A impossibilidade de creditamento, portanto, inviabiliza juridicamente a tese defendida pelos Estados de que o estorno do crédito "presta-se apenas para assegurar que não haverá o creditamento do ICMS recolhido na operação anterior", pois nunca houve o que se creditar.

Além disso, nos autos do RE nº 781.926 essa questão da impossibilidade de aproveitamento dos créditos de ICMS, caso seja acolhida a tese, é objeto de afirmação pela própria Autora da ação[38], *in verbis*:

> *"A autora é, como já explicitado, substituída no recolhimento de ICMS pelas suas saídas. Logo, não tem "débitos" recolhidos diretamente por ela – quem o faz em seu lugar é a refinaria, na qualidade de substituta."*

Ora, no regime de substituição tributária o contribuinte substituído não faz jus aos créditos de ICMS, pois na saída subsequente da mercadoria o imposto não

---

[37] Constituição Federal – art. 155 (...), § 2º. O imposto previsto no inciso II atenderá ao seguinte: (...) II – a isenção ou não-incidência, salvo determinação em contrário da legislação: a) não implicará em crédito para compensação com o montante devido nas operações ou prestações seguintes; b) acarretará a anulação do crédito relativo às operações anteriores.

[38] fls. 11 – item 4.2 da petição inicial.

incidirá, vez que foi pago antecipadamente ao substituto. No caso em análise, a REFINARIA foi a parte da cadeia produtiva escolhida pelo legislador para concentrar a apuração e recolhimento do imposto, seja do ICMS DIFERIDO na aquisição do AEAC/B100, seja no ICMS devido ao Estado onde ocorrer o consumo.

Nessa ordem de convicções, se a saída subsequente do combustível derivado de petróleo promovida pela DISTRIBUIDORA (seja interna ou interestadual) não é alcançada pelo ICMS em razão da substituição tributária na REFINARIA, logo não haverá crédito a ser apropriado pela DISTRIBUIDORA.

4.b) Da inexistência de crédito e da consequente inexistência do estorno – comando de pagamento.

Pois bem, verificada a impossibilidade jurídica das Distribuidoras de se creditarem do ICMS, não deve haver dúvida de que o Convenio ICMS nº 110/2007, nos §§ 10 e 11, da Cláusula Vigésima Primeira, utilizou inapropriadamente o nome jurídico de "estorno" para um comando de recolhimento do ICMS, *in verbis*:

> § 11. O estorno a que se refere o § 10 far-se-á pelo recolhimento do valor correspondente ao ICMS diferido ou suspenso que será apurado com base no valor unitário médio e na alíquota média ponderada das entradas de AEAC ou de B100 ocorridas no mês, observado o § 6º da cláusula vigésima quinta.

A sutileza do texto está exatamente na expressão "estorno do crédito do imposto correspondente ao volume de AEAC ou B100 contido na mistura". E esse "estorno", pelo comando do Convênio, se faz através de um pagamento.

Ora, como estornar um crédito que a Constituição Federal diz ser inexistente? E como pagar por uma hipótese de incidência também não prevista na Constituição Federal, trazida ao ordenamento jurídico mediante Convênio?

"Estornar" é corrigir um lançamento a crédito, e pagar é cumprir uma obrigação tributária principal.

A questão do estorno ganhou relevância na declaração do voto-vista do Ministro Ricardo Lewandowski, no julgamento da ADI nº 4.171, ressaltando que o crédito e o estorno são operações contábeis-escriturais, que não envolve pagamentos.

Na exatidão do art. 21 da Lei Complementar nº 87/1996[39] o estorno do crédito ocorre em situações específicas, quando o contribuinte dá destinação diversa

---

[39] Lei Complementar nº 87/1996 – Art. 21. O sujeito passivo deverá efetuar o estorno do imposto de que se tiver creditado sempre que o serviço tomado ou a mercadoria entrada no estabelecimento: I – for objeto de saída ou prestação de serviço não tributada ou isenta, sendo esta circunstância imprevisível na data da entrada da mercadoria ou da utilização do serviço; II – for integrada ou consumida em processo de industrialização, quando a saída do produto resultante

daquela originalmente pretendida ou nas situações em que a saída posterior não tributada ou isenta for uma circunstância imprevisível para o contribuinte.

Nem se alegue o desconhecimento, tanto por parte do contribuinte quanto pelos Estados, que a saída posterior da gasolina C e do óleo diesel B7 é uma operação não tributada, porque esse é um pressuposto constitucional inafastável na cadeia econômica dos combustíveis derivados de petróleo.

Inadvertidamente, os Estados reclamam, mediante o Convênio ICMS nº 110//2007, e oculto sob a expressão "estorno", uma parcela de ICMS sobre as operações interestaduais subsequentes do AEAC/ B100 contida na mistura da gasolina C e do óleo diesel B7.

No entanto, esses dois produtos (AEAC e B100), como visto, não existem mais como produtos autônomos, após o processo de industrialização (mistura) obrigatório e regulado pela ANP. O que se tem na operação subsequente são derivados de petróleo: gasolina C e óleo diesel B7.

Seja do ponto de vista jurídico, seja do ponto de vista fático, o produto após a industrialização é um derivado de petróleo e o ICMS incidente na operação com esse derivado de petróleo será devido ao Estado de consumo, nos termos do art. 155, § 3º, I da Constituição Federal.

Ressalte-se, portanto, que o estorno indicado na Lei Complementar nº 87//1996 diz respeito à impossibilidade de aproveitamento do crédito do ICMS quando a saída posterior é isenta ou não tributada (como é o caso das saídas interestaduais com combustíveis derivados de petróleo), e o "estorno" indicado pelo Convênio é na realidade um efetivo pagamento.

Sem esclarecer essa premissa, estar-se-ia analisando a constitucionalidade de um simples estorno (creditamento equivocado ou imprevisível), quando na realidade o texto do Convênio ICMS nº 110/2007 impõe um pagamento.

E foi exatamente essa premissa que valeu-se o Ministro Ricardo Lewandowski para firmar o seu entendimento, no sentido da inconstitucionalidade dos parágrafos 10 e 11 da Cláusula 21ª do Convenio ICMS nº 110/2007, quando após ressaltar a impossibilidade de estorno para as Distribuidoras, afirmar tratar-se a exigência de um novo pagamento como uma bitributação sobre o mesmo fato, sem autorização pela Constituição Federal.

não for tributada ou estiver isenta do imposto; III – vier a ser utilizada em fim alheio à atividade do estabelecimento; IV – vier a perecer, deteriorar-se ou extraviar-se. § 1º (revogado). § 2º Não se estornam créditos referentes a mercadorias e serviços que venham a ser objeto de operações ou prestações destinadas ao exterior ou de operações com o papel destinado à impressão de livros, jornais e periódicos. § 3º O não creditamento ou o estorno a que se referem o § 3º do art. 20 e o caput deste artigo, não impedem a utilização dos mesmos créditos em operações posteriores, sujeitas ao imposto, com a mesma mercadoria.

4.c) Da impossibilidade de prejuízo para os Estados com a operação interestadual de combustíveis derivados de petróleo

Outro ponto que merecerá aprofundamento por parte do Supremo Tribunal Federal é a possível perda de arrecadação ou de uma "exação negativa" a que estariam submetidos os Estados localizados nas fases intermediárias da cadeia de produção e comercialização da gasolina C e do óleo diesel B7.

Os Estados, seja no regime atual do Convenio ICMS nº 110/2007, seja nos regimes anteriores, e até mesmo fora de qualquer regime especial de tributação ou de substituição tributária, jamais tiveram ou terão – salvo na hipótese de alteração da Constituição – o direito ao ICMS devido nas operações interestaduais com combustíveis, notadamente quanto à parcela do AEAC e do B100 utilizados como insumo para industrialização de um derivado de petróleo (gasolina C e óleo diesel B7), a indicada "mistura" prevista no Convênio.

E essa premissa decisiva decorre do fato de que a saída interestadual subsequente é de um produto derivado de petróleo, não tributado pelo ICMS, por força do já citado art. 155, § 2º, X, "b", da Constituição Federal. O AEAC e o B100, por sua vez, simplesmente não mais existem, pois foram incorporados a um novo produto, derivado de petróleo.

O que os Estados chamam de queda de arrecadação ou de "exação negativa" rigorosamente não existe. Em realidade, nas operações interestaduais de gasolina C e de óleo diesel B7, os Estados em que estão localizadas as DISTRIBUIDORAS não têm (e nunca tiveram!) direito à arrecadação alguma de ICMS, uma vez que o imposto incidente na operação com o biocombustível (AEAC/B100) é devido ao Estado de origem das USINAS e a parcela do imposto incidente na comercialização da gasolina C e do óleo diesel B7 é devido ao Estado de destino.

O ponto de dissenso para os Estados está no fato de que a REFINARIA, ao promover a substituição tributária, efetua o cálculo do ICMS devido pelas DISTRIBUIDORAS com presunção de que os combustíveis serão consumidos no Estado onde elas estão localizadas, e não a presunção de uma operação interestadual.

Essa circunstância frustra as expectativas de arrecadação, pois a partir do sistema informatizado que controla as operações com combustíveis (o SCANC), a REFINARIA identifica a operação interestadual e transfere os recursos aos ESTADOS correspondentes. Dito de outra forma, ao realizar operações interestaduais, a DISTRIBUIDORA não contribui para os cofres do Estado em que está localizada.

Essa circunstância de fato pode ocorrer, mas não significa que a DISTRIBUIDORA, que já pagou integralmente o ICMS devido na cadeia produtiva tenha que efetuar um novo pagamento do imposto como forma de remediar uma circunstância que foi criada pela própria Constituição Federal.

Trata-se de uma decisão política que remonta à promulgação da Emenda Constitucional nº 33/2001 que acrescentou o § 4º ao art. 155 atribuindo ao Estado de consumo o ICMS devido nas operações com combustíveis derivados de petróleo (inciso I), a repartição entre os Estados do ICMS devido nas operações interestaduais, entre contribuintes, com os demais combustíveis (inciso II); e ao Estado de origem o ICMS devido nas operações interestaduais, destinadas a não contribuintes (inciso III).

São inúmeras as críticas que se podem tecer acerca da decisão política da chamada tributação no destino, em oposição à tributação da origem, exclusivamente para algumas espécies de produtos, tais como os combustíveis derivados de petróleo ou energia elétrica, pois o mecanismo de distribuição da arrecadação entre os Estados produtores e os Estados consumidores, na forma das alíquotas interestaduais de 7% e 12%, previstas pela Resolução do Senado nº 12/1989, e a alíquota interestadual de 4%, prevista pela Resolução nº 13/2013, nas hipóteses de mercadorias importadas, prestam-se com eficiência a esse mecanismo, não obstante o rigor que se exige para coibir a concessão de benefícios fiscais à margem do CONFAZ[40].

Essa mesma questão afeta os Estados em que estão localizadas as Refinarias, pois também não recebem nenhuma parcela do ICMS devido na comercialização dos derivados de petróleo em operações interestaduais.

Mas o legislador constitucional derivado (Emenda Constitucional nº 33/2001) o fez como opção política para a repartição de recursos entre os Estados e essa decisão não permite que esses mesmos Estados criem uma nova competência, inexistente na Constituição Federal, para instituir uma nova incidência tributária pela via de Convênio no âmbito do CONFAZ.

5. Dos precedentes do STF acerca da substituição tributária e do diferimento – renovações de discussões antigas?

Os temas que serão submetidos ao Supremo Tribunal Federal no julgamento do RE nº 781.926 e aqueles discutidos no âmbito da ADI nº 4171, guardadas as suas particularidades, não se apresentam como uma verdadeira novidade para a Corte, como se demonstrará. O que se traz efetivamente como novidade será a necessidade de compreensão das peculiaridades da operação com combustíveis: (i) regulada de forma rigorosa pela ANP, (ii) envolvendo produtos com regimes de incidência do ICMS diversos (origem para o AEAC/B100 e destino para a gasolina C/óleo diesel B7) e (iii) a fixação da substituição tributária, para toda a

---

[40] DERZI, Misabel Abreu Machado. *Aspectos essenciais do ICMS como imposto de mercado*. In Direito tributário: estudos em homenagem a Brandão Machado/coordenadores Luís Eduardo Schoueri, Fernando Zilveti. São Paulo: Dialética, 1998. p. 129-131.

cadeia, em uma das partes que não necessariamente está envolvida diretamente com toda a operação (REFINARIAS).

O tema da regulação da operação pela ANP já foi objeto de considerações anteriores, mas é importante relembrar que todas as empresas envolvidas (REFINARIAS, USINAS, DISTRIBUIDORAS e POSTOS DE COMBUSTÍVEIS) carecem de autorização prévia de funcionamento e tem a sua atividade definida e limitada pelo órgão regulador, impedindo-se a sobreposição de atribuições[41]. Nesse particular, também revela-se destacar que a composição da gasolina C e do óleo diesel B7 contém a mistura obrigatória dos biocombustíveis, atualmente de 25% para a gasolina e 7% para o óleo diesel.

Da mesma forma, merece destaque o tema referente a diferenciação dos regimes de tributação na origem para os biocombustíveis e no destino para os derivados de petróleo, também foi objeto de pormenorizadas considerações.

Os dois últimos temas, fundamentais para o deslinde da questão, dizem respeito ao alcance da substituição tributária e da possibilidade de creditamento, pelas DISTRIBUIDORAS, do ICMS DIFERIDO incidente nas operações com AEAC/B100.

5.1) Da substituição tributária no STF

A discussão acerca da substituição tributária, especialmente aquela denominada "para frente", suscitou acaloradas discussões doutrinárias e jurisprudenciais, tão logo a Constituição Federal de 1988 foi promulgada, especialmente em razão das disciplinas trazidas no âmbito do ICMS, com a edição do Convênio ICM nº 66/1988, no exercício da competência dos Estados para disciplinar a matéria, prevista no § 8º do art. 34 do ADCT/1988. Tais discussões foram ainda mais acirradas quando da promulgação da Emenda Constitucional nº 3/1993, que introduziu o § 7º[42] ao art. 155 da Constituição, dando *status* constitucional à substituição tributária para frente.

Dentre os diversos julgados acerca do tema, consideraremos para esta análise o RE nº 213.396, que apesar de ter o seu julgamento interrompido por pedidos de vista de alguns Ministros, foi concluído antes de outro importante julgado sobre o tema, ocorrido no âmbito da ADI nº 1851[43]. Uma diferença importante entre os

---

[41] P.ex. a REFINARIA não industrializa a gasolina C, tampouco pode comercializar a gasolina pura aos POSTOS DE COMBUSTÍVEIS; da mesma forma que as DISTRIBUIDORAS não podem comercializar o AEAC, apenas as USINAS)

[42] CF/88 – art. 150. (...) § 7º. A lei poderá atribuir a sujeito passivo de obrigação tributária a condição de responsável pelo pagamento de imposto ou contribuição, cujo fato gerador deva ocorrer posteriormente, assegurada a imediata e preferencial restituição da quantia paga, caso não se realize o fato gerador presumido.

[43] STF – ADI nº 1851 – Tribunal Pleno – Rel. Min. Ilmar Galvão – j. 08/05/2002 – DJ, 13/12/2002.

dois julgados se encontra no fato de que no RE nº 213.396 a substituição tributária para frente teve a sua constitucionalidade desafiada antes da promulgação da Emenda Constitucional nº 3/1993, de sorte que na ADI nº 1851 a substituição tributária foi desafiada a partir de legislação editada sob a égide da novel introdução do § 7º do art. 150.

De leitura obrigatória para uma compreensão do instituto da substituição tributária e das próprias razões, algumas delas históricas, da utilização dessa técnica de arrecadação[44], os votos e debates que se seguiram até a proclamação do resultado do RE nº 213.396, são ricos em referências doutrinárias e em construções de interpretações jurídicas que, como afirmou o próprio Ministro Marco Aurélio, vencido naquela ocasião, implicou *"porta aberta a que o procedimento seja estendido a outras operações além da relativa a veículos e também para outros tributos"*. De fato a figura da substituição tributária para frente é uma técnica de arrecadação largamente utilizada em todas as esferas de tributação, muito além do ICMS. Naquele momento o Ministro previu o futuro!

O tema discutido no RE nº 213.396 dizia respeito ao inconformismo do Estado de São Paulo com relação a um acórdão do Tribunal de Justiça daquele mesmo Estado que considerou inconstitucional a antecipação da exigência de ICMS incidente sobre a revenda de automóveis, tendo como substituto tributário a montadora de veículos. Essa (montadora), por sua vez, de acordo com a legislação impugnada[45], deveria efetuar o pagamento do ICMS devido sobre toda a cadeia, até a venda ao consumidor final, como base na tabela de preço sugerida pela mesma às concessionárias; ressarcindo-se desse ônus através da inclusão do imposto ao seu preço de venda.

O voto do relator Ministro Ilmar Galvão, como também o fizeram os demais Ministros em seus votos, acentuou tratar-se de legislação impugnada antes da edição da Emenda Constitucional nº 3/1993. Para prover o recurso do Estado de São Paulo, argumenta inicialmente o Ministro Relator que a sistemática da substituição tributária já existia antes mesmo da Constituição Federal de 1988, desde a edição do Decreto lei nº 406/1968, quando nos seus arts. 2º e 6º já consagravam a substituição para operações anteriores e para as subsequentes, e que o Convênio ICMS nº 66/1988 nada mais fez do que incluir o produtor e o gerador de energia e o transportador na sistemática da substituição tributária. Afasta

---

[44] Acerca do tema escrevemos: "A técnica de arrecadação se realiza através do substituto (retentor) – que é alçado à condição de sujeito passivo pela lei. Cumpre-se reafirmar que o legislador lança mão dessa técnica para tornar exequível a norma tributária, para, em última análise, afastar a pulverização de contribuintes ou a capilaridade de operação tributadas (princípio da praticidade). FERREIRA, Richard Edward Dotoli T. *A sujeição passiva tributária e a retenção de tributos na fonte*. Rio de Janeiro: Lumen Juris, 2008. p. 127-128.

[45] Lei Estadual nº 6.374/1989 (art. 8º) e Decreto Estadual nº 33.118/1991 (art. 278).

ainda a violação ao princípio da capacidade contributiva, sob o argumento de que *"nos impostos indiretos, como o ICMS, como é por demais sabido, conquanto o contribuinte de direito seja aquele obrigado, por lei, a recolher o tributo, é o adquirente ou consumidor final o contribuinte de fato. Esse é que vai ser atingido pelo ônus do imposto, haja, ou não, substituição tributária".*

Da mesma forma o Ministro Ilmar Galvão afasta a hipótese de confisco diante da sua impossibilidade da sua ocorrência, *"tendo em vista o reembolso, pelo substituto, do imposto pago, quando do recebimento do preço das mãos do substituído; reembolsando-se esse, por sua vez, ao receber o preço final das mãos do consumidor".* Também afastou a argumentação de que a presunção do fato gerador constituir-se-ia óbice à exigência antecipada do tributo, das mãos do substituto, asseverando que trata-se de *"fato econômico que constitui verdadeira etapa preliminar do fato tributável (a venda do veículo ao consumidor), que o tem por pressuposto necessário; o qual, por sua vez, é possível prever, com quase absoluta margem de segurança, uma vez que nenhum outro destino, a rigor, pode estar reservado aos veículos que saem dos pátios das montadoras, senão a revenda aos adquirentes finais; sendo, por fim, perfeitamente previsível, porque objeto de tabela fornecida pelo fabricante, o preço a ser exigido na operação final, circunstância que praticamente elimina a hipótese de excessos tributários".*

Quanto à violação ao princípio da não-cumulatividade, o Ministro relator argumenta que *"a novidade resultante do regime de substituição consiste tão-somente em que o tributo embutido no preço do veículo não corresponde apenas ao decorrente dessa primeira operação, abrangendo, por igual, o devido pela operação subsequente, seja, a venda do bem ao consumidor final. Significa que o valor do imposto seria normalmente devido vem acrescido de parcela atinente à incidência do tributo sobre a diferença entre o preço da compra e o preço da venda do veículo".*

O Ministro, por fim, tece comentários acerca das conveniências – bastante controvertidas, ressalte-se – para as partes envolvidas: o Fisco, por simplificar a arrecadação; a montadora, pelo controle do preço final; a concessionária, pela exoneração das preocupações de ordem tributária; e o consumidor, pela certeza de que o preço pago corresponde ao recomendado pelo fabricante. Todas essas vantagens, por sinal, foram objeto de destacadas críticas nos votos divergentes, aos quais nos perfilhamos.

Os votos divergentes foram liderados pelo Ministro Carlos Velloso, que resume a controvérsia envolvida no julgamento à seguinte assertiva: *"a exigência fiscal se faz sem que tenha ocorrido o fato gerador do tributo".* Inaugura a divergência acerca do sujeito passivo da obrigação tributária, com destaque para a sujeição passiva indireta, afirmando tratar-se de terceira pessoa que é posta, pela lei, no lugar do contribuinte, devendo, portanto, estar vinculada ao fato gerador da respectiva obrigação tributária. Afirma, por conseguinte, a inconstitucionalidade da legislação paulista inicialmente pelo fato de que foi necessária uma autorização constitucional para que a responsabilidade por fato futuro se legitimasse (de recordar-se que o julgamento tratava de legislação anterior à Emenda Constitucional nº 3/1993).

Em seguida, o Ministro Carlos Velloso, com fundamento no inciso XII do § 2º do art. 155 (antes da EC nº 3/1993), fixa duas premissas: (i) de que apenas uma lei complementar pode dispor acerca da substituição tributária; e (ii) que a substituição pressupõe a existência de obrigação tributária constituída na forma da lei; nesses termos, o art. 133 do CTN, estabelece que obrigação tributária decorrerá de fato gerador. Sem fato gerador, portanto, não há obrigação tributária.

Nesse caso, o voto divergente fixa premissa que não poderiam os Convênios ICMS 66/1988 e 107/1989 dispor a esse respeito, não lhes sendo permitido fazer as vezes do legislador complementar.

Acompanhando a divergência o Ministro Marco Aurélio, além do vício formal apontado pelo Ministro Carlos Velloso, também identifica a existência de um vício material, na medida em que a Constituição Federal determina a incidência do ICMS sobre operações existentes e não a expectativa de que venham a ocorrer no futuro, o que se assemelharia a um empréstimo compulsório.

Ao final do julgamento, como é de se conhecer, prevaleceu o entendimento do voto do Ministro Relator Ilmar Galvão, no sentido de ser constitucional a instituição da chamada substituição tributária para frente, mesmo antes da promulgação da Emenda Constitucional nº 3/1993.

Esse acórdão produziu reflexos indeléveis nos julgamentos posteriores que enfrentaram o mesmo questionamento. A título de exemplo, tome-se o decidido especificamente quanto à substituição tributária criada pela legislação mineira para as distribuidoras de combustíveis, nos mesmos moldes da legislação paulista, nos autos do RE nº 266.602[46], com relatoria da Ministra Ellen Gracie, que julgou constitucional a substituição tributária para a frente, considerando inconstitucional apenas o desrespeito ao Princípio da Anterioridade não observado pelo legislador ordinário.

Como referido acima, também na ADI nº 1.851 o Supremo Tribunal Federal apreciou outro aspecto da substituição tributária, qual seja a definitividade do fato gerador presumido, não fazendo jus o contribuinte substituído à restituição de eventuais diferenças decorrentes da posterior comercialização da mercadoria por preço inferior ao presumido pelo legislador. Nesse julgado também prevaleceu o entendimento pela constitucionalidade do regime de substituição tributária.

Entretanto, é relevante assinalar que mantém-se pendente na Corte Suprema, quanto ao tema da substituição tributária, o julgamento da ADI nº 2.777 e da

---

[46] STF – RE nº 266.602 – Tribunal Pleno – Rel. Min. Ellen Gracie – j. 14/09/2006 – DJ, 02/02/2007.

ADI nº 2.675, distribuídos em 2002, cujo julgamento foi interrompido pelo reconhecimento da repercussão geral no RE nº 593.849, sob a relatoria do Ministro Ricardo Lewandowski. Nesse recurso especial uma distribuidora de combustíveis localizada no Estado de Minas Gerais pleiteia a restituição do ICMS pago a maior em razão do valor da operação (efetiva) ser inferior ao valor presumido da operação.

A controvérsia tem lugar em razão da edição dos Estados de São Paulo e Pernambuco de legislação que permitiam a restituição do ICMS, na hipótese do fato gerador efetivo ocorrer em valor inferior ao presumido. Nas duas ADI's os julgamentos já contavam com 10 votos, cinco a favor e cinco contra a restituição, quando foram interrompidos pelo reconhecimento da repercussão geral, ocorrida em 2009.

Não obstante tenha sido reconhecida a repercussão geral no RE nº 593.849, este não parece guardar exata equivalência com os temas em discussão na ADI nº 2.777 e na ADI nº 2.675. Ao perquirir-se os fundamentos que deram razão aos apelos extremos, verifica-se que o tema sob repercussão guarda identidade com a ADI nº 1.851, como inclusive assim reconhecido pelo Tribunal de Justiça de Minas Gerais[47], posto que o contribuinte pleiteia a devolução da diferença de ICMS identificada na confrontação entre o preço presumido e o preço efetivo de comercialização. Por outro lado as ADI's a ele relacionadas tratam de tema de sutil diferença, qual seja, as legislações do Estado de São Paulo e de Pernambuco permitiram que os contribuintes ali localizados fizessem jus à restituição do ICMS, o que não era permitido pelo Estado de Minas Gerais, onde localizado o contribuinte, recorrente no RE nº 593.849.

O tema é fugidio ao aqui proposto, mas não se pode deixar de comentar, para uma futura reflexão, os efeitos indesejados de uma eventual reversão do entendimento já anteriormente firmado pelo Supremo Tribunal Federal; seja no campo da segurança jurídica, seja no campo ainda mais delicado da concorrência, princípio de legitimação que convive com outros princípios caros ao direito tributário, tais como a eficiência, praticabilidade, simplificação, razoabilidade, ponderação, igualdade, economicidade transparência, sem os quais, nas palavras de RICARDO LOBO TORRES, pode se pensar numa ordem tributária livre, justa e segura[48].

---

[47] TJ/MG – AC 1.0024.06.196598-4/001 – 8ª Câmara Cível – Rel. Des. Teresa Cristina da Cunha Peixoto – j. 11/10/2007 – DJMG, 24/01/2008.
[48] TORRES, Ricardo Lobo. *Princípio da eficiência em matéria tributária*, in MARTINS, Ives Gandra da Silva, Princípio da eficiência em matéria tributária. São Paulo: Revista dos Tribunais, 2006 (Pesquisas Tributárias. Nova série – n. 12), p. 73.

Assim, partindo-se da perspectiva das teses ventiladas nos precedentes acima indicados, tem-se que na maioria deles o Supremo Tribunal Federal reconheceu a constitucionalidade da substituição tributária para frente.

A despeito das controvérsias que ainda envolvem a questão da restituição do ICMS nas operações em que houver divergência entre os valores da base de cálculo presumida e da efetivamente ocorrida, no campo da substituição tributária, pode-se afirmar essas controvérsias residuais não alcançam o tema em discussão RE nº 781.926 e da ADI nº 4.171, pelo singelo, mas definitivo, argumento do tema não ter sido suscitado; seja pelos contribuintes, ou pelos Estados. Parte-se, portanto, da premissa de que a questão da substituição tributária não influenciará, ou pouca importância terá, no deslinde do tema em julgamento

5.2) Do diferimento no STF

Outro tema que pode influenciar o julgamento RE nº 781.926 e influenciou a ADI nº 4.171 diz respeito ao diferimento, tomado com destaque na própria ementa do acórdão que reconheceu a repercussão geral no recurso extraordinário.

Diferentemente do que ocorre com os demais modelos de diferimento, aquele previsto pelo Convênio ICMS nº 110/2007 vem acompanhado também de uma substituição tributária pela REFINARIA. Por esse regime, o ICMS referente às operações com AEAC/B100 é diferido para quando da saída, pela DISTRIBUIDORA, da gasolina C e do óleo diesel B7, e a responsabilidade pelo pagamento ao Estado de origem do AEAC/B100 será da REFINARIA.

Num regime regular de diferimento, fora do alcance da disciplina do Convênio ICMS nº 110/2007, o recolhimento do ICMS numa das fases da cadeia econômica é postergada para uma próxima fase[49] da cadeia econômica. Assim, por exemplo, numa cadeia com produto agrícola o ICMS devido na saída do estabelecimento do produtor rural é diferida (postergada) para a fase seguinte de industrialização, e o ICMS é pago, englobadamente, quando da saída do produto industrializado.

O regime de diferimento, apesar de entendimentos discordantes e das distorções causadas pelo próprio legislador, nos parece, simplifica algumas cadeias

---

[49] LUNARDELLI, Pedro Guilherme Accorsi. *O diferimento do ICMS: natureza jurídica e (im) possibilidade de sua renúncia*. In: BERGAMINI, Adolpho; GUIMARÃES, Adriana Esteves; PEIXOTO, Marcelo Magalhães (Org.). O ICMS na história da jurisprudência do Tribunal de Impostos e Taxas do Estado de São Paulo. São Paulo: MP Editora, 2011. p. 46. *"O que se deve entender, portanto, é que apenas o termo para cumprimento desta prestação que se modificará, porque postergado. Isto quer dizer que os demais elementos da relação intranormativa deverão permanecer inalterados. Vale dizer, mantidos intactos o valor nominal desta prestação pecuniária, resultado da aplicação da alíquota sobre a respectiva base de cálculo, os personagens componentes dos polos ativo e passivo desta relação normativa e o espaço e o tempo que demarcaram o fato jurídico".*

econômicas, como visto acima, e possibilita ao Estado um maior controle da arrecadação, especialmente quando se está diante de uma pluralidade de envolvidos em uma cadeia inicial, ou quando se pretende agilizar alguma operação.

Ressalte-se, por oportuno, que o *diferimento* não se confunde com a chamada *substituição tributária para trás;* nesta o contribuinte da cadeia seguinte ou a própria fonte pagadora é indicada pelo legislador como responsável tributário pelo recolhimento do imposto, permitindo-se a utilização da técnica da retenção para a preservação do seu patrimônio, que não foi inicialmente visado pelo legislador. Aqui o substituto pratica o fato gerador, mas, por força de lei (geralmente, uma relação de proximidade com o fato gerador ou com a disponibilidade econômica), outra pessoa é eleita para o pagamento.

No diferimento os fatos geradores são absolutamente diversos, inexistindo a figura do substituto ou do substituído, não obstante o legislador, por vezes, tomar um instituto pelo outro[50]. Aquele que teve o imposto diferido promove a saída da mercadoria sem o pagamento do ICMS, tampouco sofre qualquer retenção daquele que adquire a mercadoria. Na realidade uma fase seguinte da operação (a próxima ou outra qualquer antes da operação final ao consumidor) o imposto é exigido sobre o valor da operação diferida, incluindo-o como custo da operação posterior.

Muitos foram os questionamentos acerca do regime de diferimento, com destaque para a hipótese da operação que teve o imposto diferido para a próxima fase da cadeia produtiva, mas aquele que promove a saída diferida não tem o direito ao crédito do ICMS das mercadorias ou bens adquiridos nas operações anteriores. Dentre os diversos julgamentos do STF, pode-se destacar o RE AgReg nº 325.623[51], sob a relatoria da Ministra Ellen Gracie, de cuja ementa extrai-se[52]:

> CONSTITUCIONAL. TRIBUTÁRIO. ICMS. DIFERIMENTO. TRANSFERÊNCIA DE CRÉDITO AO ADQUIRENTE. PRINCÍPIO DA NÃO-CUMULATIVIDADE. IMPOSSIBILIDADE. 1. *O regime de diferimento, ao substituir o sujeito passivo da obrigação tributária, com o adiamento do recolhimento do imposto, em nada ofende o princípio da não-cumulatividade (RE 112.098, DJ 14.02.92, e RE 102.354, DJ 23.11.84). 2. O princípio da não-cumulatividade do ICMS consiste em impedir que, nas diversas fases da circulação econômica de uma mercadoria, o valor do imposto seja maior que o percentual correspondente à sua alíquota prevista na legislação. O contribuinte deve compensar o tributo pago na entrada da mercadoria com o valor devido por*

---

[50] MARQUEZI JUNIOR, JORGE SYLVIO. *O direito ao crédito do ICMS e o diferimento – uma análise de suas várias hipóteses, em confronto com o posicionamento do STF e do STJ.* Revista Dialética de Direito Tributário. São Paulo: Editora Dialética, v. 218, nov. 2013. p. 98 a 106.

[51] STF – RE nº 325.623 AgRg – 2ª Turma – Rel. Min. Ellen Gracie – j. 14/03/2006 – DJ, 07/12/2006.

[52] Esse mesmo precedente foi reafirmado no RE nº 572.925 AgRg – 1ª Turma – Rel. Min. Cármen Lúcia – j. 15/02/2011 – DJe, 25/03/2011.

ocasião da saída, incidindo a tributação somente sobre valor adicional ao preço. 3. Na hipótese dos autos, a saída da produção dos agravantes não é tributada pelo ICMS, pois sua incidência é diferida para a próxima etapa do ciclo econômico. Se nada é recolhido na venda da mercadoria, não há que se falar em efeito cumulativo. 4. O atacadista ou industrial, ao comprar a produção dos agravantes, não recolhe o ICMS, portanto não escritura qualquer crédito desse imposto. Se a entrada da mercadoria não é tributada, não há créditos a compensar na saída. 5. Impertinente a invocação do princípio da não-cumulatividade para permitir a transferência dos créditos de ICMS, referente à compra de insumos e maquinário, para os compradores da produção agrícola, sob o regime de diferimento. 6. Agravo regimental improvido.

Outro precedente muito citado foi o proferido na ADI nº 2.056[53], sob a relatoria do Ministro Gilmar Mendes, oportunidade em que o STF, reconhecendo não tratar-se o diferimento de uma imunidade ou isenção, considerou legítima a sua instituição pelos Estados, sem a necessidade de prévia celebração de convênio no âmbito do CONFAZ.

Feitas essas breves regressões, verifica-se predominar no STF, até o momento, ao menos três entendimentos acerca do diferimento: *(i)* não se autoriza o aproveitamento de créditos de operações anteriores para o contribuinte que promoveu a saída com diferimento; *(ii)* da mesma forma, não se autoriza o aproveitamento de créditos ao contribuinte que recebeu mercadorias afetadas pelo diferimento; e *(iii)* o diferimento não é uma imunidade ou isenção.

Voltando-se, pois, ao regime de diferimento previsto no Convênio ICMS nº 110/2007, aplicável às saídas com AEAC/B100 da USINA até a DISTRIBUIDORA, teremos uma terceira figura envolvida: a REFINARIA, que funcionará como substituta tributária de toda a operação, conforme disposto no § 1º na Cláusula Vigésima Primeira[54] do Convênio, *verbis*:

---

[53] STF – ADI nº 2056 – Tribunal Pleno – Rel. Min. Gilmar Mendes – j. 30/05/2007 – DJ, 17/08/2007.
[54] Convênio ICMS nº 21/2007 – Cláusula Vigésima Primeira – Cláusula vigésima primeira. Os Estados e o Distrito Federal concederão diferimento ou suspensão do lançamento do imposto nas operações internas ou interestaduais com AEAC ou com B100, quando destinados a distribuidora de combustíveis, para o momento em que ocorrer a saída da gasolina resultante da mistura com AEAC ou a saída do óleo diesel resultante da mistura com B100, promovida pela distribuidora de combustíveis, observado o disposto no § 2º. § 1º O imposto diferido ou suspenso deverá ser pago de uma só vez, englobadamente, com o imposto retido por substituição tributária incidente sobre as operações subsequentes com gasolina ou óleo diesel até o consumidor final, observado o disposto no § 3º. § 2º Encerra-se o diferimento ou suspensão de que trata o caput na saída isenta ou não tributada de AEAC ou B100, inclusive para a Zona Franca de Manaus e para as Áreas de Livre Comércio. § 3º Na hipótese do § 2º, a distribuidora de combustíveis deverá efetuar o pagamento do imposto suspenso ou diferido à unidade federada remetente do AEAC ou do B100. § 4º Na remessa interestadual de AEAC ou B100, a distribuidora de combustíveis destinatária deverá: I – registrar, com a utilização do programa de que trata o § 2º da cláusula vigésima terceira, os

Cláusula vigésima primeira. Os Estados e o Distrito Federal concederão diferimento ou suspensão do lançamento do imposto nas operações internas ou interestaduais com AEAC ou com B100, quando destinados a distribuidora de combustíveis, para o momento em que ocorrer a saída da gasolina resultante da mistura com AEAC ou a saída do óleo diesel resultante da mistura com B100, promovida pela distribuidora de combustíveis, observado o disposto no § 2º.

dados relativos a cada operação definidos no referido programa; II – identificar: a) o sujeito passivo por substituição tributária que tenha retido anteriormente o imposto relativo à gasolina "A" ou ao óleo diesel, com base na proporção da sua participação no somatório das quantidades do estoque inicial e das entradas ocorridas no mês, relativamente à gasolina "A" ou ao óleo diesel adquirido diretamente de sujeito passivo por substituição tributária; b) o fornecedor da gasolina "A" ou do óleo diesel, com base na proporção da sua participação no somatório das quantidades do estoque inicial e das entradas ocorridas no mês, relativamente à gasolina "A" ou ao óleo diesel adquirido de outro contribuinte substituído; III – enviar as informações a que se referem os incisos I e II, por transmissão eletrônica de dados, na forma e prazos estabelecidos no Capítulo VI. § 5º Na hipótese do § 4º, a refinaria de petróleo ou suas bases deverão efetuar: I – em relação às operações cujo imposto relativo à gasolina "A" ou ao óleo diesel tenha sido anteriormente retido pela refinaria de petróleo ou suas bases, o repasse do valor do imposto relativo ao AEAC ou ao B100 devido às unidades federadas de origem desses produtos, limitado ao valor do imposto efetivamente retido e do relativo à operação própria, até o 10º (décimo) dia do mês subsequente àquele em que tenham ocorrido as operações interestaduais; II – em relação às operações cujo imposto relativo à gasolina "A" ou ao óleo diesel tenha sido anteriormente retido por outros contribuintes, a provisão do valor do imposto relativo ao AEAC ou B100 devido às unidades federadas de origem desses produtos, limitado ao valor efetivamente recolhido à unidade federada de destino, para o repasse que será realizado até o 20º (vigésimo) dia do mês subsequente àquele em que tenham ocorrido as operações interestaduais.

§ 6º A unidade federada de destino, na hipótese do inciso II do § 5º, terá até o 18º (décimo oitavo) dia do mês subsequente àquele em que tenham ocorrido as operações interestaduais, para verificar a ocorrência do efetivo pagamento do imposto e, se for o caso, manifestar-se, de forma escrita e motivada, contra a referida dedução, caso em que o valor anteriormente provisionado para repasse será recolhido em seu favor. § 7º Para os efeitos desta cláusula, inclusive no tocante ao repasse, aplicar-se-ão, no que couberem, as disposições do Capítulo V. § 8º O disposto nesta cláusula não prejudica a aplicação do contido no Convênio ICM 65/88, de 6 de dezembro de 1988. § 9º Na hipótese de dilação, a qualquer título, do prazo de pagamento do ICMS pela unidade federada de destino, o imposto relativo ao AEAC ou B100 deverá ser recolhido integralmente à unidade federada de origem no prazo fixado neste convênio. § 10. Os contribuintes que efetuarem operações interestaduais com os produtos resultantes da mistura de gasolina com AEAC ou da mistura de óleo diesel com B100, deverão efetuar o estorno do crédito do imposto correspondente ao volume de AEAC ou B100 contido na mistura. § 11. O estorno a que se refere o § 10 far-se-á pelo recolhimento do valor correspondente ao ICMS diferido ou suspenso que será apurado com base no valor unitário médio e na alíquota média ponderada das entradas de AEAC ou de B100 ocorridas no mês, observado o § 6º da cláusula vigésima quinta. § 12. Os efeitos dos §§ 10 e 11 estendem-se aos estabelecimentos da mesma pessoa jurídica localizados na unidade federada em que ocorreu a mistura da gasolina C ou de óleo diesel com B100, na proporção definida na legislação, objeto da operação interestadual.

§ 1º *O imposto diferido ou suspenso deverá ser pago de uma só vez, englobadamente, com o imposto retido por substituição tributária incidente sobre as operações subsequentes com gasolina ou óleo diesel até o consumidor final, observado o disposto no § 3º.*

Note-se que o § 1º determina que o imposto diferido será pago, com o imposto retido por substituição tributária, o que reforça o já afirmado acima de que a DISTRIBUIDORA efetua o pagamento do ICMS DIFERIDO e do ICMS DESTINO, englobadamente à REFINARIA que, por sua vez, dará o destino às parcelas arrecadadas: ICMS DIFERIDO – AEAC/B100 para o Estado de origem das USINAS; e o ICMS DESTINO para o Estado onde ocorrerá o consumo.

A intervenção da REFINARIA, como substituto tributário também do ICMS DIFERIDO é o que consideramos como ponto de distinção entre os regimes anteriormente analisados pelo Supremo Tribunal Federal.

Nesse contexto a DISTRIBUIDORA efetivamente paga o ICMS referente à operação diferida promovida pela USINA produtora do AEAC/B100, diretamente à REFINARIA.

Um questionamento sempre surge nesse contexto: porque razão os Estados, no Convênio ICMS nº 110/2007 (e também nos anteriores), atribuíram às REFINARIAS a condição de substituto tributário para toda a operação com derivados de petróleo?

A resposta não será encontrada no texto legislativo, mas surge de uma realidade fática evidente, se considerarmos a quantidade, em 2012[55], de postos de combustíveis (39.450), distribuidoras (329) e refinarias (16) no país.

Numa cadeia com tamanha pluralidade de atores, a concentração da tributação (arrecadação) na REFINARIA – por uma questão de simplificação da arrecadação do ICMS – impõe-se ao legislador ordinário (aqui o CONFAZ) o manejo de todas as técnicas disponíveis, para que se acomode os objetivos traçados pelo legislador constitucional, quais sejam, do destino do produto da arrecadação do ICMS nas operações com combustíveis derivados de petróleo ao Estado de consumo e, por sua vez, da arrecadação do AEAC/B100 ao Estado de origem desses produtos.

Atribuindo-se à REFINARIA a responsabilidade tributária pelo pagamento do ICMS em todas as fases da cadeia econômica dos derivados de petróleo,

---

[55] ANP – Anuário Estatístico 2013 – http://www.anp.gov.br/?pg=66833#Se__o_3. Em 2012, das 16 refinarias existentes, apenas 4 delas não estavam sob o controle da Petrobrás: Refinaria de Petróleo Riograndense S.A., Refinaria de Petróleo de Manguinhos S.A., Univen Refinaria de Petróleo Ltda. e Dax Oil Refino S.A

garante-se e simplifica-se a arrecadação; tudo isso viável, nos tempos atuais, em razão do apoio inestimável do sistema informatizado denominado SCANC[56].

Restará, por fim, ao Supremo Tribunal Federal analisar se toda essa simplificação da concentração da arrecadação em pouco mais de uma dezena de contribuintes (REFINARIAS), apoiada num sistema informatizado, de fato importará em direito ao crédito para as DISTRIBUIDORAS do ICMS DIFERIDO nas operações com AEAC/B100, produto este utilizado – em percentuais fixados pela legislação –, na industrialização da gasolina C e do óleo diesel B7.

Com a finalização do julgamento do tema principal da ADI nº 4.171[57], no último dia 05/03/2015, restou consagrado que nas operações com combustíveis as DISTRIBUIDORAS não possuem crédito algum referente ao ICMS DIFERIDO, incidente sobre o AEAC/B100, e que a cobrança do "estorno" é inconstitucional, pois os Estados, através do CONFAZ, criaram hipótese de incidência inexistente no texto constitucional.

O julgamento favorável ao contribuinte na ADI nº 4.171 prenuncia o não acolhimento da tese deduzida no RE nº 781.926, em que uma DISTRIBUIDORA alega ter pago o ICMS DIFERIDO (como de fato o fez) e que, assim, teria direito ao crédito, independentemente do legislador ter elegido a REFINARIA como substituto tributário e das operações subsequentes com a gasolina C e óleo diesel B7 serem não-tributadas.

Lamentavelmente, os dois processos tiveram processamento em apartado, apesar da indicação bastante apropriada do Ministro Luiz Fux da conexão entre os temas, mas tem-se como imperioso que o STF promova a correção desse desvio, com o objetivo primordial de evitar-se decisões conflitantes ou que, no mínimo, possam trazer situações de complexa composição, tendo de um lado os Estados impossibilitados de cobrar o "estorno", porque inexistente o crédito, e de outro os contribuintes, uma vez reconhecido o seu direito no RE nº 781.926, tomando o crédito de uma operação que a própria Constituição Federal elegeu ser não tributável pelo ICMS.

6. Conclusões

O propósito desse trabalho foi analisar as aproximações e distanciamentos de dois importantes processos em curso perante o Supremo Tribunal Federal a ADI nº 4.171 e o RE nº 781.926, ambos relacionados ao Convênio ICMS nº 110/2007, que disciplina os regimes de tributação do ICMS na cadeia econômica dos combustíveis no país, com particular atenção para os combustíveis derivados de petróleo.

---

[56] Sistema de Captação e Auditoria dos Anexos de Combustíveis
[57] Restou inconclusa a questão da modulação dos efeitos.

Ambos processos foram correlacionados pelo Ministro Luiz Fux, mas a ADI nº 4.171 teve seu desfecho, sem que o Plenário se atentasse para essa particularidade, reforçando a importância de evitar-se decisões conflitantes.

Inicialmente, buscou-se fazer um breve histórico da legislação que disciplinou a tributação dos derivados de petróleo no país, desde a Constituição de 1934, passando pela instituição, pela Constituição de 1946, do imposto único, de competência da União Federal. Com a promulgação da Constituição Federal de 1988 a competência para a tributação dos combustíveis é compartilhada entre União Federal (Imposto de Importação e Exportação), Estados (ICMS) e aos Municípios (IVV), este último com vida breve, extinto com a promulgação da Emenda Constitucional nº 3/1993.

Ressaltou-se, ainda, nesse contexto histórico, a importância das alterações promovidas pela Emenda Constitucional nº 33/2001, que determinou, nas operações com derivados de petróleo, a destinação do ICMS ao Estado de consumo.

No item seguinte, descrevemos a cadeia econômica da produção, distribuição e comercialização dos combustíveis derivados de petróleo, destacando a mistura em percentuais obrigatórios dos biocombustíveis (AEAC/B100) à gasolina e ao óleo diesel puros, bem como as atividades reguladas pela ANP da REFINARIA, USINA e DISTRIBUIDORA, cada qual com atribuições específicas na operação.

A mistura obrigatória e os atores da operação, possibilitam ao intérprete compreender como é possível a REFINARIA determinar as quantidades de combustíveis e promover os cálculos do ICMS devido em toda a cadeia econômica, seja na operação com o AEAC/B100, seja com a gasolina C e óleo diesel B7, valendo-se, para tanto, de bases de cálculo presumidas através do MVA – margem de valor agregado e do PMPF – preço médio ponderado a consumidor final.

De posse de todas as quantidades e preços presumidos finais (MVA/PMPF), a REFINARIA, ao vender a gasolina e o óleo diesel puros, acresce ao preço do produto cobrado da DISTRIBUIDORA o ICMS referente ao AEAC/B100, que será utilizado na mistura, e o ICMS referente ao volume final que será comercializado; tudo controlado e registrado no sistema SCANC.

Quando a DISTRIBUIDORA promove a saída do combustível derivado de petróleo, ela registra no SCANC a operação e, por conseguinte, a REFINARIA faz o pagamento do ICMS ao Estado onde adquirido o AEAC e ao Estado de consumo, para onde a gasolina C e o óleo diesel B7 foram remetidos.

Abordamos, ainda, a metodologia do estorno indicado nos §§ 10 e 11 da cláusula vigésima primeira do Convênio ICMS nº 110/2007. Assim, quando a DISTRIBUIDORA promove a saída da gasolina C e do óleo diesel B7 para outro Estado, fica obrigada a um recolhimento complementar de ICMS – além daquele já efetuado à REFINARIA –, correspondente ao AEAC/B100 contido na mistura.

Após, indicamos os pontos de interseção entre a ADI nº 4.171 e o RE nº 781.926, trazendo as razões deduzidas nos dois processos.

Na ADI nº 4.171, resumidamente, a discussão gira em torno dos §§ 10 e 11 da cláusula vigésima primeira do Convênio ICMS nº 110/2007, mais especificamente da nova parcela de ICMS, quando a DISTRIBUIDORA promove a saída interestadual da gasolina C e do óleo diesel B7. De um lado, a CNC – Confederação Nacional do Comércio, representando as DISTRIBUIDORAS, alega a violação aos princípios da legalidade, não-cumulatividade, ao regime constitucional de destinação da arrecadação do ICMS para o Estado de destino nas operações com combustíveis derivados de petróleo e o princípio da capacidade contributiva.

Os Estados, por seu turno, alegam que as DISTRIBUIDORAS, ao promoverem uma saída interestadual, dão uma nova saída do AEAC/B100 e este produto não está submetido ao regime de tributação do ICMS no destino. Assim, haverá uma nova saída de AEAC/B100 com crédito para a DISTRIBUIDORA.

No entanto, prevaleceu no Plenário do STF, em julgamento ocorrido em 05/03/2015, ainda sem publicação dos votos, o entendimento de que a exigência do "estorno/pagamento" é inconstitucional.

No RE nº 781.926 o contribuinte – uma DISTRIBUIDORA –, alega, por sua vez, que possui direito ao crédito de ICMS DIFERIDO nas operações com AEAC/B100, pois efetivamente pagou o imposto à REFINARIA. Os Estados, por outro lado, alegam que a DISTRIBUIDORA, não possui direito ao crédito, pois no regime de substituição tributária o contribuinte apenas teria direito à restituição/ressarcimento, na hipótese de não ocorrência do fato gerador.

Em comum entre as teses jurídicas deduzidas no ADI nº 4.171 e no RE nº 781.926, o fato de que em ambas discute-se a existência ou não de direito ao crédito do ICMS DIFERIDO nas operações com AEAC/B100, destacando-se a oposição de teses jurídicas para o mesmo fato econômico. Na ADI nº 4.171 os Estados alegam que a DISTRIBUIDORA tem direito ao crédito do ICMS DIFERIDO, e no RE nº 781.926 os Estados alegam o oposto: a DISTRIBUIDORA não tem direito ao crédito de ICMS.

A partir desses apontamentos, analisam-se 3 questionamentos que estarão submetidos à apreciação do STF, quais sejam: (i) a inexistência de crédito na hipótese do RE nº 781.926; (ii) da inexistência de crédito e da consequente inexistência do estorno/pagamento e (iii) da impossibilidade de prejuízo para os Estados com as operações interestaduais com combustíveis derivados de petróleo.

No último capítulo analisa-se os precedentes do STF acerca da substituição tributária e do diferimento, avaliando-se quais as relações dos julgados anteriores para o deslinde da questão presente na ADI nº 4.171 e no RE nº 781.926.

Destaque-se nesse último capítulo, a consolidação do entendimento do STF acerca da substituição tributária para frente e dos julgamentos ainda pendentes de apreciação, mas que espera-se, não tenham impacto direto na discussão objeto desse trabalho.

No entanto, o mesmo não se pode dizer quanto ao diferimento, uma das questões centrais da ADI nº 4.171 e do RE nº 781.926. Da análise dos precedentes verifica-se predominar no STF ao menos três entendimentos acerca do diferimento: *(i)* ele não autoriza o aproveitamento de créditos de operações anteriores para o contribuinte que promoveu a saída com diferimento; *(ii)* ele, da mesma forma, não autoriza o aproveitamento de créditos ao contribuinte que recebeu mercadorias afetadas pelo diferimento; e *(iii)* o diferimento não é uma imunidade ou isenção.

Nesse particular, o que marca a diferença entre os regimes de diferimento regulares e aquele indicado no Convênio ICMS nº 110/2007 é a figura da REFINARIA como substituto tributário da parcela do ICMS DIFERIDO, acrescida ao preço pago pela DISTRIBUIDORA, quando esta adquire a gasolina e óleo diesel puros.

Prevaleceu no julgamento da ADI nº 4.171 a inconstitucionalidade da cobrança do "estorno", na medida em que o mesmo apenas se daria – se de fato existisse – em conta escritural, de natureza contábil, sem a necessidade de novo pagamento por parte das DISTRIBUIDORAS.

Como demonstram as proposições trazidas nesse trabalho, a complexidade da cadeia de produção, distribuição e comercialização dos combustíveis derivados de petróleo impõe ao legislador a busca pela simplificação nos modelos de tributação do ICMS.

No ambiente jurídico das operações com combustíveis, a simplificação parte de pressupostos inerentes à regulamentação, notadamente a regulamentação das atividades e a mistura obrigatória. Aliando-se esses elementos às figuras da base de cálculo presumida, da substituição tributária e do diferimento, tem-se um modelo que promove a simplificação e evita a evasão fiscal, reduzindo, por conseguinte, a necessidade de fiscalização dos quase 40.000 postos de combustíveis e das mais de 300 distribuidoras, em cerca de 16 refinarias em efetiva operação.

Nos dois processos sob análise nesse trabalho – cuja reunião foi uma medida providencial e acertada do Ministro Luiz Fux, mas não efetivada pelo Plenário do STF –, o aprofundamento na análise da cadeia econômica com combustíveis derivados de petróleo nos parece o melhor caminho para o deslinde da questão. A análise isolada de qualquer dos temas submetidos ao STF conduzirá inevitavelmente a contradições como a que se verifica nesse caso: num processo o Estado afirmando que o contribuinte tem direito ao crédito, para justificar a cobrança do estorno/pagamento; e no outro afirmando que não há direito a crédito, para justificar que o contribuinte não tem nada a compensar.

Nesse embate de teses jurídicas opostas e até contraditórias, não é difícil antever os reflexos nas operações com regime da substituição tributária, caso venha a prevalecer o entendimento pelo direito ao crédito do ICMS DIFERIDO para as DISTRIBUIDORAS, tese deduzida no RE nº 781.926. Qualquer que seja o resultado, nos parece ser difícil conciliar a existência de crédito do ICMS DIFERIDO com o estorno/pagamento; ou o não reconhecimento do crédito com o estorno/pagamento.

Sob essa perspectiva, mostra-se relevante observar-se o deslinde do RE nº 781.926, pois, a consequência que parece mais acertada, para a conciliação dos entendimentos, é que nele não se reconheça o direito de crédito de ICMS ao contribuinte, de forma a compatibilizar o seu resultado com aquele já proferido na ADI nº 4.171.

Referências

ABRAHAM, Marcus. *As emendas constitucionais tributárias e os vinte anos da Constituição Federal de 1988*. São Paulo: Quartier Latin, 2009.

FERREIRA, Richard Edward Dotoli T. *A sujeição passiva tributária e a retenção de tributos na fonte*. Rio de Janeiro: Lumen Juris, 2008.

DERZI, Misabel Abreu Machado. *Aspectos essenciais do ICMS como imposto de mercado*. In Direito tributário: estudos em homenagem a Brandão Machado/coordenadores Luís Eduardo Schoueri, Fernando Zilveti. São Paulo: Dialética, 1998.

LUNARDELLI, Pedro Guilherme Accorsi. *O diferimento do ICMS: natureza jurídica e (im)possibilidade de sua renúncia*. In: BERGAMINI, Adolpho; GUIMARÃES, Adriana Esteves; PEIXOTO, Marcelo Magalhães (Org.). O ICMS na história da jurisprudência do Tribunal de Impostos e Taxas do Estado de São Paulo. São Paulo: MP Editora, 2011.

MARQUEZI JUNIOR, Jorge Sylvio. *O direito ao crédito do ICMS e o diferimento – uma análise de suas várias hipóteses, em confronto com o posicionamento do STF e do STJ*. Revista Dialética de Direito Tributário. São Paulo: Editora Dialética, v. 218, nov. 2013.

TORRES, Ricardo Lobo. *Princípio da eficiência em matéria tributária*, in MARTINS, Ives Gandra da Silva, Princípio da eficiência em matéria tributária. São Paulo: Revista dos Tribunais, 2006 (Pesquisas Tributárias. Nova série – n. 12).

ANP – Anuário Estatístico 2013 – http://www.anp.gov.br/?pg=66833#Se__o_3.
Constituição Federal de 1969
Constituição Federal de 1988
Convênio ICMS 10/1989
Convênio ICMS nº 03/1999
Convênio ICMS nº 105/1992
Convênio ICMS nº 21/2007
Decreto Estadual São Paulo nº 33.118/1991 (art. 278).
Decreto Federal nº 7.212/2010

Emenda Constitucional nº 3/1993
Emenda Constitucional nº 33/2001
Lei Estadual São Paulo nº 6.374/1989 (art. 8º)
Lei nº 13.033/2014
Lei nº 8.723/1993
Lei nº 9.478/1996
Resolução ANP nº 16/2010 – DOU, 11/06/2010.
Resolução ANP nº 26/2012 – DOU, 31/08/2012.
Resolução ANP nº 41/2013 – DOU, 06/11/2013.
Resolução ANP nº 45/2014 – DOU, 26/08/2014.
Resolução ANP nº 58/2014 – DOU, 20/10/2014.
Resolução CIMA nº 1/2013 – DOU, 01/03/2013
STF – ADI nº 1851 – Tribunal Pleno – Rel. Min. Ilmar Galvão – j. 08/05/2002 – DJ, 13/12/2002.
STF – ADI nº 2056 – Tribunal Pleno – Rel. Min. Gilmar Mendes – j. 30/05/2007 – DJ, 17/08/2007.
STF – Ag.Reg. no Ag nº 513.815 – 1ª Turma – Rel. Min. Dias Toffoli – j. 19/03/2013 – DJe, 05/09/2013.
STF – RE 190.992-AgR – Primeira Turma – Rel. Min. Ilmar Galvão – j. 12/11/2002 – DJ, 19/12/2002
STF – RE 338.681-AgR-ED – Segunda Turma – Rel. Min. Carlos Velloso – j. 6/12/2005 – DJ de 3/2/2006.
STF – RE nº 140.612 – 1ª Turma – Rel. Min. Sydney Sanches – j. 15/09/1999 – DJ, 08/03/2002. STF – RE nº 633.537 – 2ª Turma – Rel. Min. Ricardo Lewandowski – j. 25/06/2014 – DJe, 15/08/2014.
STF – RE nº 198.088 – Tribunal Pleno – Rel. Min. Ilmar Galvão – j. 17/05/2000 – DJ, 05/09/2003.
STF – RE nº 266.602 – Tribunal Pleno – Rel. Min. Ellen Gracie – j. 14/09/2006 – DJ, 02/02/2007.
STF – RE nº 325.623 AgRg – 2º Turma – Rel. Min. Ellen Gracie – j. 14/03/2006 – DJ, 07/12/2006.
STF – RE nº 572.925 AgRg – 1º Turma – Rel. Min. Cármen Lúcia – j. 15/02/2011 – DJe, 25/03/2011.
TJ/MG – AC 1.0024.06.196598-4/001 – 8ª Câmara Cível – Rel. Des. Teresa Cristina da Cunha Peixoto – j. 11/10/2007 – DJMG, 24/01/2008.

Plataformas Petrolíferas e o Conceito de Embarcação para Fruição de Alíquota Zero do IRRF

NINA DA CONCEIÇÃO PENCAK

Introdução

De um ponto de vista econômico, a existência de uma elevada carga tributária tem por consequência negativa afetar atividades produtivas. No âmbito das transações internacionais, as matrizes de empresas multinacionais recebem remessas financeiras oriundas de atividades exercidas em outros países e uma elevada carga tributária acaba por se tornar obstáculo aos fluxos de riqueza. Dessa forma, a tributação incidente sobre operações internacionais, sem dúvidas, influencia importantes decisões de investimento.

Em âmbito interno, a tributação das atividades exercidas por não residentes se dá por meio de retenção na fonte do rendimento auferido. A regra geral de incidência do Imposto de Renda Retido na Fonte da renda destinada ao exterior está prevista no art. 685 do Decreto nº 3.000/99, atual Regulamento do Imposto de Renda – RIR.

Contudo, o legislador decidiu que, em determinadas situações, deveria ser reduzida a zero a alíquota do imposto incidente sobre valores remetidos ao exterior, em virtude do exercício em território nacional das atividades elencadas no artigo 1º da Lei nº 9.481/97[1], reproduzida no artigo 691 do RIR, como forma de estímulo a determinados setores da economia.

---

[1] Art. 1º A alíquota do imposto de renda na fonte incidente sobre os rendimentos auferidos no País, por residentes ou domiciliados no exterior, fica reduzida para zero, nas seguintes hipóteses: (Redação dada pela Lei nº 9.532, de 10.12.97)
I – receitas de fretes, afretamentos, aluguéis ou arrendamentos de embarcações marítimas ou fluviais ou de aeronaves estrangeiras, feitos por empresas, desde que tenham sido aprovados pelas

Dentre tais situações excepcionais, o direito brasileiro inclui a de aferimento de rendimentos em virtude do afretamento de embarcações, prevista no inciso I do referido artigo. Tais operações são, portanto, incentivadas por meio da redução para zero da alíquota de IRRF, resultando no não pagamento do imposto.

A fim de verificar o alcance da desoneração fiscal, no tocante ao afretamento de embarcações, é necessário primeiro analisar a extensão da palavra *embarcação*, de forma a compreender quais estruturas marítimas, objetos de contrato de afretamento, dão ensejo à desoneração de imposto de renda, vindo a ser consideradas embarcações para fins tributários, diminuindo, assim, as situações de incerteza quanto à aplicação da norma.

Antes de tal análise, abordar-se-á o antigo debate sobre a tipicidade no Direito Tributário, para que se verifique se a expressão *"afretamentos, aluguéis ou arrendamentos de embarcações marítimas ou fluviais"*, retirada do inciso I, do art. 691, do Decreto nº 3000/99, encerraria tipos ou conceitos, assumindo que o termo determinante para a fruição da alíquota zero, aqui em foco, é *embarcação*.

Ainda, deve-se ter em mente que o conceito de embarcação não é previsto na legislação tributária, devendo ser extraído do direito privado, de acordo com permissivos do Código Tributário Nacional. Para tanto, é necessária a análise da legislação especializada, tanto do direito marítimo quanto do direito aduaneiro, de forma a interpretar os dispositivos tendo em mente o maior número de fatores, chegando, enfim, à conclusão mais escorreita possível, com a finalidade de que todas as operações de afretamento de embarcações, de fato, possuam os justos reflexos tributários.

Por conseguinte, o intérprete do Direito Tributário deve se voltar à teoria hermenêutica, conforme proposto por Hassemer (HASSEMER, 2002, p. 299), composta por princípios e regras a serem utilizados na atividade interpretativa. A referida teoria afirma não ser o texto legal por si só, mas apenas a lei entendida e concretizada à luz dos fatos, a verdadeira representação da norma jurídica.

No que tange à interpretação da lei tributária, essa, por óbvio, deve atender às especificidades do Direito Tributário. Assim sendo, a atividade hermenêutica se faz imprescindível uma vez que, além de considerar os institutos de direito privado, pauta-se ainda na aplicação dos tradicionais métodos ou elementos utilizados na atividade interpretativa, de forma a atingir a finalidade do dispositivo em tela.

Entretanto, não se pode olvidar que o artigo em análise proporciona uma desoneração fiscal. Como tal, sua interpretação demanda um cuidado específico, uma vez que o Estado deixa de privilegiar a função arrecadatória para incenti-

---

autoridades competentes, bem assim os pagamentos de aluguel de containers, sobrestadia e outros relativos ao uso de serviços de instalações portuárias;

var determinadas atividades econômicas. Nesse sentido, torna-se imprescindível sopesar a previsão do art. 111 do Código Tributário Nacional, a interpretação literal da legislação tributária que disponha sobre outorga de isenção, com a possibilidade de restrição ou extensão dos termos presentes no determinado dispositivo.

Por fim, feitas as considerações sobre o alcance do art. 691, I, do RIR, em especial quanto à definição de embarcação, a fim de verificar o alcance da desoneração tributária, além de nos debruçarmos à atividade interpretativa no âmbito do caso concreto, passamos à breve análise da jurisprudência, tanto administrativa quanto judicial, sobretudo no que tange à inclusão das plataformas de prospecção como espécie do gênero embarcação.

A definição de embarcação como tipo ou conceito e a indeterminação da linguagem jurídica

O presente tópico abordará a doutrina que se debruça sobre a tipicidade, sobretudo no Direito Tributário, com a intenção de analisar o modo mais correto de nos referirmos ao termo *embarcação*, cujo alcance é objeto de conflitos entre os contribuintes e o Fisco. Ademais, será abordada a questão da indeterminação da linguagem jurídica e a sua relação com o presente tema.

Em sua Metodologia da Ciência do Direito, superando entendimento defendido anteriormente, Karl Larenz (LARENZ, 2009, p. 297-298) afirma que a utilização da via conceptual para a previsão da norma aplicável pressupõe que a valoração passe a segundo plano, de modo que se requer a mera subsunção da situação de fato à norma. Dessa forma, só existiria um conceito em sentido estrito quando fosse possível defini-lo claramente, mediante a indicação exaustiva de todas as notas distintivas que o caracterizam, o que se configuraria, na maioria das vezes, em situações ideais.

Entretanto, o prestigioso autor admite que, não raro, uma definição legal contem elementos que não permitem a mera subsunção do texto ao caso concreto, de modo que os aplicadores ou estudiosos da norma impõem, invariavelmente, por via da interpretação, uma valoração, que deve ser feita à luz da concretude, tomando-se em conta, inclusive, o que já foi decidido em casos semelhantes, dentre outros meios auxiliares de decisão.

Assim, para Larenz, seria um equívoco acreditar que a aplicação das normas que apresentam a definição dos seus conceitos se esgota na mera subsunção à situação fática. Antes do procedimento lógico da subsunção, ocorre o ato de julgar, que nunca estará isento de valoração.

Quanto ao tipo, o autor afirma que suas notas características indicadas não precisam estar todas presentes no caso concreto. São, com frequência, passíveis de gradação e até certo ponto comutáveis entre si. Consideradas isoladamente, só têm o significado de sinais ou indícios, devendo ser considerada, casuisticamente, a conexão do tipo na realidade concreta.

Verifica-se, a partir da leitura da referida obra, que Larenz, ao descrever o tipo, o coloca como mais flexível que o conceito, dando a entender que o mesmo oferece ao intérprete maior margem de valoração, sendo o tipo utilizado pelo legislador quando esse pretende dar ênfase às consequências por ele imaginadas quando da elaboração da lei, e o conceito deverá ser utilizado quando o legislador tem em mente o fato concreto e uma descrição mais minuciosa do fato que será subsumido.

Dessa forma, a utilização de tipo ou conceito é escolha do legislador, devendo-se ter em mente, ainda, que tipo e conceito não são contraposições rígidas, havendo, entre eles, pontos de comunicação, uma vez que alguns conceitos podem conter em sua definição uma nota característica aberta, como um tipo. Tal ponto mereceria mais esclarecimentos, já que parece que o tipo teria um grau de indeterminação maior do que o conceito, podendo esse último ser fechado em algumas hipóteses, ao contrário do primeiro, que sempre comportará valoração.

Do mesmo modo, Eros Grau (GRAU, 1988, p. 61), na tentativa de diferenciar as duas figuras, posiciona-se, guardadas as devidas peculiaridades, de forma semelhante a Larenz. O Ministro reconhece certo grau de indeterminação do conceito, ou melhor, indeterminação das expressões ou termos de conceito, já que o conceito é uma suma de ideias que sempre deve ser determinada.

Por sua vez, os tipos não são definíveis em seus termos, apenas se descrevem, não podendo subsumi-los, somente sendo possível a observação se um determinado fenômeno se integra ou não no tipo. Assim, em oposição ao conceito jurídico, o qual para que possa e deva ser aplicado a um caso, é necessário que todas as suas notas sejam subsumíveis ao fato concreto sob análise, os tipos não precisam ter todas as suas notas na coisa, para que se dê a integração dessa, motivo pelo qual o tipo nunca pode substituir o conceito, mas se aceita o contrário. Verifica-se, aqui, como em Larenz, o reconhecimento de certa proximidade entre tipo e conceito.

Na mesma linha, encontra-se o pensamento de Misabel Derzi (DERZI, 1998, p. 628), ao tratar do princípio da legalidade no Direito Tributário, esposado no art. 150, I, da Constituição, e no art. 97 do CTN, afirmando que o legislador se utilizará de abstrações e generalizações para disciplinar a matéria tributária, as quais podem vir a ser compostas por tipos ou por conceitos.

Misabel, também na mesma linha de Karl Larenz, reconhece a abertura e a flexibilidade inerentes ao tipo, e afirma que são fechados os conceitos classificatórios, admitindo a abstração conceitual, que, quanto maior, tende a formar conceito mais abrangente, o qual, tal qual o tipo, dependerá de maior carga valorativa.

Portanto, a partir dessa breve análise, é possível verificar que são poucas as distinções que nos permitem, com clareza, referir à *embarcação* como tipo ou conceito. Em um primeiro momento, seria adequado cogitar do termo *embarcação*, como conceito, considerando a visão de Larenz, de que o conceito é escolhido pelo legislador quando o mesmo já tem em mente a situação concreta que se subsuma.

Nesse esteio, *embarcação*, invariavelmente, traria à mente a ideia de navio, lancha, barco, barca, dentre outros objetos que, sem sombra de dúvidas, estariam incluídos no gênero, e, *a priori*, levariam a crer que a palavra *embarcação* não daria azo a maiores interferências na comunicação, sendo correto, portanto, considerando a doutrina mencionada, referir-se a ela como conceito, por apresentar maior grau de determinação.

Porém, o raciocínio desenvolvido acima não parece de tão fácil aplicação sob a luz do caso concreto, momento em que objetos como *jet ski*, bote, canoa e plataforma de exploração de petróleo trazem incertezas quanto à abrangência do termo, o qual precisaria ser flexibilizado para se adequar à realidade, o que nos leva, como descrito, à proximidade da abertura do tipo.

Assim, é inegável que, como a maioria das palavras, sobretudo quando inseridas no contexto jurídico, em que a consequência de sua aplicação adquire maior relevância, verifica-se no termo *embarcação* graus de certeza e graus de incerteza, de determinação e de indeterminação, não sendo certo, a nosso ver, escolher quanto à utilização de tipo ou conceito com base em tais critérios. Por isso, o presente estudo passará a tratar *embarcação* como conceito, sendo necessário reconhecer o grande mérito da doutrina que conseguiu verificar critérios objetivos que consigam distinguir as duas figuras.[2]

Por fim, é necessário destacar que a doutrina, ao tratar de linguagem jurídica, apresenta, ainda, importantes conclusões no que tange aos problemas a ela inerentes, a ambiguidade por polissemia e a vaguidade dos conceitos jurídicos, sendo este último o ponto do qual decorre o conflito aqui estudado.

Quanto aos pontos de incerteza da linguagem jurídica, Engisch (ENGISCH, 2008, p. 209), citando Philipp Heck, afirma que se podem distinguir, nos concei-

---

[2] É importante afirmar que Misabel Derzi, na obra já citada, da mesma forma que Larenz, afirma haver pelo menos um critério objetivo que possa ser utilizado para diferenciar tipo e conceito, o que ocorre quando nos deparamos com determinado texto que aprenta numerais ou classes e subclasses, de modo que se é ou não é, pertence-se ou não pertence-se. Tais situações, irrefutavelmente, encerrariam conceitos fechados, em que não há espaço para interpretação do aplicador.
Para Engish (vide nota 6), os conceitos absolutamente determinados são muito raros no Direito. O autor destaca, como exemplo de conceito determinado, os conceitos numéricos (conceitos de medida e os valores monetários).

tos jurídicos, um núcleo conceitual e um halo conceitual, de modo que a certeza de que um objeto se encontra inserido em determinado conceito, está em seu núcleo, e objetos que tragam dúvidas quanto a sua subsunção estão mais distantes do núcleo, próximos ao halo conceitual.

Luís Cesar Souza de Queiroz (QUEIROZ, 2003, p. 26) afirma que a vaguidade ou indeterminação conceitual possui ligação com a forma com que os seres humanos desenvolvem a atividade intelectual de demarcação da realidade e atribuem nomes aos objetos, no processo de obtenção de conhecimento, estabelecendo, para isso, suas características definitórias.

É notório que a demarcação da realidade e atribuição de nomes aos objetos, ocorre por uma convenção, para que haja certa uniformidade, não sendo possível, portanto, que cada pessoa proceda de modo individualizado. Feita a devida ressalva, ressalta-se que o fato de haver um número infinito de objetos, de modo a impossibilitar a atribuição de nomes específicos a cada um, fez com que fossem criados gêneros ou conceitos genéricos, os quais permitem a classificação desses objetos permitindo a identificação dos mesmos.

Com isso em mente, Luís Cesar Souza de Queiroz conclui que a incerteza conceitual está ligada, justamente, à impossibilidade de se atribuir nomes próprios a todos os objetos, motivo pelo qual restam prejudicados a reconstituição da realidade e o processo de conhecimento.

O autor apresenta, ainda, as três situações geradoras de indeterminação: a *dificuldade de identificar um objeto específico, dada à possibilidade do indivíduo estabelecer, eleger, infinitas características definitórias; a dificuldade de se criar uma nova classe de objetos, que apresentam características definitórias comuns*, já que o sujeito *também tem a possibilidade de eleger infinitos caracteres definitórios comuns para criar a classe de objetos*; e a *dificuldade de se verificar se um objeto específico pertence ou não a certa classe de objetos*, pelas mesmas razões anteriormente especificadas. Tais situações são agravadas, dentre outros motivos, pelas variáveis de tempo e espaço.

Quanto ao tema aqui tratado, a problemática gerada para se aferir se determinada operação concreta de afretamento encontra-se desonerada de imposto de renda, que gira em torno do alcance do conceito de embarcação, verificam-se duas das situações acima enumeradas: a dificuldade de se criar uma classe de objetos que apresentem características definitórias comuns e a dificuldade de se verificar se um objeto específico pertence ou não a certa classe de objetos, sendo certo que esta decorre, em grande escala daquela, e considerando, ainda, além das variáveis de tempo, que a legislação tributária não oferece definição para o conceito, sendo necessário o recurso ao direito privado, conforme será desenvolvido.

O conceito de embarcação e a plataforma petrolífera

Como mencionado, uma das hipóteses previstas no artigo 691, do Regulamento do Imposto de Renda, para que a alíquota do IRRF seja reduzida a zero, consiste no frete, afretamento, aluguel ou arrendamento de embarcações. De forma a determinar o alcance da desoneração, resta imperiosa a análise do conceito de embarcação.

De acordo com a doutrina específica, embarcação já foi definida como um gênero de construção que compreende diversos tipos de estruturas marítimas (PAIM, 2012, p. 10). Dentre essas, encontram-se os navios, destinados à locomoção e outras estruturas utilizadas no mar. Por sua vez, no âmbito do Direito Internacional, concluiu-se que *embarcação* designa uma variedade de estruturas marítimas, enquanto o termo navio é limitado para poucas espécies do mesmo gênero.

Nessa linha, tendo em vista que as normas tributárias não dispõem sobre o conceito de embarcação a ser empregado na lei tributária, o alcance do termo deve ser buscado na legislação especializada (CARDOSO, 2012, P. 31), em virtude do exposto nos art. 109[3] e 110[4] do CTN, que, apesar de aparentemente contraditórios, permitem um retorno ao direito privado quando da interpretação no Direito Tributário (RIBEIRO, 2003, p. 125). No caso sob análise, deve-se verificar, em primeiro lugar, a legislação de Direito Marítimo, o qual, como não poderia deixar de ser, norteia o trabalho das autoridades marítimas brasileiras e por se tratar do ramo do direito ao qual, de maneira inerente, cabe dispor sobre a definição do conceito de embarcação.

Os dispositivos do Direito Marítimo a serem analisados são a Lei nº 9.537/97, que dispõe sobre a segurança do tráfego aquaviário em águas sob jurisdição nacional e a NORMAM 1/DCP, Normas da Autoridade Marítima para Embarcações Empregadas na Navegação em Mar Aberto, desenvolvidas pela Diretoria de Portos e Costas da Marinha do Brasil.

Em um segundo momento, passar-se-á à verificação do Regulamento do Sistema Harmonizado de Designação e Codificação de Mercadorias, bem como da Classificação Aduaneira, a fim de observar o que o Direito Aduaneiro, outro ramo que possui bastante ingerência sobre o tema, determinou.

---

[3] Art. 109. Os princípios gerais de direito privado utilizam-se para pesquisa da definição, do conteúdo e do alcance de seus institutos, conceitos e formas, mas não para definição dos respectivos efeitos tributários.

[4] Art. 110. A lei tributária não pode alterar a definição, o conteúdo e o alcance de institutos, conceitos e formas de direito privado, utilizados, expressa ou implicitamente, pela Constituição Federal, pelas Constituições dos Estados, ou pelas Leis Orgânicas do Distrito Federal ou dos Municípios, para definir ou limitar competências tributárias.

Em primeiro lugar, tem-se que a Lei nº 9.537/97 e a NORMAM 1/DCP descriminam diversos tipos de embarcações passíveis de registro junto aos órgãos administrativos competentes.

O primeiro dispositivo da referida lei regulamenta os tipos de embarcação para fins de controle do tráfego aquaviário, motivo pelo qual, em seu art. 2º, fez-se necessária a fixação de determinados conceitos e do detalhamento da classificação, que acaba por tratar em incisos diferentes de embarcação (inciso V) e de plataformas (inciso XIV).

Entretanto, tal ponto não parece criar maiores problemas, pois, de acordo com a definição de embarcação fornecida pela lei, as plataformas podem ser incluídas como espécie desse gênero.[5] Ocorreu que o legislador, em um primeiro momento, escolheu apresentar o conceito de embarcação, pontuando os objetos que a ele pertencem, para depois fazer o mesmo com as plataformas, na tentativa de não deixar espaço de valoração que viabilizasse a não aplicação da lei.

A NORMAM 1/DCP, por sua vez, contém regras operacionais que explicam o detalhamento próprio das várias embarcações e, por consequência, a cada tipo de plataforma. Logo em sua introdução, há a definição de embarcação, que coincide com a descrição da Lei nº 9.537/97, que, como já visto, aponta as plataformas como espécies de embarcação[6].

Nesse ponto, é importante retomar às lições de Riccardo Guastini, (GUASTINI, 1999, 201-202) ao tratar da interpretação em uma de suas obras, uma vez que o mesmo afirma que para interpretar deve-se partir de uma definição[7]. O autor apresenta, assim, dois tipos de definições, as lexicográficas, que descrevem como o vocábulo definido deve ser habitualmente usado, podendo ser, portanto, verdadeiras ou falsas, e as estipulativas, que propõem usar um determinado vocábulo ou sintagma de uma forma determinada, com preferência sobre outras. Frise-se que, por não serem descritivas, as definições estipulativas, não são sus-

---

[5] Art. 2º. Para os efeitos desta Lei, ficam estabelecidos os seguintes conceitos e definições:
[...]
V – Embarcação – qualquer construção, inclusive as plataformas flutuantes e, quando rebocadas, as fixas, sujeita a inscrição na autoridade marítima e suscetível de se locomover na água, por meios próprios ou não, transportando pessoas ou cargas;
[...]
XIV – Plataforma – instalação ou estrutura, fixa ou flutuante, destinada às atividades direta ou indiretamente relacionadas com a pesquisa, exploração e exploração dos recursos oriundos do leito das águas interiores e seu subsolo ou do mar, inclusive da plataforma continental e seu subsolo.

[6] Introdução, 3 – Definições: a) Embarcação – qualquer construção, inclusive as plataformas flutuantes e, quando rebocadas, as fixas, sujeita à inscrição na Autoridade Marítima e suscetível de se locomover na água, por meios próprios ou não, transportando pessoas ou cargas;

[7] É importante lembrar que Guastini diferencia a definição-atividade de definir – da definição produto da processo.

cetíveis de serem verdadeiras ou falsas, já que apenas pretendem retratar parte da realidade e não o todo.

Ato contínuo, o autor divide as definições estipulativas em estipulações, que ocorrem quando se usa ou entende uma expressão de um modo determinado, e em redefinições, a qual tomando por pressuposto que os vocábulos e os sintagmas de uso comum têm um significado impreciso, consiste em precisar o significado de um vocábulo ou sintagma, eliminando, ao menos parcialmente, a ambiguidade e a vagueza que são próprias do uso comum.

Retomando ao caso concreto, verifica-se que, tanto a Lei nº 9.537/97, quanto a NORMAM 1, apresentam definições estipulativas, mais especificamente, redefinições, uma vez que elas fazem um recorte determinado do que deve se entender por embarcação, a fim de, como já levantado, evitar que o intérprete possua dúvidas quanto a sua aplicação. Resta inconteste, portanto, que o legislador, ao apresentar a definição de embarcação, optou por incluir nela as plataformas.

Com isso em mente, parece forçoso reconhecer que as plataformas, ao serem disponibilizadas temporariamente sob o regime do contrato de afretamento, merecem receber o tratamento jurídico deferido a qualquer outra embarcação colocada à disposição de um afretador, pois os referidos diplomas, mais uma vez, enquadraram-nas como espécies desse gênero.

Tal ponto resta, repisa-se, irrefutável quando a NORMAM 1, como não poderia deixar de ser, ao tratar da inscrição e registro de embarcações[8], traz como obrigatória a inscrição das plataformas móveis, e das fixas, quando rebocadas, junto à autoridade marítima competente, assim como o faz com os demais tipos de embarcação. Ainda, o referido diploma determina a obrigatoriedade de certificação das plataformas móveis, sendo tal exigência oponível a todas as outras embarcações[9].

Conclui-se que para fins de controle por parte das autoridades marítimas, que é necessário o registro de plataformas aptas à navegação, mesmo que essa

---

[8] Capítulo II, Seção I, Inscrição e Registro de Embarcações, 0201 – Aplicação. As plataformas móveis são consideradas embarcações, estando sujeitas à inscrição e/ou registro. As plataformas fixas, quando rebocadas, são consideradas embarcações, estando, também, sujeitas a inscrição e/ou registro.

[9] Capítulo I, Seção I, Generalidades, 0303 – Obrigatoriedade de Classificação. b) Todas as embarcações nacionais com AB maior ou igual a 500, incluindo as Plataformas Móveis empregadas nas atividades relacionadas à prospecção e extração de petróleo e gás, para as quais tenham sido solicitadas, após 09/06/1998, Licença de Construção (incluindo LCEC), Licença de Alteração (com alteração estrutural de vulto, a ser julgada pela DPC), Licença de Reclassificação ou Documento de Regularização (atual LCEC), devem, obrigatoriamente, ser mantidas em classe por uma Sociedade Classificadora reconhecida para atuar em nome do Governo Brasileiro na navegação de mar aberto.

não venha a ser sua atividade principal, ainda que as mesmas sejam fixas, desde que possam ser rebocadas.

Verifica-se, pois, pela análise da legislação especializada, que o conceito de embarcação, estipulado em ambos os textos, é amplo e abrange de forma expressa determinados tipos de plataforma.

No âmbito do Direito Aduaneiro, por sua vez, para fins de interpretação do conceito de embarcação, deve-se analisar o Sistema Harmonizado de Designação e Codificação de Mercadorias, a qual consiste em nomenclatura aplicada à negociação de bens e mercadorias no comércio internacional, em que são códigos, que correspondem a posições e suposições de mercadorias e suas respectivas descrições (CARVALHO, 1996, p. 57).

O Sistema separa as mercadorias em diferentes posições para fins comerciais, baseando-se em uma visão de mercado (CATÃO, 2012, p. 25). No que tange ao conceito de embarcação, o texto traz um capítulo dedicado exclusivamente à codificação de embarcações e estruturas flutuantes, o capítulo 89, expondo, como em todos os outros, uma lista com as posições e subposições, contendo as mercadorias.

As posições de 89.01 a 89.09 trazem diferentes tipos de embarcação ou estruturas flutuantes. Analisando toda a lista do Capítulo 89, observa-se que na posição 89.07, que abre espaço para a classificação de outras estruturas flutuantes, estão incluídas bolsas infláveis, dentre outras mercadorias que não se enquadram nas demais descrições dispostas.

Quanto às plataformas, as mesmas aparecem na posição de número 89.05, que apresenta como códigos para diferentes tipos de embarcação nas quais "a navegação é acessória a função principal", sendo assim consideradas as "plataformas de perfuração ou de exploração, flutuantes ou submersíveis"[10]. Aparentemente, o Sistema Harmonizado também não desvincula as plataformas do conceito de embarcação.

Fato é que o detalhamento da lista ocorre, nesse caso, para fins de compra e venda internacional de mercadorias e de tributação aduaneira, a fim de que sejam estabelecidas as alíquotas do imposto de importação. Assim sendo, é esperado que dentro dos capítulos haja a maior especificação possível, sendo impossível afirmar que o mesmo apresenta embarcação e plataformas como conceitos completamente distintos.

---

[10] 89.05: Barcos-faróis, barcos-bombas, dragas, guindasstes ou gruas flutuantes e outras embarcações em que a navegação é acessória da função principal; docas ou diques flutuantes; plataformas de perfuração ou de exploração, flutuantes ou submersíveis.
89.05: Dragas
8905.20: Plataformas de perfuração ou de exploração, flutuantes ou submersíveis.
8905.50: Outros

Assim como a Lei nº 9.537/97 e a NORMAN 1, o Sistema Harmonizado apresenta estipulações, tendo em vista objetivos específicos, comerciais e regulatórios. Nesse sentido, a desconsideração das plataformas como embarcações, em virtude da Classificação Aduaneira codificada, não deve prosperar, uma vez que seria *contra legem*.

A atividade interpretativa, a possibilidade de extensão ou restrição do conceito de embarcação e a inexistência de um método apriorístico de interpretação

Conforme já mencionado, Hassemer (HASSEMER, 2002, p. 299) afirma que hermenêutica jurídica insiste no caráter criativo da interpretação da lei feita pela jurisprudência, ao afirmar não ser o texto legal por si só, mas apenas a lei entendida e concretizada à luz dos fatos, que representa a norma jurídica. Assim, o exercício hermenêutico, seja o desenvolvido pelo Judiciário, seja aquele levado em conta pela Administração Pública ou pelos contribuintes, concretiza o texto legal, aplicando-o ao caso concreto, por meio da interpretação.

Na mesma linha, Tipke (TIPKE, 2008, p. 305), por sua vez, afirma que "*é finalidade da interpretação da lei investigar o sentido da lei, para poder extrair da lei a consequência jurídica para a hipótese a ser decidida*".

Entretanto, tais pontos de vista abstratos nos sugerem olhar para o próprio texto legal como se dele emanasse o sentido no qual devem ser aplicados seus conceitos, quando, na verdade, a dúvida e o conflito surgem, justamente, da falta de indicadores legais, ou, simplesmente, da multiplicidade de sentidos verificados pelos diferentes intérpretes, em que se observa a ocorrência dos fenômenos da indeterminação e da polissemia, inerentes à linguagem, conforme analisado.

Para Guastini, existem dois tipos de interpretação, a interpretação conhecimento, ligada à definição lexicográfica, em que o intérprete se limita a apontar os possíveis significados de determinada expressão, e a interpretação decisão, vinculada à estipulação, em que apontam significados preferíveis em detrimento de outros.

Logicamente, tem-se no presente caso que a controvérsia do alcance do termo embarcação cinge-se à interpretação decisão, já que as referidas legislações específicas apontam determinados significados, os quais são desconsiderados pelo Fisco, que, por sua vez, apresenta novo alcance ao termo, em detrimento das citadas normas.

Em outro ponto da sua obra, o referido autor faz menção aos enunciados interpretativos, aqueles que descrevem propostas de interpretação, em que se verificam a ocorrência da interpretação decisão e da definição estipulativa, afirmando que os mesmos não são verdadeiros ou falsos, já que eles apenas escolhem certos traços da realidade em detrimento de outros. O enunciado interpretativo, algumas vezes, é usado para formular uma decisão interpretativa, para atribuir um significado a um texto normativo.

Entretanto, ao interpretar a regra que desonera os afretamentos de embarcações de IRRF, o intérprete não pode excluir qualquer dos objetos incluídos no conceito de embarcação possuindo como base critérios de conveniência, sob pena de se ferir a isonomia, visto que todos os afretamentos dos diversos tipos de embarcação devem ter a alíquota de imposto de renda reduzida a zero.

Assim, privilegiar determinado sentido em detrimento de outros, em verdadeira interpretação excludente, não merece prosperar quando da interpretação de lei tributária, posto que a abrangência da mesma deve incluir todos os fatos que se subsumem a ela.

É caso diverso daquele em que a norma apresenta conceito com elevado grau de indeterminação, por exemplo, norma penal que qualifica o crime por motivo fútil ou torpe, e que cabe ao juiz e ao júri fazerem juízo de valor a fim de definir se, no caso concreto, verificou-se a futilidade ou a torpeza, sendo certo que, para alguns, tais qualificadoras podem sequer ter ocorrido. No presente caso, não se verifica essa alta margem de valoração, posto que ou o objeto se enquadra no conceito de embarcação ou não, não havendo, ainda, qualquer lacuna legal a ser preenchida pelo intérprete.

Assim sendo, de forma a compreender o real alcance do dispositivo, objeto do presente trabalho, faz-se necessária uma análise da interpretação de forma ampla, levando em consideração uma visão da hermenêutica jurídica que não imponha qualquer método apriorístico de interpretação no Direito Tributário brasileiro, demonstrando que essa é, na verdade, a melhor forma de se observar o art. 111 do CTN.

Nesse sentido, torna-se relevante a análise do dispositivo do artigo 691, I do RIR à luz da teoria da interpretação no Direito Tributário. Para tanto, passamos a uma análise do art. 111 do CTN, que traz a necessidade de respeito à interpretação literal de regras desonerativas. Posteriormente, passamos à aplicação da possibilidade de interpretação restritiva e extensiva para fins de delineação do conceito de embarcação. Por fim, ressaltamos a impossibilidade de uma interpretação apriorística no caso concreto.

O art. 111 do CTN e o respeito à interpretação literal
Tendo em vista conter a previsão de alíquota zero de IRRF sobre determinadas atividades, o artigo 691, I do RIR consiste em dispositivo que prevê desoneração fiscal. Portanto, referida norma constitui exceção à regra de incidência tributá-

ria. Por conseguinte, a interpretação do mesmo deve se dar de forma literal, de acordo com o disposto no art. 111 do CTN[11].

O Código Tributário Nacional, ao prever expressamente a interpretação literal dos dispositivos que tratam de outorga de isenção, demonstra que tais regras devem ser interpretadas de acordo com seu sentido literal possível. O respeito à literalidade da norma de isenção tributária, *a priori*, deve ser compreendido como a impossibilidade tanto de ampliação como de restrição da benesse concedida, a fim de não abranger situações não desejadas pelo legislador, quando da elaboração da norma, e, ainda, para que casos que se enquadram no tipo legal não deixem de se subsumir por qualquer motivo que fira a isonomia.

Tal tarefa pode não ser tão simples quanto aparenta ser. Facilmente, uma equivocada aplicação da norma jurídica por parte do intérprete pode levar a um afastamento da literalidade do texto e, por consequência, haveria violação do disposto no art. 111 do CTN. Isso porque, no caso concreto, verifica-se que a atividade interpretativa dificilmente levará a resultados que coincidam com a letra da lei, de modo que sempre haverá uma tendência à restrição ou à extensão dos conceitos jurídicos.

Nesse sentido, o respeito à literalidade demanda que, durante a atividade interpretativa, ao se deparar com os conceitos analisados, o intérprete deve extrair o âmbito nuclear (RIBEIRO, 2003, p. 97) do conceito estudado, como observado por Engisch, ao tratar da indeterminação conceitual. Tal expressão denomina o sentido do conceito quando empregado na linguagem corrente. Trata-se, portanto, da parte central de um conceito, evidentemente integrante de seu sentido literal.

Contudo, é, ainda, importante atentar para o fato de que parte integrante de um conceito analisado é sua franja marginal (RIBEIRO, 2003, p. 97) ou halo conceitual (ENGISCH, 2008, p. 209), denominação que se dá a outras aplicações de um conceito, as quais fazem surgir dúvidas quanto a sua extensão. Tais aplicações correspondem ao uso especial de determinado conceito, que nem sempre coincidem com a utilização corrente do mesmo.

Deve-se concluir que, tanto o núcleo conceitual, zona de certeza, quanto o halo do conceito, zona de incerteza, fazem parte do conceito jurídico indeterminado, como afirmou Philipp Heck, de modo que ir aquém do núcleo conceitual significa redução teleológica, e, ir além do halo do conceito, analogia.

Dessa forma, é necessário pontuar que uma das conclusões possíveis sobre a teoria do núcleo conceitual e do halo do conceito seria a afirmação de que a

---

[11] Art. 111. Interpreta-se literalmente a legislação tributária que disponha sobre:
[...]
II – outorga de isenção;

interpretação literal inclui nos seus limites a interpretação restritiva e a interpretação extensiva.

Ao tratar da literalidade, Guastini afirma que interpretação literal ou declarativa é aquela que não atribui as disposições normativas nada mais do que seu próprio significado. No entanto, critica o autor, ao afirmar que essa definição se funda numa ideia ingênua de que as palavras estão dotadas de significados próprios, intrínsecos, independente dos usos, crítica com a qual coadunamos.

Pode-se, no entanto, entender como interpretação "literal" ou "declarativa" aquela interpretação que atribui a uma disposição seu sentido mais imediato, que é sugerido pelo uso comum das palavras e das conexões sintáticas. No entanto, essa definição seria ainda defeituosa, pois não é possível estabelecer com clareza qual é o significado literal das palavras, de forma que tampouco é possível trazer uma linha precisa de demarcação entre a interpretação literal e outros tipos de interpretações.

No caso em tela, o dispositivo mencionado prevê a possibilidade de fruição de alíquota zero de IRRF incidente sobre receitas decorrentes de afretamento de embarcações marítimas ou fluviais, sem, contudo, deixar claro quais espécies de embarcação estariam aí incluídas.

A interpretação extensiva, por sua vez, seria a interpretação que estende o significado de uma disposição, de forma que se incluam em seu campo de aplicação pressupostos de fato que, não estariam incluídos pela simples leitura do texto legal. Haveria, pelo menos, duas razões distintas para estender uma norma além do seu campo de aplicação natural: a satisfação do sentimento de justiça do aplicador ou para evitar o surgimento de uma lacuna no direito.

Já a interpretação restritiva delimita o significado de uma disposição, de forma que exclui de seu campo de aplicação alguns pressupostos de fato que, segundo a interpretação literal se incluiriam. Do mesmo modo, pode haver pelo menos duas razões distintas para restringir o campo de aplicação natural de uma norma: a satisfação do sentimento de justiça do aplicador ou para evitar o surgimento de uma contradição no direito.

Verifica-se, portanto, que tanto a interpretação extensiva quanto a interpretação restritiva são possíveis quando se pretende tratar da literalidade do texto, posto que nenhuma delas avança em direção ao que não está descrito na norma, sendo, inclusive, a vedação à analogia uma das justificativas para a utilização da interpretação extensiva.

Analisando-se a regra desonerativa do art. 691, I do RIR à luz da norma geral interpretativa do art. 111 do CTN, verifica-se que os únicos requisitos para a fruição da alíquota zero são *(i)* o fato de que o bem afretado seja uma embarcação, *(ii)* o negócio envolver uma parte estrangeira e *(iii)* a operação ter autorização da autoridade competente.

A interpretação dada pelo Fisco é a de que, para fruição da regra desonerativa, as embarcações devem ter como finalidade precípua a realização de transporte, conforme descrevem Fábio Fraga e Marcus Lívio (FRAGA E GOMES, 2016), em artigo sobre a tributação no setor de combustíveis, ao abordarem brevemente a posição sustentada pelo CARF:

> "A matéria foi, inicialmente, julgada pelo CARF, nos Processos Administrativos 18471.000360/2003-81 (fatos geradores de 02/1998 a 12/1998) e 18471.001620/2003-36 (fatos geradores de 01/1999 a 12/2002), ambos decorrentes de autuações lavradas contra a Petrobras.
>
> O contribuinte saiu derrotado em ambos os processos, em apertado julgamento, pelo voto de qualidade. O CARF decidiu que os pagamentos realizados em virtude dos contratos de afretamento de petróleo não podem ser beneficiados pela alíquota zero do art. 1º, inciso I da Lei nº 9.481/1997, tendo em vista que uma plataforma de petróleo não se adequaria ao conceito de embarcação exigido pela lei tributária.
>
> Segundo a autoridade julgadora, as embarcações seriam equipamentos cuja função primordial seria o transporte de pessoas e/ou cargas sobre ou sob a água, o que não seria uma característica relacionada às plataformas de petróleo, que não têm a destinação de navegar ou transportar. Pelo contrário, possuem como objetivo principal executar atividades enquanto estacionadas."

Entretanto, em nenhuma das definições dadas pela legislação específica verifica-se que para se adequar ao conceito de embarcação, o objeto deve, obrigatoriamente, ter como fim transportar cargas ou pessoas, da mesma forma que, tal restrição também não se encontra no inciso I, do art. 691, do RIR.

A obrigatoriedade de uma interpretação literal, de acordo com o exposto no art. 111 do CTN, demanda o respeito ao conceito analisado, sem reduções ou integrações, tendo em vista que, como observado, a literalidade envolve a interpretação restritiva e a extensiva, estando fora da literalidade aquilo que não se encontra descrito na norma, e é acrescentado ou retirado por simples vontade do intérprete.

Assim, a finalidade de transporte para a embarcação se faz indiferente tanto para a legislação específica, quanto para o art. 691, I, do RIR, posto que tal exigência não está descrita em nenhum dos textos legais. Por isso, considerando que tal critério sequer está presente na letra da lei, basear-se nele para definir a abrangência da desoneração vai de encontro ao art. 111 do CTN, visto que configura verdadeira inovação realizada pelo intérprete.

É importante ressaltar que ao se tratar do exaurimento da literalidade da norma jurídica, a fim de dar total cumprimento à regra de isenção, deve-se ter em mente que a integração da norma só é empregada a partir do momento em que a atividade interpretativa foi exaurida, visto que a integração acrescenta ao conceito fato não descrito na norma, por isso, ela é utilizada apenas de forma a preencher eventuais lacunas da lei.

Portanto, o melhor entendimento do art. 111 do CTN é no sentido de considerar a interpretação literal como uma vedação à integração e à redução teleológica, a fim de respeitar o principio da legalidade, o qual, em nenhum momento, veda a utilização de outros métodos de interpretação, desde que isso não se traduza em analogia.

O próprio relatório do projeto do CTN[12] já mencionava a possibilidade de utilização de diversos métodos interpretativos sem desrespeito à interpretação literal ao qual o art. 111 faz menção, visto que a interpretação literal visa vincular a atividade interpretativa à letra da lei, estando fora do seu alcance somente aquilo que não está descrito no texto legal.

Dessa forma, resta claro que a interpretação literal, à qual o intérprete deve se vincular, quando da interpretação de outorga de isenção, permite mais de um sentido literal possível do conceito analisado. Desses, deve-se optar pela solução mais adequada ao caso concreto.

Segundo José Souto Maior Borges, *"o método de interpretação não restringe nem amplia o preceito: a restrição ou ampliação do seu âmbito de incidência resulta objetivamente da norma interpretada"* (BORGES, 2001, p. 122). Assim, de acordo com o entendimento do autor, o que se denomina de interpretação extensiva não representa invasão de competência da atividade legislativa, sendo hipótese diferente daquela em que o aplicador da lei impõe condição não expressa no texto para que o fato possa a ele se subsumir.

A conclusão a que se chega quando se analisa o emprego da interpretação extensiva é de que a mesma não leva à ampliação das hipóteses de isenção, mas sim que todas as situações que se enquadrem no sentido literal possível da norma excepcional sejam assim consideradas, a fim de que produza os efeitos esperados.

Dessa forma, ainda que o CTN tenha preconizado como técnica para interpretação de normas que excepcionam a tributação o método literal, nada impede que o intérprete com vistas à isonomia, utilize-se da interpretação extensiva ou até mesmo da restritiva para dar melhor cumprimento à norma.

Resta claro, portanto, que não há óbice para a utilização da interpretação extensiva da literalidade da norma excepcional (BORGES, 2001, p. 122). Com a aplicação desse método visa-se apenas identificar a vontade que consta na lei, não ocorrendo integração do texto legal, respeitando-se o disposto no art. 111 do CTN.

---

[12] SOUZA, Rubens Gomes de, Trabalhos da Comissão Especial do Código Tributário Nacional, Rio de Janeiro: Ministério da Fazenda, 1954, p. 184.

Em relação à inclusão das plataformas para extração de petróleo no conceito de embarcação, verificou-se que o transporte de pessoas ou cargas, condição imposta pelo Fisco para que o objeto esteja inserido no conceito de embarcação e, assim, dentro do âmbito de incidência do art. 691, I, do RIR, é condição que não está presente em qualquer dispositivo legal, seja nas regras de desoneração, seja na legislação específica, que, classifica as plataformas como embarcação, sem apresentar qualquer ressalva.

Deve-se, para finalizar, ter em mente que quando da edição do primeiro dispositivo que tratou da desoneração do afretamento de embarcações, o art. 97, §2º, da Lei nº 5.844/43,[13] cuja redação foi mantida, com poucas mudanças, até os dias de hoje, a complexidade dos modelos atuais de embarcação não era sequer cogitada. Assim, como afirmado por Larenz (RIBEIRO, 2003, p. 36), a norma abstrata jamais poderá descrever a complexidade do caso concreto, de modo que cabe ao intérprete realizar a adequação do dispositivo legal ao panorama atual, neste caso, a inclusão das plataformas como espécie do gênero embarcação.

Portanto, ainda que o legislador não vislumbrasse que determinado fato concreto iria se adequar ao texto por ele elaborado, caso o fato se subsuma à norma excepcional, não há razões para que a lei não seja a ele aplicada.

Por consequência, a utilização da interpretação literal leva à conclusão de que a previsão de alíquota zero do art. 691, I, RIR deve ser aplicada a toda e qualquer espécie de embarcação. Tanto as espécies de embarcação usualmente consideradas, bem como suas espécies mais incomuns são partes integrantes do conceito. Assim sendo, não há motivos para que as plataformas não sejam consideradas espécies de embarcação para fins tributários.

A visão dos tribunais sobre o assunto

Tendo sido analisado o dispositivo que prevê a fruição de alíquota zero de IRRF quando do afretamento de embarcações, o conceito de embarcação proveniente do direito privado e a atividade interpretativa no âmbito do caso concreto, reunimos subsídios para analisar os argumentos adotados tanto pelos contribuintes quanto pelo Fisco, quando da discussão acerca da matéria. O assunto é extre-

---

[13] Art. 97. Sofrerão o desconto do imposto à razão da taxa de 10% os rendimentos percebidos:
(...)
§ 2º Excetuam-se das disposições dêste artigo:
(...)
b) os rendimentos atribuídos a residentes ou domiciliados no exterior, correspondentes a receitas de fretes, afretamentos, aluguéis ou arrendamentos de embarcações marítimas e fluviais ou de aeronaves estrangeiras, feitos por emprêsas nacionais, desde que tenham sido aprovados pelas autoridades competentes.

mamente atual e importa em calorosa discussão em âmbito administrativo e nos tribunais nacionais.

Os contribuintes têm sido autuados pelas autoridades fiscais e não obtendo sucesso em suas impugnações tanto nas decisões de primeira quanto de segunda instância. Contudo, em âmbito judicial há um precedente favorável do STF que analisou o conceito de embarcação, bem como há decisões mais recentes que coadunam com o referido precedente e apontam para o enquadramento das plataformas como embarcações.

O entendimento sustentado pelo Fisco, no sentido da exclusão das plataformas de petróleo do âmbito do conceito de embarcação se baseia na imposição de uma condição não presente em nenhum dos textos legais de modo a restringir a desoneração fiscal so art. 691, I, do RIR, como será demonstrado.

As decisões administrativas no âmbito da Receita Federal e do CARF

Com a mudança de entendimento do Fisco que se concretiza com a adoção de critério sem qualquer base legal, começaram a surgir autuações em face dos contribuintes, ensejando a cobrança de IRRF incidente sobre o afretamento de plataformas marítimas, utilizadas na indústria de óleo e gás.

Com isso, foram proferidas decisões em primeira instância administrativa acerca dessa questão. No âmbito das Delegacias da Receita Federal de Julgamento (DRJ), as ementas trazem como justificativa para a não fruição da alíquota zero quando do afretamento de plataformas, argumento de caráter finalístico, baseado na ausência do suposto requisito de finalidade de transporte de cargas e pessoas.

Curioso ressaltar que o próprio julgador admite que o legislador não restringiu de forma expressa o tipo de atividade a ser explorada pela embarcação. É admitido ainda que as plataformas têm capacidade de locomoção na água, contudo, a finalidade das mesmas seria a pesquisa, exploração e prospecção de petróleo, o que é alegado como afastamento do conceito de embarcação, utilizando-se ainda como base, de forma equivocada, o art. 111 do CNT, expondo que o mesmo impõe interpretação restritiva.

As decisões restritivas quanto à abrangência da alíquota zero levaram à manutenção da exigência fiscal. Com isso, os contribuintes requereram a reapreciação das decisões por meio da interposição de Recurso Voluntário à segunda instância administrativa.

Em análise do antigo Conselho de Contribuintes, hoje, Conselho Administrativo de Recursos Fiscais, foi proferida emblemática decisão quando do julgamento do Recurso Voluntário interposto pela Petrobras[14]. A empresa recorreu da

---

[14] BRASIL, Primeiro Conselho de Contribuintes, Recurso Voluntário nº 139.827, 6ª Câmara, Relator: Conselheiro Luiz Antônio de Paula. Sessão de 24/02/2005, Diário Oficial da União 25/05/2005.

decisão da 1ª Turma/DRJ – Rio de Janeiro, que confirmou a autuação bilionária referente ao não recolhimento do IRRF supostamente devido em virtude de operações realizadas no ano calendário de 1998.

O entendimento da instância superior, proferido pela 6ª Turma do 1º Conselho de Contribuintes é da mesma forma negativo. O raciocínio empregado é no mesmo sentido que aquele sustentado pelas DRJ, de que deve ser empregado um critério finalístico, relativo à função de transporte, quando da interpretação do conceito de embarcação. Como visto, referido raciocínio não pode ser extraído da legislação aplicável.

A fundamentação trazida pelas autoridades demonstra equívoco no que tange à interpretação da definição da Lei nº 9.537/97, já que há confusão entre a aptidão para navegação, requisito legal, com a necessária finalidade de navegação, importando na inserção de elemento estranho ao texto, o que afastaria do dever de interpretação literal da isenção.

De acordo com o Conselho, é necessária a destinação ao transporte marítimo e para que determinada estrutura seja considerada como embarcação, desconsiderando, dessa forma, os argumentos expostos em prol de uma interpretação literal. É mencionada ainda a necessidade de interpretação restritiva, em virtude do disposto no art. 111 do CTN e que tal forma de interpretação levaria ao afastamento das plataformas do conceito de embarcação.

Como analisado, a definição de embarcação contida na legislação especializada possibilita o enquadramento de embarcações como espécie daquela. O critério finalístico deve ser desconsiderado, por importar em interpretação apriorística, que não deve prosperar no direito tributário.

Tal decisão emblemática foi utilizada como base para diversas autuações, de modo que o tema passou à apreciação do Poder Judiciário brasileiro.

As decisões judiciais dos Tribunais Superiores

A discussão acerca do conceito de embarcação para fins de IRRF passou a movimentar os Tribunais. A análise do referido conceito já foi objeto de precedente do Supremo Tribunal Federal na década de 1970.

Trata-se da decisão em sede do Recurso Extraordinário nº 76.133[15], relativo à construção de plataforma, no qual foi reconhecido o enquadramento de plataformas autoelevatórias como embarcação, para fins de isenção do Imposto sobre Produtos Industrializados – IPI. A decisão foi baseada em pronunciamento da autoridade da Marinha, detentora da reserva de competência administrativa no que tange à fiscalização de embarcações. Foi reconhecido que as plataformas são

---

[15] BRASIL, Supremo Tribunal Federal, Recurso Extraordinário nº 76.133, Segunda Turma. Relator: Ministro Antônio Neder. Sessão de 13/09/1974, Diário da Justiça 17/10/1974.

espécies de embarcação para fins de inscrição junto à Marinha. Por conseguinte, poderiam usufruir da isenção de IPI relativa às embarcações.

Tendo em vista a desconsideração do referido precedente por parte das autoridades administrativas, o Tribunal Regional Federal da 2ª Região passou a analisar casos que envolvem a problemática do conceito de embarcação para fins de IRRF. Como se sabe, o Tribunal recebe as causas ajuizadas na Justiça Federal dos principais Estados produtores petrolíferos, Rio de Janeiro e Espírito Santo.

As decisões favoráveis aos contribuintes, no sentido de considerar as plataformas como espécie de embarcação, baseiam-se no argumento de que a norma tributária não modificou expressamente o conceito de embarcação, devendo o mesmo ser aquele empregado na seara privada, previsto no art. 2º, inc. V da Lei nº 9.537/97, com base no art. 109, CTN. Considerou-se ainda que, com base no uso da interpretação literal, a alusão ao transporte de pessoas ou cargas não constitui elemento finalístico da norma. Nesse sentido, foi afirmado que as embarcações podem ter múltiplas finalidades distintas do transporte de pessoas e coisas.

Importante ressaltar ainda que foi levado em consideração o precedente do STF, que enquadrou plataformas como embarcação para fins de IPI. Por fim, foi considerado ainda que a renúncia fiscal não pode ser interpretada restritivamente a fim de privilegiar finalidades arrecadatórias.

Nesse sentido, no que tange a esses precedentes favoráveis, os contribuintes tiveram assegurada a inexigibilidade do crédito tributário relativo ao não recolhimento de IRRF.

Por sua vez, as decisões desfavoráveis aos contribuintes, que afastam as plataformas do conceito de embarcação, também se pautam na definição de embarcação trazida Lei nº 9.537/97. Afirmam, contudo, que a referida definição traz o elemento finalístico da utilização como transporte, para que a embarcação seja considerada como tal[16], em contrariedade ao, aqui, exposto.

A discussão acerca do conceito de embarcação também é vista no que tange a benefícios relativos ao IPI e ao II, passíveis de fruição em caso de importação de partes, peças e componentes destinados ao reparo, revisão e manutenção de aeronaves e embarcações.

As decisões que puderam analisar o tema[17] entenderam pela inclusão das plataformas petrolíferas no conceito de embarcação para fins da desoneração.

---

[16] BRASIL, Tribunal Regional Federal da 2ª Região, Apelação em Mandado de Segurança nº 2004.51.01.010387-1, 4ª Turma Especializada, Relator: Desembargador Federal José Ferreira Neves Neto, Sessão de 10/04/2012. Diário da Justiça Eletrônico, 26/04/2012.

[17] BRASIL, Tribunal Regional Federal da 2ª Região, Apelação Cível nº 1998.51.01.041362-6, 3ª Turma Especializada, Relatora: Desembargadora Federal Tania Heine, Sessão de 18/07/2006. Diário da Justiça Eletrônico, 31/07/2006; BRASIL, Tribunal Regional Federal da 2ª Região, Remessa Ex Ofício nº 1999.02.01.047933-0, 3ª Turma Especializada, Relator: Desembargador Federal

Decide-se no sentido de que a definição de embarcação trazida pelo art. 2, inciso V da Lei nº 9.537/97 abrange as expressamente as plataformas flutuantes.

De acordo com tais decisões, há inexistência de afronta ao art. 111 do CTN em tal raciocínio, por se tratar de interpretação literal do dispositivo.

Recentemente a discussão acerca do alcance da isenção para fins de importação de peças necessárias ao funcionamento de plataformas petrolíferas chegou ao Superior Tribunal de Justiça, que teve oportunidade de analisar o assunto nos autos do Recurso Especial nº 1.341.077/RJ [18].

O STJ reconheceu que as plataformas petrolíferas podem usufruir do benefício previsto para embarcações. Tal decisão vem dar suporte à conclusão de que não há qualquer óbice legal e interpretativo para a inclusão das plataformas ao conceito de embarcação. Assim sendo, a interpretação adequada do dispositivo que prevê a desoneração impossibilita a restrição de efeitos da norma sem que haja previsão legal para tanto.

Em que pese tais decisões favoráveis aos contribuintes tratarem de isenção distinta da desoneração do IRRF ora discutida, tais precedentes são plenamente aplicáveis para fins de interpretação do art. 691, inciso I do RIR, por tratarem da discussão acerca do conceito de embarcação para fins tributários.

Ainda no âmbito do STJ, em junho de 2013, o Ministro Benedito Gonçalves suspendeu a exigibilidade de um crédito tributário no valor de, aproximadamente, sete bilhões de reais, em ação cautelar ajuizada pela Petrobras contra acórdão do TRF da 2ª Região,[19] sinalizando que se deve retornar à análise da legislação específica para se definir o alcance do conceito de embarcação, com referência à lei nº 9.537/97.

Paulo Barata, Sessão de 10/06/2008. Diário da Justiça Eletrônico, 20/06/2008; BRASIL, Tribunal Regional Federal da 2ª Região, Apelação Cível nº 1998.02.01.034867-0, 3ª Turma Especializada, Relator: Desembargador Federal Luiz Norton Baptista de Mattos, Sessão de 03/06/2008. Diário da Justiça Eletrônico, 12/06/2008; BRASIL, Tribunal Regional Federal da 2ª Região, Apelação Cível nº 98.02.30093-4, 4ª Turma Especializada, Relator: Desembargador Federal Alberto Nogueira, Sessão de 15/09/2009. Diário da Justiça Eletrônico, 03/03/2010; Tribunal Regional Federal da 2ª Região, Apelação Cível nº 98.02.34866-0, 3ª Turma Especializada, Relator: Juiz Federal Convocado Luiz Mattos, Sessão de 03/06/2008, DJU, II, de 12/06/2008, pp. 307-312; BRASIL, Tribunal Regional Federal da 2ª Região, Apelação Cível nº 2000.02.01.066288-8, 3ª Turma Especializada, Relator: Juiz Federal Convocado Jose Antônio Lisboa Neiva, Data de Julgamento 20/04/2010. Data de Publicação, E-DJF2R, 06/05/2010, p. 182; BRASIL, Tribunal Regional Federal da 2ª Região, Apelação Cível nº 9803001612, 3ª Turma Especializada, Relator: Juiz Federal Convocado Jose Antônio Lisboa Neiva, Sessão de 20/04/2010. Diário da Justiça Eletrônico, 11/05/2010.

[18] BRASIL, Superior Tribunal de Justiça, Recurso Especial nº 1.341.077/RJ, Relator: Ministro Mauro Campbell Marques. Sessão de 09/04/2009. Diário da Justiça Eletrônico, 16/04/2013.

[19] BRASIL, Superior Tribunal de Justiça, Medida Cautelar nº 21159/RJ, Relator: Benedito Gonçalves. Sessão de 14/06/2013. Diário da Justiça Eletrônico, 18/06/2013

Tal decisão, apesar de precária, deu força aos anseios dos contribuintes, que pretendem ter uma análise justa da extensão do conceito, sem a inclusão de quaisquer critérios não presentes em lei.

Assim, verificamos que a discussão nos Tribunais acerca da abrangência do conceito de embarcação para fins de IRRF tende a ser favorável aos contribuintes. Os argumentos são sólidos e coerentes, afirmando que interpretação literal não permite a introdução de elementos estranhos ao texto. Nesse sentido, o raciocínio levantado pelo Fisco quanto à obrigatoriedade de a embarcação ter como finalidade o transporte de pessoas ou mercadorias, não constitui, em qualquer leitura, o tipo legal.

O art. 106 da Lei nº 13.043/2014

Em 14.11.2014, foi publicada Lei nº 13.043/2014, que, dentre outros temas, apresenta alteração do art. 1º, da Lei nº 9.481/97, que, como visto, dispõe sobre a redução de alíquota a zero do IRRF sobre as receitas auferidas com operações de fretes, afretamentos, aluguéis ou arrendamentos de embarcações marítimas ou fluviais feitos por empresas.

O art. 106 da referida lei apresenta a seguinte redação:

> "Art. 106. O art. 1º da Lei no 9.481, de 1997, passa a vigorar com as seguintes alterações, renumerando-se o parágrafo único do art. 1º para § 1º
>
> 'Art. 1º ....
>
> § 1º ....
>
> § 2º No caso do inciso I do caput deste artigo, quando ocorrer execução simultânea do contrato de afretamento ou aluguel de embarcações marítimas e do contrato de prestação de serviço, relacionados à prospecção e exploração de petróleo ou gás natural, celebrados junto a pessoas jurídicas vinculadas entre si, do valor total dos contratos, a parcela relativa ao afretamento ou aluguel não poderá ser superior a:
>
> I – 85% (oitenta e cinco por cento), no caso de embarcações com sistemas flutuantes de produção e/ou armazenamento e descarga (Floating Production Systems – FPS);
>
> II – 80% (oitenta por cento), no caso de embarcações com sistema do tipo sonda para perfuração, completação, manutenção de poços (navios-sonda); e
>
> III – 65% (sessenta e cinco por cento), nos demais tipos de embarcações.
>
> (...)'."

Em que pese o objetivo do dispositivo ser a imposição de valores máximos para o afretamento ou aluguel de embarcações quando, ao mesmo tempo, pessoas vinculadas também firmarem contrato de prestação de serviços, de modo a impedir a ocorrência de eventuais fraudes ou simulações, fato é que o §2º e seus incisos fazem menção expressa a contratos com embarcações utilizadas para prospecção e exploração de petróleo.

Ressalta-se que tal especificação não estava presente na redação antiga da Lei nº 9.481/87, de modo que a mesma se faz relevante como mais um indício de que as plataformas, posto a sua finalidade de exploração e prospecção de petróleo e gás, não são objetos distintos das embarcações.

Assim, apesar de outras situações de incerteza e de prejuízo aos contribuintes que a publicação de tal lei possa instaurar, fato é que o art. 106 parece trazer mais força à tese aqui esposada, de modo que as plataformas, por serem espécie de embarcação, devem usufruir da alíquota zero de IRRF, porém, em casos de afretamento ou aluguel abordados no §2º, as mesmas também deverão observar as restrições impostas.

Conclusão

Diante do exposto, verifica-se que a hipótese de redução à zero da alíquota de IRRF incidente sobre afretamento de embarcações, prevista no artigo 691, inciso I do RIR demanda análise detalhada do conceito de embarcação.

Para tanto, remetemo-nos à verificação da legislação especializada, qual seja a Lei nº 9.537/97 e a NORMAM 1/DCP. Tais dispositivos legais trazem a definição de embarcação para fins de direito privado. Verificamos ainda a Nomenclatura do Sistema Harmonizado de Designação e Codificação de Mercadorias, bem como a Classificação Aduaneira, de forma a compreender o alcance do termo analisado e a possibilidade de enquadramento das plataformas marítimas como espécie de embarcação.

A generalidade e abstração da norma jurídica, em particular do conceito objeto do presente estudo, demandam uma atividade interpretativa a fim de enfrentar as situações específicas presentes nos casos concretos, amoldando a norma ao mesmo. Como não poderia deixar de ser, apenas a partir da interpretação, é possível aplicar a referida lei de forma adequada.

Necessário, para isso, atentar para os métodos de interpretação jurídica, em particular no que tange à teoria da interpretação no direito tributário. Desse modo, ainda que estejamos diante de obrigatória interpretação literal de um dispositivo, por se tratar de uma das situações previstas no art. 111 do CTN, essa deve considerar exaustivamente todos os sentidos presentes na literalidade da norma. Mesmo as concepções menos usuais de um conceito são parte integrante de seu sentido literal, o qual abrange a interpretação restritiva e a extensiva.

Pelas razões já expostas, o entendimento adequado do dispositivo é o de que embarcação é um gênero, o qual compreende as plataformas marítimas, dentre outras estruturas que venham a ser criadas e possam vir a ser incluídas no conceito de embarcação.

Como espécie de um gênero mais amplo, as plataformas podem se locomover e flutuam sobre o mar durante suas atividades, apesar de não terem sido criadas para tal. Por sua vez, o uso da embarcação, seja em destinação ao transporte ou a qualquer outro, não é requisito essencial para que uma embarcação seja assim considerada. Tal análise importaria em integração, método que não se adéqua ao disposto no art. 111 do CTN.

Tendo sido analisadas a legislação referente ao conceito de embarcação, bem como a atividade interpretativa à luz do caso concreto, chegou-se à conclusão de que o mesmo é amplo o suficiente para que abarque as plataformas marítimas, não havendo motivos para que as mesmas não sejam incluídas no conceito de embarcação.

Em relação à discussão do tema no tribunal administrativo competente, como verificado, a matéria ainda não foi apaziguada. As DRJ e a 2ª instância administrativa permanecem firme em sustentar um entendimento restritivo do conceito de embarcação.

Contudo, há grandes chances de os Tribunais Superiores consolidarem o entendimento de que as plataformas de petróleo são consideradas embarcações para fins tributários. É possível verificar decisões favoráveis no âmbito dos Tribunais Regionais Federais, bem como o precedente favorável do STJ com relação à isenção para fins de IPI e II, e, em caráter precário, em relação ao presente tema, em que se verifica uma tendência desse Tribunal a uma análise mais ampla da legislação específica.

Referências

Borges, José Souto Maior, Teoria Geral da Isenção Tributária, 3. ed. São Paulo: Malheiros, 2001.

Brasil. Decreto nº 3.000, de 26.03.99. Regulamenta a tributação, fiscalização, arrecadação e administração do Imposto sobre a Renda e Proventos de Qualquer Natureza. DOU de 29.03.99.

Brasil. Decreto-Lei nº 5.844, de 23.09.43. Dispõe sobre a cobrança e fiscalização do imposto de renda. DOU de 01.10.43.

Brasil. Lei nº 5.172, de 25.10.66. Dispõe sobre o Sistema Tributário Nacional e Institui Normas Gerais de Direito Tributário Aplicáveis à União, Estados e Municípios. DOU de 22.10.76.

Brasil. Lei nº 9.481, de 13.08.97. Dispõe sobre a incidência de imposto de renda na fonte sobre rendimentos de beneficiários residentes ou domiciliados no exterior, e dá outras providências. DOU de 13.08.97.

Brasil. Lei nº 9.537, de 11.12.97. Dispõe sobre a segurança do tráfego aquaviário em águas sob jurisdição nacional e dá outras providências. DOU de 12.12.97.

BRASIL. Portaria nº 45/DPC, de 11.05.05. Aprova as Normas da Autoridade Marítima para Embarcações Empregadas na Navegação de Mar Aberto (NORMAM-01/DPC). DOU de 27.06.05.

BRASIL, Justiça Federal, Seção Judiciária do Rio de Janeiro, Ação Anulatória nº 2012.51.01.002887-0, 29ª Vara Federal, Fazenda Nacional e Petróleo Brasileiro S.A. – PETROBRÁS. Juíza Federal substituta Sandra Meirim Chalu Barbosa De Campos. Decisão de 05/03/2012, disponível em http://procweb.jfrj.jus.br/portal/consulta/cons_procs.asp, acesso em 09/11/2014.

BRASIL, Ministério da Fazenda, Secretaria da Receita Federal, 5ª Turma, Acórdão nº 12-54293 de 26 de Março de 2013, disponível em: http://decisoes.fazenda.gov.br/netahtml/decisoes/decw/pesquisaDRJ.htm, acesso em 09/11/2014;

BRASIL, Ministério da Fazenda, Secretaria da Receita Federal, Delegacia da Receita Federal de Julgamento no Rio de Janeiro, Acórdão nº 12-4484 de 12 de Novembro de 2003, disponível em: http://decisoes.fazenda.gov.br/netahtml/decisoes/decw/pesquisaDRJ.htm, acesso em 09/11/2014;

BRASIL. Ministério da Fazenda, Primeiro Conselho de Contribuintes. Sexta Câmara. Recurso Voluntário nº 139.827. 1ª Turma/DRJ em Rio de Janeiro – RJ I e Petróleo Brasileiro S.A. – PETROBRÁS. Presidente José Ribamar Barros Penha. Brasília, DF, 24 de fevereiro de 2005, publicado em 25.05.05.

BRASIL, Superior Tribunal de Justiça, Recurso Especial nº 1.054.144/RJ, Município de Macaé – RJ e Maré Alta do Brasil Navegação LTDA. Relator: Ministra Denise Arruda, Sessão de 17/11/2009. Diário da Justiça Eletrônico, 09/12/2009.

BRASIL. Superior Tribunal de Justiça. Segunda Turma. Recurso Especial nº 1.341.077/RJ. Fazenda Nacional e Petróleo Brasileiro S/A – PETROBRÁS. Relator Ministro Benedito Gonçalves. Brasília, DF, 14 de junho de 2013, publicado no DJE em 16.06.13.

BRASIL. Superior Tribunal de Justiça. Segunda Turma. Medida Cautelar nº 21159/RJ. Fazenda Nacional e Sedco Forex Perfurações Marítimas LTDA. Relator Ministro Mauro Campbell Marques. Brasília, DF, 09 de abril de 2013, publicado no DJE em 16.04.13.

BRASIL. Superior Tribunal Federal. Segunda Turma. Recurso Extraordinário nº 76.133. União Federal e Companhia Comércio e Navegação e Petróleo Brasileiro S/A – PETROBRÁS. Relator Ministro Antônio Neder. Brasília, DF, 13 de setembro de 1974, publicado no DJ em 17.10.74.

BRASIL, Tribunal Regional Federal da 2ª Região, Apelação Cível nº 2008.51.01.007040-8, 3ª Turma Especializada, União Federal e Petróleo Brasileiro S/A – PETROBRAS. Relatora: Desembargadora Federal Salete Maccalóz, Sessão de 29/05/2012. Diário da Justiça Eletrônico, 26/06/2012;

BRASIL, Tribunal Regional Federal da 2ª Região, Apelação em Mandado de Segurança nº 2004.51.01.010387-1, 4ª Turma Especializada, União Federal e El Paso Óleo e Gás do Brasil. Relator: Desembargador Federal José Ferreira Neves Neto, Sessão de 10/04/2012. Diário da Justiça Eletrônico, 26/04/2012.

BRASIL, Tribunal Regional Federal da 2ª Região, Apelação Cível nº 1998.51.01.041362-6, 3ª Turma Especializada, União Federal e Schlumberger Tecnologia de Poços e

Perfurações LTDA. Relatora: Desembargadora Federal Tania Heine, Sessão de 18/07/2006. Diário da Justiça Eletrônico, 31/07/2006;
BRASIL, Tribunal Regional Federal da 2ª Região, Remessa Ex Ofício nº 1999.02.01.047933-0, 3ª Turma Especializada, União Federal e Schlumberger Tecnologia de Poços e Perfurações LTDA. Relator: Desembargador Federal Paulo Barata, Sessão de 10/06/2008. Diário da Justiça Eletrônico, 20/06/2008;
BRASIL, Tribunal Regional Federal da 2ª Região, Apelação Cível nº 1998.02.034867-0, 3ª Turma Especializada, União Federal e Schlumberger Tecnologia de Poços e Perfurações LTDA. Relator: Desembargador Federal Luiz Norton Baptista de Mattos, Sessão de 03/06/2008. Diário da Justiça Eletrônico, 12/06/2008;
BRASIL, Tribunal Regional Federal da 2ª Região, Apelação Cível nº 98.02.30093-4, 4ª Turma Especializada, União Federal e Schlumberger Tecnologia de Poços e Perfurações LTDA. Relator: Desembargador Federal Alberto Nogueira, Sessão de 15/09/2009. Diário da Justiça Eletrônico, 03/03/2010;
BRASIL, Tribunal Regional Federal da 2ª Região, Apelação Cível nº 98.02.34866-0, 3ª Turma Especializada, União Federal e Schlumberger Tecnologia de Poços e Perfurações LTDA. Relator: Juiz Federal Convocado Luiz Mattos, Sessão de 03/06/2008, DJU, II, de 12/06/2008, pp. 307-312;
BRASIL, Tribunal Regional Federal da 2ª Região, Apelação Cível nº 2000.02.01.066288-8, 3ª Turma Especializada, União Federal e Schlumberger Tecnologia de Poços e Perfurações LTDA. Relator: Juiz Federal Convocado Jose Antônio Lisboa Neiva, Data de Julgamento 20/04/2010. Data de Publicação, E-DJF2R, 06/05/2010, p. 182;
BRASIL, Tribunal Regional Federal da 2ª Região, Apelação Cível nº 9803001612, 3ª Turma Especializada, União Federal e Schlumberger Tecnologia de Poços e Perfurações LTDA. Relator: Juiz Federal Convocado Jose Antônio Lisboa Neiva, Sessão de 20/04/2010. Diário da Justiça Eletrônico, 11/05/2010;
CARDOSO, Camila Mendes Vianna. A natureza jurídica das plataformas marítimas. Revista Direito Aduaneiro, Marítimo e Portuário, São Paulo, v. 2, n. 8, pp. 30-43, maio/jun. 2012.
CARVALHO, Paulo de Barros. IPI – comentários sobre as regras gerais de interpretação da tabela NBM/SH (TIPI/TAB). Revista dialética de Direito Tributário, São Paulo, n. 12, pp. 42-60, set. 1996.
CATÃO, Marcos André Vinhas. Exigibilidade do imposto de renda nas remessas ao exterior a título de arrendamento/afretamento de embarcações utilizadas no processo de produção de petróleo. Revista Direito Aduaneiro, Marítimo e Portuário, São Paulo, v. 02, n. 08, pp. 20-29, maio/jun. 2012.
DERZI, Misabel Abreu Machado. Legalidade material, modo de pensar "tipificante" e praticidade no direito tributário. In *Justiça tributária*. São Paulo: Max Limonad, 1998.
ENGISCH, Karl. Introdução ao pensamento jurídico. Lisboa: Fundação Calouste Gulbenkian, 2008.
FRAGA, Fábio. GOMES, Marcus Lívio. A tributação nos contratos de afretamento na indústria do petróleo. A Tributação na Indústria do Petróleo e Gás Natural. São Paulo: Almedina, 2016.

HASSEMER, Winfried. Sistema jurídico e codificação. A vinculação do juiz à lei. KAUFMANN, Arthur; HASSEMER, Winfried (Org.). *Introdução à filosofia do direito e à teoria do direito contemporâneas*. Lisboa: Fundação Calouste Gulbenkian, 2002.

GUASTINI, Riccardo. *Distinguiendo – estudios de teoría y metateoría del derecho*. Barcelona: Gedisa Editorial, 1999.

GUIBOURG, Ricardo A., GHIGLIANI, Alejandro M. e GUARINONI, Ricardo V. *Introducción al conocimiento científico*. Buenos Aires: Editorial Universitária de Buenos Aires, 2004.

GRAU, Eros Roberto. *Direito, conceitos e normas jurídicas*. São Paulo: Ed. RT, 1988.

LARENZ, Karl. *Metodologia da Ciência do Direito*. Lisboa: Calouste Gulbenkian, 1997.

PAIM, Maria Augusta. Plataforma marítima é EMBARCAÇÃO. Revista Direito Aduaneiro, Marítimo e Portuário, São Paulo, v. 02, n. 08, p. 09-19, maio/jun. 2012.

QUEIROZ, Luís Cesar Souza de. Imposto sobre a renda: requisitos para uma tributação constitucional. Rio de Janeiro, Forense, 2003.

RIBEIRO, Ricardo Lodi, Justiça, Interpretação e Elisão Tributária. Rio de Janeiro: Lumen Juris, 2003.

SOUZA, Rubens Gomes de, Trabalhos da Comissão Especial do Código Tributário Nacional, Rio de Janeiro: Ministério da Fazenda, 1954.

TIPKE, Klaus; SEER, Roman; REISS, Wolfram. Direito Tributário – v. 1. 18. ed. Porto Alegre: Sergio Antonio Fabris Editor, 2008.

Da Imunidade dos Combustíveis Derivados de Petróleo e do Tratamento Anti-Isonômico Dado Àqueles Derivados de Outros Hidrocarbonetos

DIEGO FERNANDES XIMENES

1. Introdução

Um dos mais notáveis aspectos do Ser Humano é sua capacidade de criação perante as adversidades. Tal fato tem tido como o principal substrato para descrever o enredo histórico das modificações ambientais e tecnológicas próprias de uma sociedade que nunca se demonstra aquietada e subserviente ao tempo e às adversidades da vida. Desde a revolução industrial, fomos capazes de modificar nossa realidade. Conseguimos viver mais, andar mais, comer mais e se reproduzir muito mais. Para tanto, porém, tornámo-nos extremamente dependentes de fontes de energia, em especial o petróleo.

Conhecido desde a Idade Antiga por diversas sociedades – como Mesopotâmia, Egito, Pérsia e Judéia –, a utilização moderna do Petróleo data de meados do Século XIX e decorre do desenvolvimento do processo de industrialização necessário para seu melhor aproveitamento.

Devido à condensação geográfica de suas jazidas em pequenas áreas do território mundial, as relações políticas que levam à extração, produção e processamento sempre foram marcadas por conflitos. Em razão de tal característica, nunca houvera dúvida sobre a impossibilidade de se sustentar a totalidade da estrutura econômica e industrial pautada em apenas uma fonte não renovável.

Além da característica geopolítica, outro problema necessário de ser contornado era o binômio estado líquido e rentabilidade. Mesmo havendo métodos de liquefação, como, por exemplo, o GTL (Gas-to-liquid) e LNG (Liquefied Natural Gas)[1], o preço de extração – seja financeiro ou ambiental – e conversão sem-

---

[1] Em português, também conhecido como GNL (gás natural liquefeito).

pre fora muito alto e só tornado interessante quando o barril do petróleo estava muito caro ou inacessível[2].

Entretanto, o desenvolvimento da indústria química possibilitou o barateamento da produção de hidrocarboneto líquido a partir do querogênio contido em jazidas de gás convencionais e não convencionais. O que, por conseguinte, resultou no intenso investimento por parte de grandes petroquímicas.

A Shell, por exemplo, aplicou 19 bilhões de dólares no Qatar para construção de uma enorme usina capaz de efetuar a liquefação do gás e produção de óleo diesel. Na mesma linha, viu-se a atuação da Exxon Mobil e da Qatar Petroleum no Qatar e, na Nigéria, a Chevron. Ao passo de chegar a afirmar que, até 2015, a produção de combustível a partir de gás natural "(...) poderá chegar a mais de 1 milhão de barris por dia, segundo uma estimativa da [IHS] Cambridge Energy Research Associates (...). Isto equivaleria aproximadamente à atual [em 2006] exportação diária de petróleo da Venezuela para os Estados Unidos"[3].

Embora a citada previsão tenha sido feita em 2006, o teatro global hodierno não está tão distante daquela realidade esperada[4]. Com o aproveitamento da formação geológica chamada de Marcellus, em Nova York, ricamente composta por folhelhos betuminosos[5] (xisto fino), e a utilização de processos cada vez mais baratos de produção de hidrocarboneto líquido a partir do gás natural, a produ-

---

[2] Apenas como referência histórica, o processo de liquefação conhecido pelo nome de Fischer-Tropsch (processo químico para produção de hidrocarbonetos líquidos – gasolina, querosene, gasóleo e lubrificantes – a partir de gás síntese – CO e H_2), utilizado, por exemplo, até hoje para a produção do óleo de xisto betuminoso, fora descoberto pela dupla Franz Fischer e Hans Tropsch, em 1920, e extremamente utilizado pela Alemanha durante a Segunda Guerra Mundial, pois a mesma era rica em reservas de carvão e pobre em petróleo, levando à intensa produção de combustíveis sintéticos alternativos que chegou ao ápice de 25% dos combustíveis para automóveis à época. Embora em outro momento, mas por motivos semelhantes, a África do Sul, na década de 80, viu-se necessitada a utilizar o mesmo processo para fugir de sua dependência externa de petróleo e circundar os efeitos dos embargos econômicos sofridos.

[3] ROMERO, Simon. Petroleiras investem bilhões no Qatar para transformar gás natural em óleo diesel. The New York Times. 2006. Disponível em < http://www.observatoriosocial.org.br/conexaosindical/node/1090>. Acesso em: 01 nov. 2014.

[4] "Note-se que no ano de 2000, o *shale gas* corresponda a menos de 2% do total da produção americana de gás natural, ao tempo que, em 2012, esse percentual evoluiu para 37% do total de produção. Especialistas da Indústria estimam que, no ano de 2020, tal percentual subirá a mais da metade do total da produção, podendo contribuir para a independência energética do Ocidente" (RIBEIRO; ZEITOUNE, 2013, p. 101).

[5] "Os folhelhos oleíferos, rochas oleíferas sedimentares, classificam-se como betuminosos quando contêm matéria orgânica (betume) separável por extração com solventes e como pirobetuminosos quando a matéria orgânica presente (querogêncio) é insolúvel, somente fornecendo o material betuminoso por processamento em elevada temperatura (pirólise). Apesar do termo xisto representar geologicamente as rochas metamórficas de origem sedimentar sem matéria orgânica,

ção de combustível líquido (*v.g* gasolina ou diesel) em larga escala a partir dessas matérias primas tem se demonstrado uma possibilidade muito interessante para interagir com o tradicional combustível derivado do petróleo.

2. Da origem à separação. A cadeia produtiva do Gás Liquefeito de Petróleo e do Gás Liquefeito Derivado de Gás Natural

A realidade brasileira, porém, não tem acompanhado o nível de desenvolvimento mundial. Precariedade, subutilização e pouca expansão da rede de distribuição são algumas das características mais marcantes do mercado de gás natural nacional. Tais fatores derivam, principalmente, da falta de capacidade e interesse econômico, confirmando o fato de, historicamente, a indústria do gás natural ter se desenvolvido mais em países onde há grande quantidade de recursos financeiros e indisponibilidade petrolífera, pois a extração do gás natural, em comparação à do petróleo, é muito mais cara e carece de mais recursos para a distribuição, transporte e armazenamento do produto[6].

Quimicamente, o Gás Natural é uma "mistura de hidrocarbonetos (metano, etano, propano e butano), em geral contendo dióxido de carbono, nitrogênio, enxofre, sedimentos e água (...)" (FERNANDEZ; PEDROSA JUNIOR; PINHO, 2009, p. 233). Na natureza, o gás pode se apresentar como *gás natural associado*, quando produzido juntamente a outro hidrocarboneto líquido, ou como *gás natural livre*, na hipótese de sua formação se dar em reservatório com hidrocarbonetos gasosos apenas. De forma muito semelhante, o Petróleo[7] também é formado por moléculas de hidrocarbonetos e se encontra, no subsolo, em rochas sedimentares, estando, porém, em estado líquido.

Tanto no caso do Petróleo quanto no do Gás Natural, para se alcançar a posição de comercializável, necessário se faz a passagem pelas fases de *upstream* (pesquisa geológica, exploração, perfuração e produção) e *downstream* (distribuição e revenda de derivados).

---

generalizou-se no Brasil a denominação de xisto para as rochas oleíferas brasileiras, essencialmente pirobetuminosas." (KOZAK; COELHO; CELINSKI. 1976, p. 37)

[6] Apenas para exemplificar: "Ao contrário do petróleo, que pode ser armazenado para utilização posterior, o gás natural exige o consumo imediato, pois as tecnologias que permitem seu armazenamento, como as de compressão, liquefação e uso de cavidades do solo são extremamente dispendiosas. Acresce-se a isso o fato de que, em países em desenvolvimento, a fragilidade institucional faz com que os segmentos de transporte e distribuição de gás natural somente viabilizem com investimentos estatais, em vista do grande volume de capital exigido." (RIBEIRO; ZEITOUNE, 2013, p. 100).

[7] Embora Petróleo seja um termo mais genérico para tratar do líquido extraído, tecnicamente seria mais acurado chamar de Óleo Cru ou Petróleo Bruto o óleo extraído da natureza, sendo o Petróleo aquele produto já processado. Entretanto, por uma fluidez para leitura, adotaremos o termo Petróleo sem fazer tais distinções.

Para o Gás Natural, o processo completo pode ser dividido nas seguintes etapas:

(I) Identificação do tipo de associação do gás natural ao petróleo para proceder sua extração. Após sua obtenção, o gás natural pode ser reinjetado (gás *lift*), a fim de facilitar a extração do petróleo a partir da redução da densidade do óleo; armazenado em poços de gás não associado ao petróleo; utilizado para aumentar a pressão interna dos poços; posto em combustão nos *flares*, diante da falta de tecnologia para o seu melhor aproveitamento; colocado em consumo interno na geração de eletricidade e vapor; ou enviado para as UPGN;

(II) O gás extraído é comprimido e, por meio de gasodutos, transportado para as Unidades de Processamento de Gás Natural (UPGN), sendo tal estrutura responsável pela desidratação do gás natural e separação das suas frações mais leves. O citado seccionamento levará à obtenção do gás natural seco (metano e etano), à gasolina natural (pentano e superiores) e ao Gás Liquefeito de Petróleo – GLP (propano e butano);

(III) Após o processamento, o gás é direcionado aos *city-gates*. Tal transporte poderá se dar de forma variada a depender de seu estado físico. Estando em *estado gasoso*, será distribuído através de dutos; caso esteja na *forma líquida*, o translado ocorrerá por meio de navios criogênicos;

(IV) A partir dos *city-gates* há a distribuição aos consumidores finais.

Indispensável ressaltar que, embora o termo utilizado seja GLP (Gás liquefeito de Petróleo), nem sempre sua matéria bruta será o petróleo. Explica-se: tendo em vista o fato de tanto o Gás Natural quanto o Petróleo terem formação química e proveniência geológica similares – principalmente no que tange à presença de butano e propano –, o GLP pode ser igualmente formado a partir do Gás Natural e do Petróleo, logo, o mais correto seria bipartir as espécies de Gás Liquefeito em GLP, quando derivado de Petróleo, e GLGN, ao ser oriundo de Gás Natural. Neste sentido a doutrina afirma:

> (...) a nomenclatura GLP para gás liquefeito derivado do gás natural pode gerar equívocos, inclusive para o entendimento da própria operação. Isto porque, embora denominado GLP (...), **também é possível obtê-lo a partir do Gás Natural**, de modo que se utiliza o nome GLP para designar produto que não é obtido do petróleo.
>
> A rigor, embora tenha as mesmas características do gás derivado do petróleo (GLP), o gás liquefeito derivado do gás natural deveria ter esta outra denominação, mais compatível com sua origem. Sugere-se, portanto, a nova nomenclatura de Gás Liquefeito Derivado de Gás Natural (GLGN) (...). (LEITE, 2007, p. 100).

Embora Gás Natural e Petróleo sejam produtos quimicamente diferentes de um mesmo efeito do tempo, o GLP produzido a partir de tais matérias possui total identidade química entre si, ao ponto de se falar na impossibilidade de diferenciação molecular entre o GLP e o GLGN[8]. Vislumbrando tal problemática, a legislação brasileira resolveu identificar tipos descritivos (v.g artigo 6º da Lei nº 9478/97[9]) e, perante a questão tributária do ICMS, realizou o repasse da obrigação de identificação da quantidade de saída de gás liquefeito derivado de Gás Natural (GLGN) ao contribuinte, conforme cláusula primeira e segunda do Protocolo de ICMS nº 197/2010[10].

Antes de ser uma mera regra de praticabilidade[11], o repasse obrigacional ao contribuinte significa algo maior, ou seja, identifica a impossibilidade técnica de averiguação se o produto tributado é derivado de Petróleo ou do Gás Natural. Por conseguinte, se tal verificação não fosse realizada no "chão de fábrica", antes mesmo da formação do produto posto em circulação, através da identificação dos insumos utilizados, a tributação, nos moldes do exigido em lei, seria impossível, pois há plena identidade químico-física entre o GLP de petróleo e o do gás natu-

---

[8] A composição química do GLP (seja de Petróleo ou de Gás Natural) é basicamente propano e butano, que são hidrocarbonetos presentes tanto no Gás Natural quanto no Petróleo.

[9] Art. 6º Para os fins desta Lei e de sua regulamentação, ficam estabelecidas as seguintes definições:
I – **Petróleo:** todo e qualquer hidrocarboneto líquido em seu estado natural, a exemplo do óleo cru e condensado;
II – **Gás Natural** ou Gás: todo hidrocarboneto que permaneça em estado gasoso nas condições atmosféricas normais, extraído diretamente a partir de reservatórios petrolíferos ou gaseíferos, incluindo gases úmidos, secos, residuais e gases raros;
III – Derivados de Petróleo: produtos decorrentes da transformação do petróleo;
IV – Derivados Básicos: principais derivados de petróleo, referidos no art. 177 da Constituição Federal, a serem classificados pela Agência Nacional do Petróleo;
(...) [g.n]

[10] Protocolo 197/2010 prediz o seguinte:
Cláusula primeira. Nas operações interestaduais com Gás Liquefeito derivado de Gás Natural – GLGN, tributado na forma estabelecida no Convênio ICMS 110/07, deverão ser observados os procedimentos previstos neste Protocolo para a apuração do valor do ICMS devido à unidade federada de origem.
Cláusula segunda. Os estabelecimentos industriais e importadores deverão identificar a quantidade de saída de Gás Liquefeito derivado de Gás Natural – GLGNn de origem nacional, Gás Liquefeito derivado de Gás Natural – GLGNi originado de importação e de Gás Liquefeito de Petróleo – GLP, por operação.

[11] "(...) a *praticabildiade*, também conhecida como *praticidade, pragmatismo ou factibilidade*, pode ser traduzida, em sua acepção jurídica, no conjunto de técnicas que visam a viabilizar a adequada execução do ordenamento jurídico" (COSTA, 2007, p. 53).

ral[12]. Logo, tal substituição de obrigação é essencial à própria materialização da legalidade[13] hoje posta.

A impossibilidade químico-física de distinção entre o GLP e GLGN é questão importante quando diante da tributação aplicada ao Petróleo e ao Gás Natural, afinal, conforme melhor demonstrado nos capítulos subsequentes, existe um tratamento todo diferenciado para o Petróleo que não é extensível para o Gás Natural. Porém, tendo em vista evoluções tecnológicas que alargaram o ângulo de aplicação dos produtos de forma muito diferentes do pensado à época da elaboração de certos textos legais, questiona-se: por que tal distanciamento entre tratamentos tributários existe e será que eles devem subsistir ou deve ser modificado por uma uniformização? É o que se busca responder nas próximas páginas.

3. Da incidência do ICMS sobre o combustível derivado de petróleo e de Gás Natural ou outros hidrocarbonetos.

Anteriormente ao ano de 1988, as operações com combustíveis eram oneradas pelo Imposto Único sobre Combustíveis Líquidos e Gasoso (IUCLG), criado pelo Decreto-Lei nº 2.615, de 1940 e muito modificado no decorrer dos anos. De competência da União, o referido tributo, segundo o seu artigo 1º, incidia, quando de produção nacional, sobre o consumo e quando procedente do estrangeiro, era cobrado sob a forma de direitos de importação para consumo. Portanto, estava o mesmo intrinsecamente ligado ao consumo, fato que autorizava a lógica da tributação no destino.

Porém, com a entrada em vigor da Constituição da República Federativa de 1988, a sistemática da tributação sobre os combustíveis líquidos e gasosos foi intensamente modificada de forma a favorecer os Estados e realizar a unificação de todas as hipóteses de circulação de mercadorias em um único imposto: o ICMS, previsto pelo texto do artigo 155, II, CRFB/88.

---

[12] Cf. Carneiro e Sobral: "(...) deve ser destacado que, tanto o GLP derivado de petróleo (GLP-P), quanto o de gás natural (GLP-GN), possuem a mesma composição química, de modo que sua derivação, se do petróleo ou do próprio gás natural, somente poderá ser definida por meio de controle de estoques efetuados pelo produtor, no caso, as refinarias, ou pelo importador" (2011, p. 41-42).

[13] Segundo Regina Helena Costa: "O Estado, no desempenho de suas funções, há de buscar mecanismos que possibilitem o adequado atingimento de seus fins, resumidos na noção de *bem comum*. (...) a praticabilidade está presente em toda atuação estatal, quer no exercício da função legislativa, quer no exercício das funções de aplicação da lei – administrativa e judicial –, como pretendemos demonstrar. (...) tanto as leis quanto os atos decorrentes de sua aplicação aos casos concretos (...) devem expressar-se em termos exequíveis." (2007, p. 54)

Instituído numa realidade onde a circulação se dava, em grande parte, de forma física e local, o arrecadado com o ICMS ou era endereçado para o Estado onde se dera a circulação, ou, quando decorrente da relação interestadual entre consumidores, havia a reposição pautada pelo diferencial de alíquota[14]. Tal lógica procedimental fora transportada para as relações de circulação de combustíveis, com exceção daqueles derivados de petróleo.

Conforme o artigo 155, §2º, X, *b*, da CRFB/88, **não incide** imposto sobre operações que destinem a outros *Estados petróleo*, inclusive lubrificantes, *combustíveis líquidos e gasosos dele derivados*. Combinando tal ditame com o texto do artigo 155, §2º, VII e VIII, da CRFB/88[15], conclui-se ser o seguinte o tratamento tributário dado aos combustíveis derivados de petróleo e de gás natural:

(a) PETRÓLEO: ICMS no destino;
(b) GÁS NATURAL OU OUTROS HIDROCARBONETOS:
   b.1) na relação *intraestadual*, o ICMS é devido ao Estado onde se dera a circulação;
   b.2) na relação *interestadual*, são duas hipóteses:
       i. Quando entre contribuintes, haverá a repartição do ICMS entre os Estados;
       ii. Quando destinado a não-contribuintes, o ICMS será devido ao Estado de origem

Portanto, resta evidente que o texto constitucional deu um tratamento diferenciado para os derivados de petróleo em detrimento dos derivados de gás natural. Tanto o é que, por diversas vezes, a própria Constituição é específica

---

[14] Cf. art. 155, §2º, VII e VIII, CRFB/88.
[15] Art. 155. Compete aos Estados e ao Distrito Federal instituir impostos sobre:
(...)
II – operações relativas à circulação de mercadorias e sobre prestações de serviços de transporte interestadual e intermunicipal e de comunicação, ainda que as operações e as prestações se iniciem no exterior;
(...)
§ 2º O imposto previsto no inciso II atenderá ao seguinte:
(...)
VII – em relação às operações e prestações que destinem bens e serviços a consumidor final localizado em outro Estado, adotar-se-á:
a) a alíquota interestadual, quando o destinatário for contribuinte do imposto;
b) a alíquota interna, quando o destinatário não for contribuinte dele;
VIII – na hipótese da alínea "a" do inciso anterior, caberá ao Estado da localização do destinatário o imposto correspondente à diferença entre a alíquota interna e a interestadual;

ao diferençar: como exemplo, os artigos 20, §1º[16] e 177, I[17], IV[18] e §4º[19], todos da CRFB/88.

Vale ressaltar que a Constituição da República de 1988, em seu artigo 155, §2º, XII, *h*, permitiu a incidência única de imposto nos casos especificados por Lei Complementar. Embora tal norma ainda não tenha sido criada, o tratamento não será tão diferenciado, vez que continuará a beneficiar o petróleo e seus derivados (art. 155, §4º, I, CRFB/88), que "voltará" a ser devido aos Estados onde ocorrer o consumo, em detrimento de outros combustíveis oriundos de outras fontes, cuja sistemática de repartição do ICMS será mantida (art. 155, §4º, II, CRFB/88).

A crítica dispensada à situação tributária dos combustíveis está no fato da imposição constitucional estar colocada de forma a olhar apenas para o passado, sem considerar a liquidez presente nas relações tecnológicas próprias das entranhas da atual sociedade de risco[20]. Assim, calcificar o já existente em nada auxilia para superarmos o porvir – que cada vez chega de forma mais retumbante e rápida.

3.1. Do tratamento constitucional: a regra do artigo 155, II, §2º, X, *b*, CRFB/88

O artigo 155, §2º, X, *b*, da CRFB/88, determina a não incidência do Imposto sobre a Circulação de Mercadorias e Serviços – ICMS nas operações que desti-

---

[16] Art. 20, § 1º – É assegurada, nos termos da lei, aos Estados, ao Distrito Federal e aos Municípios, bem como a órgãos da administração direta da União, participação no resultado **da exploração de petróleo ou gás natural**, de recursos hídricos para fins de geração de energia elétrica e de outros recursos minerais no respectivo território, plataforma continental, mar territorial ou zona econômica exclusiva, ou compensação financeira por essa exploração.

[17] Art. 177, I – a pesquisa e a lavra das jazidas de **petróleo e gás natural** e outros hidrocarbonetos fluidos [g.n].

[18] Art. 177, IV – o transporte marítimo do petróleo bruto de origem nacional ou de derivados básicos de petróleo produzidos no País, bem assim o transporte, por meio de conduto, de **petróleo bruto, seus derivados e gás natural de qualquer origem** [g.n].

[19] Art. 177, § 4º A lei que instituir contribuição de intervenção no domínio econômico relativa às atividades de importação ou comercialização de **petróleo e seus derivados, gás natural e seus derivados e álcool combustível** deverá atender aos seguintes requisitos [g.n]:

[20] Termo muito presente nos escritos do sociólogo Ulrich Beck, descreve que a atual realidade não mais é regida pela lógica da sociedade industrial tradicional, designando "(...) uma fase no desenvolvimento da sociedade moderna, em que os riscos sociais, políticos, econômicos e individuais tendem cada vez mais a escapar das instituições para o controle e a proteção da sociedade industrial" (GIDDENS; LASH; BECK, 2012, p. 17). A sociedade é de risco porque a presença da ambivalência das consequências é forte, logo a incerteza faz com que o risco seja sabido, porém não há qualquer apontamento que assegure o resultado. A certeza é líquida por ser meramente probabilística. Para o Direito Tributário, em especial, as incertezas forçam um pensamento pós-racional (*post-zweckrational*) que afugenta a lógica binária de ação, impossibilitando, cada vez mais, legislações plenamente aplicáveis sem o auxílio de normas infralegais.

nem a outros Estados petróleo, combustíveis líquidos e gasosos dele derivados, nos seguintes termos:

Art. 155 – Compete aos Estados e ao Distrito Federal instituir impostos sobre:
(...) II – operação relativas à circulação de mercadorias e sobre prestações de serviços de transporte interestadual e intermunicipal e de comunicação, ainda que as operações e as prestações se iniciem no exterior;
(...)
§2º O imposto previsto no inciso II atenderá ao seguinte:
(...)
X – não incidirá:
(...)
b) sobre operações que destinem a outros Estados petróleo, inclusive lubrificantes, combustíveis líquidos e gasosos dele derivados e energia elétrica.

Porém, o artigo 3º, III, da Lei Complementar nº 87/1996 (Lei Kandir), redige regra limitadora ou esclarecedora do raio de abrangência da norma constitucional acima tratada. De acordo com o texto legal:

Art. 3º O imposto não incide sobre:
(...)
III – operações interestaduais relativas a energia elétrica e petróleo, inclusive lubrificantes e combustíveis líquidos e gasosos dele derivados, **quando destinados à industrialização ou à comercialização.**

Conforme passível de ser percebido, a Lei 87/1996 realizou uma evidente limitação do âmbito de aplicação da regra de não-incidência ao condicionar sua existência a partir do critério "destinação à industrialização ou à comercialização", afastando assim o consumidor final. Essa atitude acabou por ser questionado no STF.

Em 2000, a Corte Constitucional brasileira proferiu decisão[21] no sentido de considerar legal a restrição por parte da Lei Complementar, uma vez que o texto do artigo 155, §2º, X, *b*, CRFB/88, é, ao invés de imunidade, uma verdadeira regra

---

[21] "TRIBUTÁRIO. ICMS. LUBRIFICANTES E COMBUSTÍVEIS LÍQUIDOS E GASOSOS, DERIVADOS DO PETRÓLEO. OPERAÇÕES INTERESTADUAIS. IMUNIDADE DO ART. 155, § 2º, X, B, DA CONSTITUIÇÃO FEDERAL. Benefício fiscal que não foi instituído em prol do consumidor, mas do Estado de destino dos produtos em causa, ao qual caberá, em sua totalidade, o ICMS sobre eles incidente, desde a remessa até o consumo. Conseqüente descabimento das teses da imunidade e da inconstitucionalidade dos textos legais, com que a empresa consumidora dos produtos em causa pretendeu obviar, no caso, a exigência tributária do Estado de São Paulo. Recurso conhecido, mas desprovido." (STF. RE nº 198.088-5, Tribunal Pleno, Rel. Min. Ilmar Galvão,

de não-incidência que "Não beneficia, portanto, o consumidor, mas o Estado de destino do produto, ao qual caberá todo o tributo sobre ele incidente, até a operação final (...)"[22].

Ainda conforme o defendido pelo Ministro Ilmar Galvão, "Do contrário, estaria consagrado tratamento desigual entre consumidores, segundo adquirissem eles os produtos de que necessitam, no próprio Estado, ou no Estado vizinho, o que não teria justificativa"[23]. Resultado que legitima o texto do artigo 3º, III, da LC 87/96[24].

Embora o STF tenha decidido em tais moldes, o entendimento doutrinário, no que tange à natureza jurídica da regra de não-incidência, costuma seguir um caminho divergente daquela apresentado pela Suprema Corte brasileira.

3.1.1. A regra de não-incidência e sua natureza jurídica de imunidade.

As vozes da doutrina não são uníssonas quanto à concordância com a jurisprudência do STF e sua visão de ser a regra do artigo 155, §2º, X, *b*, CRFB/88, uma "(...) genuína hipótese de *não incidência* do tributo"[25]. Havendo, inclusive, voto divergente por parte do Ministro Gilmar Mendes que considerou o caso como de imunidade. De acordo com seus escritos[26]:

> (...) É possível que, diante do fato de somente uns poucos Estados serem produtores de petróleo, a intenção do legislador tenha sido um maior equilíbrio relativamente a receitas. Todavia, cumpre levar em conta o teor do preceito, o alcance da norma tal

Publicação em 05.09.2003. Disponível em <http://redir.stf.jus.br/paginadorpub/paginador.jsp?docTP=AC&docID=235924>. Acessado em 09-11-2014.)

[22] Inteiro teor do voto do Min. Ilmar Galvão, *Op. cit.*, p. 02.

[23] *Ibidem*.

[24] Embora tendo como pano de fundo a questão da Energia Elétrica, há posicionamento doutrinário que afirma o seguinte: "Em razão disso [referindo-se ao julgamento do RE 198.088-5], a regra constate da LC nº 87/1996 não violaria a Constituição, por estabelecer precisamente uma distinção com relação ao destinatário das operações interestaduais: a regra de não incidência seria aplicável às operações interestaduais destinadas à industrialização e à comercialização, mas, não, àquelas destinadas a consumidores finais, como seria o caso, por exemplo, das indústrias que utilizam a energia elétrica como insumo na industrialização de outros bens" (ÁVILA, 2013, p. 53).

[25] Conforme inteiro teor do voto do Ministro Ilmar Galvão, página 2: "É patente, entretanto, que não se está, no caso, diante de imunidade propriamente dita, mas de genuína hipótese de não-incidência do tributo – como aliás, se acha expresso no inc. X do §2º do art. 155 da CF –, restrita ao Estado de origem, não abrangendo o Estado de destino, onde são tributadas todas as operações que compõem o ciclo econômico por que passam os produtos descritos no dispositivo sob enfoque, desde a produção até o consumo." (*Op. cit.*).

[26] Pgs. 12 e 13 do Inteiro teor do voto do Min. Gilmar Mendes no julgamento do RE nº 198.088-5 (Disponível em <http://redir.stf.jus.br/paginadorpub/paginador.jsp?docTP=AC&docID=235924>. Acessado em 09-11-2014).

como se contém, descabendo a exumação da vontade do legislador e sem distinguir-se no campo interpretativo a qualificação do destinatário da mercadoria – se contribuinte, ou não. **A imunidade surge linear e assim deve ser observada, porquanto tanto vulnera a norma aquele que inclui no respectivo âmbito hipótese não contemplada, como também o que exclui situação por ela alcançada.** A imunidade – e sob o ângulo material assim tomo a previsão – surge, é de frisar, abrangente. Sobre operações, e não apenas saídas, que destinem a outros Estados petróleo, inclusive lubrificantes, combustíveis líquidos e gasosos dele derivados, e energia elétrica não incide o ICMS. Esse é o ditame constitucional, sendo impossível a inserção de cláusula limitativa, considerada a destinação da mercadoria apenas a compradores que imprimam sequencia à circulação. Atribua-se ao legislador o empregos dos vocábulos com sentido técnico. Não se confunda operação com saída, muito embora esta componha a primeira, não a perfazendo, porque indispensável a entrada. [g.n]

O ponto nodal da discussão atinge exatamente a compreensão do conceito de imunidade e de não incidência. Segundo Borges (2009, p. 93): "(...) incidência ou não-incidência são *fenômenos, i.e.,* o modo como quaisquer normas jurídicas se manifestam na regulação das situações da vida em concreto". Portanto, a não incidência é uma consequência da não adequação da hipótese de incidência à realidade. Logo, onde houver incidência, afastada estará a não incidência e, por conseguinte, silogisticamente, uma regra de não incidência seria igual a uma regra sobre o nada, ou seja, "(...) seria supor a existência (validade) da regra que não incide." (BORGES, 2009, p. 94)[27].

Diante da impossibilidade de se falar em autonomia do fenômeno da não incidência, tendo em vista ser a mesma decorrência do não surgimento dos pressupostos fáticos da norma constitucional ou infraconstitucional, tem-se que sua existência decorrerá de duas hipóteses: *(i)* determinação constitucional chamada de imunidade constitucional (não incidência constitucionalmente qualificada); e *(ii)* autolimitação do poder de tributar (não incidência legalmente qualificada). Sendo, portanto, em número de três o particionamento do gênero *não incidência sentido amplo*: não incidência *sentido estrito*, imunidade e isenção.

A não incidência *sentido estrito* é caracterizada "pela não inserção do fato econômico considerado na descrição da hipótese de incidência tributária"[28]. Já na *imunidade*, a limitação é externa e advém das escolhas de competências negativa

---

[27] Para melhor identificar o pensamento do autor, cita-se a sentença completa: "Absurdo seria supor a existência (validade) da regra que não incide. Pois bem: essa generalidade é um obstáculo conceitual a que a incidência seja manipulada como uma categoria específica." (BORGES, 2009, p. 94).

[28] Segundo Ricardo Lodi Ribeiro (2010, p. 184).

identificadas pelo Constituinte, característica divergente da *isenção*, cuja limitação decorre da própria escolha legislativa que delibera por deixar de fora certo signo presuntivo de riqueza.

A construção histórica da ideia de imunidade é intrínseca ao embate entre o cidadão contribuinte e o Estado tributante. Essa concepção de luta gerou três correntes doutrinárias que manieta a luta ao conteúdo das imunidades.

A primeira corrente decorre da ideia mais fulcral de liberalismo econômico, que é o garantismo da preservação da propriedade e do solipsismo burguês oitocentista através da intervenção Estatal negativa. Perante tal corrente, seriam imunes aquelas riquezas que ligadas fossem ao paradigma preceituado. Já a segunda corrente deriva do intervencionismo Estatal Social do século XX – principalmente depois do 2º pós-guerra –, quando outros interesses sociais e econômicos foram introjetados no rol de atuação do Estado. Por terceiro, temos surgimento do Estado Social e Democrático de Direito "(...) com as imunidade se baseando na liberdade emanada dos direitos fundamentais preexistentes ao próprio Estado (...)"[29]. Portanto, resta evidente que inexiste unicidade sequer na conceituação da composição do conceito de imunidade.

Ricardo Lobo Torres, *v.g.*, compreende que as imunidades serão reflexo das liberdades econômicas tradicionalmente ligadas ao libertarianismo americano, ou seja, direitos individuais e políticos (liberdades fundamentais). Dessarte, o que se afastasse desse conceito não seria imunidade, mas sim não-incidência prevista na Constituição.[30]

Partindo de um ponto comum, mas destoando em direção à autonomia, Ricardo Lodi Ribeiro considera que o Estado Social e Democrático de Direito reconhece a abrangência de imunidades tanto para os direitos políticos e individuais, quanto para os econômicos e sociais, havendo, portanto, imunidades cuja base também se encontra em direitos coletivos. Entretanto, faz questão de ressaltar que a limitação estabelecida é "(...) verdadeira exceção ao campo de competência estabelecido constitucionalmente"[31], não restando aos Entes federados o necessário poder de tributar sobre aqueles itens imunizados pela Carta Constitucional.

Embora presente divergência, afirma-se que a visão adotada no presente trabalho considera ser a imunidade hipótese de não-incidência constitucional-

---

[29] Ribeiro e Vieira (2011, p. 20).

[30] Em suas palavras, a imunidade "(...) *é uma relação jurídica que instrumentaliza os direitos fundamentais, ou uma qualidade da pessoa que lhe embasa o direito público subjetivo à não-incidência tributária ou uma exteriorização dos direitos da liberdade que provoca a incompetência tributária do ente público*" (TORRES, 2005, p. 44-45).

[31] Cf. Segundo Ricardo Lodi Ribeiro (2010, p. 183)

mente qualificada que afasta a competência tributária dos Entes federados[32]. Por entendermos tratar-se da visão mais acertada, uma vez que a Ordem Social hodierna não abrange apenas os tradicionais princípios de direitos individuais e políticos, citamos a seguinte definição:

> Assim, as imunidades são não incidências constitucionalmente qualificadas, que, em nome dos direitos fundamentais, sejam eles de índole individual e política, ou social e econômica, foram expressamente estabelecidas pela Constituição Federal, em verdadeira exceção às regras de competência tributária.
>
> (...) ao surgirem como a demarcação negativa da competência tributária, as imunidades são regras direcionadas à limitação e organização dos poderes estatais.[33]

Retomando a linha mestra, embora seja o artigo 155, §2º, X, *b*, da CRFB/88 gráfico em esboçar em seu texto que o tratamento destinado ao petróleo é uma regra de não-incidência, os signos linguísticos utilizados não são autônomos ao ponto de dispensarem processo hermenêutico. Assim, partindo da distinção acima explicitada, passa-se à resolução da seguinte questão: trata-se a regra do artigo 155, §2º, X, *b*, CRFB/1988, de uma autêntica imunidade tributária ou é uma simples regra de não incidência?

Hans-Georg Gadamer, ao ser parafraseado por Lawrence K Schmidt (2013, p. 167), define a atuação hermenêutica como uma busca por sentidos; significados. Segundo ensina, a "(...) experiência hermenêutica inicia quando o intérprete é questionado pela tradição sobre alguma coisa e busca encontrar uma resposta examinando um texto". Assim, partindo de preconceitos decorrentes da vivência prática, o intérprete observa a realidade como um todo atrás de subsídios que consubstanciem seus preconceitos. Para tanto, o intérprete, partindo do texto em análise e realizando o que convenciona ser chamado de *círculo hermenêutico da compreensão*, expande seus horizontes de significados procurando pelo sentido, com a preconcepção de que o texto não fala apenas através de suas palavras escritas.

Conforme bem elucida a doutrina[34]:

> O círculo hermenêutico da compreensão implica que um intérprete não pode fugir do efeito da história para um ponto de vista objetivo. Portanto, ele deve fazer com que um texto fale expandindo seu horizonte de significado, ou seja, escutando o que o texto tem a dizer. A concepção prévia da completude permite que o intérprete

---

[32] Nas palavras da doutrina: "No caso da imunidade, as limitações são externas ao poder de tributar, em verdadeira exceção ao campo de competência estabelecido constitucionalmente. **Os entes federativos não têm competência para tributar as operações e pessoas imunes**" (Ribeiro, 2010, p. 183).

[33] (Ribeiro; Vieira, 2011, pp. 22-23).

[34] Schmidt (2013, p. 167).

questione seus próprios preconceitos ao contratá-los com os do texto. Toda compreensão inclui a aplicação do texto ao horizonte do intérprete através da projeção do horizonte do texto para seu próprio horizonte, agora expandido. A compreensão é o evento da fusão destes dois horizontes onde os preconceitos são legitimados e descobrimos uma resposta à pergunta original.

Assim, para mais corretamente completarmos o vazio causado pela dúvida hermenêutica, não adianta ficarmos adstritos apenas ao texto, pois o som que o mesmo emite não será passível de audição se nos ativermos apenas à sua letra fria.

Embora o texto do artigo 155, §2º, X, *b*, CRFB/1988, seja explícito em seu fraseado, os sentidos alcançáveis vão muito além do simples texto legal. Assim, o consequente extraído do signo linguístico *não-incidência* tem o verdadeiro sentido de norma imunizante. Mais precisamente, deve ser compreendido como uma verdadeira imunidade, ou, mais precisamente, uma norma de **não incidência constitucionalmente qualificada**.

Confluindo para o sentido aqui defendido, a doutrina de Ribeiro e Vieira (2011, p. 22-23) ensina nos seguintes termos:

> (...) a norma constante do art. 155, II, §2º, X, *b*, da CRFB/88, que prevê a não incidência do ICMS sobre as operações que destinem petróleo, lubrificante, combustíveis líquidos e gasosos dele derivados a outros Estados **é autêntica imunidade constitucional**, gozando, portanto, de todas as implicações de uma limitação ao poder de tributar dos entes federados. [g.n]

Ao justificarem sua opção pela imunidade[35], Ribeiro e Vieira (2011) explicam que, sendo a competência tributária a autorização outorgada pela Constituição da República Federativa de 1988, o poder de tributar se manifesta num aspecto negativo e positivo. Está a positividade ligada à permissão de tributação, enquanto o polo oposto cuidará de impedir e afastar a mesma competência. *In litteris*:

> É exatamente no aspecto negativo da competência tributária que se encontram as imunidades, quando o ordenamento constitucional entende que determinadas operações ou pessoas não devem ser tributadas. Trata-se da incompetência absoluta dos

---

[35] No que tange à imunidade, Ribeiro e Vieira (2011, p. 29) ensinam o seguinte: "(...) a não incidência em sentido estrito representa as hipóteses em que não há tributação por inexistir previsão do fato gerador no ordenamento infraconstitucional, isto é, fatos que podem estar contidos na regra de competência constitucional e que, portanto, poderiam ser tributados, mas ficaram de fora da incidência criada pela norma. Difere-se das imunidades e das isenções, pois resulta da omissão de uma regra de incidência no âmbito legal".

entes políticos para onerar certas pessoas ou fatos econômicos por elas praticados. (RIBEIRO; VIEIRA, 2011, p. 22)

Em sentido igual, BORGES (2009, p. 95) alcança a conclusão de que "(...) o art. 155, §2º, X, b, da CF constitui hipótese de imunidade e não apenas de destinação do ICMS ao Estado onde se dá o consumo da mercadoria", afirmando ainda:

> Aqui é preciso distinguir para unir.
> Com relação à operação de circulação (saída) da mercadoria no Estado de origem dá-se a intributabilidade absoluta. É, pois, uma hipótese de não-incidência por determinação constitucional autoaplicável ao ICMS no Estado de origem. E, com relação ao Estado de destino, local onde a mercadoria será consumida? Trata-se de uma possível hipótese de incidência do ICMS a operação de entrada da mercadoria no estabelecimento industrial ou comercial destinatário. Tributável, pois a operação de entrada da mercadoria (ou de sua saída) no Estado de destino.
> Não configuram, estas últimas, hipóteses de não-incidência constitucionalmente qualificada, nem isenção, nem redução do ICMS, nem sua não-incidência, infra-constitucional como prescreve a CF, em criticável impropriedade técnica.[36]

Portanto, embora exista compreensão jurisprudencial por parte do STF na linha do artigo em questão materializar não-incidência pura, o entendimento defendido no presente artigo é o de que a regra trazida pela Carta constitucional é de verdadeira imunidade, tratando-se de uma não-incidência constitucionalmente qualificada. Porém, por que tal imunidade é necessária?

3.2. Da Lógica legislativa imunizadora e tributária

É cediço que, historicamente, as Cartas Constitucionais apenas trazem normas imunizadoras quando diante de situações de grande relevância para a sociedade ou, ao menos, de suficiente importância para afastar a escolha do ímpeto momentâneo de uma geração, supervalorizando as escolhas de uns sobre outros.

Partindo de tal pressuposto e tendo em mente o teor da regra do artigo 155, II, §2º, *b*, CRFB/88, é correto afirmar que as principais fontes energéticas da sociedade de 1988 foram colocadas num dos mais altos patamares de proteção constitucional. Dessa forma, privilegiou-se o petróleo, inclusive combustíveis líquidos e gasosos dele derivados e lubrificantes, e a energia elétrica.

As referidas escolhas bem representam o *zeitgeist* social e econômico que envolvia o constituinte de 1988. Eram tempos conturbados pela crise do petróleo,

---

[36] BORGES (2009, p. 95)

derrocada do mundo socialista, ápice da industrialização tardia do Brasil, crise econômica e política *etc*. Em suma, tínhamos medo da exacerbação da escassez em razão de um monopólio geológico possivelmente causado pela condensação do poder (tributário, no caso) sobre fontes geradoras da energia tão indissociáveis da manutenção e desenvolvimento do país.

Porém, como a tecnologia de geração de energia não é uma unidade estável e imutável, seu desenvolvimento ocorrera num sentido antagônico ao do direito brasileiro. Apesar do setor de combustíveis, por exemplo, evoluir da tradicional tabelinha petróleo e etanol para produção a partir das mais diferenciadas origens e formas químicas, o Direito brasileiro demonstra enorme dificuldade de seguir o ritmo tecnológico e se mantém mirado para o passado. A evolução da produção de combustíveis, seja líquido ou gasoso, acabou por refletir a peculiar celeridade da sociedade hodierna cada vez mais afastada dos paradigmas da modernidade.

4. Da Evolução Tecnológica e do necessário acompanhamento normativo

Conforme já tangenciado anteriormente, embora o mundo ainda seja extremamente dependente do petróleo[37], pois o mesmo ainda reside como predominante no setor energético mundial, outras fontes vem se mostrando como potenciais substitutos ao primado da referida substância. Assim, no atual cenário são diversas as fontes não convencionais de combustíveis, sendo possível, por exemplo, a extração de gás de xisto, de hidrocarbonetos a partir das areias betuminosas[38] do Canadá, metano de leito de carvão, gás compacto, variando unicamente a viabilidade econômica dessas empreitadas.

Atualmente, a viabilidade de acesso das reservas mundiais de xisto betuminoso tem se mostrado muito interessante para o setor de energia. Embora seja uma fonte não renovável de antigo conhecimento e utilização pela indústria há pelo menos dois séculos, apenas com as altas do preço do petróleo pós década de 1980 e com o avanço tecnológico de extração e industrialização é que sua utilização foi tomando força.

---

[37] A referida dependência é tanto econômica quanto industrial. Apenas para exemplificar, segundo a Secretaria de Estado de Fazenda do Rio de Janeiro, o envolvimento da economia fluminense com o petróleo é enorme, tendo sido recebido de *royalties*, apenas em 2013, a soma de R$ 16.308.712.000,00 (dezesseis bilhões trezentos e oito milhões setecentos e doze mil reais), um valor 223,4% maior do que o percebido no ano anterior. Portanto, a relação com o petróleo está em franca expansão no Brasil. Conforme explica a doutrina: "[...] foi estimado que o valor da produção do pré-sal deve ficar na faixa de 3% a 5% do Produto Interno Bruto (PIB), e, se comparada com setores específicos, como produção manufatureira, o petróleo em 2020 será maior que a indústria automobilística brasileira hoje e ultrapassará o valor agregado atual da agricultura" (SERPA, 2016).

[38] Também conhecida por *oil sands* ou *tar sands*.

O xisto betuminoso é uma formação rochosa rica em material orgânico com presença de querogênio, o que possibilita a extração de hidrocarboneto em formato gasoso (gás de xisto) e líquido (óleo de xisto), estados que dependerão do processo de modificação físico-química empregado.

Seguindo a dinâmica mundial, o Brasil começa a ensaiar os primeiros passos para extração de uma matriz energética que tem se demonstrado muito promissora. Com a nona maior reserva do mundo, estipulada em um potencial de 226 trilhões de pés cúbicos (TFC, na tabela internacional), o Brasil (226 TFC) se encontra atrás de países como Argélia (231 TFC), Canadá (388 TFC), África do Sul (485 TFC), México (681 TFC), Argentina (774 TFC), EUA (862 TFC) e China (1.275 TFC).

Mesmo sendo uma fonte energética promissora, existem dificuldades enormes para o Brasil melhorar seu aproveitamento. As principais encontram-se fincadas na infraestrutura básica, que vai desde as estradas para escoar a produção até a multiplicação de ramais de gasodutos para levar o insumo às térmicas, passando pelo desenvolvimento de sua legislação e estabelecimento de marco regulatório voltado especificamente para a área.

4.1. Do combustível derivado de fontes não convencionais, em especial do gás e do óleo de xisto.

As fontes energéticas naturais ricas em hidrocarbonetos são, em regra, utilizáveis como insumos de quatro formas: alimentação direta (combustão e potência); aplicação siderúrgica; a produção de combustíveis sintéticos, *v.g.* gasolina e diesel; a produção de gasoquímicos ou petroquímicos[39] utilizados na fabricação de fibras sintéticas, borrachas sintéticas, plásticos *etc*.

Todas essas formas de aplicação têm sua devida influência e importância no processo de industrialização, porém a mais interessante para o nosso objeto de estudo é a terceira forma, ou seja, a transformação em combustíveis sintéticos.

Conforme já explanado, os combustíveis derivados de petróleo, segundo o artigo 155, §2º, X, *b*, da CRFB/88, têm sua operação de circulação imunizada no início, apenas com incidência na ponta final, ou melhor, no momento da destinação final de circulação entre contribuintes[40]. Tal sorte não acompanha aquelas operações com circulação de combustíveis de similar identidade, seja no quesito físico ou químico, derivados de outros hidrocarbonetos não convencionais, como é exemplo o gás natural e o gás e óleo de xisto.

---

[39] Cumpre ressaltar que o xisto pode servir como matéria prima petroquímica. (cf. KOZAK; COELHO; CELINSKI, 1976)

[40] Valendo relembrar o seguinte precedente: STF. RE nº 198.088-5, Tribunal Pleno, Rel. Min. Ilmar Galvão, Publicação em 05.09.2003.

No que tange à incidência do ICMS, é indiscutível que a distinção realizada para separar os combustíveis derivados de petróleo foi uma clara opção legislativa quando da elaboração da constituição. Entretanto, conforme já ressaltado, o constituinte é um homem de seu tempo, sendo, portanto, demais aguardar de sua parte previsões científicas muito distantes de sua época. De todo modo, o Direito não existe para ser tido como um objeto calcificado. É, na realidade, uma onda que desempenha um movimento expansionista e sempre fluído para conseguir contornar as novas e velhas adversidades da sociedade.

Defrontando novas condições tecnológicas e sociais, necessário é o empenho para desenvolver meios jurídicos que assegurem a materialização da Justiça, pois injusto é tratar de forma anti-isonômica situações iguais, o que leva a dois vieses possíveis, ou se realiza modificação legislativa ou será pela jurisprudência.

4.2. Da inequidade na manutenção da imunidade constitucional apenas para os combustíveis derivados de petróleo. Da extensão pela isonomia para os derivados de outros hidrocarbonetos.

Igualdade é uma característica que não se origina sem motivo. Portanto, quando se brada pela qualidade de iguais, automaticamente se questiona "(...) igualdade em que? Igualdade sobre que perspectiva e como?" (CARRAZZA, 1975, apud, ÁVILA, 2009, p. 40).

Para haver solução, esse questionamento precisa levar em conta determinados elementos que informarão a proximidade da relação. Segundo Humberto Ávila (2009), são eles: sujeitos; medida de comparação; elementos indicativos da medida de comparação; e finalidade da comparação. Esses pontos servirão para identificar se o afastamento decorrente da desigualdade está sendo natural ou arbitrário. Depois de superada análise da semelhança, ainda caberá refletir sobre se deve ou não deve haver um tratamento legal idêntico; este momento é chamado pela doutrina de igualdade prescritiva – em oposição ao recorte diverso intitulado de *igualdade descritiva*[41].

No que tange aos elementos estruturais, a distinção estabelecida pela doutrina de Humberto Ávila inicia pela conceituação do *sujeito*, que serão todos

---

[41] Nas palavras da doutrina: "Não importa saber se as pessoas *são* ou *não são* iguais (igualdade descritiva). É preciso saber, também, se as pessoas *devem* ou *não devem* ser tratadas igualmente (igualdade prescritiva). (...) é preciso verificar, no plano dos fatos, se elas têm as propriedades selecionadas como relevantes pela norma; às vezes, uma razão para tratar as pessoas igualdade é o próprio fato de elas serem iguais, quando se pretende mantê-las iguais; é o próprio fato de elas serem iguais, quando se pretende mantê-las iguais; outras vezes, uma razão para tratá-las igualmente é o fato de elas serem diferentes, caso se queira aproximá-las; e outras vezes, ainda, uma razão para tratá-las diferentemente é o fato de elas serem iguais, caso se queira separá-las." (ÁVILA, 2009, p. 41).

aqueles envolvidos na trama tributária, indo desde pessoas físicas ou jurídicas, até objetos, fatos ou situações, perpassando pela comparação entre os regimes jurídicos adotados.

Vale ressaltar que "(...) o raciocínio da igualdade é comparativo de quaisquer objetos (fatos, situações ou atividades) relacionados a sujeitos que, no que concerne a eles, tenham interesses juridicamente protegidos" (ÁVILA, 2009, p. 43), logo, entende o autor que farão parte do grupo aqueles *sujeitos* manietados numa relação tributária. Porém, é de se ressaltar que o espectro de aplicação deve ser o mais amplo possível, abrangendo, direta ou indiretamente, o total da relação entre sujeitos e também entre elementos, tais como pessoas jurídicas, coisas, situações ou atividades.

Quanto à *medida de comparação*, sua importância encontra-se no fato de identificar se a mensuração utilizada para aproximar ou distanciar dois objetos, sujeito ou condições é arbitrária ou constitucionalmente albergada. Outro ponto palpável de averiguação, quando diante da *medida de comparação*, é vislumbrar se a finalidade do diferenciamento justifica sua utilização. Conforme explica a doutrina, "(...) a medida de comparação utilizada pelo Poder Legislativo só pode ser aquela que mantenha uma relação de *pertinência*[42] com a finalidade buscada pela diferenciação" (ÁVILA, 2009, p. 45).

Em resumo, a *medida de comparação* é norteada por dois substratos. Um é voltado à identificação da constitucionalidade da medida em si, enquanto outro busca a pertinência daquela medida para a finalidade almejada pela distinção.

Como terceiro ponto de análise, o *elemento indicativo da medida de comparação* é indispensável ao trabalho hermenêutico de compreensão da igualdade, pois servirá de *proxy* unificador da *medida de comparação* e o seu *elemento indicativo*.

Para facilitar a explanação, a *medida de igualdade* seria o modo pelo qual se chegaria à finalidade almejada. Por outro lado, o *elemento indicativo* seria um recorte fático escolhido pelo legislador para demonstrar a existência de uma diferença ou igualdade merecedora de ressalte. A realizada escolha de um elemento indicativo, entretanto, não seria frouxa, ocorrendo apenas a partir de "(...) uma relação fundada entre a medida de comparação e o seu elemento indicativo quando existir uma correção estatisticamente fundada entre ambas (...)" (ÁVILA, 2009, p. 49).

O mais indispensável de se frisar é que a igualdade não é oriunda de uma simples "boa justificativa" ou da racionalidade em sua aplicação sem que haja

---

[42] "(...) considera-se pertinente aquela medida de comparação avaliada por elementos cuja existência esteja relacionada com a promoção da finalidade que justifica sua escolha (...) uma medida é impertinente quando sua existência nada diz quanto à promoção da finalidade normativa". (AVILA, 2009, p. 47)

o respeito à igualdade por completo. Logo, inafastável é assegurar que a distinção existente esteja realizando uma comparação intersubjetiva ao invés de uma comparação meramente material[43]. Nestes termos: "O princípio constitucional da igualdade, (...) significa sobretudo *proibição de arbitrariedade, de excesso ou de desproporcionalidade* (= não-razoabilidade)" (TORRES, 2005, p. 344), sendo odioso aquele benefício que não detém a referida razoabilidade e ligação com a Constituição.

No caso específico da imunidade incidente sobre aquelas operações que destinem para outros Estados petróleo, lubrificantes e combustíveis líquidos e gasosos dele derivados (artigo 155, §2º, X, b, CRFB/88) é possível observar a razoabilidade da diferenciação.

De acordo com a justificativa aceita pela doutrina e precedentes judiciais, a citada regra de não incidência constitucionalmente qualificada do ICMS está, principalmente, conectada com dois interesses do constituinte: (i) privilegiar Estados destino ao invés daqueles produtores, atitude que buscaria espraiar os benefícios tributários da circulação de fonte energética essencial para a economia em detrimento de sua condensação em virtude de características geológicas e geográficas das jazidas[44]; (ii) evitar perigosa oneração de produção e circulação essencial.

Seguindo tal raciocínio, a finalidade (*medida de comparação*) buscada pelo tratamento diferenciado representado pela imunidade é, no primeiro caso, privilegiar a unidade da forma federativa, nos moldes do artigo 18, CRFB/88. Já no segundo, busca-se a preservação da ordem econômica, conforme artigo 170 e seguintes, da CRFB/88. Mesmo concordando que a imunidade dispensada à circulação de combustíveis derivados de petróleo para outros Estados teve sua razão no tempo em que fora erigida, tal distinção permanece sendo razoável? Crê-se negativamente.

---

[43] Vale relembrar o ensinado por Ricardo Lobo Torres (2005, p. 343): "O Tribunal Constitucional alemão estabeleceu alguns princípios para detectar a desigualdade: **antes, na década de 50**, aderira ao critério material, influenciado por Leibholz, afirmando que 'a regra da igualdade é ferida quando não se encontra um fundamento racional, material ou derivado da natureza das coisas (*Natur der Sache*) para diferenciação ou igualação da lei, ou, em síntese, quando a determinação seja arbitrária (*willkürlich*)'; **recentemente, na década de 80**, desenvolveu a argumentação apelidada de nova fórmula (*neue Formal*), baseada em **comparação intersubjetiva**, dizendo que a norma constitucional que prevê a igualdade de todos perante a lei é desrespeitada 'quando um grupo de destinatários da norma (*eine Gruppe von Normadressaten*) em comparação com outro grupo de destinatários seja tratado de modo diferente, apesar de inexistir diferença de qualquer qualidade ou peso (*von solcher Art und solchem Gewicht*), que justifique o tratamento desigual" [g.n]

[44] Nesse sentido, *vide* RE 198.088-5 SP (STF. Min. Ilmar Galvão, DJ. 05.09.2003)

Para identificar a razoabilidade, convencionou-se utilizar a máxima da proporcionalidade e aplicação de suas submáximas *adequação, necessidade e proporcionalidade em sentido estrito*. No caso dos combustíveis derivados de petróleo, quando colocados na balança comparativa com os combustíveis derivados de hidrocarbonetos não convencionais, a análise não ultrapassa sequer a primeira submáxima da tríade

Conforme já citado, a evolução química aponta para uma realidade científica onde os combustíveis líquidos e/ou gasosos não advêm apenas do petróleo. Logo, a existência de, por exemplo, diesel ou querosene derivado de óleo ou gás de xisto é uma possibilidade de um futuro que pode, hoje, ainda não estar impactando em demasia a situação jurídica brasileira. Porém, será certamente sentido com a introdução cada vez mais intensa de gasolina e outros combustíveis derivados de hidrocarbonetos não convencionais. Portanto, a adequação da imunidade hoje posta está com sua validade por expirar, exigindo célere e eficiente modificação normativa que equalize a condição científica posta.

5. Conclusão

É característica central do Ser Humano a busca por condições que fortaleçam a estabilidade necessária para a fluidez de sua vida em sociedade. Por ter o Homem aversão à perdas, o medo – em regra – é traduzida na calcificação de suas ações; na inércia característica da segurança.

Por ser uma ciência social, o Direito é reflexo da sociedade e, principalmente, dos grupos de poder que delineiam os principais pontos normativos do sistema. Logo, suas regras são pautadas por uma métrica que busca tornar imutabilidade como sinônimo de segurança jurídica e como Justiça.

Embora seja esse o contexto, é dever de todos a luta pela superação dos limites impostos que não mais se coadunem com o momento civilizatório existente. Para tanto, necessário se faz ter em mente que a busca pela tão estimada segurança não será finalizada pela imutabilidade e a Justiça não advirá da impossibilidade de mudanças. Ao contrário desse raciocínio, o Direito apenas é justo com mudanças uma vez que a sociedade não é estanque, mas sim um corpo fluido que necessita de alterabilidade.

Refletindo sobre essa essência, o tratamento hoje incidente apenas sobre a circulação de combustíveis derivados de petróleo não mais condiz com a regra de comparação intersubjetiva, afinal a evolução tecnológica e científica nos coloca cada vez mais perto do acesso a combustíveis derivados de outros hidrocarbonetos que não o Petróleo.

Portanto, este artigo deve ser visto como um primeiro passo – de muitos – para uma necessária alteração do nosso sistema jurídico; modificação esta que se demonstra essencial para a manutenção do nosso sistema federativo e, principalmente, como impedimento de uma litigiosidade inafastável e desnecessária para o já caótico sistema tributário.

Referências

ÁVILA, Humberto Bergmann. **Teoria da Igualdade Tributária.** 2. ed., São Paulo: Malheiros, 2009.

–. **Teoria dos Princípios da definição à aplicação dos princípios jurídicos.** 12. ed. ampliada, São Paulo: Malheiros, 2011.

–. A interpretação do Dispositivo Constitucional Relativo à não incidência de ICMS nas Operações Interestaduais com Energia Elétrica. **Revista Dialética de Direito tributário,** n. 219, p. 52-66, 2013.

BORGES, José Souto Maior. **Sobre a imunidade das Operações interestaduais de Circulação do Petróleo e Combustíveis e Manutenção de Crédito de ICMS.** In: Revista Dialética de Direito Tributário, São Paulo: Dialética, n. 168, p. 82-100.

–. **Teoria Geral da Isenção Tributária.** 3. ed., 2 tirag., São Paulo: Malheiros, 2001.

COSTA, Regina Helena. **Praticidade e Justiça Tributária: Exequibilidade da Lei Tributária e Direitos do Contribuinte.** São Paulo: Malheiros, 2007.

FERNÁNDEZ Y FERNÁNDEZ, Eloi; PEDROSA JUNIOR, Oswaldo Antunes; PINHO, António Correia de. **Dicionário do petróleo em língua portuguesa: exploração e produção do petróleo e gás: uma colaboração Brasil, Portugal e Angola.** Rio de Janeiro: Lexikon: PUC-Rio, 2009.

GIDDENS, Anthony; LASH, Scott; BECK, Ulrich. **Modernização Reflexiva: política, tradição e estética na ordem social moderna.** Tradução de Magda Lopes, 2ª ed., São Paulo: Unesp, 2012.

GODOI, Maurício, **Shale gas: um Mercado que ainda está em gestação no Brasil.** 2013, disponível em: <http://www.canalenergia.com.br/zpublisher/materias/Retrospectiva.asp?id=95662&a=2013>Acesso em: 17 fev. 2015.

KOZAK, Jorge Conrado; COELHO, Normando N.S.; CELINSKI, Ricardo. **As potencialidades do Xisto como matéria prima petroquímica.** In: 1º Congresso Brasileiro de Petroquímica, 1976, Rondônia: IBP – Instituto Brasileiro de Petróleo. Disponível em <http://www.ipardes.gov.br/biblioteca/docs/potencialid_xisto_petroqui_12_76.pdf>. Acesso em 22 fev. 2015.

LEITE, Fabricio do Rozario Valle Dantas. A tributação das operações com gás liquefeito derivado do gás natural. **Revista de Direito da Procuradoria Geral do Estado do Rio de Janeiro,** Rio de Janeiro, v. 62, p. 99-112, 2007.

PIRES, Adilson Rodrigues et al. **Aspectos tributários relacionados à indústria do petróleo e gás.** Daniel Dix Carneiro, Marcelo Magalhães Peixoto (Coord.), São Paulo: MP, 2011.

RIBEIRO, Ricardo Lodi; VIEIRA, Carlos Renato. Interpretação da imunidade prevista pelo artigo 155, §2º, X, B, da Constituição Federal. Possibilidade de manutenção e aproveitamento dos créditos relacionados à aquisição de insumos, serviços de transporte e de bens do ativo imobilizado. In: Daniel Dix Carneiro, Marcelo Magalhães

Peixoto (Coord.). **Aspectos tributários relacionados à indústria do petróleo e gás**, São Paulo: MP, 2011, p. 19-38.

RIBEIRO, Ricardo Lodi. **Limitações Constitucionais ao Poder de Tributar**. Rio de Janeiro: Lumen Juris, 2010.

RIBEIRO, Marilda Rosado de Sá; ZEITOUNE, Ilana. Gás não convencional: Novos Horizontes Regulatórios. **Revista Brasileira de Direito do Petróleo, Gás e Energia – Brazilian Journal of Oil, Gas and Energy Law**, v. 4, p. 98-113, 2013.

ROMERO, Simon. **Petroleiras investem bilhões no Qatar para transformar gás natural em óleo diesel**. The New York Times. 2006. Disponível em < http://www.observatoriosocial.org.br/conexaosindical/node/1090>. Acesso em: 01 nov. 2014

SCHMIDT, Lawrence K. **Understanding Hermeneutics**. Título em potuguês: Hermenêutica. Petrópolis: Vozes, 2013.

SERPA, Lyvia de Moura Amaral. Os impactos da tributação do setor de petróleo e gás sobre a competitividade do fornecedor local. In: Marcus Lívio Gomes, Ricardo Lodi Ribeiro (Coord.). **A Tributação na Indústria do Petróleo e Gás Natural,** São Paulo: Almedina, 2016.

TORRES, Ricardo Lobo. **Tratado de Direito Constitucional Financeiro e Tributário – os direitos humanos e a tributação: imunidade e isonomia**. 3 ed., v. III, Rio de Janeiro: Renovar, 2005.

YVV, Maytta Andrade Santos; MENDONÇA, Fabiano André de Souza. A tributação do ICMS na cadeia do gás natural. In: **3º Congresso Brasileiro de P&D em Petróleo e Gás,** Salvador, 2005.

A Exportação Ficta no REPETRO: Fundamento, Controle e Harmonização Tributária

Daniel Giotti de Paula

1. Introdução

A indústria do petróleo gera trilhões de dólares todos os anos. Por mais que se insista em fontes alternativas de energia, a sociedade mundial não terminou com sua dependência por esse recurso natural.

A autossuficiência na extração do petróleo tem sido, então, um mantra para países em desenvolvimento e que disponham das jazidas. O esforço brasileiro foi recompensado, não à custa de métodos de renúncia ao monopólio da exploração pela própria União e de renúncias das receitas tributárias advindas da pesquisa e lavra, como forma de garantir eficiência das empresas públicas e privadas atuantes no mercado.

Uma solução institucional engenhosa brasileira para se atender a esse objetivo foi a instauração de um regime especial de tributação, verdadeiro incentivo fiscal, que foi o REPETRO.

Dentro de uma moldura de várias leis e decretos, o REPETRO se destina a questões institucionais claras: reduzir a carga fiscal de quem pesquisa e explora jazida de petróleo no Brasil. Valendo-se do *drawback*, da exportação ficta e da admissão temporária, concebeu-se um sistema interessante de fomento ao setor de petróleo.

Como sempre, um dos entraves ao pleno desenvolvimento brasileiro é a dificuldade que há em harmonizar tratamento em matérias de competência dos Estados, que passam a competir entre si, frustrando o federalismo cooperativo reverenciado.

Assim o é com o instituto da exportação ficta no REPETRO, a qual, tocando de perto o exercício da competência do ICMS-exportação, coloca o Estado brasileiro, como um todo, e o contribuinte, em particular, em situação de assimetria e insegurança pela desconsideração da exportação ficta pelos Estados.

Para se chegar a mecanismos de controle dessa *competência* de não reconhecer a exportação ficta e propor algumas soluções institucionais ou não, opta-se por entender a natureza do REPETRO, as finalidades e a essência das ficções e, por último, quais as novas tentativas de solucionar o impasse.

2. REPETRO: contexto jurídico, finalidades institucionais e fundamento constitucional

Para se entender o REPETRO, antes se faz necessário entender o regime de tributação sobre operações de importação de bens e serviços no Brasil. Identifica-se a incidência sobre essas operações do Imposto de Importação (II), Imposto sobre Produtos Industrializados (IPI), Contribuição para Financiamento da Seguridade Social (COFINS), Contribuição para o Programa de Integração Social (PIS) e o Imposto sobre Circulação de Mercadoria (ICMS), além do Adicional de Frete para Renovação da Marinha Mercante (AFRMM) nas operações de importação envolvendo transporte marítimo[1].

Como forma de se melhorar a balança comercial brasileira, existem comandos claros de desoneração da exportação, não se sujeitando tais operações aos tributos mencionados, como se verifica nos artigos 149, § 2º, I; 153, § 3º, III e 155, § 2º, X, *a*, da Constituição da República Federativa do Brasil.

Resgatando historicamente a imunidade sobre as operações estratégicas, ao analisar o parágrafo terceiro do artigo 153, Ricardo Lodi Ribeiro aponta que, até 1988, a intributabilidade múltipla dessas operações, quais sejam, as relativas à energia elétrica, serviços de telecomunicação, derivados de petróleo, combustíveis e minerais do país, era garantida pelo princípio da exclusividade, tributando-se as mesmas de forma única e monofásica por um tributo federal[2].

Como sobre as operações de importação e exportação incide o ICMS e os termos são fatos geradores de impostos federais, existe o intricado problema de saber quais os limites da competência estadual na definição dos fatos geradores do ICMS-importação e ICMS-exportação[3]

---

[1] BRASIL, BNDES – Escritório Vieira Rezende. *Panorama da Tributação Brasileira no Setor de Petróleo e Gás*, Rio de Janeiro, 26 de setembro de 2012, p. 14.

[2] LODI, Ricardo Lodi. *Limitações Constitucionais ao Poder de Tributar*. Rio de Janeiro: Lumen Juris, 2010, p. 210.

[3] Discute-se se, em verdade, esses dois impostos – o ICMS – importação e o ICMS – exportação, seriam adicionais dados aos Estados em face dos dois impostos federais – Imposto de Importação e Imposto de Exportação. Advogando diferenças apenas pelo critério subjetivo, afirmando que pelos critérios material, espacial, temporal e quantitativo, funcionaria o ICMS – importação como adicional do Imposto de Importação, ver NEVES, Luís Fernando de Souza. *ICMS importação*. In:

Verificando a necessidade de se fomentar, ainda mais, o setor de petróleo do país, em 1999, criou-se o REPETRO no Brasil, cujas inovações foram a criação da figura da exportação ficta e da desoneração da admissão temporária[4] para utilização econômica.

Obviamente, a ele se agrega a figura também do *drawback*, outro regime especial, já da tradição tributária mundial e brasileira. Classicamente o *drawback* funcionava como um regime aduaneiro especial de suspensão dos tributos incidentes nas operações de importação e exportação.

Na definição de Victor Bovarotti Lopes, "*drawback* é um regime aduaneiro especial que visa incentivar a produção no Brasil de mercadorias destinadas à exportação"[5].

Sendo assim, como o REPETRO é integrado pelas técnicas da exportação ficta, desoneração da admissão temporária para utilização econômica e *drawback*, pode-se conceituá-lo como *regime especial tributário*.

Do ponto de vista operacional e normativo, o REPETRO tem previsão nos artigos 458 a 462 do Decreto n. 6.759, de 05.02.2009, e da Instrução Normativa 844, de 09.05.2008 e outros seguintes, como a IN n. 1.417, de 2013. Obviamente, pode-se pensar em um fundamento na Constituição para o REPETRO, que toca no exercício da competência tributária de vários tributos.

O ICMS, por não ser tributo de competência federal, ainda sim integra, em tese, o sistema especial de tributação por conta do Convênio n. 130, de 2007.

Por tudo o que já foi dito, esse fundamento não parece ser meramente fiscal. Se a atuação é de incentivo, flexibilizando o exercício da competência tributária, entra-se no terreno da extrafiscalidade, ou seja, um fundamento nãofiscal reduz o espaço de incidência tributária para algumas pessoas ou operações em certas circunstâncias.

Indo ao artigo 170, da Constituição da República Federativa do Brasil, não é exagero afirmar que o Estado pode intervir na ordem econômica para desenvolver setores sensíveis aos interesses nacionais. O exercício dessa competência

---

"Santi, Eurico Marcos Diniz de. *Tributação e Desenvolvimento: homenagem ao Professor Aires Barreto*. São Paulo, Quartier Latin, 2011, p. 256.

[4] Art. 79, da Lei Federal nº 9.478/97: Os bens admitidos temporariamente no País, para utilização econômica, ficam sujeitos ao pagamento dos impostos incidentes na importação proporcionalmente ao tempo de sua permanência em território nacional, nos termos e condições estabelecidos em regulamento.
Parágrafo único. O Poder Executivo poderá excepcionar, em caráter temporário, a aplicação do disposto neste artigo em relação a determinados bens. (Incluído pela Medida Provisória nº 2.189-49, de 2001).

[5] Lopes, Bovarotti Victor. *Drawnback e a inexigibilidade de vinculação física*. São Paulo: Ed. Almedina, 2012, p. 21.

pode exigir o abrandamento da carga fiscal para agentes econômicos ou de todo o setor econômico.

Existe um fundamento constitucional e extrafiscal para a instituição do REPETRO, portanto, e não é desnecessário ressaltar que sobre comércio exterior, ainda, existe uma competência federal clara no trato da matéria, pois o artigo 237 da Constituição indica que "a fiscalização e o controle sobre o comércio exterior, essenciais à defesa dos interesses fazendários nacionais, serão exercidos pelo Ministério da Fazenda".

Lembre-se de que pelos artigos 176 e 177, da Constituição da República, constituem monopólio da União a pesquisa e lavra de jazidas de petróleo, que podem ser contratadas com empresas privadas e públicas. De qualquer sorte, tais atividades são conceituadas legalmente:

Artigo 6º, Lei Federal n. 9.478/97. Para os fins desta Lei e de sua regulamentação, ficam estabelecidas as seguintes definições:

XV – Pesquisa ou Exploração: conjunto de operações ou atividades destinadas a avaliar á áreas, objetivando a descoberta e a identificação de jazidas de petróleo ou gás natural;

XVI – Lavra ou Produção: conjunto de operações coordenadas de extração de petróleo ou gás natural de uma jazida e de preparo para sua movimentação;"[6]

O REPRETO visa justamente favorecer essas atividades de pesquisa e lavra no setor do petróleo.

Uma primeira premissa, retomada adiante, é a de que o REPETRO é uma política nacional de incentivo, muito mais do que meramente federal, e que foi formulada a partir de razões públicas, disso advindo reflexos para alguns atos de interpretação dos Estados quando envolver ICMS sobre operações de importação e exportação no petróleo.

Voltando à conceituação do REPETRO como regime especial de tributação, sem adotar um essencialismo, como se o nome da coisa definisse inexoravelmente o regime jurídico, algo criticado com maestria por Marco Aurélio Greco, tem-se que essa natureza dá indicativos de como se devem interpretar as normas que integram o sistema REPETRO.

Em verdade, como se verá mais adiante também, sendo o REPETRO uma política nacional de fomento, norteada por uma razão pública, adota-se como premissa de interpretação a de que, *a priori*, deve-se buscar a teleologia das normas que o integram, bem como uma análise sistemática.

---

[6] BRASIL, Lei Federal nº 9.478/97, disponível em http://www.planalto.gov.br/ccivil_03/leis/l9478.htm, acesso em 17.11.2014.

As finalidades institucionais do REPETRO exigem de todos os possíveis atores na cadeia de tributação especial deferência à coerência institucional deste programa.

Esta, a segunda premissa para analisar os temas a que se propõe o artigo responder.

Antes de se tratar de cada uma das premissas, lembre-se de que, na forma da legislação, podem optar pelo REPETRO: "(i) a pessoa jurídica detentora de concessão para exploração e produção de petróleo e gás; (ii) a pessoa jurídica contratada pela concessionária através de contrato de afretamento, ou para prestação de qualquer atividade objeto da concessão; (iii) a pessoa jurídica subcontratada pela pessoa jurídica a que se refere o item (ii) acima; ou (iv) a pessoa jurídica domiciliada no Brasil, designada pela contratada ou subcontratada, quando forem domiciliadas no exterior, com base no contrato de afretamento ou de prestação de serviços, para importação de bens".

3. O REPETRO como uma atividade de incentivo nacional e racionalmente justificada

Se o REPETRO é um regime especial, a congregar técnicas múltiplas de intributabilidade e desoneração, dentro de uma política nacional de investimento em setor estratégico, não há como desconsiderar o fato de ele ser um incentivo, extraindo daí que interpretações contrárias a esse fim precisam vencer especial ônus argumentativo, nem que casos existirão em que a competência tributária dos Estados pode ser reduzida pela complicação existente em se criar um sistema nacional de incentivo, que afeta um imposto de competência estadual.

O senso comum insiste em identificar um critério especial de tributação como possivelmente injusto, e às vezes o Fisco tenta utilizar um viés restritivo na interpretação dos chamados *favores fiscais* ou *benefícios fiscais*, como se os favorecidos ou beneficiários já estivessem à margem do direito e devessem ser reconduzidos a uma situação genérica de tributação.

Isso tem se mostrado deletério em vários casos. Nada justifica crer que a exceção deva ser interpretada literalmente, pois se por trás da exceção existe um fomento ou uma razão pública fundamental talvez a lógica seja justamente a de ampliá-la nos limites dos objetivos que aquela norma excepcional traz.

Nesse sentido, interessante a caracterização que Victor Bovarotti Lopes faz para *drawback*, e que se aplica plenamente ao REPETRO, no sentido de que esse primeiro instituto é um incentivo fiscal e, como tal, é

"desoneração tributária que vista estimular o contribuinte a realizar uma atividade considerada de interesse público. Trata-se de uma relação jurídica bilateral de direitos e deveres recíprocos entre contribuinte e Poder Público, ou seja, o contribuinte realiza a atividade de interesse público e, diante disso, o Poder Público concede a desoneração tributária".[7]

Diferencia-se a situação de incentivo fiscal do benefício fiscal, entendida como apenas uma renúncia fiscal não condicionada a qualquer contrapartida do contribuinte, que se beneficia meramente por se enquadrar na situação fática proposta pela norma de benefício

Incentivo fiscal, assim, se integra na categoria da atividade administrativa de fomento e, na precisa definição de José Vicente Santos de Mendonça, é concedida a partir de um viés de razão pública, sendo critério material de concessão das ajudas públicas[8].

Se razão pública é aquela "universalizável e passível de aceitação por todos os participantes no debate político-econômico como uma razão que os respeita na condição de agentes igualmente dignos de consideração"[9], pode-se perguntar sobre a racionalidade de uma política de desoneração da tributação sobre operações do petróleo.

Ninguém duvida que o setor de petróleo envolve custos altíssimos e uma cadeia operacional complexa, envolvendo empresas em mais de um país, que, internamente, devem cumprir obrigações acessórias de vários entes.

Existe ainda, como já se afirmou, o monopólio da União para pesquisa e lavra, mas que podem ser contratadas pela União com empresas estatais e privadas. Sendo o petróleo ainda a fonte de energia por excelência e tendo ele adquirido *status* de bem público federal pela Constituição, é razoável que a União crie mecanismos favorecidos de tributação para o exercício da atividade de pesquisa e lavra passada por ela a empresas públicas e privadas.

A justificativa racional do REPETRO está clara, mas ainda resta um ponto a esclarecer. A política do REPETRO é de ordem federal ou nacional?

O petróleo, e sobretudo a tributação que sobre ele, desafia algumas reflexões. Embora seja bem público da União, assume-se que ele situa em alguma porção de território estadual ou municipal. Obviamente, deve-se frisar que a propriedade da União é sobre os recursos naturais, os bens móveis, que se depositam em bens imóveis, que podem ser públicos ou privados, diga-se de passagem[10].

---

[7] LOPES, V. B. *Op. cit.*, pp. 22-23.
[8] MENDONÇA, José Vicente Santos de. *Direito Constitucional Econômico: a intervenção do Estado na economia à luz da razão pública e do pragmatismo*. Belo Horizonte: Ed. Fórum, 2014, pp. 152 e seguintes; p. 174-175; p. 383.
[9] Ibidem, p. 152.
[10] MARQUES NETO, Floriano de Azevedo. *Bens públicos: função social e exploração econômica- o regime jurídico das utilidades públicas*. Belo Horizonte: Editora Fórum, 2009, p. 140.

Na verdade, o STF já apreciou importante precedente em matéria de Direito Administrativo que ajuda a entender a questão[11]. Uma coisa é o bem público, que é a jazida, outra coisa é o produto dessa exploração, o hidrocarboneto extraído. Ao particular se concede o direito de explorar o bem público e ficar com o fruto daquela exploração[12].

A situação tributária não seria muito diversa do caso de uma concessão florestal, no qual o "bem imóvel floresta pública não é alienado, mas a madeira decorrente do manejo sustentável poderá ser alienada pelo concessionário"[13].

Tanto em um, como em outro caso, de um bem público se extrai um produto, explorado por particular, que, se comercializado, levará ao fato gerador circulação de mercadorias.

Por que o tema é tão complexo quando se pensa nas jazidas de petróleo e nos produtos dessa pesquisa e lavra? Porque se está diante de uma atividade que, a rigor, é de monopólio da União, da exploração de um bem de sua titularidade, mas que se concedida o será para apenas poucas empresas pela especificidade da atividade e em um setor estratégico nacionalmente.

Por isso, geram-se tantos problemas em termos de competência tributária e de federalismo, pois se o bem é federal, ou se admite que a receita toda devesse ficar nas mãos da União ou se defende a possibilidade de o todo ou a maior parte do produto de arrecadação ser receita dos Estados e Municípios.

Sem querer entrar nesse intricado tema[14], parece haver consenso de que existe um dever de compensação pela pesquisa e lavra em seus territórios, a garantir aos Estados e Municípios produtores o recebimento de *royalties*, verdadeiras compensações financeiras pelos vários prejuízos que as atividades podem causar a suas populações.

Ao mesmo tempo, consolidou-se a ideia de que a tributação sobre combustíveis, no ICMS, justamente deixa de ser na origem, para passar a ser no destino, como forma de compatibilizar esse intricado problema.

Se o legislador constituinte criou essa cláusula de exceção sobre o titular da arrecadação do ICMS – e isso é o que importa para fins deste artigo –, tem-se que

---

[11] BRASIL, STF, Pleno, ADI 3.273-9, Rel. originário Min. Carlos Britto, Rel. para acórdão Min. Eros Grau, j. em 16 de março de 2005, disponível em http://redir.stf.jus.br/paginadorpub/paginador.jsp?docTP=AC&docID=408864, acesso em 11.11.2014.
[12] MARQUES NETO, F de A. *Op. cit.*, pp. 330-331.
[13] Ibidem, p. 331.
[14] Em tempos de pensamento pikketyano, o economista francês chega a sugerir que se repense a distribuição de renda fruto da exploração do petróleo, como forma de que não apenas os países produtores fiquem com a graça desses recursos, embora defenda que isso apenas adviria de uma deliberação coletiva com bom senso (PIKETTY, Thomas. *O capital no século XXI*. Trad. Monica Baumgarten de Bolle. São Paulo: Ed. Intrínseca, 2014, p. 523).

a atividade de petróleo envolve o exercício de competências tributárias de entes diversos, justamente pela complexidade de que petróleo que, após refinado, vira combustível, é um recurso natural, bem móvel, que pode estar depositado em bens situados em Estados e Municípios e é transportado ao longo dos territórios também.

A Constituição de 1988, então, instalou um rudimento de federalismo cooperativo nesse tema, e pode existir um dever de respeito desse vetor por todos os entes políticos nas operações de petróleo.

Sem adentrar ainda na questão eminentemente fiscal de que o ente com competência tributária também tem competência para desonerar, o que derrubaria esse dever geral, fique claro que a política de desoneração do REPETRO segue uma decisão racional e que afeta toda a sociedade brasileira, sendo um complicador o fato de o ICMS ser um dos tributos que mais pode impactar a cadeia operacional do petróleo.

Para lidar com esse problema, que a nosso juízo tem peculariedades, a exigir um especial ônus de cada ente para exercer uma competência de oneração contrária à política nacional, necessário apresentar o ponto em que essas dificuldades mais se revelam: a exportação ficta no regime do REPETRO.

4. A exportação ficta no REPETRO: natureza jurídica e possíveis conflitos

O *drawback* no REPETRO permite que se importem insumos, com suspensão de II e IPI, dos PIS e do COFINS, com a isenção da AFRMM (com retenção do frete) e do ICMS, na forma do Convênio 130, de 2007, para a produção de bens a serem exportados fictamente (BNDES-Vieira Resende, 2012, p. 10).

Uma das formas mais interessantes para as empresas que atuam na pesquisa e lavra do petróleo é a prevista pelo artigo 6º, inciso primeiro, da Lei Federal nº 9.826/99, segundo a qual se considera exportado, para efeitos fiscais e cambiais, ainda que não saia do território nacional, o produto nacional vendido, mediante pagamento em moeda estrangeira, à empresa sediada no exterior, para utilização das atividades de pesquisa ou lavra de petróleo[15].

Na visão de Sacha Calmon Navarro Coêlho e Misabel Derzi, tal normativa veio para atender tanto aos anseios do fabricante nacional (exportação ficta), quanto da indústria do petróleo, servindo, em geral, para que uma fabricante nacional venda no exterior um produto por sua subsidiária, fazendo, porém, a entrega diretamente e em solo brasileiro, sem o produto sair do território nacional[16].

---

[15] BRASIL, Lei Federal nº 9.826/99, disponível em http://www.planalto.gov.br/ccivil_03/leis/L9826.htm, acesso em 17.11.2014.
[16] COÊLHO, Sacha Calmon Navarro; DERZI, Misabel Abreu Machado. A imunidade do ICMS à luz do regime aduaneiro especial para a indústria do Petróleo – REPRETRO in COÊLHO, Sacha Calmon

Para se entender a questão, necessário estabelecer o que é exportação para fins fiscais e quais os limites dessa *ficção*.

É consagrada no Brasil a ideia de que o fato gerador da exportação ocorre com a saída de produto do território nacional. Sacha Calmon Navarro Coêlho e Misabel Derzi advogam que sempre houve certa discricionariedade para o legislador federal definir o fato gerador do imposto de exportação[17].

Por isso, somente uma nova construção jurídica poderia admitir como exportação a operação de venda direta de uma empresa sediada no estrangeiro, sem receber fisicamente o produto, para outra em território nacional.

Está-se aqui, pela doutrina clássica, no terreno de uma verdadeira ficção, pois se tem uma norma que desconsidera o elemento temporal e territorial do fato gerador do imposto sobre exportação, não sendo verossímel que essa saída física ocorra, de fato.

A verossimilhança tem sido apontada, por parte expressiva da doutrina, como um norte na criação das ficções em Direito Tributário. Sem ter muito espaço para polemizar[18], a verossimilhança parece ser um critério vazio, pois é óbvio que a ficção trabalha com algo que não ocorreu.

Interessante que José Luis Pérez de Ayala[19] aponta que a ficção, em verdade, opera naturalmente na delimitação dos elementos temporal e espacial do fato gerador, não obstante se colocar em discussão até que ponto conflitam as ficções com a capacidade contributiva. O *insight* interessante do autor espanhol é esses elementos seriam, geralmente, verdades jurídicas construídas.

Tem-se, então, um mais sentido técnico de uma ficção, pois ela é utilizada *como se* algo reconhecidamente falso fosse verdade[20].

No caso do incentivo fiscal que nasce com o REPETRO, isso fica claro, pois para que consiga o regime favorecido de tributação do *drawback*, considera-se como ocorrida uma exportação, que, de fato, não ocorreu, nem ocorrerá, pois ela é apenas o instrumento, para que uma empresa nacional consiga usufruir do sistema favorecido de produção de um bem no próprio território que será vendido ou emprestado para outra empresa nacional.

Navarro; DERZI, Misabel Abreu Machado (Coord.). PARECERES Direito Tributário da Energia. Rio de Janeiro: Forense, 2004, pp. 189/218.

[17] Ibidem, p. 193.

[18] Registre-se que, a tese que estamos a desenvolver no âmbito do Programa de Pós-Graduação da UERJ, na linha de Finanças Públicas, Tributação e Desenvolvimento, tem justamente como um dos seus objetos analisar as características de uma ficção tributaria.

[19] AYALA, José Luis Péres de. *Las ficciones en El Derecho Tributario*. Madrid: Editorial de Derecho Financeiro, 1970, pp. 70-74.

[20] Conforme TUZET, Giovanni. *How fictions are credible?* Working paper fornecido pelo autor, 2014.

Interessante que, nas raízes mais antigas do Direito Tributário, identificam-se como finalidades das funções ser ela: a) um elemento de redução simplificadora dos elementos substanciais do Direito; b) um meio de atingimento da eficácia das normas; e c) um instrumento de controle das fraudes[21].

Muitos, então, apontam que as ficções deveriam ser proibidas ou admitidas excepcionalmente, porque nessas funções estaria mais um interesse fiscal do que propriamente beneficiar o contribuinte. De certa forma, uma visão mais liberal do Direito Tributário e o valor-fonte da capacidade contributiva no sistema, colaboraram, mesmo estando dentro de espectros políticos diversos, para a construção desse mito.

A exportação ficta no REPRETO mostra que existem outras funções para a ficção, e que ela pode beneficiar o contribuinte.

Indo um pouco mais atrás e buscando as raízes da ficção, ela pode ser vista como tributária de importante obra filosófica de Hans Vaihinger[22]. Esse *como se* talvez deva atender a um requerimento de coerência e a uma norma de credibilidade[23] na criação das ficções jurídicas.

A coerência como um especial critério de legitimidade de interpretações jurídicas ajuda a controlar também as consequências do Direito interpretado.

Tem-se que, assim, como não se pode admitir uma ficção que fuja a ideias de credibilidade sobre fatos e coerência no Direito, a situação jurídica criada não pode gerar consequências indiretas que tragam incoerência no sistema jurídico.

Forte nessas premissas de teoria do Direito, veja a construção sofisticada que o Direito brasileiro criou no caso do REPETRO, em geral, e da exportação ficta, em particular. Resgata-se a história da construção normativa dos institutos.

Em primeiro lugar, não se pode desconsiderar que existem normais gerais pelas quais certas operações de importação e exportação ficam sujeitas à incidência de alguns tributos federais e ao ICMS.

Verificando que o setor de petróleo deve ser fomentado, o Estado cria uma série de mecanismos de desoneração para incentivar os agentes econômicos que operam na área, entre elas o REPETRO, que opera com o regime de *drawback*, possibilitando a importação de insumos com suspensão de II, IPI, PIS, COFINS, e redução e isenção de ICMS, para produção de bens.

Não foram atos realizados ao mesmo tempo e pelos mesmos atores, pois existem leis e decretos federais, assim como convênios e normas estaduais tratando a matéria. Tom Pierre, em instigante dissertação, revela o fundamento prático

---

[21] AYALA, José Luis Péres de. *Las ficciones en El Derecho Tributario*. Madrid: Editorial de Derecho Financeiro, 1970, pp. 30-33.
[22] VAIHINGER, Hans. *The Philosophy of 'as if'*. Trad. Por C.K. Ogden, London: Kegan Paul, 1924.
[23] TUZET, G. *Op. cit.*, pp. 19-21.

desse regime, qual seja, "minimizar os custos de produção de uma plataforma de petróleo ou de outros ativos"[24].

Em um terceiro momento, verificou-se a possibilidade de desonerar ainda mais a cadeia de produção, entendendo-se que aquela plataforma já produzida poderia ser fictamente exportada e depois novamente importada, tudo dentro do sistema REPETRO, criado em 1999.

Estudos apontam que a plataforma P-50, por exemplo, foi construída com uma redução de 50% de seu custo, apenas pela desoneração fiscal[25].

Surge, em um quarto momento, a partir da assunção de que a exportação ficta é operacionalizada por meio de contratos, e não por mera saída física, a situação de Estados poderem considerar realizada uma operação de circulação de mercadoria.

Isso oneraria, novamente, o setor e, mais preocupante, a depender de uma escolha de desonerar de cada ente, as empresas operadoras do sistema teriam que saber, de fato, onde a lógica da desoneração continuaria, gerando custos de conformação para um setor cuja complexidade operacional já gera custos em demasia.

Fica a pergunta, então, existe verdadeira operação de circulação de mercadoria? Em caso positivo, ainda que ela exista, haveria algum fundamento constitucional para afastar essa competência tributária de cada ente? São as perguntas a serem respondidas no próximo tópico.

5. Os verdadeiros contornos do ICMS-exportação, a exportação ficta e novas abordagens sobre as competências tributárias em uma sociedade ambivalente e de risco

Não se pode esquecer, inicialmente, de que na sistemática do ICMS há quem advogue que a incidência somente ocorre com saída física cumulada com mudança de titularidade do bem, a ponto de a junção dos dois critérios estar implícita no artigo 6º, da LC 87/96, que afastou a incidência de ICMS para comodato, locação e arrendamento mercantil.

Por isso, um primeiro ponto a ser debatido é se a operação ficta de exportação, nos moldes como é feita, daria ensejo à cobrança do ICMS.

---

[24] PIERRE, Tom. *REPETRO – Regime Aduaneiro Especial de Importação e Exportação de Bens destinados à pesuisa e lavra de petróleo e gás: análise dos entraves e propostas de soluções.* Dissertação apresentada no âmbito do Mestrado em Gestão Empresarial da FGV, sob orientação do professor Dr. Ricardo Lopes Cardoso, 2007, p. disponível em http://bibliotecadigital.fgv.br/dspace/bitstream/handle/10438/3912/ACF297.pdf?sequence=1, acesso em 17.11.2014.
[25] Ibidem, p.31.

Ao sentir de alguns autores, então, essa operação motiva pela saída e retorno fictos do bem não poderia ter incidência do ICMS:

> "Juridicamente, pois, a mercadoria objeto da operação abrigada no REPETRO saiu do país, tendo sido transmitida sua propriedade a empresa sediada no exterior (ela apenas não entrou fisicamente no estabelecimento adquirente) e foi entregue, por conta e ordem da pessoa sediada no exterior a terceiro, que dela detém apenas a posse direta (por meio de contrato de locação ou arrendamento). A saída física da mercadoria do território nacional não é requisito da hipótese de incidência do ICMS na exportação. Aqui, igualmente, reentra a figura da saída física ficta, meramente documental" (COÊLHO ET alli, 2004, p. 202)

Consideram eles que o fato gerador do ICMS-exportação somente se contentaria com a noção de operação translativa do domínio da mercadoria entre o fabricante nacional e a pessoa adquirente, sediada no exterior, sentido jurídico ao se opor ao sentido físico eleito pelo legislador para configurar o fato gerador do imposto sobre exportação[26].

Alguns Estados consideraram essas operações como simulações para fins de incidência de ICMS, como se, em vez da operação triangular (venda do fabricante nacional para subsidiária no exterior, que o loca ou arrenda no país), fosse verdadeira operação interna entre o vendedor original e a empresa para a qual o bem fica locado ou arrendado[27].

Assim, depende de qual negócio jurídico serve de meio para a exportação ficta. Sendo, regra geral, arrendamento, caso o Estado tribute a título de ICMS, estaria criando uma ficção para o imposto, desconsiderando a necessidade de mudança de titularidade do bem para se falar em verdadeira circulação.

Aqui, ao contrário do que se afirmou para a exportação ficta, que mexe com os elementos temporal e espacial, e que, em verdade, beneficia o contribuinte, ter-se-ia uma ficção a favor do Fisco, criando-se uma nova modalidade de ICMS ou, pelo menos, alterando seu elemento material, pois o ICMS-exportação passaria a prescindir da efetiva mudança de titularidade do bem.

Com isso, quer-se mostrar que a atividade fiscal de se tributar o ICMS-exportação, sob alegação de que houve uma verdadeira exportação, indo contra a regra geral do imposto sobre exportação, e alterando substancialmente o fato gerador do tributo, para onerar o contribuinte, exige especial ônus argumentativo dos Estados.

---

[26] COÊLHO, S.N.; DERZI, M. *Op. cit.*, p. 203.
[27] Ibidem, p. 208.

Ainda que se supere esse argumento, existe outro de monta. Mesmo que existisse a possibilidade de se moldar esse fato gerador, os Estados deveriam fazê-lo, observando a legalidade e a tipicidade tributárias, e não simplesmente por decretos ou outros atos infralegais.

Essa abordagem pode ser robustecida pela reabertura do tema sobre a incidência do ICMS em operações de arrendamento mercantil de bens móveis.

Em matéria que bem relata cronologicamente o tema, Fernando Facury Scaff aponta que

> "Sobre esta incidência deve-se analisar o RE 206.069, julgado em 1 de setembro de 2005, em que foi relatora a ministra Ellen Gracie, no qual foi decidido por maioria que incide o ICMS sobre a entrada de mercadoria importada do exterior, sendo que a não incidência prevista na Lei Complementar 87/96 só ocorre nas operações de arrendamento mercantil (leasing) internas, e não nas internacionais.
>
> Este assunto retornou à pauta do STF no RE 226.899, quando então a ministra Ellen Gracie manteve sua posição pela incidência do ICMS (Informativo 534 do STF). O ministro Eros Grau abriu divergência e votou pela não incidência, tal como havia votado em outro caso idêntico (RE 461.968). Os ministros Dias Toffoli, Carmen Lucia e Ricardo Lewandowski seguiram a divergência (informativo 570 do STF). Em voto vista o ministro Joaquim Barbosa votou pela incidência do tributo na referida operação e o ministro Teori Zavascki pediu vista do processo (Informativo 729 do STF), e o devolveu dia 14 de fevereiro, e aguarda pauta para prosseguir o julgamento. A relatora atual deste caso é a ministra Rosa Weber. Enfim, espera-se a decisão deste processo para se saber se, sob a ótica do STF, há ou não incidência de ICMS nas operações internacionais de leasing"[28]

A depender do julgamento, caso se considere que não existe incidência do ICMS sobre a mercadoria importada do exterior, em operações de arrendamento mercantil internacional, toda a competência dos Fiscos estaduais para tributar as operações na exportação ficta poderá cair por terra.

Outro ponto é saber se existem limites para a competência de instituição do ICMS-exportação e qual o nível de aderência que os Estados devem ter ao conceito da União.

---

[28] SCAFF, Fernando Facury. *Federalismo e harmonização fiscal são soluções para Repetro*. In: Coluna quinzenal Contas à Vista, disponível em http://www.conjur.com.br/2014-abr-22/contas-vista-federalismo-harmonizacao-fiscal-sao-solucoes-repetro, acesso em 17.11.2014.

Os Estados, não raro, têm construindo uma narrativa que diferencia o ICMS-exportação do imposto de exportação. Exemplo disso se vê em importante voto do Conselho de Contribuintes de Minas Gerais[29].

Para eles, o artigo 153, III, da Constituição, ao preceituar que "competente à União instituir impostos sobre: III – exportação para o exterior, de produtos nacionais ou nacionalizados", teria adotado o critério de saída territorial nacional com destino a outro país, afastando a exportação ficta ou de qualquer outro gênero.

Continuado o argumento, o conceito de exportação ficta trazido no REPETRO seria fruto do exercício da competência da própria União em conceder isenção de imposto federal a "produtos que, na realidade, não serão efetivamente exportados"[30].

Concluindo, como a competência para estipular sobre o ICMS-exportação, em cuja dicção constitucional também teria como fato gerador "exportar para o exterior", nesse caso mercadorias, somente por uma decisão do próprio Estado se poderia deixar de tributar ou reduzir a tributação advinda de uma exportação ficta.

Isso se teria se dado a partir da ratificação do Convênio ICMS n. 130/2007, ratificado pelo Estado de Minas Gerais pelo Decreto n. 44.767, de 01.04.2008[31].

Tem-se que a competência do Estado para desconsiderar a exportação ficta e afastar, assim, a não-incidência do artigo 3º, parágrafo único da LC 87/96, tem a ver com o âmbito de prognose do Estado para definir exportação, a partir do critério da lei complementar.

A um primeiro juízo, poder-se-ia apontar que como, no artigo 3º se fala em não-incidência em casos de saída de mercadoria realizada com o fim específico da exportação para o exterior, no REPETRO existe essa finalidade específica, mas outra, que é a de desonerar o mercado de petróleo.

Esse raciocínio faria tabula rasa de uma interpretação evolutiva e sistemática.

A desconsideração da exportação ficta por parte dos Estados-membros quebra, a um só tempo, a segurança jurídica, caracterizada em uma sociedade ambivalente e de risco como a possibilidade de o contribuinte saber, de fato, como será tributado, e o pleno exercício de competências constitucionais da União.

Embora se tenha construído a ideia de que a competência de tributar tem como contraface a competência de desonerar, pode-se apontar que isso se presta quando se pensa em instituição de tributos para fins eminentemente fiscais.

---

[29] MINAS GERAIS, Conselho de Contribuintes do Estado de Minas Gerais, Ac. 20.228/11/1º, Rel. Cons.Antônio César Ribeiro, j. em 16.03.2011, publicado no DO em 31.3.2011.
[30] Idem.
[31] Idem.

Autores já têm apontando que uma competência reguladora nacional se sobrepõe à competência por oneração de um Estado[32], pelo que a diferença entre Estados não se justifica nesse caso das exportações, pois a normatividade do artigo 237, CR, afasta a ideia de autonomia financeira e tributária, tão em voga no debate sobre a guerra fiscal.

Aqui preponderaria a competência reguladora e fomentadora da União para o setor de petróleo em face das competências fiscais de instituir ICMS dos Estados. Se a ficção criada da exportação deve seguir uma coerência nas suas consequências, de modo a que o contribuinte tenha sua expectativa legítima de desoneração respeitada, soaria incoerente a técnica da exportação ter sido criada para desonerar e, no último momento da cadeia produtiva, o Estado tributasse a operação.

Uma tentativa de conjugar todos os interesses foi o estabelecimento do Convênio ICMS n. 130, de 2007, mas assim como Minas Gerais não tem reconhecido exportação ficta, a interpretação assimétrica das operações sobre o petróleo tem frustrado o federalismo e o fomento objetivado pelo REPETRO.

6. REPETRO como política pública nacional: o verdadeiro *status* do Convênio e o dever de coerência pelos Fiscos Estaduais

Além da assimetria de Minas Gerais não reconhecer a operação ficta, outras ocorrem Brasil afora. Outras assimetrias identificadas são a ausência de aplicação pelo Estado do Espírito Santo da isenção do ICMS nas operações anteriores à exportação ficta e a adoção por parte de São Paulo da alíquota reduzida, e não da isenção, nas mesmas operações anteriores[33].

Isso se constitui em verdadeiro drama ao se lembrar de que o REPETRO é um incentivo, uma verdadeira política pública nacional. As assimetrias podem ser resolvidas por mecanismos institucionais, tentando-se conjugar a tributação sobre o tema, ou por mecanismos externos, como a judicialização da matéria.

Não se pode desconhecer de que houve a tentativa, ainda que incipiente, para solucionar o problema. O Convênio ICMS n. 130, de 2007, autorizou Estados a isentarem e reduzirem a base de cálculo do ICMS nas operações com bens ou mercadorias destinadas às atividades de pesquisa, exploração ou produção de petróleo e gás natural.

Lendo o convênio, em sua inteireza, não se verifica uma preocupação maior com a exportação ficta, o que frustra a resolução deste que é um dos maiores problemas atinentes ao REPETRO.

Além disso, pode-se conjecturar que o convênio é quase uma contradição em termos. Tem-se, majoritariamente, que os convênios se prestam a afastar óbices

---

[32] BONFIM, Diego. *Tributação e livre concorrência*. São Paulo: Saraiva, 2011.
[33] BRASIL, BNDES – Vieira Rezende, pp. 145-146.

à concessão de benefícios fiscais, que possam atrair investimentos para Estados mais pródigos em renúncias fiscais.

Como o setor do petróleo é um oligopólio e, no âmbito do REPETRO, a preocupação maior é com o ICMS-exportação, o real problema não é a guerra fiscal, mas se prejudicar a política nacional de fomento ao setor, com o desconhecimento da exportação ficta e das operações anteriores.

Devem-se analisar algumas questões atinentes aos convênios em matéria de ICMS.

O respeito às competências tributárias é requisito para que se alcance um estado de verdadeiro federalismo. A autonomia de cada ente político envolve capacidade para criar suas próprias receitas, mormente as tributárias.

Não existe dúvida, entretanto, de que ao poder de tributar corresponde o poder de não tributar para cada um dos entes políticos, conforme já definido pelo próprio Supremo Tribunal Federal.

Se a opção for por ausência de paternalismo da União sobre os Estados, como advoga Ricardo Lodi Ribeiro, e não existindo verdadeiro dever de exercício de competência tributária, mostra-se juridicamente viável que os Estados possam deixar de tributar por via do ICMS em alguns casos.

Essa é uma primeira dimensão do federalismo, no plano vertical, que redunda no princípio da conduta amistosa federativa, conforme Konrad Hesse, resgatado por Ricardo Lodi Ribeiro[34]. O que se pretendeu evitar com os convênios foram as situações de "ilegítima fuga de investimento" não podem vencer os limites impostos pelo Direito Tributário.

Daí que o tema tenha se constitucionalizado no artigo 155, parágrafo segundo, XII, g, que deve ser contextualizado com a busca por um federalismo cooperativo.

Assim, o poder constituinte originário, preocupando-se com a possibilidade de existir guerra fiscal entre os Estados para atrair novos contribuintes para seus respectivos territórios, estabeleceu que a concessão e a revogação de isenções, benefícios e incentivos, dependerá de deliberação dos Estados e do DF[35].

De certa forma, esse dispositivo parte de uma constatação fática óbvia, a de que sempre haverá algum abuso no poder de tributar, pois direito, economia e política são subsistemas sociais que potencialmente conflitam a ponto de gerar corrupções sistêmicas (Luhmann); para, finalmente, se valer de uma opção tradicional – e, expressamente, constitucionalizada, de forma geral no artigo 146, I, da Constituição da República – de que existem matérias cujo interesse é nacional a exigir a edição de lei complementar.

---

[34] RIBEIRO, Ricardo Lodi. *Paternalismo federativo e competência para concessão de benefícios de ICMS e ISS*. In: "Revista Fórum de Direito Tributário – RFDT, Belo Horizonte, ano 10, n. 58, set./out. 2010.
[35] RIBEIRO, Ricardo Lodi. *Tributos: Teoria Geral e Espécies*. Niterói: Ed. Impetus, 2013, p. 282.

Adota-se, contudo, a tese de que a lei que trata da matéria, LC 24/75, regulamentou razoavelmente a matéria. Nesse sentido, ficou estabelecido que a concessão e a revogação de incentivos, benefícios e isenções fiscais deve ser deliberada no âmbito do CONFAZ, Conselho Nacional de Política Fazendária, composto por todos os Secretários Estaduais de Fazenda e presidido pelo Ministro da Fazenda.

Pela sistemática da LC 24/75, existe um devido processo constitucional de incorporação do convênio ao direito.

Aprova-se o convênio com o voto da unanimidade dos presentes à reunião, revogando-se com quatro quintos de votos, segundo o artigo segundo, parágrafo segundo, da LC 24/75.

Aprovado o convênio, deve ele ser publicado no Diário Oficial da União, quando se oferta prazo de dez dias para qualquer Estado, inclusive aquele ausente à reunião do CONFAZ, para ratificá-lo, ocorrendo ratificação tácita se inerte qualquer Estado ou o DF por quinze dias (artigo 4º).

Essa sistemática não pode ser fraudada pela previsão, em Constituição Estadual, de que o convênio precisa ser aprovado pela Assembleia Estadual (STF, Pleno, ADI n. 165/MG, Rel. Min. Sepúlveda Pertence, DJU em 26.09.1997) ou a tentativa de se estabelecer um regime de convênio meramente autorizativo.

Até existe alguma lógica em se pensar o convênio como meramente autorizativo, quando envolvido o CONFAZ numa situação de se evitar possível guerra fiscal, mas soa contraditório admitir que em um convênio para se evitar tributar possam os entes tenham exercido sua liberdade de conformação sobre a matéria, esperando a confirmação por cada ente do convênio.

Vislumbra-se aqui um dever de coerência, de modo a todos os Estados reconheçam a política nacional de incentivo ao setor de petróleo. *De lege federenda*, pode-se pensar na criação de um órgão nacional para dirimir essas questões conflituosas, já que o CONFAZ não parece estar cumprindo o papel, nem se espera a edição de uma LC sobre a matéria.

Uma última questão é saber se judicializar a questão, para que o tratamento de desconsideração da exportação ficta, possa ser corrigido. Pensando em termos elencados nos itens acima, há substancial manancial jurídico para desconstruir o óbice fiscal, Invocar o convênio, porém, pode-se mostrar infrutífero, pois ele não mencionou expressamente um dever de consideração da exportação ficta.

O perigo de cada contribuinte levar o tema ao Judiciário é se ter decisões conflitantes, que enfraquecem o atendimento ao dever de isonomia tributária e ao princípio da capacidade contributiva.

De outra sorte, no controle concentrado de constitucionalidade, talvez seja o caso de conseguir, pelo menos, a interpretação conforme do artigo 3º, parágrafo único, da LC 87/96, para ser considerada como operação não-incidente a que seja fruto de exportação ficta.

7. À guisa de conclusão

Harmonizar tributação é sempre tarefa hercúlea em Estados Federais, ainda mais naqueles em que falta verdadeiro federalismo de cooperação, marcados por uma profunda sanha arrecadatória de cada ente.

Não é diferente com o Brasil, que para tributar consumo utiliza três impostos de competências diversas (IPI, ICMS e ISS), sem dizer algumas contribuições. Natural, assim, que na tentativa de desonerar setores, esbarre o Brasil em soluções de compromisso demoradas com as outras unidades da Federação.

Embora se verifique algum avanço quanto ao tema do reconhecimento da exportação ficta por Estados Membros, muitos ainda não reconhecem o caráter nacional da política de incentivo ao setor de petróleo, calcando-se numa vetusta ideia de exercício pleno e absoluta de qualquer competência tributária.

Existem fundamentos jurídicos para evitar o tratamento assimétrico quanto às exportações fictas. São eles: a incoerência que se gera no desconhecimento dessa ficção pelos entes federados, a desconsideração de operações de arrendamento sem respaldo fático e uma leitura por demais alargada do que seja a competência de cada Estado.

Além desses fundamentos, um controle jurídico se mostra válido, seja para favorecer a um contribuinte que demanda individualmente, seja para tentar dar uma interpretação geral a vários dispositivos que cuidam da tributação do petróleo.

De qualquer sorte, dada a dimensão do problema, recomenda-se a tentativa de equalizar os entendimentos dos entes tributantes, o que prescinde de mecanismos institucionais onde o debate ainda se possa realizar.

Os Métodos "PCI" e "PECEX" no Sistema de Controle de Preços de Transferência Brasileiro e a Praticabilidade

Daniel Alves Teixeira

1. Introdução

O controle de preços de transferência já há algum tempo vem sendo objeto frequente de estudos por parte da comunidade internacional. Em um cenário de globalização e de grande mobilidade de capital, a preocupação só se acentua.

Considerando o seu desenvolvimento no âmbito da comunidade internacional, o reflexo na legislação brasileira e a adoção de peculiaridades próprias, principalmente da concorrência da praticabilidade com o chamado princípio *arm's lenght*, algumas críticas foram construídas. No entanto, com o advento da lei 12.715, de 17 de setembro de 2012, foram criados os novos métodos de controle de preços de transferência nos casos de importação e exportação de *commodities*, chamados PCI e PECEX, respectivamente.

Assim, o presente estudo objetiva comentar a relação entre controle dos preços de transferência, princípio *arm's lenght*, praticabilidade e os novos métodos PCI e PECEX, diante do contexto contemporâneo e das finalidades da norma.

2. Preços de Transferência

Preço de transferência pode ser entendido como a atribuição de um valor de transação por um Estado em substituição ao declarado por duas partes em contrato, quando entre elas houver relação que possa justificar uma possibilidade de manipulação do preço de mercado.

É que nestes casos, observa-se uma real possibilidade de transferência de base de cálculo para a tributação em outros Estados, principalmente, mas não exclusivamente, aqueles que oferecem tributação privilegiada.

Há de ser ressaltado que para a atribuição de preço de transferência por um Estado, não há a necessidade de se verificar a intenção das partes em deixar de pagar tributos. Isto porque, inúmeros fatores podem contribuir para a manipulação dos preços entre partes relacionadas, nem sempre adstritas a objetivos tributários, tais como a presença de incentivos financeiros, restrições cambiais, pressões salariais e pela própria exigência de performance administrativa no âmbito das organizações multinacionais, tais como necessidade de fluxo de caixa ou de lucratividade nos seus diferentes níveis[1].

No entanto, com o objetivo de corrigir eventuais distorções e preservar a competência tributária sobre a riqueza produzida em seu território, cada Estado tem a possibilidade de investigar o valor real de mercado da operação, nada obstante as partes relacionadas declararem outro em contrato. É importante frisar que tal medida está sempre sujeita ao requisito de relação de controle entre as partes contratantes, eis que a partir deste fato é que surge a possibilidade de manipulação do preço em contrato. Assim, não há que se falar na atribuição de preço de transferência entre partes independentes.

Cumpre destacar também o sentido da expressão preço de transferência aqui empregado. É que em um sentido jurídico, diante do contexto apresentado, a expressão referida mais se aproxima de uma intenção de controle e investigação dos preços entre partes relacionadas. Neste caso, o sentido correto seria o "controle dos preços de transferência", ao invés do simples uso da expressão "preços de transferência", que pode receber sentidos mais amplos, principalmente por envolver inter sistemas em sua compreensão. Na língua inglesa, o sentido fica mais claro na utilização da expressão *"transfer pricing"*, quando em referência à atribuição de preço entre partes relacionadas.

Pois bem, dito o objetivo do controle dos preços de transferência, qual seja, o de preservar base de cálculo na produção e circulação de riquezas em um determinado Estado, em detrimento de uma possível manipulação de preços entre partes relacionadas, cabe agora abordar que parâmetros podem ser utilizados para investigar esse preço de mercado para substituição do preço manipulado.

3. O Princípio *Arm's Lenght*

A preocupação em preservar uma tributação justa e aproximada da realidade, fez com que a comunidade internacional tentasse desenvolver um padrão de identificação dos preços efetivamente praticados no mercado. Na verdade, já nos

---

[1] GREGORIO, Ricardo Marozzi. *Preços de Transferência – Arm's Lenght e Praticabilidade* – Série Doutrina Tributária Vol. V. São Paulo: Quartier Latin, 2011, p. 39.

primeiros estudos sobre bitributação em transações internacionais, era possível observar a presença de tema relativo aos preços de transferência.[2]

Em decorrência de constantes estudos, a Organização para Cooperação e Desenvolvimento Econômico (OCDE) editou um relatório com diretrizes e métodos capazes de direcionar os Estados e contratantes ao alcance e investigação de preços, sob diferentes condições, os mais próximos da realidade comercial, eliminando super ou subvalorações (*OECD Transfer Pricing Guidelines for Multinational Enterprises and Tax Administrations*). Originalmente publicadas em 1979, a sua aprovação pelo Conselho da OCDE só ocorreu em 1995, com posteriores atualizações em 2009 e 2010[3].

Com essa internacionalização de padrões, criou-se uma referência de atuação no sentido da persecução dos valores praticados pelo mercado: o princípio *arm's lenght* ou "à distancia de um braço." Tal princípio consiste em tratar os membros de um grupo multinacional como se eles atuassem como entidades separadas e não como um todo.[4] Neste passo, despreza-se o preço contratual declarado pelos contratantes vinculados e atribui-se o preço de mercado a ser investigado de forma comparativa com contratos similares realizados por pessoas independentes.

4. Controle de preços de transferência na legislação brasileira

Diante dos desafios em controlar as bases tributárias e evitar práticas lesivas ao interesses nacional, a lei 9.430 de 27 de dezembro de 1996 disciplinou em seus artigos 18 a 24 o controle dos referidos preços de transferência, acentuando inspiração nas *Guidelines* editadas pela OCDE, conforme expressamente disposto no item 12 da sua exposição de motivos.[5]

Note-se que, como consignado, as publicações da OCDE foram aprovadas em 1995 e a lei 9.430 foi publicada em 1996, sob forte influência da aprovação internacional dos termos e diretrizes consubstanciadas nas *Guidelines*, não obs-

---

[2] SCHOUERI, Luís Eduardo. *Preços de Transferência no direito brasileiro*. 2 ed. São Paulo: Dialética, 2006, pp. 23 e 24.

[3] Acessível em: http://www.oecd-ilibrary.org/taxation/oecd-transfer-pricing-guidelines-for-multinational-enterprises-and-tax-administrations-2010_tpg-2010-en

[4] SCHOUERI. Idem, p. 27.

[5] "Item 12. As normas contidas nos art. 18 a 24 representam significativo avanço da legislação nacional face ao ingente processo de globalização, experimentado pelas economias contemporâneas. No caso específico, em conformidade com regras adotadas nos países integrantes da OCDE, são propostas normas que possibilitam o controle dos denominados "Preços de Transferência", de forma a evitar a prática, lesiva aos interesses nacionais, de transferências de resultados para o exterior, mediante a manipulação dos preços pactuados nas importações ou exportações de bens, serviços ou direitos, em operações com pessoas vinculadas, residentes ou domiciliadas no exterior."

tante o Brasil não ser membro de tal Organização. Apesar da expressa referência, várias críticas doutrinárias apontam que, em determinados momentos, a legislação brasileira excetuou o princípio do *arm's lenght* com a adoção de critérios mais estáticos, em um claro estreitamento com a segurança jurídica.

Para Ricardo Marozzi Gregorio, a enunciação taxativa de hipóteses que caracterizam a vinculação entre as partes de uma transação é um exemplo, já que diante das dificuldades em perquirir a real condição dos contratantes, o legislador optou por elencar os casos em que necessariamente será aplicado controle dos preços de transferência[6].

Márcio Ávila aponta que, ao contrário da diretriz OCDE TP 1.69 que defende a seleção do método de preço de transferência que avalie da melhor forma possível o preço de plena concorrência, a lei nº 9.430/96 permite a dedução do maior valor apurado na importação (art. 18, §4º) e do menor dos valores apurados na exportação (art. 19, §5º), atribuindo ao contribuinte a possibilidade de escolha, privilegiando o planejamento tributário em detrimento de uma aproximação do preço de mercado[7].

Já Heleno Torres cita a exclusão dos *royalties* e as transferências de tecnologia do âmbito de controle, sujeitando-as a uma limitação de dedutibilidade, o que significa maior praticidade na sua tributação[8].

Diante disto, é possível afirmar que apesar de expressa inspiração do princípio *arm's lenght* no controle de preços de transferência brasileiro, há uma concorrência de outros princípios em tal disciplina, tal como expressas opções pela praticidade ou praticabilidade em determinados casos. É que diante da complexidade dos fatos e da dificuldade na investigação de elementos comparativos para a identificação dos elementos de mercado, o legislador optou em vários momentos por privilegiar a segurança jurídica, adotando presunções e parâmetros como referência. Sendo assim, necessário tecer algumas considerações acerca da praticabilidade para uma melhor compreensão da sua utilização no sistema jurídico pátrio.

5. Praticabilidade

O estudo acerca da praticabilidade pouco aparece na literatura nacional. Na Alemanha, H. ARNDT anota que este tema não tinha sido objeto de estudos sistemáticos a partir da década de cinquenta, salvo raras exceções[9].

---

[6] GREGORIO, p. 173.
[7] ÁVILA, Márcio Ladeira. *Preços de transferência na indústria do petróleo*. Rio de Janeiro: Interciência, 2010, p. 7.
[8] TÔRRES, Heleno. *Direito Tributário Internacional: Planejamento Tributário e Operações Transnacionais*. São Paulo: Revista dos Tribunais, 2001, p. 259.
[9] Apud. DERZI, Misabel de Abreu Machado. *Direito Tributário, Direito Penal e Tipo*. São Paulo: Editora Revista dos Tribunais, 2007, p. 138.

O princípio da praticidade ou praticabilidade não encontra previsão expressa no ordenamento jurídico. No entanto, trata-se um princípio que orienta a necessidade de uma técnica jurídica que objetiva simplificar e até mesmo possibilitar a execução das leis. Baseado em uma análise de categorias distintas entre plano lógico-jurídico calcadas no âmbito da teoria geral e entre o plano jurídico-positivo, atinentes a um determinado ordenamento constituído[10], é possível enxergar a praticabilidade em ambos, impregnada em todo o Direito. É instrumento típico nesta ciência, utilizado em variados graus. Isto porque, em uma avaliação na Teoria Geral, a praticidade acaba por servir de instrumento de ligação da norma ao fato, oferecendo uma pluralidade de opções de aplicação e interpretação. Dentre estas, caberá uma adequação de sentido atribuída pelos valores prezados pelo Direito. Note-se que aqui o sentido de prático comporta a noção da conexão possível com a realidade, do elo com os fatos, do realizável e não o sentido comumente empregado do mais simples. Já no plano jurídico-positivo de um ordenamento, a praticabilidade pode ser mensurada como norma que determina um mandamento de simplicidade, de forma que ao legislador seja imposto o dever de simplificação.

No entanto, tais visões não estão dissociadas, uma vez que ainda que imposto ao legislador o dever ou a faculdade de simplificação máxima das normas, a leitura das margens possíveis de sua atuação estará adstrita ao limite imposto pelos valores positivados no sistema jurídico. É que o dever de simplificação deve ser concatenado com a unidade do sistema lógico-jurídico e jurídico-positivo.

Assim, no que se refere à sua aplicação no âmbito direito tributário brasileiro, deve ser observada a sistemática constitucional que disciplina a ordem tributária. Neste passo, é possível identificar uma orientação da noção de justiça, e em especial de justiça fiscal, pelo critério da igualdade. Assim, a repartição dos ônus para custeio do Estado através do recolhimento de tributos deve observar um tratamento isonômico, na medida das possibilidades de cada indivíduo. Orienta-se, em princípio, pela aferição da capacidade contributiva, exigência para identificar o fator econômico apto a gerar o nascimento da obrigação tributária e o respectivo *quantum*.

Noutro giro, temos que a orientação de referência para aferição da capacidade contributiva deve ser conformada aos padrões de possibilidade de investigação, já que a ausência de tributação de alguns indivíduos em detrimento dos demais implica em desigualdade no tratamento dos cidadãos contribuintes. Temos então um aparente conflito entre o dever de obediência ao princípio da capacidade con-

---

[10] BORGES, José Souto Maior. *Obrigação Tributária (Uma Introdução Metodológica)*. São Paulo: Malheiros Editores, 1999 e 2001, p. 38.

tributiva e o dever de tratamento isonômico na tributação dos cidadãos. Diz-se de um conflito aparente porque em uma primeira análise um estaria restringindo o outro. No entanto, seguindo a premissa introduzida, a norma jurídica não pode ser considerada somente em abstrato, de forma que se faz necessária a sua conexão com o mundo dos fatos. Pressupor uma norma em um grau de pormenorização que se afaste da complexidade da realidade é destacá-la do Direito.

Desta forma, temos que a capacidade contributiva deve ser observada no grau máximo em que seja possível diante da realidade, por ser um mandamento de justiça constitucional, até onde não implique em um grau de exigência desconexo com a realidade e resulte na aplicação deficiente da norma e em um resultado injusto decorrente do tratamento desigual dos contribuintes.

Seguindo esta linha, no desafio de editar normas capazes de captar a capacidade contributiva dos contribuintes, sem permitir o enfraquecimento da generalidade que lhe deve ser inerente, o legislador tem optado por abstrações generalizantes[11] que sejam, ou devam ser capazes de informar um padrão médio manifestado pelos contribuintes apto a conectar o fundamento de manifestação econômica para a incidência da norma tributária e garantir a generalidade de sua aplicação, mitigando a manipulação das manifestações de riqueza e a elisão fiscal.

O grande desafio que se apresenta diante deste contexto é investigar constantemente se o emprego desta padronização se afasta somente na medida do necessário e se, a pretexto de uma aplicação da geral da norma, não importa em sacrifício e tratamento desigual contra contribuintes isoladamente. Neste passo, necessário perquirir com maiores detalhes a pesquisa de critérios capazes de moldar uma aplicação aceitável de normas padronizantes e simplificadoras, identificando a adequação e necessidade de utilização, assim como transparência no uso dos critérios de padronização e a utilização da chamada cláusula de retorno[12]. Acerca destes requisitos, permitimo-nos neste momento apenas o seu registro, considerando que o aprofundamento escapa o objeto do presente ensaio.

---

[11] Expressão empregada por Regina Helena Costa que compreende as presunções, ficções, indícios, normas de simplificação, conceitos jurídicos indeterminados, cláusulas gerais e normas em branco. Baseada nas lições de Karl Engisch, a autora fundamenta a expressão na utilização cada vez maior pelo legislador de conceitos não fixos, capazes de permitir ao aplicador uma valoração em um grau variável de maior ou menor vinculação à lei. Cf. COSTA, Regina Helena. *Praticabilidade e Justiça Tributária: Exequibilidade da Lei Tributária e Direitos do Contribuinte*. São Paulo: Malheiros, 2007, pp. 159-160.

[12] Em um maior aprofundamento sobre o tema da igualdade tributária, Humberto Ávila discorre sobre a possibilidade do uso de cláusulas de equidade e retorno à igualdade diante de um tratamento padronizante da norma tributária. Cf. ÁVILA, Humberto. *Teoria da Igualdade Tributária*. 2 ed. São Paulo: Malheiros Editores, 2009, p. 106 e segs.

6. Os métodos PCI e PECEX

A Medida Provisória nº 563 de 3 de abril de 2012, convertida na lei 12.715/12, alterando a lei 9.430/96, introduziu no ordenamento jurídico brasileiro, dentro da sistemática de atribuição de preços de transferência, os métodos de aferição de preços médios para importação e exportação denominados PCI e PECEX, respectivamente. A regulamentação dos referidos métodos ocorreu por via da IN 1.312 de 28 de dezembro de 2012, com última alteração conhecida pela IN 1.498 de 14 de outubro de 2014.

O objetivo dos novos métodos é a investigação de preços médios diários na cotação de bens e direitos, com expressa referência a *commodities* com cotação em bolsa de mercadorias e futuros reconhecidas internacionalmente.

Diante da incerteza gerada pela adoção do termo e sobre o que pode ser considerado *commodity*, essencial para a aplicação do método PCI e PECEX, o seu enquadramento toma aplicação dos arts. 16, §3º e 34, §3º da IN 1.312/12 com a alteração da IN 1.395/13, e restringe a aplicação dos métodos ao rol de bens constante nos anexos da referida IN. Neste passo, a instrução trouxe uma lista de bens no Anexo I[13], que cumulativamente devem estar cotados em bolsas de mercadorias e futuros oficialmente reconhecidas e listadas no Anexo II ou em institutos de pesquisa listados no Anexo III. Foi possível notar que na referida IN, a extensão

---

[13] COMMODITIES E SEUS RESPECTIVOS CÓDIGOS NA NOMENCLATURA COMUM DO MERCOSUL PARA FINS DE APLICAÇÃO DO MÉTODO PCI e PECEX: *I. Açúcares de cana ou de beterraba e sacarose quimicamente pura, no estado sólido (NCM 17.01.1); II. Algodão (NCM 52); III. Alumínio e suas obras (NCM 76); IV. Cacau e suas preparações (NCM 18); V. Café, mesmo torrado ou descafeinado; cascas e películas de café; sucedâneos do café que contenham café em qualquer proporção (NCM 09.01); VI. Carnes e miudezas, comestíveis (NCM 02); VII. Carvão (NCM 27.01 a 27.04); VIII. Minérios de cobre e seus concentrados (NCM 2603.00) e Cobre e suas obras (NCM 74); IX. Minérios de estanho e seus concentrados (NCM 2609.00.00) e Estanho e suas obras (NCM 80); X. Farelo de Soja (NCM 2304.00); XI. Farinhas de trigo ou de mistura de trigo com centeio (méteil) (NCM 1101.00); XII. Minérios de ferro e seus concentrados (NCM 26.01) e Ferro fundido, ferro e aço (NCM 72); XIII. Gás de petróleo e outros hidrocarbonetos gasosos (NCM 27.11); XIV. Minérios de manganês e seus concentrados (NCM 2602.00) e Manganês e suas obras incluindo os desperdícios e resíduos (NCM 8111.00); XV. Óleo de soja e respectivas frações (NCM 15.07); XVI. Ouro (incluindo o ouro platinado), em formas brutas ou semimanufaturadas, ou em pó (NCM 71.08); XVII. Petróleo (NCM 27.09 e 27.10); XVIII. Prata (incluindo a prata dourada ou platinada), em formas brutas ou semimanufaturadas, ou em pó (NCM 71.06); XIX. Soja, mesmo triturada (NCM 12.01); XX. Suco (sumo) de laranja (NCM 2009.1); XXI. Trigo e mistura de trigo com centeio (méteil) (NCM 10.01); XXII. Chumbo e suas obras (NCM 78) e Minérios de chumbo e seus concentrados (NCM 2607); XXIII. Níquel e suas obras (NCM 75) e Minérios de níquel e seus concentrados (NCM 2604); XXIV. Zinco e suas obras (NCM 79) e Minérios de zinco e seus concentrados (NCM 2608); XXV. Minério de Cobalto e seus concentrados (NCM 2605) e Mates de cobalto e outros produtos intermediários da metalurgia do cobalto; cobalto e suas obras, incluindo os desperdícios e resíduos (NCM 8105).*

também para os preços públicos cotados em instituições de pesquisas setoriais, caso ausente a sua cotação em bolsas oficiais[14].

Neste ponto é possível observar uma ampliação dos instrumentos de investigação do valor real de mercado. A questão a ser levantada é se há ilegalidade na ampliação do rol de hipóteses de aplicação dos métodos PCI e PECEX pela IN 1.312/12, estendendo para bens com cotação em instituições de pesquisa, ainda que não cotados em bolsas de mercadorias e futuros.

No entanto, entendemos que não paira ilegalidade neste ponto. É que a própria norma do art. 18-A da lei 9.430/96, em seus parágrafos, disciplina alternativas para o não alcance exato dos procedimentos previstos no *caput*. Neste caso, o seu parágrafo quarto traz expressamente a possibilidade de extensão da aplicação do método se existir cotação de preços em instituições de pesquisa setoriais internacionalmente reconhecidas.

Outra é a conclusão para o caso da adoção, pela IN 1.312/12, da aplicação dos métodos PCI e PECEX para os bens que denominou "similares". Conceituado em seu art. 42 e previsto em seus arts. 16, §7º e 34, §8º, a Instrução impôs que, na ausência de cotação específica para o bem, a utilização dos métodos será baseada no preço médio de bem similar. Neste caso, nos parece que realmente foi exorbitado o poder regulamentar. É que nada obstante a previsão do poder de regulamentação conferido pelo art. 18-A, §5º e 19-A, §6º, a criação da figura do bem similar extrapola os limites de independência técnica atribuídos pela lei. A indefinição do conceito de *commodity* já confere ao administrador a possibilidade de, tecnicamente, abarcar uma maior ou menor amplitude de bens, dentro do limite oferecido pelo sentido do termo. Já a extensão do método a bem similar, sem previsão legal, extrapola os limites possíveis e favorece grave insegurança jurídica ao contribuinte, o que acaba por fim a colidir com o objetivo da norma.

Outro ponto a ser destacado é que, também para efeito de investigação do preço médio, existem alguns critérios de ajustes e consideração, tais como prazo para pagamento; quantidades negociadas; influências climáticas nas características do bem; custos de intermediação, nas operações de compra e venda, prati-

---

[14] "**Art. 16.§ 3º** *Consideram-se commodities para fins de aplicação do PCI, os produtos:*
*I – listados no Anexo I e que, cumulativamente, estejam sujeitos a preços públicos em bolsas de mercadorias e futuros listadas no Anexo II, **ou que estejam sujeitos a preços públicos nas instituições de pesquisas setoriais, internacionalmente reconhecidas, listadas no Anexo III**, todos Anexos a esta Instrução Normativa; e*
II – negociados nas bolsas de mercadorias e futuros listadas no Anexo II a esta Instrução Normativa; "
E ainda o art. 18 da mesma IN: " *Na hipótese de não haver cotação dos bens em bolsas de mercadorias e futuros internacionalmente reconhecidas, os preços dos bens importados a que se refere o § 2º do art. 16 poderão ser comparados com os obtidos a partir de fontes de dados independentes fornecidas por instituições de pesquisa setoriais internacionalmente reconhecidas.*"

cadas pelas pessoas jurídicas não vinculadas; acondicionamentos, frete e seguro, custos de desembarque, armazenagem e desembaraço aduaneiro, o que aproximam o preço atribuído em sede de controle de preços de transferência ao preço real de mercado.

7. A relação entre os novos métodos PCI e PECEX e controle dos preços de transferência brasileiro

Considerando o que foi exposto acerca da ideia do controle de preços de transferência através do princípio *arm's lenght*, com base nas diretrizes e parâmetros utilizados pela OCDE em suas *Guidelines*, na busca por um sistema comparativo de investigação da realidade, calcando expressamente a sua base no artigo 9 do Tratado Modelo de Acordos contra a Dupla Tributação, é possível afirmar que o princípio *arm's lenght* muito se aproxima com a persecução da capacidade contributiva e da igualdade, já que o seu objetivo é justamente a procura de métodos de comparação capazes de exprimir uma aproximação com a realidade. No ordenamento jurídico brasileiro, embora ausente disposição expressa que o consagre, a sua referência é marcante. Ocorre que o sistema brasileiro, por diversas vezes, lança mão de expedientes de praticabilidade, como por exemplo, no caso dos métodos PRL e CPL, inspirados nos *Cost Plus Method* e *Resale Price Method*, só que com a adoção de margens fixas e parâmetros legais, ao contrário da orientação da OCDE em alcançar as margens efetivamente acontecidas na prática[15].

No que tange à praticabilidade, como já pudemos asseverar supra, pode se apresentar na ligação da norma ao fato, apresentando uma pluralidade de ligações possíveis (alternativas). Dentre estas alternativas existentes, todas devem comportar uma carga axiológica exigida pelo Direito, podendo variar de grau em cada elo. Uma tendência exagerada à simplicidade pode tornar a norma facilmente exequível, mas a carga axiológica rarefeita até o esvaziamento. Já a opção da alternativa com carga axiológica severamente densa pode tornar a norma impraticável por inexequibilidade e distanciamento da realidade.

O que se faz necessário relacionar aqui é se o modelo brasileiro inspirado no princípio *arm's lenght*, mas optante pela praticidade em vários momentos, atende à carga axiológica que se busca respeitar, eminentemente a igualdade e a capacidade contributiva, especialmente, cumpre-nos delimitar, os novos métodos PCI e PECEX. E a resposta é positiva.

É que os novos métodos alcançam grande aproximação com a realidade quando adotam referencial de mercado não estático, ou seja, alinhado à variação do preço no momento da transação. Também a inclusão das variáveis possíveis no

---

[15] CURTY, Leonardo de Menezes. *O Sistema Brasileiro de Controle de Preços de Transferência à Distância de um Braço*. Revista Direito Tributário Atual n.29. São Paulo: Dialética, 2013, pp. 222-236.

preço, relacionáveis tanto ao transporte quanto às variações da própria mercadoria, possibilitam essa aproximação e diminuem consideravelmente as amarras de comparação existentes em alguns casos com a adoção unicamente do princípio *arm's lenght*.

Os novos métodos também superam algumas críticas relacionadas ao tradicional modelo brasileiro de controle de preços de transferência quando suprimem o privilégio ao planejamento tributário em detrimento do valor real de mercado.[16] É que no caso de importação ou exportação de *commodities*, não resta opção quanto à utilização de um método alternativo. E nos parece que tal possibilidade seria realmente incomum, dado que a eleição de vinculação dos preços aos praticados em bolsa de mercadorias e futuros ou instituições de pesquisa, todas oficialmente reconhecidas, já alberga exequível aproximação com a realidade, abandonando presunções e margens fixas.

Assim, os novos métodos conseguem uma satisfatória aproximação da realidade, abrindo espaço para variáveis possíveis atinentes ao caso concreto quando, na busca do preço médio, considera ajustes. Da mesma forma alcança razoável exequibilidade, alcançando as finalidades da norma com menos complexidade e maior segurança jurídica, dada a transparência do critério e a disponibilidade e previsibilidade ao contribuinte da referência adotada pelo sistema brasileiro de importação e exportação de *commodities*.

8. Conclusão

Conforme as premissas que procuramos desenvolver no presente estudo, o contexto do sistema de controle de preços de transferência brasileiro inspira-se no princípio *arms lenght*, com a persecução da igualdade e da capacidade contributiva, inspirado também em diretrizes de comparação dos preços de mercado efetivamente praticados, aplicando, porém, sistematicamente, o princípio da praticabilidade, de forma que por vezes é eleita a segurança jurídica na eleição de presunções e margens fixas, como alternativa para a satisfação da finalidade da norma, recebendo, por vezes, severas e justificadas críticas, considerando o inevitável afastamento da capacidade contributiva.

A eleição dos novos métodos PCI e PECEX consegue grande aproximação com a capacidade contributiva e, ao mesmo tempo, alia praticidade na sua aplicação, o que consubstancia em louvável aplicação da norma jurídica de controle de preços de transferência ao conciliar a preservação dos valores imanentes à norma, com alta carga de exequibilidade e segurança jurídica com transparência, previsibilidade e determinabilidade.

---

[16] Nota n. 7.

9. Referências

ÁVILA, Humberto. *Teoria da Igualdade Tributária*. 2 ed. São Paulo: Malheiros Editores, 2009.

ÁVILA, Márcio Ladeira. *Preços de transferência na indústria do petróleo*. Rio de Janeiro: Interciência, 2010.

BORGES, José Souto Maior. *Obrigação Tributária (Uma Introdução Metodológica)*. São Paulo: Malheiros Editores, 1999 e 2001.

COSTA, Regina Helena. *Praticabilidade e Justiça Tributária: Exequibilidade da Lei Tributária e Direitos do Contribuinte*. São Paulo: Malheiros, 2007.

CURTY, Leonardo de Menezes. *O Sistema Brasileiro de Controle de Preços de Transferência à Distância de um Braço*. Revista Direito Tributário Atual n.29. São Paulo: IBDT/Dialética, 2013.

DA ROCHA, Eduardo Morais. *A Praticidade como sinônimo de desconfiança e as margens de lucro fixas nos preços de transferência*. In: Revista da SJRJ, v. 19, n. 33. Rio de Janeiro, abril de 2012, pp. 69-87.

DERZI, Misabel de Abreu Machado. *Direito Tributário, Direito Penal e Tipo*. São Paulo: Editora Revista dos Tribunais, 2007.

GREGORIO, Ricardo Marozzi. *Preços de Transferência – Arm's Lenght e Praticabilidade –* Série Doutrina Tributária Vol. V. São Paulo: Quartier Latin, 2011.

ROCHA, Sérgio André. *Modelos de regulação jurídica, Preços de Transferência e os novos métodos PCI e Pecex*. Revista Direito Tributário Atual n. 28. São Paulo: IBDT/Dialética, 2012.

SCHOUERI, Luís Eduardo. *Preços de Transferência no direito brasileiro*. 2 ed. São Paulo: Dialética, 2006.

TÔRRES, Heleno. *Direito Tributário Internacional: Planejamento Tributário e Operações Transnacionais*. São Paulo: Revista dos Tribunais, 2001.

Os Impactos da Tributação do Setor de Petróleo e Gás sobre a Competitividade do Fornecedor Local em Comparação ao Estrangeiro

Lyvia de Moura Amaral Serpa

1. Introdução

O presente trabalho tem como objetivo apresentar uma breve análise do panorama da tributação brasileira no setor de petróleo e gás na etapa *upstream*[1], o impacto desta tributação sobre a competitividade do fornecedor local em comparação ao estrangeiro e como a atuação da jurisdição constitucional a respeito dos conflitos federativos identificados.

Temos como pano de fundo um cenário em que governo brasileiro estabeleceu o Regime Aduaneiro Especial de Exportação e Importação de Bens Destinados às Atividades de Pesquisa e de Lavra das Jazidas de Petróleo e de Gás Natural (REPETRO), originalmente por meio do Decreto 3.161/1999 e atualmente regulado pelo Decreto 6.759/2009, como uma resposta à necessidade de equacionamento de questões tributárias no segmento de exploração e produção de petróleo, visando atrair investimentos e fomentar o desenvolvimento do setor, diante da flexibilização do monopólio nessas atividades, ocorrida com a Emenda Constitucional nº 9, de 1995, regulamentada pela Lei Federal 9.478/97.

Conforme bem exposto por Daniel Giotti de Paula (2016), o fundamento para a instituição do REPETRO não parece ser meramente fiscal, pertencendo ao terreno da extrafiscalidade, na forma dos arts. 170 e 237 da Constituição, a autorizar a intervenção na ordem econômica para desenvolver setores sensíveis

---

[1] A etapa *upstream* consiste nas atividades de pesquisa, exploração e produção de petróleo, incluindo as respectivas atividades de fornecimento, local ou mediante importação. Já o *midstream* e o *downstream* abrangem as atividades posteriores à extração, tais como refino, o transporte, a distribuição e a comercialização.

aos interesses nacionais, mediante o abrandamento da carga fiscal para agentes econômicos ou de todo o setor econômico.

E como se vê, o referido regime teve por objetivo desonerar os investimentos nas atividades de exploração e produção de petróleo no Brasil, buscando alcançar tanto a cadeia local quanto a estrangeira, como uma válvula de escape de um gargalo financeiro que reduzia drasticamente a margem de lucratividade de muitas das empresas do setor (COUTO, 2013, p. 82).

No que tange à incidência do ICMS, inicialmente foi editado o Convênio ICMS 58/99, autorizando os Estados e o Distrito Federal a conceder isenção ou redução da base de cálculo do ICMS incidente no desembaraço aduaneiro de mercadoria ou bem importado sob Regime Especial de Admissão Temporária.

Contudo, a despeito do Convênio celebrado no âmbito do Conselho Nacional de Política Fazendária (CONFAZ), diversos Estados da Federação, dentre eles o Estado do Rio de Janeiro, editaram leis prevendo a incidência do imposto nas operações de admissão temporária e de importação de bens e serviços. Posteriormente, a matéria foi tratada pelo Convênio ICMS 130/2007, autorizando a isenção e redução de base de cálculo do ICMS especificamente em operação com bens ou mercadorias destinadas às atividades de pesquisa, exploração ou produção de petróleo e gás natural.

Conforme será analisado no presente trabalho, a tributação no setor do petróleo e gás sempre despertou e ainda desperta muitos conflitos, em especialmente no que tange ao ICMS. Como resultado, a isonomia entre fornecedores locais e estrangeiros, na prática, teve sucesso apenas parcial.

As disputas tornam-se ainda mais acirradas com as descobertas de reservas de petróleo na camada do pré-sal e o início da sua exploração e produção.

Segundo relatório técnico produzido pela Secretaria de Fazenda do Estado do Rio de Janeiro, foi estimado que o valor da produção do pré-sal deve ficar na faixa de 3% a 5% do Produto Interno Bruto (PIB), e, se comparada com setores específicos, como produção manufatureira, o petróleo em 2020 será maior que a indústria automobilística brasileira hoje e ultrapassará o valor agregado atual da agricultura (SEFAZ, 2010, p. 32).

Também vale destacar que no ano de 2013 foram pagos R$ 16.308.712.000,00 (dezesseis bilhões trezentos e oito milhões setecentos e doze mil reais) a título de royalties, o que significa um crescimento de 223,4% em relação ao valor arrecado no ano de 2004, segundo dados da Agência Nacional de Petróleo (ANP, 2014).

Embora os *royalties* não tenham propriamente natureza tributária e não sejam objeto do presente estudo, os números servem para ilustrar que as cifras que envolvem o setor são elevadíssimas, acirrando ainda mais as disputas entre os entes políticos.

E as disputas não se encerram apenas no âmbito interno. Há também forte competição entre os países, cujos governos vêm buscando adotar alternativas para tornar mais atrativos seus regimes tributários, no intuito de atrair tecnologia e recursos (EY, 2013).

Neste cenário conflituoso, vamos analisar o panorama geral da tributação brasileira com relação à cadeia de fornecimento dos bens e serviços aplicados às atividades de exploração e produção no setor de petróleo e gás na etapa *upsetream*, abordando especificamente o impacto da tributação sobre a competitividade do fornecedor local, comparativamente ao estrangeiro.

Também serão abordadas as discussões havidas no âmbito da jurisdição constitucional, bem como algumas das propostas de soluções, que a rigor dependem muito mais de um arranjo político do que de uma intervenção do Poder Judiciário.

2. Breve panorama da tributação do setor de petróleo e gás no Brasil na etapa *upstream*

A tributação do setor de petróleo e gás no Brasil na etapa *upstream* é baseada em dois grandes pilares: primeiro, o regime de suspensão total ou parcial dos tributos federais incidentes sobre a importação de bens a serem empregados na atividade (imposto de importação, imposto sobre produtos industrializados, contribuição ao PIS e COFINS); segundo, a isenção ou redução de base de cálculo do ICMS relativamente a estes bens[2].

O primeiro regime é conhecido como REPETRO e congrega três subregimes: a admissão temporária do bem, a exportação ficta e o *drawback*.

A utilização da admissão temporária permite a toda pessoa jurídica habilitada no regime REPETRO, ou devidamente autorizada por empresa habilitada, importar aqueles bens que sejam aplicáveis às finalidades previstas para a concessão do regime, com a isenção dos tributos federais que seriam incidentes nesta operação (SILVA, 2007, p. 37).

A este modelo de benefício fiscal concedido às importações, com a isenção dos tributos incidentes nesta operação, soma-se a extensão do benefício às empresas

---

[2] Embora não seja objeto do presente trabalho, pois restrito à análise da tributação incidente sobre a cadeia de fornecimento dos bens e serviços aplicados às atividades de exploração e produção (E&P) na etapa *upsetream*, vale lembrar que no Estado do Rio de Janeiro também há previsão de incidência do ICMS sobre a própria operação de extração de petróleo, por força da Lei nº 4.117/2003, conhecida como Lei Noel. A referida Lei é objeto da Ação Direta de Inconstitucionalidade nº 3.019, ainda pendente de julgamento no Supremo Tribunal Federal, com parecer da Advocacia Geral da União opinando pela declaração de inconstitucionalidade da Lei. Em 30/12/2015 foi publicada a Lei Estadual 7183/2015, em sentido semelhante ao estabelecido anteriormente pela Lei Noel, prevendo a incidência do ICMS sobre operação de circulação de petróleo desde os poços de sua extração para a empresa concessionária, ainda que as operações e prestações se iniciem no exterior. A nova Lei é alvo de Ação Direta de Constitucionalidade nº 5481.

nacionais, que podem utilizar a figura de exportação com saída ficta das mercadorias que serão utilizadas nas áreas de exploração petrolífera no Brasil. A exportação com saída ficta foi criada justamente para viabilizar às empresas industriais brasileiras uma igualdade de tratamento, de modo que poderão realizar a venda de seus produtos manufaturados a compradores estrangeiros, que em seguida são submetidos à admissão temporária no REPETRO, para uso aqui mesmo no Brasil, com a finalidade de pesquisa e lavra de petróleo e gás. Já o regime de *drawback* é utilizado pelas empresas brasileiras que precisam importar insumo estrangeiro a ser agregado ao conteúdo nacional para a fabricação de equipamentos no Brasil, que posteriormente serão exportados com saída ficta, e assim poderão adquirir estes insumos sem ônus fiscal, em razão da suspensão dos tributos federais que seriam incidentes nesta importação. (SILVA, 2007, p. 37).

Atualmente o regime REPETRO é regulado pela Instrução Normativa RFB nº 1.415/2013, que revogou a Instrução Normativa RFB nº 844/2008[3], estabelecendo em seu Anexo I que podem ser submetidos ao regime os bens ali relacionados, e que sejam destinados às atividades de exploração, avaliação, desenvolvimento e produção de petróleo, gás natural e de outros hidrocarbonetos e os destinados ao apoio e estocagem nas referidas atividades. Assim, atendidas as finalidades indicadas, podem ser submetidos ao REPETRO os seguintes bens: (1) embarcações; (2) máquinas, aparelhos, instrumentos ferramentas e equipamentos, cujo valor aduaneiro unitário seja superior a U$ 25.000,00 (vinte e cinco mil dólares); (3) plataformas de perfuração e produção de petróleo; (4) veículos automóveis montados com máquinas, aparelhos, instrumentos, ferramentas e equipamentos; (5) linhas, dutos e umbilicais; (6) estruturas especialmente concebidas para suportar plataformas e viabilizar a produção de petróleo em lâmina de águas rasas.

O segundo regime foi firmado no Convênio ICMS 130/2007, após grandes disputas entre os Estados, inclusive sobre os efeitos vinculantes ou não dos Convênios celebrados no âmbito do CONFAZ, questão produziu e ainda produz significantes conflitos federativos, em uma guerra fiscal às avessas.

Apenas para memória, lembra-se que no Estado do Rio de Janeiro, a Lei nº 3.851/2002[4], conhecida como Lei Valentim, previa a incidência do ICMS à alíquota de 18% as operações de admissão temporária e de importação de bens e serviços iniciados no exterior, contrariando o benefício fiscal anteriormente concedido pelo Convênio ICMS 58/99 firmado no âmbito do CONFAZ, que

---

[3] Para uma análise dos bens passíveis de inclusão no REPETRO à luz da Instrução Normativa RFB nº 844, de 9 de maio de 2008, confira-se COUTO, 2013, p. 78.

[4] Para uma análise mais detalhada da Lei nº 3.851/2002 e da discussão em torno da sua inconstitucionalidade, vide MACIEL, 2005.

previa a isenção do ICMS incidente no desembaraço aduaneiro de mercadoria ou bem importado sob o amparo do Regime Especial Aduaneiro de Admissão Temporária. Em 09.mai.2005, o Órgão Especial do Tribunal de Justiça do Rio de Janeiro reconheceu a inconstitucionalidade da Lei, em sede de arguição de constitucionalidade. Por fim, a Lei Valentim foi revogada pela Lei 5.620, de 22.12.2009. Atualmente, a matéria é tratada no Estado do Rio de Janeiro pelo Decreto nº 41.142/2008, que segue os parâmetros de isenção e redução da base de cálculo do ICMS estabelecidos no Convênio ICMS 130/2007. No entanto, no ano de 2013, a legislação do Estado passou por mais uma alteração, em função da Resolução SEFAZ nº 631, com vigência até 31 de dezembro de 2016, converteu em reduções de base de cálculo do ICMS as isenções de que tratam o caput do art. 2º e os incisos I e III do caput e o § 1º do art. 5º do Decreto nº 41.142/2008, na importação dos bens ou mercadorias relacionados no Anexo ao referido Decreto, que tenha sido realizada sob o amparo do Regime Aduaneiro Especial de Admissão Temporária, para aplicação nas instalações de exploração de petróleo e gás natural, nos termos das normas federais específicas que regulamentam o REPETRO, de forma que a carga tributária seja equivalente a 1,5% (um inteiro e cinco décimos por cento), sem apropriação do crédito correspondente.

Este problema relativo à natureza mandatória ou autorizativa dos Convênios ICMS celebrados no CONFAZ é um dos principais fatores causadores de assimetrias no tratamento tributário das operações envolvendo os fornecedores nacionais, conforme será exposto adiante.

De acordo com a sistemática atualmente vigente, nos termos do Convênio ICMS 130/2007, há isenção do ICMS nas operações antecedentes à exportação ficta com insumos que se destinem à fabricação/integração a bem "repetrável" (inserido no regime REPETRO); há isenção ou redução da alíquota para 1,5% nas importações de bens a serem empregados na fase de exploração; e há redução da alíquota (para 7,5%, com direito a crédito, ou para 3%, sem direito a crédito) para as importações de bens a serem empregados na fase de produção.

A despeito do disposto no Convênio ICMS 130/2007, também subsiste relevante discussão quanto à incidência ou não do ICMS sobre bens provenientes do exterior, mas que ingressam no país em regime de admissão temporária, mediante contrato de *leasing* operacional (arrendamento mercantil operacional). Esta questão também implica uma significante disfunção no sistema, ao exigir que as empresas beneficiárias do regime REPETRO precisem ajuizar ações judiciais para discutir a incidência do imposto estadual.

Para fins didáticos, destaca-se abaixo quadro resumo das transações e dos tributos incidentes em cada elo da cadeia de exploração e produção do petróleo, na etapa *upstream*:

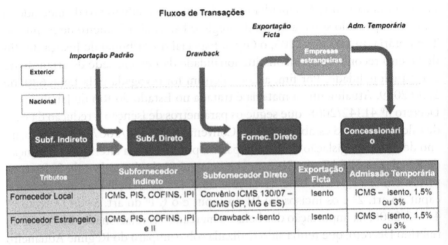

Fonte: BOOZ & Company-VRBG, 2012

Na análise deste panorama, verificamos os diversos impactos do regime tributário vigente sobre a competitividade de toda a cadeia de fornecedores nacionais para a indústria de óleo e gás, notadamente em razão da falta de harmonização das legislações estaduais, a despeito do previsto no Convênio ICMS 130//2007.

Também são verificadas diversas disfunções no sistema tributário, que dificultam a própria operacionalização do regime, tais como: (a) insegurança acerca da amplitude dos bens passíveis de submissão ao REPETRO (bens "repetráveis") e incongruências e problemas interpretativos na legislação do ICMS; (b) dificuldades na habilitação ao REPETRO; (c) insegurança quanto à vigência do REPETRO; (d) incidência do ICMS nas operações de fornecimento local; (e) acúmulo de créditos de ICMS. (BOOZ & COMPANY-VRBG, 2012, p. 18)

A partir deste diagnóstico, passaremos a expor também algumas das propostas de simplificação e adequação do regime tributário, com o intuito de eliminar a assimetria entre fornecedor local e estrangeiro, e mitigar ou solucionar as diversas disfunções do sistema.

3. Das assimetrias de tratamento entre os fornecedores locais e o estrangeiro
3.1. Das assimetrias decorrentes da legislação federal acerca da compensação e restituição de créditos

Consideram-se assimetrias todos os aspectos da tributação que acarretam um tratamento diferenciado entre o fornecedor local e o estrangeiro, sendo a principal fonte dos problemas de isonomia da tributação brasileira na indústria *upstream* do setor de petróleo e gás.

Quanto aos tributos federais, no caso de aquisição de bens produzidos por fornecedores nacionais submetidos ao REPETRO, a sua suspensão ocorre no momento da sua saída dos estabelecimentos fabricantes (fornecedor direto), com a chamada "exportação ficta", o que gera para estes fornecedores um crédito acumulado de tributos, pois nestas operações há o crédito fiscal relativo às operações anteriores de aquisição de matérias-primas, componentes e materiais diversos de fabricação, mas não há débito na saída do produto final fabricado.

Para a compensação ou restituição desses créditos é necessário o uso do Programa "PER/DCOMP" da Receita Federal do Brasil, para geração, transmissão e processamento dos Pedidos Eletrônicos de Restituição, Ressarcimento ou Reembolso e Declaração de Compensação, atualmente regido pela Instrução Normativa RFB nº 1.300/2012.

No entanto, além das dificuldades no preenchimento dos PER/DCOMPs e da complexidade na apuração dos valores dos créditos[5], no caso de erros por parte do declarante que levem ao indeferimento do pedido de compensação, há previsão de incidência de multa sobre o valor do débito a ser compensado, no art. 74 da Lei nº 9.430/96.[6]

Outro problema é a ausência de um prazo legal específico para a análise do pedido e para a efetiva restituição ou compensação. A gravidade de tal indefinição chegou ser discutida no âmbito do Superior Tribunal de Justiça, que decidiu, no Recurso Especial nº 1.138.206, sob a sistemática do art. 543-C do CPC, que os requerimentos administrativos devem ser apreciados e decididos no prazo máximo de 360 dias, na forma do art. 24 da Lei 11.457/07, uma vez que a conclusão de processo administrativo em prazo razoável é corolário dos princípios da eficiência, da moralidade e da razoabilidade.

Além disso, os insumos importados pelo subfornecedor direto nacional sofrem a incidência dos tributos incidentes na importação, não se beneficiando do regime especial. Deste modo, o custo adicional tributário na compra de bens

---

[5] A complexidade na apuração dos tributos e no correto cumprimento das obrigações acessórias no Brasil foi objeto do Relatório Doing Business 2015, elaborado pelo Banco Mundial. Neste relatório, conclui-se que no Brasil as empresas despendem em média 2.600 horas ao ano, somente para fins de apuração e pagamento dos tributos devidos, contra uma média de 365,8 horas gastas na América Latina, e uma média de 175,4 horas gastas pelos países membros da OCDE. A íntegra do Relatório está disponível em http://portugues.doingbusiness.org/~/ media/GIAWB/Doing%20Business/Documents/Annual-Reports/English/DB15-Full-Report.pdf, apenas em inglês. Os dados acima mencionados também estão disponíveis em http://portugues.doingbusiness.org/data/exploreeconomies/brazil. Acesso em 14.nov.2014.

[6] A validade da lei que prevê a aplicação de multa no caso de indeferimento do pedido de compensação ainda aguarda pronunciamento do Supremo Tribunal Federal, no âmbito do Recurso Extraordinário nº 796.939, com repercussão geral reconhecida.

destinados à industrialização destes bens acaba sendo absorvido por este subfornecedor nacional, que perde competitividade em comparação com o estrangeiro.

Já no caso de bens importados diretamente pelo operador, a suspensão dos tributos federais ocorre no momento do desembaraço aduaneiro, de modo que a desoneração fiscal ocorre de uma só vez, sem quaisquer outros ônus.

3.2. A isenção ou redução da base de cálculo do ICMS em função do Convênio ICMS 130/2007. Os Convênios ICMS têm natureza mandatória ou autorizativa?

Muito embora a matéria esteja regulamentada pelo Convênio ICMS 130/2007, e atualmente os Estados da Federação, em sua grande maioria, tenham adotado internamente as regras de isenção e redução de base de cálculo previstas no Convênio, vê-se que historicamente os Estados editaram legislações em sentido diverso do previsto no Convênio, gerando sérios problemas de harmonização federativa, em detrimento da competitividade dos fornecedores locais, em comparação com os fornecedores estrangeiros e com os fornecedores situados em outros Estados que adotem o regime do Convênio. (BOOZ & COMPANY-VRBG, 2012)

É o caso do Estado do Espírito Santo, que não aplica a isenção do ICMS na operação anterior à exportação ficta, quando interestadual, impactando o subfornecedor direto situado no Estado, que, com relação às operações interestaduais, perde competitividade em comparação com os subfornecedores estrangeiros ou de outros Estados que adotem isenção do ICMS na venda a um fornecedor direito de um bem "repetrável".

Igualmente, no Estado de Minas Gerais não era reconhecido o mecanismo da exportação ficta, de modo que se exigia integralmente o ICMS no caso de exportação ficta e na operação imediatamente antecedente, o que causava impacto sobre o fornecedor direto situado no Estado de Minas Gerais, que sofria uma perda de competitividade na comercialização de bens "repetráveis" em comparação com os fornecedores estrangeiros ou fornecedores situados em outros Estados que adotassem isenção ou redução do ICMS.

Já no Estado de São Paulo, historicamente também havia grande assimetria, em decorrência da adoção da alíquota reduzida de ICMS pelo Estado – ao invés de isenção total – nas operações imediatamente anteriores à exportação ficta, afetando o fornecedor direito e o subfornecedor direto situados no Estado de São Paulo, que perdem competitividade na comercialização de bens "repetráveis" em comparação com os fornecedores estrangeiro ou de outros Estados que adotem a isenção do ICMS (Decreto Estadual 58.388/2012).

Também era o caso do Estado do Rio de Janeiro, com relação a já revogada Lei nº 3.851/2002, conhecida como Lei Valentim, que previa a incidência do ICMS à alíquota de 18% as operações de admissão temporária e de importação de bens e serviços iniciados no exterior, contrariando o benefício fiscal anteriormente concedido pelo Convênio ICMS 58/99.

Contudo, com relação aos Estados de Minas Gerais e São Paulo, houve mais recentemente algumas mudanças relevantes no tratamento tributário dos bens e insumos relacionados ao REPETRO, em virtude do estabelecimento de regras prevendo o diferimento do ICMS, como uma espécie de isenção disfarçada, o que acabou por minimizar as assimetrias anteriormente destacadas, que impunham significativos prejuízos à competitividade dos fornecedores e subfornecedores locais situados naqueles Estados.

Em 25 de junho de 2014, o Estado de Minas Gerais editou o Decreto nº 46.544, para incluir no seu Regulamento do ICMS um capítulo específico sobre o regime especial para as operações relacionadas à indústria naval e de produção e de exploração de petróleo e gás natural.

O Decreto mineiro nº 46.544/2014 passou a prever o diferimento do ICMS na saída de matéria-prima, de produto intermediário e de insumo de produção própria do estabelecimento industrial fabricante do Estado de Minas Gerais, para estabelecimento industrial fabricante de partes ou peças, para emprego na fabricação, reparo, conserto, reconstrução, modernização, transformação e conservação de embarcações. Para tanto, o fabricante deverá indicar na nota fiscal que a "mercadoria remetida para fabricação de produtos destinados a estabelecimento habilitado ao REPETRO, a operador/concessionário ou a estaleiro não habilitado ao REPETRO" (art. 11, parágrafo 1º do Decreto 46.544/2014).

O referido Decreto também passou a prever a isenção do imposto na saída de partes e peças, desde que promovida por estabelecimento industrial localizado no Estado de Minas Gerais, e para emprego na fabricação, reparo, transformação ou conservação de embarcações, por estabelecimento habilitado ao REPETRO, por operador/concessionário contratado por pessoa jurídica domiciliada no exterior habilitada ao REPETRO, ou por estaleiro não habilitado ao REPETRO (art. 12, caput e parágrafo 1º do Decreto 46.544/2014). Nestes casos, a legislação dispensa o estorno do crédito relativo às mercadorias beneficiadas com a isenção.

Já no Estado de São Paulo, foi editada a Portaria CAT nº 90, de 11 de setembro de 2013 pela Secretaria de Fazenda do Estado de São Paulo, que disciplinou o credenciamento para fins de aplicação do diferimento do ICMS no âmbito do Programa de Incentivo à Indústria de Produção e Exploração de Petróleo e de Gás Natural no Estado. Com isto, o lançamento do ICMS fica diferido para o momento em que ocorrer a saída destinada à pessoa sediada no exterior dos bens e mercadorias fabricados no país e relacionados no Anexo Único do Convênio ICMS 130/2007. Assim, com esta medida, as empresas fabricantes de máquinas e equipamentos situadas no Estado de São Paulo, e que sejam fornecedoras da cadeia nacional de petróleo e gás, passar a ficar em situação de igualdade competitiva em relação aos outros estados, como Rio de Janeiro, Rio Grande do Sul e Bahia, que já haviam adotado benefícios fiscais no âmbito do REPETRO.

Deste modo, com as mudanças acima apontadas, ficam afastadas as maiores assimetrias de tratamento fiscal que impactavam negativamente os fornecedores nacionais, notadamente as empresas fabricantes de máquinas e equipamentos situadas nos Estados de São Paulo e Minas Gerais.

Como se percebe, a assimetria de tratamento tributário entre o fornecedor nacional e o estrangeiro resultava, em grande parte, da incidência do ICMS, e com um impacto maior no elo entre o fornecedor e o subfornecedor direto.

O que se percebe é que, muita embora a matéria esteja regulamentada pelo Convênio ICMS 130/2007, historicamente os Estados possuem legislações em sentido diverso do disposto no Convênio, gerando problemas de harmonização federativa.

É neste cenário que se coloca o problema acerca dos efeitos mandatórios – ou não – dos Convênios ICMS firmados no âmbito do CONFAZ, que estabelecem normas de isenção fiscal ou outros benefícios fiscais.

Inicialmente, é preciso pontuar que a concessão ou não do benefício fiscal está dentro do âmbito da autonomia federativa de cada ente, sendo inerente à sua competência tributária, vedada a isenção heterônoma, por disposição expressa do art. 151, III, da Constituição.

Também é de destacar que o papel do Poder Legislativo estadual neste processo é inafastável, sob pena de violação ao princípio da separação dos poderes e ao princípio da legalidade.

Contudo, este entendimento não é unânime. É possível encontrar precedente em que se aceitou a edição de Lei estadual contemplando uma espécie de "ratificação tácita" por lei estadual, que se limitou a prever que a matéria seria posteriormente tratada por Decreto do Poder Executivo (STF, 2ª Turma, Recurso Extraordinário nº 539.130, Rel. Min. Ellen Gracie, DJe-022 divulg. 04/02/2010). E ainda há doutrina que sustenta que seria suficiente a edição de Decreto do Executivo para tratar a matéria. Segundo defendem Gustavo Brigagão e Rubem Perlingeiro, "seria contraditório se os Estados viessem a se posicionar a favor do primeiro entendimento (o de que seria necessária a edição de lei), tendo em vista que, em regra, eles ratificam as regras contidas nos Convênios por meio de mero decreto (...)" (BRIGAGÃO; PERLINGEIRO, 2005, p. 327)

De todo modo, superada esta questão prévia sobre a possibilidade de tratamento via ato do poder executivo, e considerando o entendimento segundo o qual os convênios teriam natureza meramente autorizativa, então cada Estado poderá optar ou não pela efetiva concessão do benefício.

O entendimento acerca da natureza autorizativa dos Convênios ICMS celebrados no âmbito do CONFAZ também é extraído pela interpretação do art. 150, § 6º da Constituição, acrescentado pela Emenda Constitucional nº 3, de 1993, que passou prever que qualquer subsídio ou isenção, redução de base de cálculo, concessão de crédito presumido, anistia ou remissão, relativos a impostos, taxas ou contribuições, só poderá ser concedido mediante lei específica do ente, e que regule exclusivamente as matérias acima enumeradas ou o correspondente tributo ou contribuição, sem prejuízo do disposto no art. 155, § 2º, XII, alínea "g" da Constituição. Logo, inexistindo lei específica do ente federativo tratando da isenção, então não poderia ser invocada a aplicação automática do Convênio.

Para Ricardo Lobo Torres, os Convênios referidos no art. 155, § 2º, XII, alínea "g" da Constituição são requisito de eficácia do favor fiscal concedido pela legislação estadual, mas não representam eles mesmos uma fonte autônoma do direito, não sendo considerados uma fonte autônoma intermediária, a meio caminho entre o direito estadual e o federal. (TORRES, 2007, p. 297).

Nesta esteira, entendendo que não basta a autorização via Convênio, exigindo também a edição de lei específica estadual para a concessão de isenção e outros benefícios fiscais, destaca-se o entendimento firmado por ocasião do julgamento da Medida Cautelar na ADI 1247:

> E M E N T A: AÇÃO DIRETA DE INCONSTITUCIONALIDADE – INEXISTÊNCIA DE PRAZO DECADENCIAL – ICMS – CONCESSÃO DE ISENÇÃO E DE OUTROS BENEFÍCIOS FISCAIS, INDEPENDENTEMENTE DE PREVIA DELIBERAÇÃO DOS DEMAIS ESTADOS-MEMBROS E DO DISTRITO FEDERAL – LIMITAÇÕES CONSTITUCIONAIS AO PODER DO ESTADO-MEMBRO EM TEMA DE ICMS (CF, ART. 155, 2., XII, "G") – NORMA LEGAL QUE VEICULA INADMISSIVEL DELEGAÇÃO LEGISLATIVA EXTERNA AO GOVERNADOR DO ESTADO – PRECEDENTES DO STF – MEDIDA CAUTELAR DEFERIDA EM PARTE. AÇÃO DIRETA DE INCONSTITUCIONALIDADE E PRAZO DECADENCIAL: (...)
>
> ICMS E REPULSA CONSTITUCIONAL A GUERRA TRIBUTARIA ENTRE OS ESTADOS-MEMBROS: O legislador constituinte republicano, com o propósito de impedir a "guerra tributaria" entre os Estados-membros, enunciou postulados e prescreveu diretrizes gerais de caráter subordinante destinados a compor o estatuto constitucional do ICMS. Os princípios fundamentais consagrados pela Constituição da Republica, em tema de ICMS, (a) realçam o perfil nacional de que se reveste esse tributo, (b) legitimam a instituição, pelo poder central, de regramento normativo unitário destinado a disciplinar, de modo uniforme, essa espécie tributaria, notadamente em face de seu caráter não-cumulativo, (c) justificam a edição de lei complementar nacional vocacionada a regular o modo e a forma como os Estados-membros e o Distrito

Federal, sempre após deliberação conjunta, poderão, por ato próprio, conceder e/ou revogar isenções, incentivos e benefícios fiscais.

CONVENIOS E CONCESSÃO DE ISENÇÃO, INCENTIVO E BENEFICIO FISCAL EM TEMA DE ICMS: A celebração dos convênios interestaduais constitui pressuposto essencial a valida concessão, pelos Estados-membros ou Distrito Federal, de isenções, incentivos ou benefícios fiscais em tema de ICMS. Esses convênios – enquanto instrumentos de exteriorização formal do prévio consenso institucional entre as unidades federadas investidas de competência tributaria em matéria de ICMS – destinam-se a compor os conflitos de interesses que necessariamente resultariam, uma vez ausente essa deliberação intergovernamental, da concessão, pelos Estados-membros ou Distrito Federal, de isenções, incentivos e benefícios fiscais pertinentes ao imposto em questão. O pacto federativo, sustentando-se na harmonia que deve presidir as relações institucionais entre as comunidades políticas que compõem o Estado Federal, legitima as restrições de ordem constitucional que afetam o exercício, pelos Estados-membros e Distrito Federal, de sua competência normativa em tema de exoneração tributaria pertinente ao ICMS.

MATÉRIA TRIBUTARIA E DELEGAÇÃO LEGISLATIVA: A outorga de qualquer subsidio, isenção ou crédito presumido, a redução da base de calculo e a concessão de anistia ou remissão em matéria tributaria só podem ser deferidas mediante lei específica, sendo vedado ao Poder Legislativo conferir ao Chefe do Executivo a prerrogativa extraordinária de dispor, normativamente, sobre tais categorias temáticas, sob pena de ofensa ao postulado nuclear da separação de poderes e de transgressão ao princípio da reserva constitucional de competência legislativa. Precedente: ADIn 1.296-PE, Rel. Min. CELSO DE MELLO.

(ADI 1247 MC, Relator(a): Min. CELSO DE MELLO, Tribunal Pleno, julgado em 17/08/1995, DJ 08-09-1995 PP-28354 EMENT VOL-01799-01 PP-00020)

Contudo, o mesmo dispositivo também pode fundamentar uma segunda interpretação, em sentido diametralmente oposto, uma vez que o art. 155, § 2º, XII, alínea "g" da Constituição, expressamente referido pelo art. 150, § 6º da CF, dispõe que cabe a lei complementar regular a forma como, mediante deliberação dos Estados e do Distrito Federal, isenções, incentivos e benefícios fiscais serão concedidos e revogados, papel que atualmente é desempenhado pela Lei Complementar 24/75, que, por sua vez, não prevê qualquer distinção entre Convênios impositivos ou meramente autorizativos.

Da leitura da Lei Complementar 24/75, percebe-se que há um procedimento próprio para a "não-ratificação" do Convênio. Assim, quer parecer que a norma implicitamente pressupõe que os Convênios, após ratificados, terão caráter impositivo.

Sobre o tema, vale destacar a síntese de Gustavo Brigagão e Rubem Perlingeiro (2005, p. 325):

> Essa expressão, "sem prejuízo do disposto no art. 155, § 2º, XII, g", inserida no § 6º acima transcrito pela EC nº 3/93, é ambígua, podendo conduzir a dois entendimentos opostos:
>
> a) o primeiro seria o de que a celebração de convênios pelos Estados não é mais, por si só, suficiente para que as isenções e incentivos fiscais relativos ao ICMS sejam concedidos independentemente da edição de leis estaduais no mesmo sentido. Assim, a partir da edição da EC nº 3/93, que inseriu aquela expressão no referido dispositivo, seria sempre necessária a edição de lei específica que tratasse exclusivamente de qualquer daqueles benefícios fiscais expressamente elencados, e, para o ICMS, essa regra seria aplicada "sem prejuízo do disposto no art. 155, § 2º, XII, g", ou seja, seriam necessários convênio e lei para a concessão de isenções e redução de base de cálculo, concessão de crédito presumido, anistia ou remissão;
>
> b) o segundo entendimento possível (com o qual concordamos), diametralmente oposto ao primeiro, seria o de que a expressão em exame teria o condão de assegurar a concessão e revogação de isenções referentes ao ICMS a aplicação das regras previstas na lei complementar a que se refere o art. 155, § 2º, XII, g, da CF/88 (LC nº 24/75), que não preveem a necessidade da edição de lei estadual para que a isenção seja concedida ou revogada, bastando a edição de convênio num ou noutro sentido e a expedição de ato normativo estadual próprio (Decreto) que ratifique o respectivo convênio (sendo possível a ratificação tácita). A existência de Convênio prevendo a isenção seria o pressuposto necessários e suficiente para que o Estado fosse obrigado a concedê-la.

No sentido da natureza impositiva dos Convênios, vale destacar o entendimento de Marco Aurélio Greco, segundo o qual não há, à luz da Constituição Federal e da LC n. 24/75, a figura do Convênio autorizativo, que permitiria a cada Unidade da Federação deliberar isoladamente se concede ou não a isenção. No que se refere à concessão de isenções, benefícios e incentivos fiscais de ICMS, a disciplina constitucional não admite a existência de convênios autorizativos. Todo convênio celebrado pelos Estados nos termos da LC n. 24/75 e versando sobre as matérias da letra "g" do inciso XII do parágrafo 2º do artigo 155 da CF/88 é impositivo. Portanto, só os Estados em conjunto podem conceder isenções etc e quando deliberam sobre estas matérias estão concedendo a isenção ainda que utilizem o vocábulo "autorização". A norma não admite que os Estados, em conjunto, deleguem o poder de conceder isenções aos Estados isoladamente considerados. (GRECO, 2011, p. 163).

Em pesquisa na jurisprudência do STF, é possível encontrar julgados antigos, que analisaram a matéria à luz da Constituição de 1967, com a redação dada pela

Emenda Constitucional nº 1, de 1969, donde se extrai que seriam impositivos os Convênios celebrados pelos Estados nos moldes da Lei Complementar 24/75, eis que aprovados à unanimidade e porque ausente qualquer distinção legal entre convênios autorizativos ou impositivos. É o que se extrai do acórdão do Recurso Extraordinário 97.250[7], dentre outros[8].

Por outro lado, Ricardo Lobo Torres, ao fazer referência a estes mesmos precedentes do Supremo Tribunal Federal, considera que "as isenções concedidas por convênio, ainda que autorizativo, só se revogam por outro convênio, eis que no ato de conceder o benefício se esgota a autorização coletiva" (TORRES, 2007, p. 297).

Contudo, caso seja considerado que o caráter impositivo se refira meramente aos termos do próprio Convênio, chegaremos a uma situação de perplexidade, uma vez que a impositividade teria como objeto um "texto" que, via de regra, prevê apenas que os Estados ficam autorizados a conceder ou não determinado benefício fiscal.

Especificamente quanto ao Convênio ICMS 130/2007, veja-se a redação da sua cláusula primeira:

> **Cláusula primeira.** Ficam os Estados e o Distrito Federal autorizados a reduzir a base de cálculo do ICMS incidente no momento do desembaraço aduaneiro de bens ou mercadorias classificados nos códigos da Nomenclatura Brasileira de Mercadorias/Sistema Harmonizado (NBM/SH) constantes no Anexo Único deste Convênio, importados sob o amparo do Regime Aduaneiro Especial de Admissão Temporária, para aplicação nas instalações de produção de petróleo e gás natural, nos termos das normas federais específicas, que regulamentam o Regime Aduaneiro Especial de Exportação e de Importação de Bens Destinados às Atividades de Pesquisa e de Lavra

---

[7] STF, Tribunal Pleno, Rel. Moreira Alves, Julgamento em 01.09.1982. ICM. Isenção concedida por convênio. Revogação pelo decreto estadual n.14737/80. A lei complementar n. 24/75 não admite a distinção entre convênios autorizativos e convênios impositivos. Assim, a revogação de isenção decorrente de convênio não pode fazer-se por meio de decreto estadual, mas tem de observar o disposto no par-2. do artigo 2. da referida lei complementar. Recurso extraordinário conhecido e provido, declarada a inconstitucionalidade da expressão "maca e" constante da alínea "e" do inciso xv, do artigo 5., do regulamento do imposto de circulação de mercadorias aprovado pelo decreto n. 5.410 de 30 de dezembro de 1974, do estado de São Paulo, na redação dada pelo artigo 1., inciso i, do decreto 14.737, de 15 de fevereiro de 1980, do mesmo Estado. (RE 97250, Relator Min. Moreira Alves, Tribunal Pleno, julgado em 01/09/1982, DJ 17-12-1982 PP-13211).

[8] RE 101410/SP, 2ª Turma, Rel. Min. Francisco Rezek, DJ 22-06-1984 PP-10137, RE 102471/SP, 1ª Turma, Rel. Min. Alfredo Buzaid, DJ 10-08-1984 PP-02453; RE 101926/SP, 1ª Turma, Rel. Min. Oscar Corrêa, DJ 03-08-1984 PP-12010; RE 100387/SP, 2ª Turma, Rel. Min. Décio Miranda, DJ 22-03-1985 PP-03625; RE 106465/SP, Rel. Min. Octavio Gallotti, DJ 26-09-1986 PP-17720; RE 113578/BA, 2ª Turma, Rel. Min. Maurício Corrêa, DJ 19-06-1998 PP-00009.

das Jazidas de Petróleo e de Gás Natural – REPETRO, disciplinado no Capítulo XI do Decreto federal nº 4.543, de 26 de dezembro de 2002, de forma que a carga tributária seja equivalente a 7,5% (sete inteiros e cinco décimos por cento) em regime não cumulativo ou, alternativamente, a critério do contribuinte, a 3% (três inteiros por cento), sem apropriação do crédito correspondente.

Mais recentemente, em um julgado do ano de 2012, a Primeira Turma do Supremo Tribunal Federal adotou entendimento que afasta qualquer caráter mandatório dos Convênios:

> EMENTA
> Agravo regimental no recurso extraordinário. ICMS. Benefício fiscal. Ausência de lei específica internalizando o convênio firmado pelo Confaz. Jurisprudência desta Corte reconhecendo a imprescindibilidade de lei em sentido formal para dispor sobre a matéria.
> 1. As razões deduzidas pela agravante equivocam-se quanto às razões de decidir do juízo monocrático. Não ficara assentada naquela decisão a impossibilidade de o convênio autorizar a manutenção dos créditos escriturais. O que se reconhecera fora a impossibilidade de o benefício fiscal ser implementado à margem da participação do Poder Legislativo.
> 2. Os convênios são autorizações para que o Estado possa implementar um benefício fiscal. Efetivar o beneplácito no ordenamento interno é mera faculdade, e não obrigação. A participação do Poder Legislativo legitima e confirma a intenção do Estado, além de manter hígido o postulado da separação de poderes concebido pelo constituinte originário.
> 3. Agravo regimental não provido.
> (RE 630705 AgR, Relator(a): Min. DIAS TOFFOLI, Primeira Turma, julgado em 11/12/2012, ACÓRDÃO ELETRÔNICO DJe-028 DIVULG 08-02-2013 PUBLIC 13-02-2013)

E ainda por ocasião do julgamento do Recurso Extraordinário 635.688, realizado em 16 de outubro de 2014, o Plenário do Supremo Tribunal Federal também afirmou este mesmo entendimento, em precedente submetido ao rito da repercussão geral.

Na hipótese, estava em discussão a constitucionalidade de Lei do Estado do Rio Grande do Sul, que reduzia a base de cálculo dos bens da cesta básica, mas determinava o estorno proporcional dos créditos do ICMS.

Além de outras questões debatidas a respeito da natureza da redução de base de cálculo do tributo e da sua semelhança com a isenção parcial, eis que ambas desoneram no todo ou em parte o pagamento do tributo, o Ministro Gilmar Mendes também destacou que a matéria foi tratada pelo Convênio ICMS 128/1994, do Conselho Nacional de Política Fazendária (CONFAZ), que autoriza os Estados a reduzir a carga tributária da cesta básica e, ao mesmo tempo, os autoriza a reconhecer a integralidade dos créditos referentes às operações.

Contudo, a despeito da autorização do Convênio, o Ministro Gilmar Mendes aduziu que não consta que a legislação estadual do Rio Grande do Sul tenha efetivamente previsto a manutenção integral dos créditos, pelo contrário, determinou sua anulação parcial. "O convênio é condição necessária, mas não suficiente para o aproveitamento dos créditos. É meramente autorizativo", concluiu.[9]

Assim, segundo este entendimento, os Convênios ICMS têm caráter meramente autorizativo, cabendo ao Poder Legislativo estadual decidir por implementar ou não internamente aquele benefício fiscal.

A despeito da orientação recém-firmada pelo Supremo Tribunal Federal em sede de recurso com repercussão geral, há ainda grande divergência tanto na doutrina quanto na jurisprudência, fator que contribui para a adoção de soluções criativas, unilateramente pelos Estados, causando uma maior insegurança jurídica, e ainda um desequilíbrio na concorrência entre os fornecedores locais, que ficam sujeitos ao alvedrio do legislador estadual de reproduzir ou não os benefícios estipulados no Convênio ICMS 130/2007.

No ICMS, por se tratar de imposto estadual, mas incidente sobre uma base econômica que muitas vezes é verificada em âmbito nacional, há significativas dificuldades para a sua uniformização, problema que é agravado em razão da natureza meramente autorizativa dos Convênios celebrados no âmbito do CONFAZ.

Esta problemática também fica evidente nas mais recentes discussões acerca da guerra fiscal entre os Estados e da proposta de súmula vinculante nº 69, bem como nas discussões sobre a tributação do comércio eletrônico e do Protocolo ICMS 21/2011[10].

---

[9] Idem.

[10] Em julgamento realizado em 17 de setembro de 2014, por ocasião do julgamento das Ações Diretas de Inconstitucionalidade 4628 e 4713 e do RE 680089, com repercussão geral, por unanimidade, o Plenário do Supremo Tribunal Federal declarou a inconstitucionalidade do Protocolo ICMS 21/2011, do Conselho Nacional de Política Fazendária (Confaz), que exigia, nas operações interestaduais por meios eletrônicos ou telemáticos, o recolhimento de parte do ICMS em favor dos estados onde se encontram consumidores finais dos produtos comprados. Para os ministros, a norma violou o disposto no artigo 155, parágrafo 2º, inciso VII, alínea b, da Constituição. Ao final do julgamento, os ministros modularam os efeitos da decisão, por maioria de votos, determinando que a inconstitucionalidade tenha a sua validade a partir da data em que foi concedida a medida cautelar nas ADIs relatadas pelo Ministro Luiz Fux. (Informativo 759, do Supremo Tribunal Federal, relativo ao período de 15 a 19 de setembro de 2014).

A própria sistemática prevista na Lei Complementar 24/75 é causadora de enormes dificuldades, por possuir diversas incongruências com o modelo democrático e com o federalismo de cooperação pensado pela Constituição de 1988, mas nunca reconhecidas expressamente no âmbito do Supremo Tribunal Federal.

Conforme alerta Ricardo Lodi Ribeiro, mesmo no que se refere ao incentivo à atração de investimentos para o território dos Estados, sendo inafastável a interpretação que vincula a concessão de benefícios fiscais ao procedimento previsto na LC 24/75, é preciso reconhecer a obsolescência da atual disciplina legal, cunhada no auge da centralização do autoritarismo militar, e por isso mesmo, produto de um federalismo orgânico em que a figura da União predominava sobre a autonomia estadual (RIBEIRO, 2012, p. 145).

Por outro lado, partindo da premissa de que os Convênios ICMS têm natureza autorizativa, em respeito a autonomia federativa de cada ente, em setores que podem ser estratégicos para todo o país, como é o caso do petróleo e gás, é mister trilhar um caminho para se alcançar uma uniformidade de tratamento em âmbito nacional.

No que tange aos conflitos fiscais federativos em matéria de ICMS, vale destacar aqui a crítica de Fernando Lemme Weiss, que entende que a sua origem está em um texto constitucional prolixo e mal redigido, que optou pelas minúcias em detrimento de direcionamentos mais claros e principiológicos. E em consequência, dispositivos que deveriam trazer harmonia geraram litígio, o que é agravado pela disparidade econômica entre os Estados, problema que precisa ser enfrentado por todos os poderes, de acordo com os objetivos constitucionais permanentes. Assim, a solução passa pela leitura consequente da Constituição e respeito à confiança legítima depositada no Poder Público pelos agentes produtivos, viabilizadores de todo o funcionamento do Estado (WEISS, 2014, p. 52).

Fica claro que neste aspecto a autuação da jurisdição constitucional não é suficiente para resolver tais conflitos, que dependem na verdade de uma composição política, mediante deliberação no âmbito do próprio Poder Legislativo.

Neste sentido, é de se destacar a manifestação do Ministro Gilmar Mendes, por ocasião do julgamento das ADIs 3.664, 3.803 e 4.152, em 1º de julho de 2011[11], em casos relativos à guerra fiscal, em hipóteses de concessão de benefícios fiscais de ICMS sem a aprovação do CONFAZ:

> Há necessidade de que nós encontremos algum modelo institucional de tratar esse tema, que é extremamente relevante para o modelo federativo. São tantas prá-

---

[11] Conforme noticiado pelo Supremo Tribunal Federal, no Informativo 629, relativo ao período de 30 de maio a 3 de junho de 2011.

ticas *contra legem* ou contra a Constituição que na verdade se tornou quase que um costume. É uma prática corriqueira.

Me parece fundamental, talvez, que nós possamos dar um tratamento específico a esse tipo de matéria porque tudo indica, e nós temos até casos aí de concessão do benefício e em seguida a sua revogação.

Talvez nós precisemos de uma gestão processual inteligente em matéria de ADIn, no contexto da chamada guerra fiscal, que permitisse sinalizar realmente um novo posicionamento do Tribunal em relação a esse tema, porque é óbvio que, como se sabe, a questão é muito mais complexa, que demanda, talvez, a condução política disto. Nós sabemos que muitos estados adotam o modelo do benefício *contra legem* porque outros estados fazem, acaba ocorrendo este tipo de medida que chamam legítima defesa, mas é preciso, talvez, que o Tribunal sinalize um novo posicionamento, seja já na concessão da medida liminar seja na dinâmica das ações para estimular o ambiente político seja ele no âmbito estadual seja ele no âmbito federal, porque a questão talvez passe por uma reforma tributária, para rever esta estranho teoria dos fatos que tem legitimado de alguma forma esta prática. (...)

Deste modo, na hipótese clássica de guerra fiscal, e também na guerra fiscal às avessas verificada na tributação estadual do setor de petróleo e gás, é inevitável que sejam consideradas também as questões econômicas e políticas subjacentes à concessão do benefício na sua análise pelo Judiciário.

Com efeito, em razão de todas as assimetrias acima apontadas, fica evidente a ausência de neutralidade da tributação, ante os efeitos indutivos da tributação a um viés importador, com um prejuízo à competitividade do fornecedor local em comparação ao estrangeiro, apenas mitigado recentemente em razão da novel legislação dos Estados de São Paulo e Minas Gerais, conforme exposto anteriormente.

Se de um lado buscou-se reduzir a carga tributária incidente sobre a etapa *upstream*, de exploração e produção do petróleo e gás, de outro lado percebe-se que há um efeito de estímulo às importações, tendo em vista o tratamento tributário mais gravoso sobre o fornecedor e o subfornecedor local, que não é compensado nem mesmo com a exigência de um conteúdo local mínimo nas operações de exploração e produção de petróleo.

Diante de tal cenário de incertezas e ante o impacto causado à indústria local, passamos a abordar algumas propostas, elaboradas no intuito de conferir maior isonomia quanto à competitividade dos fornecedores locais em comparação ao estrangeiro.

Ressaltamos que as propostas abaixo indicadas não constituem uma lista exaustiva, mas meramente ilustrativa, e que não abordaremos aqui propostas que visavam a desoneração dos tributos incidentes sobre as operações de fornecimento local, mas que imponham às importações a incidência integral dos tributos, uma vez que tal discriminação é vedada pelo GATT (Acordo Geral de Tarifas de Comércio), ratificado pelo Brasil e internalizado desde a Lei 313/48.

Uma primeira proposta é a extinção total dos regimes aduaneiros especiais, de modo a neutralizar a assimetria tributária atual, e a partir desta revogação, a desoneração dos investimentos passaria a ser estabelecida por leis ordinárias para isenção dos tributos federais nas compras locais e importações, e também com a edição de Convênio ICMS para homogeneização da isenção do ICMS na importação e nas operações internas e interestaduais. Assim, para que esta proposta seja viabilizada faz-se necessária a alteração em Lei Complementar para adoção de um modelo de Convênio ICMS com caráter impositivo para todos os Estados da Federação.

Uma variação desta proposta consiste na substituição do atual regime aduaneiro (inclusive seus mecanismos de exportação ficta e de admissão temporária) por um regime com isenção de tributos federais, uniformização das alíquotas do ICMS na importação ou compra local pelo operador, e com o acréscimo de um mecanismo de depreciação acelerada incentivada ("*uplifting*"), com a possibilidade de depreciação dos bens adquiridos localmente ou importados pela concessionária ou fornecedor direto – para arrendamento/afretamento à concessionária – em tempo inferior ao de vida útil e com as quotas de depreciação superando o valor do próprio bem. Este modelo lograria neutralizar a assimetria tributária atual e ainda reduziria a complexidade envolvida nos mecanismos e procedimentos atualmente necessários no regime REPETRO. Contudo, são identificados diversos pontos de atenção, como o risco de aumento da carga tributária, em razão da redefinição das alíquotas do ICMS; a tendência ao acúmulo de créditos de IPI e ICMS, pois os concessionários e fornecedores direto não praticam operações com débito suficientes à compensação do montante de créditos que passaria a ser apropriado com a importação ou aquisição interna tributada; a necessidade de criação de um Convênio ICMS destinado à padronização das alíquotas; um significativo custo de aprendizado; e o risco jurídico decorrente da convivência de dois regimes distintos, uma vez que o atual REPETRO tem validade até 2020.

Uma outra proposta é a manutenção dos regimes tributários especiais, estendendo a desoneração – notadamente a exportação ficta – ao segundo elo da cadeia, de modo a favorecer também o subfornecedor direto. Neste caso, o fabricante de máquinas e equipamentos nacionais que sejam beneficiados pelo regime REPETRO poderá comprar e importar matérias-primas e produtos intermediários com a suspensão dos impostos e contribuições incidentes na operação. Como a saída destes produtos já é desonerada pelo atual regime, com este ajuste deixaria de haver o crédito na aquisição destes insumos de produção, o que deixaria de gerar o "acúmulo de créditos" para o fornecedor direto nacional. A vantagem desta proposta é que a sua implementação independe de novas obrigações acessórias ou mecanismos de controle, pois as operações imediatamente anteriores à exportação ficta já são rastreáveis a partir dos mecanismos existentes. Para que esta seja viabilizada tal proposta é necessária a alteração da legislação interna dos Estados, de modo a conferir um tratamento uniforme a estas operações, nos termos do Convênio ICMS 130/2007.

4. Das disfunções da legislação tributária brasileira aplicável ao setor de Petróleo e Gás

Destacamos também algumas disfunções, que consistem em aspectos da tributação brasileira aplicável ao setor de petróleo e gás que geram ineficiências sobre toda a cadeia, afetando igualmente a cadeia estrangeira e a local (BOOZ & COMPANY-VRBG, 2012, p. 146-148).

Uma primeira disfunção do sistema é a inconsistência entre a lista de bens "repetráveis" anexa à Instrução Normativa RFB 1.415/2013 e a lista de bens anexa ao Convênio ICMS 130/2007.

A lista de bens constante do Anexo ao Convênio 130/2007 possui atualmente 48 itens, todos discriminados de acordo com o código NBM/SH (Nomenclatura Brasileira de Mercadorias, de acordo com o Sistema Harmonizado de Designação e Classificação de Mercadorias).

Já a lista de bens anexa à Instrução Normativa RFB 1.415/2013 prevê apenas seis itens, mais genéricos.

Por conta desta inconsistência, podem surgir diversos conflitos acerca do enquadramento de um determinado bem no regime REPETRO federal, considerando a lista ampla prevista na Instrução Normativa RFB 1.415/2013, mas ausência de enquadramento na relação de bens prevista no Anexo ao Convênio ICMS 130/2007.

Tal problema poderia ser solucionado através de mera remissão prevista no Convênio ICMS 130/2007 à lista de bens constante do Anexo à Instrução Normativa RFB 1.415/2013, ou à outra norma que venha a regulamentar a matéria no âmbito federal.

Outra possibilidade poderia ser a adoção, pela legislação federal, de um modelo similar ao adotado pelo Convênio ICMS, com a indicação do código NBM/SH de cada bem. No entanto, uma previsão tão específica de cada bem "repetrável" exigiria uma constante revisão da lista, para inclusão de novos itens de acordo com a necessidade e a evolução das tecnologias e dos equipamentos utilizados, sob pena de engessamento do sistema, em prejuízo aos próprios operadores beneficiários do regime.

Conforme exposto, é evidente que a falta de harmonia entre a lista federal e a estadual com relação à lista dos bens sujeitos ao regime REPETRO ("bens repetráveis"), assim como a não adesão de alguns Estados aos ditames do Convênio ICMS 130/2007, acabam por levar a relevantes conflitos fiscais, gerando insegurança jurídica para os contribuintes e contribuindo para um excesso de litigiosidade no assunto.

Uma outra disfunção é tempo excessivo despendido nos procedimentos de importação de bens sob o REPETRO e outros regimes aduaneiros especiais. Neste aspecto, foi sugerida a adoção de um valor mínimo para que o bem seja "repetrável", de modo a reduzir o quantitativo dos pedidos a serem analisados pela Receita Federal. Também foi sugerida a implementação do processo eletrônico para o controle do regime e a centralização do procedimento de habilitação na operadora, de modo a simplificar o procedimento e reduzir o tempo necessário ao exame da documentação e dos requisitos de habilitação.

Tais sugestões foram acatadas com a edição da Instrução Normativa RFB 1.415/2013, que passou a prever o valor mínimo de US$ 25.000,00 (vinte e cinco mil dólares) como condição para a aplicação do REPETRO, bem como a obrigatoriedade de utilização do dossiê digital de atendimento (DDA), e a centralização do procedimento de habilitação na operadora, que deverá indicar e autorizar as empresas contratadas e subcontratadas a utilizarem o regime.

Vale ressaltar que especificamente no âmbito da legislação federal pertinente ao REPETRO, a Receita Federal submeteu a minuta desta nova Instrução Normativa ao procedimento denominado "consulta pública externa", regulado pela Portaria RFB nº. 689, de 30 de abril de 2008. Tal procedimento de "consulta pública externa" tem como objetivo ampliar a transparência, previsibilidade e adequação das medidas a serem implementadas e, assim, aumentar a eficácia da legislação e reduzir custos por parte dos intervenientes no comércio exterior e da própria administração pública.[12] E de fato percebe-se que esta nova Instrução Normativa que veio a regular o REPETRO acolheu muitas das sugestões feitas pelo setor de petróleo e gás por ocasião da consulta pública, conforme exposto anteriormente.

Uma terceira disfunção consiste na falta de divulgação das informações sobre o regime REPETRO e da existência de diversos conflitos interpretativos no que tange à amplitude da lista de bens "repetráveis". Assim, a falta de transparência quanto aos critérios de interpretação adotados pela Receita Federal e por seus agentes acaba por elevar o grau de insegurança jurídica para os operadores do sistema. Neste cenário, seria bem vinda a elaboração e divulgação de um Manual do REPETRO, a exemplo dos já existentes Manuais Aduaneiros e do Manual do Imposto de Renda Retido na Fonte, com a consolidação dos entendimentos e

---

[12] Cf. http://www17.receita.fazenda.gov.br/minuleg/ExibirTextoInicial.do. Acesso em 21 de julho de 2014.

interpretações da própria Receita Federal, de modo a orientar todos os usuários do regime, com a consequente redução de erros e maior eficiência nos procedimentos em questão.

Uma última disfunção que também merece ser citada, não menos relevante que as anteriores, decorre da inconstitucionalidade da incidência do ICMS na importação de bens no regime de admissão temporária.

Conforme amplamente noticiado, o Supremo Tribunal Federal recentemente manifestou-se pela inconstitucionalidade da incidência do ICMS nas operações de *leasing* internacional, em Recurso Extraordinário julgado no regime de repercussão geral (RE 540829, Relator para acórdão Ministro Luiz Fux).[13]

Quanto a esta matéria, os Estados sustentam que ICMS é devido nas operações de *leasing* internacional, porque: (a) o fato gerador do ICMS na importação é meramente a entrada de qualquer bem no território nacional, não sendo relevantes os aspectos negociais da operação internacional, se em virtude de compra, empréstimo, locação ou conferência do bem, a título oneroso ou não, com ou sem cobertura cambial, nos termos do art. 2º, § 2º, da Lei Complementar nº 87/96); (b) a Lei Complementar nº 87/96, em seu artigo 3º, inc. VIII, se refere apenas ao contrato de leasing nacional, e apenas caso não exercida a opção de compra do bem pelo arrendatário; e (c) estão sujeitas ao ISS apenas as operações com arrendamento mercantil firmada no mercado interno, competindo aos Estado a cobrança do ICMS sobre o leasing internacional (argumentos constantes da petição de Recurso Extraordinário interposto pelo Estado de São Paulo, que originou o RE 540829, eleito como paradigma para o regime de repercussão geral)[14].

Em reforço, também se sustenta que a Emenda Constitucional nº 33/2001, que deu nova redação ao art. 155, § 2º, IX, alínea "a" da Constituição, teria promovido um alargamento do aspecto material da hipótese de incidência do ICMS, que passaria a abranger a mera importação, isto é, a mera entrada de bens provenientes do exterior, ainda que o importador não seja contribuinte habitual do imposto e qualquer que seja a sua finalidade. Com base neste raciocínio é que foram fundamentados os votos dos Ministros Gilmar Mendes e Teori Zavascki, vencidos.

Contudo, na esteira do entendimento firmado anteriormente para hipóteses de *leasing* internacional envolvendo aeronaves (RE 461.968, REsp repetitivo 1.131.718), neste julgado mais recente, com repercussão geral, o Supremo Tribunal Federal considerou que a incidência do ICMS pressupõe, necessariamente, uma operação de circulação de mercadoria.

---

[13] Noticiado no Informativo nº 758, do STF. Disponível em *http://www.stf.jus.br/arquivo/informativo/download/zip/informativo758.zip*. Acesso em 29 de setembro de 2014.

[14] Disponível em *http://redir.stf.jus.br/estfvisualizadorpub/jsp/consultarprocessoeletronico/ConsultarProcesso Eletronico.jsf?seqobjetoincidente=2500614*. Acesso em 17 de outubro de 2014.

Assim, se não houver efetiva transferência de titularidade na aquisição de mercadoria, mas mera posse decorrente do arrendamento, sem opção de compra, não se poderia cogitar de circulação jurídica.

O Tribunal ainda enfatizou que o entendimento contrário, de que o ICMS incidiria sobre toda e qualquer entrada de mercadoria importada, poderia resultar violação ao princípio constitucional da vedação de confisco (CF, art. 150, IV). Isso porque, no caso de mercadoria que não constitua o patrimônio do arrendatário, o tributo, ao invés de integrar o valor da mercadoria, como seria da natureza do ICMS, expropriaria parcela do efetivo patrimônio da empresa. Acrescentou-se ainda que os conceitos de direito privado não poderiam ser desnaturados pelo direito tributário, conforme a dicção do art. 110 do CTN.

Na oportunidade, ficaram vencidos os Ministros Gilmar Mendes (relator) e Teori Zavascki, que davam provimento ao recurso, de modo a garantir a incidência do ICMS na importação de bem ou mercadoria provenientes do exterior, independentemente da natureza do contrato internacional celebrado. O Ministro Teori Zavascki, em acréscimo, também pontuou que a natureza e o conteúdo do contrato celebrado no exterior não poderia comprometer a ocorrência do fato gerador do ICMS.

Com a divulgação do resultado do julgamento, é possível cogitar da aplicação deste entendimento com relação à importação, via arrendamento mercantil, de diversos bens no âmbito do regime REPETRO, o que afastará a incidência do ICMS, uma vez que se trata de um regime de admissão temporária, em que igualmente não há transferência de titularidade, sendo vedada a cobertura cambial da operação. Com isto, em princípio, podem ficar superados boa parte dos problemas relacionados à aplicação do Convênio ICMS 130/2007, e sua observância ou não pelos Estados da Federação.

Contudo, a despeito da decisão firmada em sede de repercussão geral, vislumbramos que os Estados ainda apresentarão grande resistência à aplicação deste entendimento na hipótese dos bens submetidos ao REPETRO, especialmente em virtude da expressa ressalva afirmada pelo Supremo Tribunal Federal quanto à análise dos contratos de *leasing* no caso concreto, e a possibilidade de incidência do ICMS em hipóteses em que a operação de arrendamento envolver um bem insuscetível de devolução, seja por circunstâncias naturais ou físicas ou por se tratar de insumo, porque nessa hipótese o contrato teria apenas a forma de arrendamento, mas conteúdo de compra e venda.

Por fim, afastada a incidência do ICMS sobre a importação de bens via contrato de arrendamento mercantil, no âmbito do regime REPETRO, é possível que os Municípios busquem exigir a incidência do ISS, tentando pegar carona no que foi decidido em outra oportunidade pelo STF quanto ao *leasing* financeiro (RE 592.905/SC, com repercussão geral), o que significaria uma verdadeira guinada em toda a sistemática até então vigente no setor do petróleo, criando novas dificuldades, notadamente quanto ao Município competente para a cobrança do imposto e quanto a absoluta ausência de harmonização para fins de isenção do ISS, diferentemente do que ocorria, ao menos em tese, no ICMS, por força do Convênio ICMS 130/2007.

5. Conclusão

Historicamente, o impacto negativo do regime tributário sobre a competitividade de toda a cadeia de fornecedores nacionais para a indústria de petróleo e gás decorre da falta de harmonização das legislações estaduais do ICMS, embora a matéria esteja uniformizada no Convênio ICMS 130/2007, assimetrias estas que foram mitigadas em razão de alterações legislativas recentes nos Estados de Minas Gerais e São Paulo.

Entretanto, a despeito destas alterações legislativas mais recentes, no cenário atual, ante o entendimento recente do Supremo Tribunal Federal acerca da natureza meramente autorizativa dos Convênios ICMS celebrados no âmbito do CONFAZ, conjugado com a não incidência do ICMS sobre as operações de leasing internacional, condicionada a análise de cada operação e de cada contrato no caso concreto, consideramos que a falta de harmonização no âmbito do ICMS tende a aumentar, com um possível retorno ao cenário caótico que existia antes da edição do Convênio ICMS 130/2007.

Para uma efetiva solução dos problemas aqui destacamos, consideramos necessária uma remodelagem da tributação no setor, quiçá uma reforma tributária, a fim de permitir a imposição de um tratamento uniforme ao ICMS naqueles setores considerados estratégicos para a economia, ou em que seja evidente o impacto econômico em âmbito nacional.

Nesta esteira, a resolução dos conflitos entre os Estados, principais causadores das assimetrias aqui abordadas, demandará um conjunto mais complexo de soluções, que deverá considerar também os objetivos de desenvolvimento ou de estímulo ao setor de petróleo e gás, além da proteção à confiança legítima dos contribuintes, para garantir, em especial, a competitividade concorrencial dos fornecedores locais em comparação aos estrangeiros.

Esta remodelagem poderia ser iniciada com a elaboração de um novo modelo de harmonização fiscal, a ser operacionalizada por um órgão nacional, que não seja nem da União, nem dos Estados ou dos Municípios (SCAFF, 2014).

A nosso ver, o CONFAZ até o momento não logrou êxito nesta função de harmonização, conforme se percebe dos desdobramentos do problema da guerra fiscal entre os Estados, que exigiu o ajuizamento de diversas Ações Diretas de Inconstitucionalidade para afastar a legislação de Estados que insistiam em conceder benefícios fiscais sem qualquer previsão em Convênio. O problema culminou com a proposta de súmula vinculante 69, até o momento não aprovada pelo Supremo Tribunal Federal, e na edição do Convênio ICMS 70/2014, dispondo sobre as regras que deverão ser observadas para fins de celebração de Convênio que trate da concessão de remissão e anistia de créditos tributários relativos a incentivos e benefícios, fiscais e financeiros, vinculados ao ICMS autorizados ou concedidos pelas unidades federadas sem aprovação do CONFAZ, bem como da sua reinstituição.

Em tese o CONFAZ até poderia vir a exercer esta função de harmonização, mas para tanto talvez seja necessário conferir-se um caráter mandatório aos Convênios, ao invés de uma natureza meramente autorizativa. Também seria indispensável rever a exigência de unanimidade para aprovação de Convênios no âmbito do CONFAZ, a teor do art. 2º, parágrafo 2º da Lei Complementar 24/75. Os Convênios concessivos de isenção então passariam a ter maior força normativa, como instrumentos de cooperação interestadual inerentes ao federalismo cooperativo, guardando similitude com os tratados internacionais existentes no âmbito do Direito Comunitário.

O Senado Federal, órgão paritário representativo dos Estados tampouco poderia exercer esta função de harmonização, pois não representa nem a União e nem os municípios e é um órgão predominantemente político, quando, na verdade, seria necessário um órgão predominantemente técnico para realizar esta função. Também não seria possível a União Federal exercer diretamente este papel, tendo em vista o disposto no art. 151, III, da Constituição, que proíbe a outorga de isenções heterônomas, ainda que o seu fundamento pudesse ser relacionado a adoção de uma determinada política econômica nacional[15].

Concordamos com Fernando Scaff (SCAFF, 2014) quando aduz que o Brasil está "órfão" desse órgão, o que sinaliza a existência de deficiência no próprio federalismo fiscal brasileiro, que é centralizado na União, que na prática desempenha o papel de tutor de Estados e Municípios. Assim, é necessário pensarmos em uma fórmula jurídica que crie espaços de diálogo técnico visando a harmonização de nossa carga fiscal, especial em um setor considerado tão relevante para a economia que é o setor de petróleo e gás.

Lembra-se ainda que a Lei de Responsabilidade Fiscal (Lei Complementar 101/2000) até previu a criação de um órgão destinado a coordenar o endividamento dos entes públicos subnacionais, mas que nunca foi criado.

Assim, é necessário pensarmos em uma fórmula jurídica que crie espaços de diálogo técnico visando a harmonização de nossa carga fiscal, especial em um setor considerado tão relevante para a economia que é o setor de petróleo e gás.

---

[15] A hipótese aqui é diversa da concessão de isenção de ICMS prevista em tratados internacionais, em que a União Federal não figura enquanto Pessoa Jurídica de Direito Público Interno, mas sim como representante da República Federativa do Brasil.

Na hipótese de acirramento das disputas entre os Estados, com prejuízo à competitividade dos fornecedores locais, um caminho a ser buscado pelo contribuinte prejudicado pode ser a judicialização da questão, tendo por base princípios da isonomia tributária e da justiça fiscal.

A matéria é polêmica, cabendo também registrar o entendimento de Daniel Giotti de Paula (2016), que, ao analisar especificamente o problema da desconsideração da figura da exportação ficta por determinados Estados, expõe que em tese é possível a judicialização da questão, mas ressalva quanto ao perigo de cada contribuinte levar o tema ao Judiciário, produzindo decisões conflitantes, que enfraqueçam o atendimento ao dever de isonomia tributária e ao princípio da capacidade contributiva, aventando para a possibilidade de solução pela via do controle concentrado de constitucionalidade, mediante a interpretação conforme do artigo 3º, parágrafo único, da Lei Complementar 87/96.

De todo modo, entendemos que, muito embora a aplicação de princípio da isonomia tributária possa parecer um verdadeiro tabu no âmbito do Judiciário, inclusive em razão do disposto no art. 111 do CTN, que determina a interpretação literal dos benefícios fiscais, vislumbramos que a matéria merece novos contornos, sendo mister a consideração dos impactos no desequilíbrio na concorrência, em detrimento da indústria nacional, causados pela falta de harmonização das políticas fiscais no setor de petróleo e gás, considerado estratégico para a economia do país.

6. Referências

AGÊNCIA NACIONAL DO PETRÓLEO. *Anuário Estatístico Brasileiro do Petróleo, Gás Natural e Biocombustíveis 2014*. Seção 2 – Indústria Nacional do Petróleo e Gás Natural, tabela 2.17. Disponível em *http://anp.gov.br/?pg=71976 &m=&t1=&t2=&t3=&t4=&ar=& ps=&cachebust=1411247807836*. Acesso em 20.set.2014.

BANCO MUNDIAL. *Relatório Doing Business 2015*. Disponível em http://portugues. doingbusiness.org/~/media/GIAWB/Doing%20Business/Documents/Annual-Reports/English/ DB15-Full-Report.pdf. Acesso em 14.nov.2014.

BRASIL. Constituição (1988). Constituição República Federativa do Brasil. Disponível em: http://www.planalto.gov.br. Acesso em: 12.nov.2014.

–. Acordo Geral sobre tarifas aduaneiras e comércio (GATT). Disponível em http://www.mdic.gov.br/arquivo/secex/omc/acordos/gatt47port.pdf. Acesso em 18.nov.2014.

–. Decreto 3.161/1999. Disponível em: http://www.planalto.gov.br. Acesso em: 12.nov.2014.

–. Decreto 6.759/2009. Disponível em: http://www.planalto.gov.br. Acesso em: 12.nov.2014.

–. Lei Complementar 24/75. Disponível em: http://www.planalto.gov.br. Acesso em: 12.nov.2014.

–. Lei Complementar 101/2000. Disponível em: http://www.planalto.gov.br. Acesso em: 12.nov.2014.

–. Lei Federal 5.172/66. Disponível em: http://www.planalto.gov.br. Acesso em: 12.nov.2014.

–. Lei Federal 9.430/96. Disponível em: http://www.planalto.gov.br. Acesso em: 12.nov.2014.

–. Lei Federal 9.478/97. Disponível em: http://www.planalto.gov.br. Acesso em: 12.nov.2014.

–. Lei Federal 11.457/2007. Disponível em: http://www.planalto.gov.br. Acesso em: 12.nov.2014.

–. Superior Tribunal de Justiça. Recurso Especial 1138206/RS, Rel. Ministro Luiz Fux, Primeira Seção, julgado em 09/08/2010, DJe 01/09/2010.

–. Superior Tribunal de Justiça. Recurso Especial 1131718/SP, Rel. Ministro Luiz Fux, Primeira Seção, julgado em 24/03/2010, DJe 09/04/2010.

–. Supremo Tribunal Federal. Informativo nº 629, Brasília, 2014. Disponível em *http://www.stf.jus.br/*. Acesso em 29 de setembro de 2014.

–. Supremo Tribunal Federal. Informativo nº 758, Brasília, 2014. Disponível em *http://www.stf.jus.br/*. Acesso em 29 de setembro de 2014.

–. Supremo Tribunal Federal. Informativo nº 759, Brasília, 2014. Disponível em *http://www.stf.jus.br/*. Acesso em 29 de setembro de 2014.

–. Supremo Tribunal Federal. Ação Direta de Inconstitucionalidade 4628, julgado em 17/09/2014, Disponível em *http://www.stf.jus.br/*. Acesso em 18 de outubro de 2014.

–. Supremo Tribunal Federal. Ação Direta de Inconstitucionalidade 4713, julgado em 17/09/2014, Disponível em *http://www.stf.jus.br/*. Acesso em 18 de outubro de 2014.

–. Supremo Tribunal Federal. Medida Cautelar na Ação Direta de Inconstitucionalidade 1247, Rel. Min. Celso de Mello, Tribunal Pleno, julgado em 17/08/1995, DJ 08-09-1995.

–. Supremo Tribunal Federal. Recurso Extraordinário nº 97.250, Relator Min. Moreira Alves, Tribunal Pleno, julgado em 01/09/1982, DJ 17-12-1982.

–. Supremo Tribunal Federal. Recurso Extraordinário 461.968, Rel. Min. Eros Grau, Tribunal Pleno, julgado em 30/05/2007, DJe-087 public 24-08-2007.

–. Supremo Tribunal Federal. Recurso Extraordinário nº 539.130, Rel. Min. Ellen Gracie, Segunda Turma, DJe-022 divulg. 04/02/2010.

–. Supremo Tribunal Federal. Recurso Extraordinário 540.829, Rel. Min. Gilmar Mendes, Relator(a) p/ Acórdão: Min. Luiz Fux, Tribunal Pleno, julgado em 11/09/2014, DJe-226 public. 18/11/2014.

–. Supremo Tribunal Federal. Recurso Extraordinário nº 592.905, Rel. Min. Ellen Gracie, Segunda Turma, DJe-022 divulg. 04/02/2010.

–. Supremo Tribunal Federal. Recurso Extraordinário 630.705 AgR, Rel. Min. Dias Toffoli, Primeira Turma, julgado em 11/12/2012, DJe-028 public 13-02-2013.

—. Supremo Tribunal Federal. Recurso Extraordinário 635.688, julgado em 16/10/2014. Disponível em http://www.stf.jus.br/ Acesso em 18 de outubro de 2014.

—. Supremo Tribunal Federal. Recurso Extraordinário 680.089, julgado em 17/09/2014, Disponível em *http://www.stf.jus.br/*. Acesso em 18 de outubro de 2014.

BRIGAGÃO, Gustavo; PERLINGEIRO, Rubem. *Incentivos Fiscais de ICMS concedidos pelo Estado do Rio de Janeiro para o Setor de Petróleo e Gás Natural*. In: Tributação no Setor do Petróleo. Coord. TORRES, Heleno Taveira e CATÃO, Marcos André Vinhas. São Paulo: Quartier Latin, 2005, pp. 321-335.

BOOZ & COMPANY-VRBG. *Estudo sobre o ambiente tributário no setor de petróleo e gás*. In: Panorama da tributária brasileira no setor de petróleo e gás, set.2012, Rio de Janeiro. Rio de Janeiro: BNDES, 2012, disponível em http://www.bndes.gov.br/SiteBNDES/export/sites/default/bndes_pt/Galerias/Arquivos/produtos/download/chamada_publica_FEPProsp0111_Produto5.pdf. Acesso em 14 de julho de 2014.

CONSELHO NACIONAL DE POLÍTICA FAZENDÁRIA. Convênio ICMS 130/2007. Disponível em https://www1.fazenda.gov.br/confaz/. Acesso em 12.nov.2014.

—. Protocolo ICMS 21/2011. Disponível em https://www1.fazenda.gov.br/confaz/. Acesso em 12.nov.2014.

—. Convênio ICMS 58/99. Disponível em https://www1.fazenda.gov.br/confaz/. Acesso em 12.nov.2014.

COUTO, Eliza Fernandes; MARRECO, Juliana Visentin Ferreira. *REPETRO: Aspectos da renovação do regime para os bens principais e acessórios e seus desafios no novo cenário da indústria*. In: Revista Brasileira de Direito do Petróleo, Gás e Energia, v. 4, 2013, pp. 77-86.

ESTADO DO RIO DE JANEIRO. Lei 3.851/2002. Disponível em http://alerjln1.alerj.rj.gov.br/. Acesso em 18.nov.2014.

—. Lei 5.620/2009. Disponível em http://alerjln1.alerj.rj.gov.br/. Acesso em 18.nov.2014.

—. Decreto 41.142/2008. Disponível em http://alerjln1.alerj.rj.gov.br/. Acesso em 18.nov.2014.

—. Resolução SEFAZ nº 631/2013. Disponível em http://www.fazenda.rj.gov.br/sefaz. Acesso em 20.abr.2015.

ESTADO DE MINAS GERAIS. Decreto nº 46.544/2014. Disponível em http://www.fazenda.mg.gov.br/. Acesso em 18.nov.2014.

ESTADO DE SÃO PAULO. Portaria CAT 90, de 10/09/2013. Disponível em http://www.legisweb.com.br/legislacao/?id=258414. Acesso em 18.nov.2014.

EY. Relatório *"Changes in tax regimes are reshaping investments in oil and gas"*, Londres, 2013, Disponível em *http://www.ey.com/GL/en/Newsroom/News-releases/Changes-in-tax-regimes-are-reshaping-investments-in-oil-and-gas*. Acesso em 21.set.2014.

MACIEL, Taísa. *A Questão do ICMS no REPETRO e a Inconstitucionalidade da Lei nº 3.851//02 do Estado do Rio de Janeiro*. In: Tributação no Setor do Petróleo. Coord. TORRES, Heleno Taveira e CATÃO, Marcos André Vinhas. São Paulo: Quartier Latin, 2005, pp. 337-337-360.

PAULA, Daniel Giotti de. "A exportação ficta no REPETRO: fundamento, controle e harmonização tributária". In: *A Tributação na Indústria do Petróleo e Gás Natural*, São Paulo: Almedina, 2016.

Receita Federal do Brasil. Instrução Normativa nº 1.415/2013. Disponível em http://www.receita.fazenda.gov.br. Acesso em 12.nov.2014.

–. Instrução Normativa nº 1.300/2012. Disponível em http://www.receita.fazenda.gov.br. Acesso em 12.nov.2014.

–. Portaria nº. 689, de 30 de abril de 2008. Disponível em http://www.receita.fazenda.gov.br. Acesso em 12.nov.2014.

Scaff, Fernando Facury. *Federalismo e harmonização fiscal são soluções para Repetro*. Artigo publicado na coluna "Contas à Vista", Revista Consultor Jurídico, em 22.abr.2014. Disponível em *http://www.conjur.com.br/2014-abr-22/contas-vista-federalismo-harmonizacao-fiscal-sao-solucoes-repetro*. Acesso em 21 de setembro de 2014.

Secretaria de Fazenda do Estado do Rio de Janeiro. Subsecretaria de Estudos Econômicos. *Pré-Sal: de quanto estamos falando? Uma análise macroeconômica da produção potencial dos campos do pré-sal brasileiro*. Disponível em *http://www.fazenda.rj.gov.br/sefaz/content/conn/UCMServer/uuid/dDocName%3A1724036*. Acesso em 02 de outubro de 2014.

Silva, Tom Pierre Fernandes da. *REPETRO – Regime Aduaneiro Especial de Importação e Exportação de Bens Destinados à Pesquisa e Lavra de Petróleo e Gás: Análise dos Entraves e Propostas de Soluções*. Dissertação de Mestrado em Gestão Empresarial. Fundação Getúlio Vargas, 2007. Disponível em http://hdl.handle.net/10438/3912. Acesso em 18.nov.2014.

Torres, Ricardo Lobo. *Tratado de Direito Constitucional Financeiro e Tributário*, Volume IV – Os Tributos na Constituição, Editora Renovar, 2007.

Weiss, Fernando Lemme. *O conflito fiscal federativo e o seu equacionamento*. In. Revista Dialética de Direito Tributário (RDDT), nº 228, setembro.2014, pp. 42-52.

ICMS sobre Operações Interestaduais com Petróleo e seus Derivados: Imunidade, Créditos e Conceito de Industrialização nos Termos da LC nº 87/96

João Carlos Bertola Franco de Gouveia

1. Introdução

O presente trabalho trata sobre a imunidade ao ICMS nas operações interestaduais com petróleo e seus derivados.

Assim, nos dois primeiros capítulos comentam-se o conceito de imunidade e a imunidade específica nas operações interestaduais com petróleo e seus derivados.

Já nos capítulos 4 e 5 é feita uma análise sobre os créditos decorrentes da imunidade e o conceito de industrialização à luz da LC 87/96.

2. Conceito de imunidade

A imunidade tributária, no patrimonialismo, constitui limitação do poder fiscal da realeza, sendo que esse poder se afirma no espaço aberto pela autolimitação dos estamentos[1].

No liberalismo, a natureza jurídica da imunidade pode ser vista como limitação do poder fiscal, emanando da própria liberdade, sintetizada na expressão o poder de tributar envolve o poder de destruir[2].

Posteriormente, com o positivismo, entende-se a imunidade como autolimitação da competência tributária, perdendo a ligação entre as imunidades e os direitos humanos, aparecendo o poder tributário como ilimitado[3].

---

[1] Torres, Ricardo Lobo. *Tratado de direito constitucional financeiro e tributário. Volume III: os direitos humanos e a tributação: imunidades e isonomia.* Rio de Janeiro: Renovar, 2005, p. 50.
[2] *Ibidem*, pp. 50-51.
[3] *Ibidem*, p. 52.

Por fim, atualmente, a imunidade se baseia na liberdade emanada dos direitos fundamentais preexistentes ao próprio Estado[4]. A imunidade, assim, constitui não-incidência constitucionalmente qualificada, a qual, em nome dos direitos fundamentais, foi expressamente estabelecida pela Magna Carta, em verdadeira exceção às regras de competência tributária.

O STF, que antes considerava a imunidade como não incidência constitucionalmente qualificada, parece ter mudado de posição na ADIN 939-7, ao entender que o princípio da anterioridade constitui garantia individual do contribuinte e declarou inconstitucional a EC 3/93 na parte em que violou o princípio da imunidade tributária recíproca.

3. A imunidade das operações interestaduais com petróleo e seus derivados

A imunidade das operações interestaduais com petróleo e seus derivados está prevista no art. 155, X, "*b*" da Carta Magna, *in verbis*:

> Art. 155. Compete aos Estados e ao Distrito Federal instituir impostos sobre: (Redação dada pela Emenda Constitucional nº 3, de 1993)
>
> I – transmissão causa mortis e doação, de quaisquer bens ou direitos; (Redação dada pela Emenda Constitucional nº 3, de 1993)
>
> II – operações relativas à circulação de mercadorias e sobre prestações de serviços de transporte interestadual e intermunicipal e de comunicação, ainda que as operações e as prestações se iniciem no exterior;(Redação dada pela Emenda Constitucional nº 3, de 1993)
>
> (...)
>
> § 2º O imposto previsto no inciso II atenderá ao seguinte: (Redação dada pela Emenda Constitucional nº 3, de 1993)
>
> (...)
>
> X – não incidirá:
>
> (...)
>
> b) sobre operações que destinem a outros Estados petróleo, inclusive lubrificantes, combustíveis líquidos e gasosos dele derivados, e energia elétrica;
>
> § 4º Na hipótese do inciso XII, *h*, observar-se-á o seguinte: (Incluído pela Emenda Constitucional nº 33, de 2001)
>
> I – nas operações com os lubrificantes e combustíveis derivados de petróleo, o imposto caberá ao Estado onde ocorrer o consumo; (Incluído pela Emenda Constitucional nº 33, de 2001)

---

[4] *Ibidem*, pp. 58-62.

Inicialmente, deve-se destacar que a não incidência do ICMS sobre as operações que destinem petróleo, lubrificantes, combustíveis líquidos e gasosos dele derivados a outros Estados é uma autêntica imunidade constitucional[5].

A regra fundamenta-se no interesse nacional em favor do mercado comum brasileiro e do barateamento do custo desses insumos[6].

O STF, no entanto, no RE nº 198.088-5/SP, entendeu tratar-se de não incidência na saída do estado produtor, havendo a tributação no estado destinatário. O fundamento é que os estados produtores já recebem *royalty*, devendo a tributação ficar para o estado destinatário.

Este entendimento, todavia, opõe-se ao que foi decidido no RE 212.637-3/MG, no qual o STF considerou que a regra do art.155, §2º, X, "a", cuja redação é idêntica à da alínea "b" constitui uma imunidade, havendo, assim, a atribuição de dois pesos e duas medidas para a qualificação jurídica de normas com funções semelhantes, diferenciadas apenas pelas matérias nelas versadas[7].

Dessa forma, segundo JOSÉ SOUTO MAIOR BORGES, resta concluir que o art.155, §2º, X, "b" da Magna Carta constitui hipótese de imunidade e não apenas de destinação do ICMS ao Estado onde se dá o consumo da mercadoria[8].

Pode-se ressalvar, no entanto, o entendimento de MARCO AURÉLIO GRECO[9], o qual interpretou a decisão do STF acima mencionada usando como critério o conceito de consumidor final:

> É preciso distinguir entre o consumo final de determinada mercadoria (=quando não for objeto de nova operação abrangida pelo âmbito de incidência do imposto, nem compuser o processo de industrialização de outra mercadoria alcançada pelo imposto) do seu emprego ou absorção no processo industrial (=desaparecimento

---

[5] RIBEIRO, Ricardo Lodi. *Interpretação da imunidade prevista pelo artigo 155, §2º, X, B, da constituição federal. Possibilidade de manutenção e aproveitamento dos créditos relacionados à aquisição de insumos, serviços de transporte e de bens do ativo imobilizado.* In: aspectos tributários relacionados à indústria do petróleo e gás. CARNEIRO, Daniel Dix; PEIXOTO, Marcelo Magalhães (org.), São Paulo: MP editora, 2011, p. 23. No mesmo sentido, CARRAZZA, Roque Antonio. *ICMS.* São Paulo: Malheiros, 2011, p. 540.

[6] COELHO, Sacha Calmon Navarro. *Curso de direito tributário brasileiro.* Rio de Janeiro: Forense, 2012, p. 314.

[7] TORRES, Heleno. *ICMS, substituição tributária e imunidade nas operações interestaduais com petróleo e derivados.* In: revista dos tribunais, ano 101, vol. 922, 2012, pp. 480-481.

[8] BORGES, José Souto Maior. *Sobre a imunidade das operações interestaduais de circulação do petróleo e combustíveis e manutenção de crédito de ICMS.* In: revista dialética de direito tributário 168, 2009, p. 95.

[9] GRECO, Marco Aurélio. *ICMS combustíveis e energia elétrica destinados à industrialização – sentido do art. 3º, III da LC 87/96.* In: Revista dialética de direito tributário, nº 128, 2006, p. 115.

físico para viabilizar o surgimento de outra mercadoria alcançada pelo âmbito de incidência do ICMS).

Assim, para ele, em operações interestaduais com combustível derivado do petróleo e energia elétrica, seu consumo final implica incidência do imposto; mas, seu emprego ou absorção no processo de industrialização permanece dentro da área de não-incidência prevista no art3º, III da LC 87/96.

4. Créditos decorrentes da imunidade

De acordo com o parágrafo 2º do art.155 da Magna Carta, a isenção ou não-incidência, salvo determinação em contrário da legislação, não implicará crédito do ICMS e acarretará a anulação do crédito nas operações subsequentes. Como a imunidade é não-incidência constitucionalmente qualificada de normas obrigacionais tributárias, seu campo de aplicabilidade é distinto do plano infraconstitucional de aplicabilidade na norma acima mencionada: isenção ou não-incidência por determinação formal infraconstitucional[10].

A não-incidência prevista na Constituição é a *stricto sensu*, a qual ocorre quando os requisitos previstos na lei tributária não se verificam concretamente, de modo que não surge para o contribuinte a obrigação tributária[11].

Isso porque quando o art.155, §2º, II da Magna Carta autorizou a legislação infraconstitucional a regulamentar a manutenção de créditos nos casos de isenção ou não-incidência referiu-se aos casos de não incidência em sentido estrito. Caso contrário, incorreria em redação atécnica ao equiparar um instituto de direito (isenção) a um fenômeno (não-incidência), tratando a espécie e o gênero como se fossem a mesma coisa. Assim, quando o art.155, §2º, II diz que a isenção e a não-incidência acarretam a anulação dos créditos, está o texto utilizando duas espécies do gênero não incidência em sentido amplo, excluindo a terceira hipótese desse gênero, a imunidade[12].

As disposições constitucionais restritivas de direitos, portanto, devem ser interpretadas restritivamente. Esse entendimento foi adotado na ADI 600-2/DF, na qual se decidiu que não se exigirá a anulação do crédito relativo à entrada de mercadorias para utilização como matéria-prima, material secundário e material de embalagem, bem como relativo ao fornecimento de energia e aos serviços prestados por terceiros na fabricação e transporte de produtos industrializados destinados ao exterior.

---

[10] BORGES, José Souto Maior. *Sobre a imunidade das operações interestaduais de circulação do petróleo e combustíveis e manutenção de crédito de ICMS*, op. cit., p. 94.
[11] BORGES, José Souto Maior. *Teoria geral da isenção tributária*. São Paulo: Malheiros, 2011, p. 183.
[12] RIBEIRO, Ricardo Lodi, *op. cit.*, p. 29.

Ora, no caso acima exposto tratou-se de exportação externa, mas há similitude das situações e afinidade dos regimes jurídicos respectivos. Ademais, há que se fazer uma interpretação sistemática com o parágrafo 2º, XII, "f" do art.155, segundo o qual incumbe à lei complementar prever casos de manutenção de crédito relativamente às remessas para outro Estado e exportação para o exterior de serviços e mercadorias.

Por fim, pode-se concluir que, negando-se crédito nas operações anteriores à operação interestadual e vedando-se creditamento nas posteriores, estar-se-á atribuindo ao ICMS efeito juridicamente cumulativo, não tolerado pela Magna Carta[13]. E, sendo a norma do art.155, §2º, II da Constituição Federal uma exceção à regra da não cumulatividade estabelecida no inciso I do mesmo artigo, deve a mesma ser interpretada restritivamente, não se aplicando aos créditos relativos às operações imunes bem como as que às que a antecedem[14].

5. Conceito de industrialização e a LC nº 87/96

A Magna Carta usa a palavra industrialização em diversos artigos, *in verbis*:

> Art. 21. Compete à União:
>
> XXIII – explorar os serviços e instalações nucleares de qualquer natureza e exercer monopólio estatal sobre a pesquisa, a lavra, o enriquecimento e reprocessamento, a **industrialização** e o comércio de minérios nucleares e seus derivados, atendidos os seguintes princípios e condições:
>
> 177. Constituem monopólio da União:
>
> (...)
>
> V – a pesquisa, a lavra, o enriquecimento, o reprocessamento, **a industrialização** e o comércio de minérios e minerais nucleares e seus derivados, com exceção dos radioisótopos cuja produção, comercialização e utilização poderão ser autorizadas sob regime de permissão, conforme as alíneas b e c do inciso XXIII do caput do art. 21 desta Constituição Federal. (Redação dada pela Emenda Constitucional nº 49, de 2006)

> Art. 155. Compete aos Estados e ao Distrito Federal instituir impostos sobre: (Redação dada pela Emenda Constitucional nº 3, de 1993)
>
> (...)
>
> II – operações relativas à circulação de mercadorias e sobre prestações de serviços de transporte interestadual e intermunicipal e de comunicação, ainda que as operações e as prestações se iniciem no exterior;(Redação dada pela Emenda Constitucional nº 3, de 1993)

---

[13] TORRES, Heleno, *op. cit.*, pp. 480-481.
[14] RIBEIRO, Ricardo Lodi, *op. cit.*, pp. 29-30.

§ 2º O imposto previsto no inciso II atenderá ao seguinte: (Redação dada pela Emenda Constitucional nº 3, de 1993)
(...)
XI – não compreenderá, em sua base de cálculo, o montante do imposto sobre produtos industrializados, quando a operação realizada entre contribuintes e relativa a produto destinado à **industrialização** ou à comercialização, configure fato gerador dos dois impostos;

O Código Tributário Nacional, por sua vez, previu o que seria produto industrializado:

Art. 46. O imposto, de competência da União, sobre produtos industrializados tem como fato gerador:
(...)
Parágrafo único. Para os efeitos deste imposto, considera-se **industrializado** o produto que tenha sido submetido a qualquer operação que lhe modifique a natureza ou a finalidade, ou o aperfeiçoe para o consumo.

Também o regulamento do IPI, decreto 7212/10, tratou do conceito de industrialização no art.4º, *in verbis*:

Art. 4º Caracteriza **industrialização** qualquer operação que modifique a natureza, o funcionamento, o acabamento, a apresentação ou a finalidade do produto, ou o aperfeiçoe para consumo, tal como (Lei nº 5.172, de 1966, art. 46, parágrafo único, e Lei nº 4.502, de 1964, art. 3º, parágrafo único):
I – a que, exercida sobre matérias-primas ou produtos intermediários, importe na obtenção de espécie nova (transformação);
II – a que importe em modificar, aperfeiçoar ou, de qualquer forma, alterar o funcionamento, a utilização, o acabamento ou a aparência do produto (beneficiamento);
III – a que consista na reunião de produtos, peças ou partes e de que resulte um novo produto ou unidade autônoma, ainda que sob a mesma classificação fiscal (montagem);
IV – a que importe em alterar a apresentação do produto, pela colocação da embalagem, ainda que em substituição da original, salvo quando a embalagem colocada se destine apenas ao transporte da mercadoria (acondicionamento ou reacondicionamento); ou
V – a que, exercida sobre produto usado ou parte remanescente de produto deteriorado ou inutilizado, renove ou restaure o produto para utilização (renovação ou recondicionamento).
Parágrafo único. São irrelevantes, para caracterizar a operação como industrialização, o processo utilizado para obtenção do produto e a localização e condições das instalações ou equipamentos empregados.

Ademais, prevê o art. 2º, §1º, III da LC nº 87/96:

(...)

§ 1º O imposto incide também:

(...)

III – sobre a entrada, no território do Estado destinatário, de petróleo, inclusive lubrificantes e combustíveis líquidos e gasosos dele derivados, e de energia elétrica, **quando não destinados à comercialização ou à industrialização,** decorrentes de operações interestaduais, cabendo o imposto ao Estado onde estiver localizado o adquirente.

Pode-se observar, de acordo com o texto constitucional, que não há incidência de ICMS nas operações de saída de petróleo e lubrificantes para outro Estado, independentemente da sua destinação para uso próprio, revenda ou industrialização. E, ainda, quando a Carta Magna quis pretender dar tratamento diverso às operações internas entre contribuintes e consumidores finais, ela o fez de modo expresso, como no caso art.155, §2º, VII, "a" e "b", no qual a Constituição mandou adotar alíquotas diversas nas operações interestaduais, conforme o destinatário seja ou não contribuinte do ICMS[15].

Constata-se, assim, que a LC 87/96 fez uma alteração substancial no conceito de industrialização, uma vez que, ao invés da regra geral que não comportava exceções, inverteu o entendimento, estatuindo que a imunidade somente ocorreria quando os combustíveis fossem destinados à industrialização ou comercialização[16].

Ora, onde a Constituição Federal não restringiu, não cabe ao legislador fazê-lo, principalmente nos casos de limitações ao poder de tributar[17].

Avançando sobre o tema, deve-se analisar se é possível a utilização do conceito de comercialização utilizado no IPI para o ICMS. Fazendo uma análise do texto do art.46, parágrafo único do CTN, observa-se que é considerado produto industrializado aquele que tenha sido submetido a qualquer operação que lhe modifique a natureza ou finalidade ou o aperfeiçoe para o consumo.

Assim, o conceito semântico de industrialização no ICMS é diferente do IPI. Isso porque há diferença entre o processo de transformação de um produto e

---

[15] CARRAZZA, Roque Antonio. *ICMS, op. cit.*, p. 541.

[16] SCAFF, Fernando Facury; PINHEIRO FILHO, Pedro Bentes. *ICMS sobre as operações interestaduais com petróleo e seus derivados e os efeitos da coisa julgada tributária*. In: Revista Dialética de Direito Tributário nº 152, p. 134.

[17] TORRES, Heleno, *op. cit.*, p. 457.

uma operação relativa à circulação de uma mercadoria destinada a um processo de transformação[18].

Dessa forma, uma coisa é adquirir mercadorias para que se transformem em outras, como na produção de álcool, na qual o que ingressa na usina é cana e o resultado é álcool e outra coisa ocorre quando há uma operação relativa à circulação de mercadorias para uso em processo de industrialização. Se o combustível derivado do petróleo, necessário para a transformação da cana em álcool, for adquirido em operações interestaduais não sofrerá a incidência do ICMS.

Dessa forma, no IPI a obrigação tributária decorre da realização de operações no sentido jurídico de um bem anteriormente elaborado que consistiu na sua transformação ou criação de uma nova utilidade. A obrigação consiste num dar um produto industrializado pelo próprio realizador da operação jurídica[19].

A distinção entre IPI e ICMS reside no fato de que, neste último tributo, há obrigação de dar um bem sem que necessariamente tenha decorrido de uma anterior elaboração, gravando-se todo o ciclo mercantil de operações, enquanto que, no IPI, só se grava a operação realizada pelo próprio elaborador industrial do bem, na fase de sua produção. Assim, IPI e ICMS distinguem-se pela circunstância de que o primeiro não consiste unicamente num dar, mas também num fazer[20].

Sucede que, em alguns Estados, como Minas Gerais, o fisco está fazendo confusão entre fornecimento de lubrificantes para consumo com fornecimento de lubrificantes para serem consumidos no processo de industrialização, tributando também estes últimos.

Ora, há a utilização de lubrificante no processo de industrialização tanto como produto secundário, a saber, aquele consumido no processo de industrialização, não se integrando no novo produto, quanto como material intermediário, sendo aquele que compõe ou integra a estrutura físico-química do novo produto, via de regra sem alteração em sua estrutura intrínseca.

O STJ, no RESP nº 850362/MG, Rel. Min. Eliana Calmon, reconheceu até mesmo direito a crédito de ICMS no caso de aquisição de óleo diesel consumido no processo produtivo de acordo com o art.33 da LC nº 87/96.

Outrossim, reconheceu também direito a crédito de ICMS no consumo de energia elétrica, conforme se pode verificar das ementas abaixo:

---

[18] SCAFF, Fernando Facury; PINHEIRO FILHO, Pedro Bentes, *op. cit.*, pp. 138-139.
[19] MELO, José Eduardo Soares. *ICMS teoria e prática*. São Paulo: Dialética, 2012, pp. 62-63.
[20] *Ibidem*, p. 63.

Processo REsp **850362/MG**
RECURSO ESPECIAL 2006/0110193-8
Relator(a) Ministra ELIANA CALMON (1114)
Órgão Julgador T2 – SEGUNDA TURMA
Data do Julgamento 15/02/2007
Data da Publicação/Fonte DJ 02/03/2007 p. 285

EMENTA

TRIBUTÁRIO – ICMS – APROVEITAMENTO DE CRÉDITO – UTILIZAÇÃO MATERIAL, DE CONSUMO NO PROCESSO PRODUTIVO (ÓLEO DIESEL PARA TRANSPORTE, INTERNO DO FERRO GUSA) – DECRETO-LEI 406/68, CONVÊNIO 66/88 E LEI, COMPLEMENTAR 87/96 – TAXA SELIC – FUNDAMENTAÇÃO DEFICIENTE – SÚMULA 284/STF.

1. Considera-se deficiente a fundamentação do recurso especial que indica como violado dispositivo de lei federal que não serve de sustentação à tese defendida. Prejudicada a tese sobre a legalidade da aplicação da taxa SELIC.

2. Na vigência do Decreto-lei 406/68 e do Convênio 66/88, a aquisição de produtos ou mercadorias que, apesar de integrarem o processo de industrialização, nele não eram completamente consumidos e nem integravam o produto final, não gerava direito ao creditamento do ICMS. Previsão expressa do não-creditamento (inciso III do art. 31 do Convênio 66/88).

3. Entretanto, a LC 87/96 (Lei Kandir) veio a reconhecer o direito ao crédito de ICMS relativo à aquisição de bens destinados ao ativo imobilizado, material de uso e consumo, bem como ao recebimento de serviço de transporte. Jurisprudência pacificada nesta Corte.

4. Reconhecimento, no caso concreto, da legalidade do aproveitamento de crédito do ICMS sobre aquisição de óleo diesel consumido no processo produtivo a partir de 1º de janeiro de 1998, de acordo com o art. 33 da LC 87/96 (em sua redação original).

5. Recurso especial da Fazenda não conhecido e provido em parte o recurso especial da USIMINAS.

ACÓRDÃO

Vistos, relatados e discutidos os autos em que são partes as acima indicadas, acordam os Ministros da Segunda Turma do Superior Tribunal de Justiça "A Turma, por unanimidade, não conheceu do recurso da Fazenda do Estado de Minas Gerais e deu parcial provimento ao recurso da empresa, nos termos do voto do(a) Sr(a). Ministro(a)-Relator(a)." Os Srs. Ministros João Otávio de Noronha, Castro Meira, Humberto Martins e Herman Benjamin votaram com a Sra.
Ministra Relatora.

Processo RESP – RECURSO ESPECIAL – 919363
Relator(a) LUIZ FUX
Sigla do órgão STJ
Órgão julgador PRIMEIRA TURMA
Fonte DJE DATA:07/08/2008 ... DTPB:

DECISÃO

Vistos, relatados e discutidos estes autos, os Ministros da PRIMEIRA TURMA do Superior Tribunal de Justiça acordam, na conformidade dos votos e das notas taquigráficas a seguir, por unanimidade, dar parcial provimento ao recurso especial, nos termos do voto do Sr. Ministro Relator. Os Srs. Ministros Teori Albino Zavascki e Denise Arruda (Presidenta) votaram com o Sr. Ministro Relator. Ausentes, justificadamente, os Srs. Ministros Hamilton Carvalhido e Francisco Falcão.

EMENTA

TRIBUTÁRIO. ICMS. CREDITAMENTO NA ENTRADA DE BENS DESTINADOS AO USO E CONSUMO E BENS DO ATIVO FIXO. PERÍODO ANTERIOR À LC 87/96. IMPOSSIBILIDADE. TRANSFERÊNCIA DE MERCADORIA ENTRE ESTABELECIMENTOS DE UMA MESMA EMPRESA. SÚMULA 166/STJ. 1. O direito ao creditamento do ICMS advindo da aquisição de bens que compõem o ativo imobilizado, bem como daqueles que se destinam ao uso e consumo, foi reconhecido apenas com a vigência da Lei Complementar 87/96, cujo artigo 33 afastou, expressamente, a retroatividade de sua incidência (Precedentes do STJ: REsp 623.583/RJ, Rel. Ministra Denise Arruda, Primeira Turma, julgado em 19.06.2007, DJ 02.08.2007; RMS 20.454/RJ, Rel. Ministro Luiz Fux, Primeira Turma, julgado em 03.05.2007, DJ 31.05.2007; e RMS 20.720/ES, Rel. Ministro Teori Albino Zavascki, Primeira Turma, julgado em 13.02.2007, DJ 01.03.2007). 2. In casu, restou assente no Tribunal de origem que: (i) "(...) Pelo que se infere do contrato de constituição de fls. 42/46, a empresa autora desenvolve a atividade comercial de transporte de produtos próprio e de terceiros (Cláusula 3ª, inciso X). Pretende a autora, ora apelante, o aproveitamento do crédito decorrente do ICMS incidente sobre o combustível adquirido e utilizado no transporte das mercadorias por ela comercializadas. O Réu, em nenhum momento, sustenta que o crédito objeto do aproveitamento pretendido, não tenha sido no todo ou em parte utilizado na atividade de transporte de mercadorias, merecendo, pois, crédito a alegação feita pela autora. Com efeito, referidos bens são necessários ao processo de industrialização e/ou comercialização das mercadorias produzidas pela autora, integrando, portanto, o custo do produto final, com base no qual se calcula o seu preço. (...) Dessa forma, entendo perfeitamente possível, o aproveitamento do ICMS pago quando da aquisição de insumos, para fins de compensação de créditos tributários." (acórdão que julgou o recurso de apelação) e (ii) "O ICMS referente às mercadorias adquiridas para consumo ou incorporação ao ativo permanente não acarreta crédito para a empresa até os dias atuais, pois a vigência da Lei Complementar n. 87/96, que admite o crédito, ainda não se iniciou. Ao contrário de mercadoria para consumo, o combustível constitui insumo, pois é parte da cadeia de produção da empresa, pelo que não se enquadra na vedação de aproveitamento do ICMS." (acórdão que julgou os embargos infringentes) 3. Nada obstante, a aquisição de combustível consumido no transporte das mercadorias comercializadas pela empresa foi efetuada durante a vigência do Convênio 66/88, cujo artigo 31, inciso III, vedava expressamente a compensação nesses casos (Entendimento análogo ao REsp 850.362/MG, Rel. Ministra Eliana Calmon, Segunda Turma, julgado em 15.02.2007, DJ 02.03.2007). 4. Inocorrência do fato gerador da obrigação tributária no simples deslocamento de mercadoria, se não houve circulação econômica para fins de transferência de propriedade (Súmula 166/STJ – Precedentes do STJ: REsp 32203/RJ, Rel. Ministro Milton Luiz Pereira, Primeira Turma, julgado em 06.03.1995, DJ 27.03.1995; REsp 36060/MG, Rel. Ministro Humberto Gomes de Barros, Primeira Turma, julgado em 10.08.1994, DJ 05.09.1994; REsp 37842/SP, Rel. Ministro José de Jesus Filho, Segunda Turma, julgado em 24.11.1993, DJ 13.12.1993; e REsp 9933/SP, Rel. Ministro Antônio de Pádua Ribeiro, Segunda Turma, julgado em 07.10.1992, DJ 26.10.1992). 5. Recurso especial parcialmente provido... EMEN:

Processo AgRg no AREsp 379517/SC
AGRAVO REGIMENTAL NO AGRAVO EM RECURSO ESPECIAL 2013/0252286-8
Relator(a) Ministro HERMAN BENJAMIN (1132)
Órgão Julgador T2 – SEGUNDA TURMA
Data do Julgamento 20/03/2014
Data da Publicação/Fonte DJe 27/03/2014 RDDT vol. 225 p. 189

EMENTA
PROCESSUAL CIVIL E TRIBUTÁRIO. CONSUMO DE ENERGIA COMPROVADO NA ATIVIDADE DE ARMAZENAGEM, A QUAL SE ENQUADRA NO CONCEITO DE INDUSTRIALIZAÇÃO. CREDITAMENTO DE ICMS. POSSIBILIDADE. NECESSIDADE DE REEXAME DE MATÉRIA FÁTICO-PROBATÓRIA. SÚMULA 7/STJ. ACÓRDÃO BASEADO EM LEI LOCAL. SÚMULA 280/STF. ALÍNEA "C". NÃO DEMONSTRAÇÃO DA DIVERGÊNCIA.

1. Hipótese em que o Tribunal a quo consignou que "é lógico que a armazenagem do arroz, precedida das fases **de** pré-limpeza e secagem, é atividade industrial, posto que representa apenas uma das etapas da cadeia da **industrialização** do produto" e que "não se olvide que o próprio Estado de Santa Catarina, conforme noticiou a apelante nas razões recursais, ao julgar a reclamação administrativa, considerou parcial-

mente procedente o pedido **de** creditamento do **ICMS** sobre a energia elétrica sem questionar a natureza industrial dessa atividade".

2. Rever tal entendimento implica, como regra, reexame **de** fatos e provas, obstado pelo teor da Súmula 7/STJ.

3. A controvérsia, no que tange à forma e ao quantum do creditamento do **ICMS**, foi decidida com base no art. 82 do RICMS/SC, que foi aprovado pelo Decreto Estadual 2.870/2001.

4. A divergência jurisprudencial deve ser comprovada, cabendo a quem recorre demonstrar as circunstâncias que identificam ou assemelham os casos confrontados, com indicação da similitude fática e jurídica entre eles. Indispensável a transcrição **de** trechos do relatório e do voto dos acórdãos recorrido e paradigma, realizando-se o cotejo analítico entre ambos, com o intuito **de** bem caracterizar a interpretação legal divergente. O desrespeito a esses requisitos legais e regimentais (art. 541, parágrafo único, do CPC e art. 255 do RI/STJ) impede o conhecimento do Recurso Especial, com base na alínea "c" do inciso III do art. 105 da Constituição Federal.

5. Agravo Regimental não provido.

ACÓRDÃO

Vistos, relatados e discutidos os autos em que são partes as acima indicadas, acordam os Ministros da SEGUNDA Turma do Superior Tribunal **de** Justiça: "A Turma, por unanimidade, negou provimento ao agravo regimental, nos termos do voto do(a) Sr(a). Ministro(a)-Relator(a)." Os Srs. Ministros Og Fernandes, Mauro Campbell Marques (Presidente), Assusete Magalhães e Humberto Martins votaram com o Sr. Ministro Relator.

Processo REsp 1201635/MG
RECURSO ESPECIAL 2008/0146061-3
Relator(a) Ministro SÉRGIO KUKINA (1155)
Órgão Julgador s1 - PRIMEIRA SEÇÃO
Data do Julgamento 12/06/2013
Data da Publicação/Fonte DJe 21/10/2013

EMENTA

TRIBUTÁRIO. RECURSO ESPECIAL REPRESENTATIVO DA CONTROVÉRSIA (CPC, ART. 543-C). ICMS. ENERGIA ELÉTRICA CONSUMIDA PELAS PRESTADORAS DE SERVIÇOS DE TELECOMUNICAÇÕES. CREDITAMENTO. POSSIBILIDADE. ART. 33, II, "B", DA LC 87/96. EQUIPARAÇÃO À INDÚSTRIA BÁSICA PARA TODOS OS EFEITOS LEGAIS. ART. 1º DO DECRETO 640/62. VALIDADE E COMPATIBILIDADE

COM O ORDENAMENTO ATUAL. PRINCÍPIO DA NÃO-CUMULATIVIDADE. OBSERVÂNCIA. PRECEDENTE DA PRIMEIRA SEÇÃO: REsp 842.270/RS.

1. A disposição prevista no art. 1º do Decreto 640/62, equiparando os serviços de telecomunicações à indústria básica, para todos os efeitos legais, é válida e compatível com a legislação superveniente e atual, continuando em vigor, já que não houve revogação formal do aludido decreto.

2. A Primeira Seção do STJ, no julgamento do REsp 842.270/RS, Firmou compreensão no sentido de que o **ICMS** incidente sobre a energia elétrica consumida pelas empresas **de** telefonia, que promovem processo industrial por equiparação, pode ser creditado para abatimento do imposto devido quando da prestação **de** serviços. Inteligência dos arts. 33, II, b, da Lei Complementar 87/96, e 1º do Decreto 640/62.

3. Ademais, em virtude da essencialidade da energia elétrica, enquanto insumo, para o exercício da atividade **de** telecomunicações, induvidoso se revela o direito ao creditamento **de ICMS,** em atendimento ao princípio da não-cumulatividade.

4. O princípio da não-cumulatividade comporta três núcleos Distintos **de** incidência: (I) circulação **de** mercadorias; (II) prestação **de** serviços **de** transporte; e (III) serviços **de** comunicação.

5. "O art. 33, II, da LC 87/96 precisa ser interpretado conforme a Constituição, **de** modo a permitir que a não cumulatividade alcance os três núcleos **de** incidência do **ICMS** previstos no Texto Constitucional, sem restringi-la à circulação **de** mercadorias, sem dúvida a vertente central, mas não única hipótese **de** incidência do imposto" (REsp 842.270/RS, Rel. Ministro LUIZ FUX, Rel. p/Acórdão Ministro CASTRO MEIRA, PRIMEIRA SEÇÃO, julgado em 23/05/2012, DJe 26/06/2012).

6. Recurso especial a que se dá provimento. Acórdão submetido ao rito do art. 543-C do CPC e da Resolução STJ 8/2008.

ACÓRDÃO

Vistos, relatados e discutidos estes autos, acordam os Ministros da PRIMEIRA SEÇÃO do Superior Tribunal **de** Justiça, por maioria, vencidos os Srs. Ministros Arnaldo Esteves Lima, Humberto Martins e Herman Benjamin, dar provimento ao recurso especial, nos termos do voto do Sr. Ministro Relator. A Sra. Ministra Eliana Calmon e os Srs. Ministros Mauro Campbell Marques e Benedito Gonçalves votaram com o Sr. Ministro Relator.

Ausente, ocasionalmente, o Sr. Ministro Napoleão Nunes Maia Filho. Licenciado o Sr. Ministro Ari Pargendler. Sustentaram, oralmente, os Drs. ANDRÉ MENDES MOREIRA, pela recorrente, VANESSA SARAIVA DE ABREU, pelo Estado **de** Minas Gerais, LEONARDO FARIA SCHENK, pelo SINDICATO NACIONAL DAS EMPRESAS DE TELEFONIA E DE SERVIÇO MÓVEL CELULAR E PESSOAL – SINDITELEBRASIL, GUILHERME VALLE BRUM, pelo Estado do Rio Grande do Sul e MOACIR GUIMARÃES MORAIS FILHO, pelo Ministério Público Federal.

6. Conclusões

Face ao exposto, conclui-se que as operações interestaduais com petróleo e seus derivados são imunes ao ICMS. Ademais, essa imunidade gera crédito, uma vez que o ICMS é um tributo não-cumulativo e a exceção à não-cumulatividade deve ser interpretada restritivamente.

Por fim, os derivados de petróleo que são consumidos no processo de industrialização subsumem-se ao conceito de industrialização previsto na LC 87/96, estando imunes à incidência de ICMS na aquisição dos mesmos.

7. Referências

BORGES, José Souto Maior. *Sobre a imunidade das operações interestaduais de circulação do petróleo e combustíveis e manutenção de crédito de ICMS*. In: revista dialética de direito tributário 168, 2009

–. *Teoria geral da isenção tributária*. São Paulo: Malheiros, 2011

CARRAZZA, Roque Antonio. *ICMS*. São Paulo: Malheiros, 2011

COELHO, Sacha Calmon Navarro. *Curso de direito tributário brasileiro*. Rio de Janeiro: Forense, 2012

GRECO, Marco Aurélio. *ICMS combustíveis e energia elétrica destinados à industrialização – sentido do art. 3º, III da LC 87/96*. In: Revista dialética de direito tributário, nº 128, 2006

MELO, José Eduardo Soares. *ICMS teoria e prática*. São Paulo: Dialética, 2012

RIBEIRO, Ricardo Lodi. *Interpretação da imunidade prevista pelo artigo 155, §2º, X, B, da constituição federal. Possibilidade de manutenção e aproveitamento dos créditos relacionados à aquisição de insumos, serviços de transporte e de bens do ativo imobilizado*. In: aspectos tributários relacionados à indústria do petróleo e gás. CARNEIRO, Daniel Dix; PEIXOTO, Marcelo Magalhães (org.) São Paulo: MP editora, 2011

RIBEIRO, Ricardo Lodi. *Limitações constitucionais ao poder de tributar*. Rio de Janeiro: Lumen Juris, 2010

SCAFF, Fernando Facury; PINHEIRO FILHO, Pedro Bentes. *ICMS sobre as operações interestaduais com petróleo e seus derivados e os efeitos da coisa julgada tributária*. In: Revista Dialética de Direito Tributário nº 152

TORRES, Heleno. **ICMS,** *substituição tributária e imunidade nas operações interestaduais com* **petróleo e** *derivados*. In: revista dos tribunais, ano 101, vol. 922, 2012

TORRES, Ricardo Lobo. *Tratado de direito constitucional financeiro e tributário. Volume III: os direitos humanos e a tributação: imunidades e isonomia*. Rio de Janeiro: Renovar, 2005

SOBRE OS AUTORES

Daniel Alves Teixeira
Mestre em Finanças Públicas, Tributação e Desenvolvimento pela UERJ. Pós-graduado em Direito Financeiro e Tributário pela UFF. Membro do Conselho Consultivo da Sociedade Brasileira de Direito Tributário (SBDT). Procurador da Fazenda Nacional. Ex-advogado da Petrobras S.A. Professor de Direito Tributário em cursos de pós-graduação.

Daniel Giotti de Paula
Doutorando em Finanças Públicas, Tributação e Desenvolvimento pela UERJ, Mestre em Teoria do Estado e Direito Constitucional, Professor-convidado do Programa de Pós-Graduação em sentido lato da UFJF, Coordenador pedagógico do INTEJUR-JF, dos Programas de Pós-Graduação *lato sensu* em Direito Tributário e Custeio da Previdência no IDS/INTEJUR.

Diego Fernandes Ximenes
Mestre na linha de pesquisa "Tributação, Finanças Públicas e Desenvolvimento" da UERJ, advogado e assessor jurídico na Sefaz-RJ.

Fábio Fraga
Sócio do escritório Trouw e Fraga Advogados. Membro do Conselho do Mestrado em Tributação Internacional da New York University (NYU). Pós-Graduado em Direito Tributário pela Universidad de Salamanca. Doutorando em Direito pela Universidade Autônoma de Lisboa. Professor Convidado da FGV-Rio, da Escola Nacional de Formação e Aperfeiçoamento de Magistrados (ENFAM) e da Universidad Complutense de Madrid (UCM). Diretor da ABDF – Associação Brasileira de Direito Financeiro. Diretor e Fundador do GDT – Grupo de Debates Tributários.

João Carlos Bertola Franco de Gouveia

Doutor em Direito Internacional e da Integração Econômica pela Universidade Estadual do Rio de Janeiro(2010), mestre em Direito Tributário pela Universidade Católica de Brasília (2005),Doutorando em Direito Tributário pela Universidade Estadual do Rio de Janeiro (2013), especialista em Direito Tributário pelo Instituto Brasileiro de Estudos Tributários (2013) e graduação em Direito pela Pontifícia Universidade Católica do Rio de Janeiro (1994).

Lyvia de Moura Amaral Serpa

Mestre em Direito pela Universidade do Estado do Rio de Janeiro (UERJ), linha de pesquisa Finanças Públicas, Tributação e Desenvolvimento. Especialista em Direito Financeiro e Tributário pela Universidade Federal Fluminense (UFF). Advogada integrante do escritório Paulo Cezar Pinheiro Carneiro (PCPC).

Marcello Fernandes Leal

Graduado em Direito pela Universidade Federal do Estado do Rio de Janeiro (UNIRIO). Especialista em Direito Financeiro e Tributário pela Universidade Federal Fluminense. Mestre em Finanças Públicas e Tributação pela Universidade do Estado do Rio de Janeiro (UERJ). Gerente Regional do Grupo Educacional UnyLeya. Advogado atuante nas áreas tributária, civil e empresarial.

Marcus Lívio Gomes

Pós-Doutorando no Institute for Austrian and International Tax Law at WU Wien. Doutor e Mestre em Direito Tributário pela *Universidad Complutense de Madrid*. Professor Adjunto de Direito Tributário da UERJ. Juiz Federal. Membro do Comitê de Avaliação, Seleção e Acompanhamento de Conselheiros do Conselho Administrativo de Recursos Fiscais do Ministério da Fazenda (CSC). Professor de Direito Tributário da Pós-Graduação *Lato Sensu* em Direito Tributário FGV Direito Rio. Membro do Comitê Executivo e Associado do *Instituto Latinoamericano de Derecho Tributario* – ILADT. Membro do Comitê Científico do *Curso de Fiscalidad Internacional Latinoamericana/Universidad Complutense de Madrid*. Coordenador e Palestrante da Comissão de Direito Tributário da Escola da Magistratura Regional Federal da 2ª Região. Associado da *International Fiscal Association* – IFA. Ex-Auditor-Fiscal da Receita Federal do Brasil. Ex-Fiscal de Tributos do Estado de Minas Gerais. Ex-Coordenador e Palestrante da Comissão de Direito Tributário da Escola da Magistratura do Estado do Rio de Janeiro. Ex-Coordenador da Revista de Direito Tributário da Associação Brasileira de Direito Financeiro – ABDF.

SOBRE OS AUTORES

Micaela Dominguez Dutra
Doutoranda em Direito Tributário na Universidade do Estado do Rio de Janeiro – UERJ, mestre em Direito Constitucional pelo Instituto Brasiliense de Direito Público – IDP, especialista em Direito Tributário e Finanças Públicas pelo IDP e bacharel em Direito pela Universidade do Estado do Rio de Janeiro – UERJ. Atualmente, atua como advogada da Petróleo Brasileiro S/A – PETROBRAS

Nina da Conceição Pencak
Mestre em Finanças Públicas, Tributação e Desenvolvimento pela UERJ. Graduada em Direito pela UERJ. Conselheira Fiscal da Sociedade Brasileira de Direito Tributário (SBDT). Advogada Tributarista.

Rachel Guedes Cavalcante
Mestranda em Finanças Públicas, Tributação e Desenvolvimento (UERJ). Especialista em Direito Tributário (PUC-MG). Bacharel em Direito (UNIRIO). Fiscal de Rendas do Município do Rio de Janeiro.

Raquel de Andrade Vieira Alves
Mestre em Finanças Públicas, Tributação e Desenvolvimento pela UERJ. Especialista em Direito Financeiro e Tributário pela UFF. Graduada em Direito pela UFRJ. Assessora de Ministro no Supremo Tribunal Federal.

Ricardo Lodi Ribeiro
Possui graduação em Direito pela Universidade do Estado do Rio de Janeiro (1991), mestrado em Direito em Direito Tributário pela Universidade Cândido Mendes (2002) e doutorado em Direito pela Universidade Gama Filho (2007). É Professor Adjunto de Direito Financeiro da Faculdade de Direito da Universidade do Estado do Rio de Janeiro (UERJ), desde 2008, onde leciona nos cursos de bacharelado, mestrado e doutorado, chefiou o Departamento de Direito do Estado (2010-2014) e coordena o Programa de Pós-Graduação em Direto – Mestrado e Doutorado (2011-...). Foi coordenador-geral e professor de Direito Tributário do Centro de Estudos Jurídicos 11 de Agosto – CEJ (1999-2013). É Presidente do Instituto de Direito do Estado e Cidadania – IDEC (2012-...). Exerceu, por concurso público, os cargos de Procurador do Estado de São Paulo (1993) e de Procurador da Fazenda Nacional (1993-2003). Foi Subprocurador--Chefe da Procuradoria-Regional da Fazenda Nacional da 2ª Região (1999-2001), presidente do Sindicato Nacional dos Procuradores da Fazenda Nacional (1995--1997) e membro do Conselho Superior da Advocacia-Geral da União (2000--2002). Foi Conselheiro Secional da OAB/RJ (2010-2013), tendo presidido a

Comissão de Infraestrutura e Desenvolvimento Econômico da OAB/RJ (2010--2013). É sócio de Barroso Fontelles, Barcellos, Mendonça & Associados (2013 – ...). Foi sócio de Luís Roberto Barroso & Associados – Escritório de Advocacia (2013), Lodi & Lobo Advogados (2007-2013) e Siqueira Castro Advogados (2004-2006). É Editor-Chefe da Revista de Finanças Públicas, Tributação e Desenvolvimento, vinculada ao Programa de Pós-Graduação em Direito da UERJ. Membro do Conselho Editorial da Editora Lumen Juris, da Revista Fórum de Direito Tributário e do Jornal Mural. É Presidente da Sociedade Brasileira de Direito Tributário – SBDT (2012-...). Membro da Academia Brasileira de Direito Financeiro – ABDF, da International Fiscal Association – IFA, do Instituto Brasileiro de Direito Tributário – IBDT e do Instituto Brasileiro de Estudos de Direito da Energia – IBDE. Tem experiência na área de Direito Público, com ênfase em Direito Tributário, Direito Financeiro e Direito Constitucional.

Richard Edward Dotoli T. Ferreira

Possui graduação em Direito pelo Centro Universitário das Faculdades Metropolitanas Unidas (1996) e mestrado em Direito pela Universidade Cândido Mendes (2004). Atualmente é Doutorando em Finanças Públicas, Tributação e Desenvolvimento na Universidade do Estado do Rio de Janeiro – UERJ e professor dos Cursos de Pós-Graduação em Direito Tributário na Fundação Getúlio Vargas – RJ, na Universidade Federal Fluminense – UFF e no IBMEC-RJ.

ÍNDICE

NOTA DOS COORDENADORES — 5
SUMÁRIO — 7

A TRIBUTAÇÃO NOS CONTRATOS DE AFRETAMENTO NA INDÚSTRIA DO PETRÓLEO
Fábio Fraga, Marcus Lívio — 15

A COMPETÊNCIA TRIBUTÁRIA MUNICIPAL PARA TRIBUTAÇÃO DOS SERVIÇOS PRESTADOS NO MAR TERRITORIAL, ZONA ECONÔMICA EXCLUSIVA E PLATAFORMA CONTINENTAL
Ricardo Lodi Ribeiro, Nina da Conceição Pencak — 49

O ISS INCIDENTE NAS IMPORTAÇÕES DE SERVIÇOS E A INDÚSTRIA DO PETRÓLEO
Rachel Guedes Cavalcante — 71

ISS ÁGUAS MARÍTIMAS
Micaela Dominguez Dutra — 93

REGIME JURÍDICO-TRIBUTÁRIO DOS CONSÓRCIOS VOLTADOS À INDÚSTRIA DO PETRÓLEO E GÁS NATURAL NO BRASIL
Raquel de Andrade Vieira Alves — 119

CONCEITO DE INSUMO PARA APURAÇÃO DE CRÉDITO DE PIS//COFINS NÃO-CUMULATIVO SEGUNDO COMBINAÇÃO DOS CRITÉRIOS DA ESSENCIALIDADE E RELACIONAL – APLICAÇÃO NA FASE DE EXPLORAÇÃO DE PETRÓLEO
Marcello Fernandes Leal — 157

TRIBUTAÇÃO DAS OPERAÇÕES INTERESTADUAIS
COM COMBUSTÍVEIS DERIVADOS DE PETRÓLEO
– CONVÊNIO ICMS Nº 110/2007 – APROXIMAÇÕES
E DISTANCIAMENTOS ENTRE A ADI 4171 E O RE 781.926
Richard Edward Dotoli T. Ferreira — 181

PLATAFORMAS PETROLÍFERAS E O CONCEITO DE
EMBARCAÇÃO PARA FRUIÇÃO DE ALÍQUOTA ZERO DO IRRF
Nina da Conceição Pencak — 221

DA IMUNIDADE DOS COMBUSTÍVEIS DERIVADOS DE PETRÓLEO
E DO TRATAMENTO ANTI-ISONÔMICO DADO ÀQUELES
DERIVADOS DE OUTROS HIDROCARBONETOS
Diego Fernandes Ximenes — 249

A EXPORTAÇÃO FICTA NO REPETRO:
FUNDAMENTO, CONTROLE E HARMONIZAÇÃO TRIBUTÁRIA
Daniel Giotti de Paula — 273

OS MÉTODOS "PCI" E "PECEX" NO SISTEMA DE CONTROLE
DE PREÇOS DE TRANSFERÊNCIA BRASILEIRO
E A PRATICABILIDADE
Daniel Alves Teixeira — 291

OS IMPACTOS DA TRIBUTAÇÃO DO SETOR DE PETRÓLEO
E GÁS SOBRE A COMPETITIVIDADE DO FORNECEDOR LOCAL
EM COMPARAÇÃO AO ESTRANGEIRO
Lyvia de Moura Amaral Serpa — 303

ICMS SOBRE OPERAÇÕES INTERESTADUAIS COM PETRÓLEO
E SEUS DERIVADOS: IMUNIDADE, CRÉDITOS E CONCEITO
DE INDUSTRIALIZAÇÃO NOS TERMOS DA LC Nº 87/96
João Carlos Bertola Franco de Gouveia — 333

SOBRE OS AUTORES — 347
ÍNDICE — 351